Unterordnung auf neue Art

MENSCH – HUND HARMONIE

Unterordnung auf neue Art

MENSCH – HUND HARMONIE

Autor: Ekard Lind
Fotos: Marie-Therese, Maria und Ekard Lind

*Maria-Rose, Marie-Therese und
Anna-Katharina Lind gewidmet*

INHALT

AUSRICHTUNG 6

Entwicklung des Hundesports 9
- Ein Wort zuvor 9
- Der Traum vom »Freudigen Hund« 10
- Entwicklung des Hundesports und der Unterordnung 11
- Die Prüfungsordnung am Beispiel der ÖPO 1947 20

Leitbild zur »Mensch-Hund-Harmonie« 23
- Das Ziel 23
- Team-Gedanke: EIN- statt UNTER-Ordnung 24
- Ideal oder Sachziel? 25
- Das Leitbild der »Drei Zinnen« 27
- Ethische Ausrichtung 27
- Sportliche Ausrichtung 36
- Individuelle Ausrichtung 42
- Zusammenfassung 47

GRUNDLAGEN DES HUNDESPORTS 48

Kommunikation 51
- Kommunikationsebenen 51
- Kommunikations-Verstärker 54
- »Nonverbale Kommunikation« 56
- Von der »Ignorierenden« zur »Respondierenden« Kommunikation 58
- Achtung-Geste 61
- Aufbruch-Geste 62
- Einige Gesten im Überblick 64
- Stimmungsübertragung 67
- Konflikte erkennen 68
- Verbale Kommunikation 68

Motivation, Spiel und »Geistiger Zügel« 73
- Richtig motivieren 73
- Richtig spielen 75
- Geistiger Zügel 78

Didaktik und Methodik — 81

- Über die Kunst des Übens — 81
- Die »W«-Fragen — 82
- Konzeptiv-flexible Trainingsgestaltung — 88
- Erweiterte und neue Theorien und Methoden — 91
- Elementar-Phänomen-Ausbreitung — 92
- Resonanz-Szenario — 94
- Sättigungsdistanz — 96
- Signal-Timing — 98
- MO-Rangnützung — 100
- Passive Einwirkung — 100
- Impulsive Berührung — 101

Das TEAM in Balance — 103

- »Basisübung« — 103
- »Paradeübung« — 113
- »Spiel und Stop« — 115

AUFBAU DER ÜBUNGEN — 116

Unterordnungs-Übungen — 119

- Vorab zu lesen — 119
- Von »Spiel und Stop« zu »Spiel und Ziel« — 120
- Vorbereitung, Einstimmung und Richteranmeldung — 121
- Ablegen und Herankommen — 129
- Abliegen unter Ablenkung — 142
- Hürde und Kletterwand: Erste Annäherung — 146
- Vorübungen zur Freifolge — 154
- Vorübungen <Teilkreis>, <Umkreisen>, <Sitzen>, <Liegen>, <Stehen> — 161
- Vorübung <Vorsitzen> — 170
- <Sitz>, <Platz>, <Steh> — 171
- <Grundstellung aus dem Vorsitzen> — 187
- Wechsel des Motivationsbereichs und/oder des MOs — 195
- Vollkreise, Schlangenlinien und Acht — 198
- Apportieren — 201
- Voraus-Senden — 212
- Angehen und Anhalten — 223
- Gehweise und Tempowechsel — 228
- Hürde und Kletterwand — 231
- Links- und Rechts-Wenden; 180°-Kehre — 235
- Freifolge — 242
- Absicherung durch Zwang? — 248
- Ausblick — 249

ANHANG — 250

- Register — 250
- Adressen — 253
- Literatur — 253
- Impressum — 255

AUSRICHTUNG

➤ S. 10 | **Der Traum vom »Freudigen Hund«**

➤ S. 11 | **Entwicklung des Hundesports und der Unterordnung**

➤ S. 24 | **Team-Gedanke: EIN- statt UNTER-Ordnung**

➤ S. 25 | **Ideal oder Sachziel?**

➤ S. 27 | **Das Leitbild der »Drei Zinnen«**

Entwicklung des Hundesports

Ein Wort zuvor

Ekard Lind beschreitet mit seiner motivationalen Hundeausbildung, die als »Mensch-Hund-Harmonie« der Instrumentalisierung von Hunden für menschliche Belange entschieden den Rücken kehrt, neue, aufregende Wege.

Es geht ihm um keine Tricks, geeignet, die sportlichen Leistungen eines Hundes zu steigern, vielmehr um die konsequente Ausübung von Ideen, die heute viele Hundesportler beschäftigen, die bemüht sind, hundlichen Ansprüchen gerecht zu werden, und über ethologische wie lernbiologische Kenntnisse tiergerechter und erfolgreicher zu arbeiten als unter Einsatz von Zwang und Schmerzreizen. Ein jeder, der mit Hunden lebt, wird sich in diesem Buch »verlieren«, immer wieder lächelnd oder verwundert feststellen, wie bekannte Bruchstücke, mosaikartig zum Kreis geschlossen, in die Tat umgesetzt werden: für das Leben einer harmonischen Mensch-Hund-Beziehung, mit einem Status des Hundes, der richtiger als »EIN-Ordnung« denn »UNTER-Ordnung« zu kennzeichnen ist.

Ekard Lind geht es um grundsätzliche ethische,

In Ekard Linds »Hoher Schule des Spiels« (LIND-art®) bringt sich der TEAM-Führer in den Mittelpunkt des Geschehens: Nicht die Führung des MOs (Motivationsobjekts) steht im Vordergrund, sondern das soziale Ereignis des kommunikativen Spiels!

ethologische wie tierpädagogische Einstellungen zum Hund, in deren Verwirklichung er gleichzeitig eine »Leistungssteigerung« erreicht, die formale Perfektion weit hinter sich lässt. Mich hat dieses Buch so begeistert, weil eine Synthese von Achtung vor tierlichen Besonderheiten, ethologischen Kenntnissen und dem Einbringen ganz individueller menschlicher Potenziale in eine Tier-Mensch-Beziehung glückte – und durch diese Trias zu dem führt, was wir als »sportlichen Erfolg« bezeichnen. Das Buch eröffnet eine Fülle aufregender Zusammenhänge, denkt so viele Ideen zu Ende und beweist deren Effekt in Theorie und Praxis. Als Ethologin fühle ich mich hier »zu Hause«, verstanden – und auf genial einfache Weise in Kongruenz mit humanpsychologischen und pädagogischen Inhalten. Unser Ausdrucksverhalten kann Hunden ja sehr geläufig werden, sie wissen über unsere Stimmungen mehr als uns bewusst ist, lernen unsere Signale bzw. Sinngehalte, die über Mimik und Gestik hinausgehen, schnell und präzise kennen. Über Gestaltwahrnehmung und Metakommunikation geben wir ihnen unbewusst oder gezielt zur Verständigung etliche Botschaften. Kommunikation mit Hunden kann über kleinste Zeichen erfolgen, das soziale Lernen der Hunde ist beachtlich. Denn Hunde achten auf uns, reagieren zudem stark auf verbales Lob, das ihnen die Zugehörigkeit zur Gruppe versichert. Hunde scheinen gerade im sozialen Bereich äußerst intelligent zu sein, insbesondere hier gibt es etliche Fallbeispiele für spezialisierte Mechanismen sozialen Lernens. Da sie einer ausgesprochen sozialen Art angehören, überraschen diese besonderen Fähigkeiten nicht sehr. Die Fähigkeit von Individuen, sich an das Verhalten anderer anzupassen, hat ja große Vorteile für soziale Caniden.

Hunde erwarben als wölfisches Erbe und als Ergebnis der Domestikation insbesondere Fähigkeiten, um über ihr soziales Umfeld zu lernen. Und hier geht es vorzugsweise um den Menschen, der ihnen ein wichtiger, wenn nicht gar der Hauptsozialpartner wurde.

Ekard Lind führt diese Erkenntnisse weiter und nutzt sie für die Praxis. »EIN-ordnung« des Hundes in das Team basiert auf hundegerechter Kommunikation, die emotionale Befindlichkeiten des hundlichen Partners einschätzen kann – und auf unseren Signalen wie unserer Stimmung, die zur ständigen, unbewussten Signalabgabe führt. Ausbilden von Hunden wird so ganz unmerklich zu einem Teil menschlicher Selbstverwirklichung.

<Dorit Urd Feddersen-Petersen>

Der Traum vom »Freudigen Hund«

Im Idealfall stellen wir uns den Sporthund als einen Team-Begleiter vor, der seine Aufgaben aufmerksam, temperamentvoll und perfekt ausführt. Wer träumt ihn nicht, diesen Traum vom »Freudigen Hund«? Sportliche Leistungen nicht nur fehlerfrei, sondern zugleich freudig vorzuführen ist nicht immer einfach. Auf der einen Seite steht der Wunsch nach einer harmonischen Mensch-Hund-Beziehung, auf der anderen die Barriere exakter Übungsausführung. Dies bringt so manchen Team-Führer in Schwierigkeiten. Viele schwimmen dann im Strom etablierter Ausbildungspraktiken und tun brav das, was die Mehrheit vor Ort macht. Andere, die nicht bereit sind, ihren Hund anzuschreien oder ständig mit der Leine zu rupfen (oder noch härtere Mittel einzusetzen), fangen gar nicht erst an, Hundesport zu betreiben, oder sie hören damit nach kurzer Zeit wieder auf. Schließlich sind noch jene zu nennen, die auf alternative Ausbildungsmethoden setzen und diesen Weg mehr oder minder überzeugt auf sich nehmen – nicht selten belächelt, verspottet oder gar bekämpft. Aber nicht jeder hält diesen aggressiven Druck und die ausbleibende Akzeptanz auf die Dauer aus. Und schließlich will man sich ja in den kostbaren Freizeitstunden weder ärgern noch herumstreiten. Daher wenden sich doch relativ viele nach kurzer Zeit wieder den alten Methoden zu – aus unterschiedlichsten Gründen.

Beginn einer neuen Bewegung

Aber die Zeit motivationaler Hundeausbildung ist nicht mehr aufzuhalten. Man kann ohne Übertreibung von einer »Bewegung« zur »Mensch-Hund-Harmonie« sprechen.

Der Begriff umschreibt eine ebenso einfache wie geniale Vision. Aber Visionen und Ideale kann man weder kaufen noch besitzen. Es liegt in der Natur des Ideals, dass wir uns ihm nur nähern können. Die »Mensch-Hund-Harmonie« wird daher – in letzter Konsequenz – eine Vision bleiben. Trotzdem können Visionen Wirklichkeit werden, für Momente und vorübergehend. Und sie können dazu beitragen, Veränderungen einzuleiten.

Wo immer Liebe, Geist und Tat eine Verbindung eingehen, da rücken Ideale in greifbare Nähe. Ja, sie werden, zwar auf Umwegen, wahrhaftige, beglückende Realität. Und sie erheben denjenigen, der sie erlebt, über sich hinaus in eine Sphäre, wo weder Worte noch Zahlen hinreichen, wo unsere Wertbegriffe auf einmal in ganz andere Reihenfolge gestellt werden und so mancher vermeintliche Wert ins Unbedeutende abfällt.

Wer im Grunde seines Herzens Menschen und Tiere liebt und in der Mensch-Hund-Beziehung seine ganz persönliche Beglückung gefunden hat, der weiß, wovon hier die Rede ist. Nähe und Vertrautheit eines Tieres zu erleben, das ist uns Hundenarren ein Stück Paradies geworden, das wir in unserem Leben nicht mehr missen möchten.

Es lohnt sich also, auf Visionen zuzugehen, auch wenn sie nicht nur Höhen verheißen, sondern immer wieder durch allerlei Tiefen führen. »Mensch-Hund-Harmonie« will helfen, das nötige Rüstzeug zu erwerben, um eine der schönsten Visionen zu verwirklichen, das dieses naturentfremdete, zu oft in Materie und Nichtigkeit verstrickte Leben bietet. – Wir wünschen dem Leser, dass diese Vision in seiner persönlichen Mensch-Hund-Beziehung Gestalt annimmt. Möglichst oft. Und wir wünschen ihm, dass sich auch an ihm offenbart, wovon immer mehr Hundesportler der neuen »art« schwärmen: »Die Berührung der Seelen«. Der Sport, ursprünglich geprägt von athletischen und formalistischen Zielen, erfährt auf diese Weise eine tief reichende Neuorientierung.

Ziele der »Mensch-Hund-Harmonie«

Folgen Sie uns auf dem Weg zur »Mensch-Hund-Harmonie«, von den geschichtlichen Anfängen des Hundesports über verschiedene Ausbildungsrichtungen bis hin zur Gegenwart. Vertiefen Sie sich in das Leitbild der »Drei Zinnen«, bestehend aus der ethischen, sportlichen und individuellen Perspektive. Informieren Sie sich über die Entstehung und Entwicklung der sportlichen Ideale, ausgehend vom Olympischen Gedanken. Prüfen Sie das hier vorgestellte neue Verständnis der »sportlichen Leistung«. Probieren Sie aus, was an neuen Methoden vorgestellt wird, um den Hund im Team zu außergewöhnlichen »qualitativen und formalen Leistungen« zu motivieren. Lesen Sie in »Mensch-Hund-Harmonie« über neue Praktiken zur »Absicherung« und über zeitgemäße Ansichten zur Leistungsbewertung. Und entdecken Sie, welche individuellen Potenziale Sie in Ihre eigene Vorführung einbringen können.

Entwicklung des Hundesports und der Unterordnung

Entstehung des Hundesports

Die außergewöhnliche Anpassungsfähigkeit des Wolfes war zweifellos eine der Hauptursachen für die Verbindung, die Mensch und Wolf miteinander eingingen. Für die Unterordnung gilt Ähnliches. Ohne Adaptions- und Sozialisationsvermögen des Hundes wären die bekannten Unterordnungsleistungen nicht denkbar.

Wann die ersten Ausbildungen stattgefunden haben, lässt sich nicht genau sagen. Über die ersten Erziehungs- und Ausbildungspraktiken lassen sich nur Vermutungen anstellen. Um es kurz zu machen, beschränken wir uns hier auf die Darstellung einiger früher Dokumente. Der athenische Geschichtsschreiber Xenophon (≈ 430–355 v. Chr.) hat unter seinen vielen Werken auch ein Buch über die Reitkunst und ein Traktat über *die Zucht und Dressur von Hunden* geschrieben. Im Mittelalter erlebte dieses möglicherweise erste kynologische Ausbildungsbuch der Geschichte unter dem Titel »Kynagiticus« weite Verbreitung und Beliebtheit. Hier ein Auszug aus dem vierten Kapitel von Xenophons Jagdbuch:

»Über die Tugenden der Hunde«
»… sie müssen die Spur anlächeln, die Ohren locker hängen lassen, mit den Augen überall herumschweifen … und der Spur nachgehen. Wenn sie den Hasen aufgespürt haben, so müssen sie dem Jäger Zeichen geben durch schnelleres Laufen, genaueres Anzeigen, mit ihrem Muth, mit dem Kopfe, mit den Augen, durch allerlei Bewegungen mit dem ganzen Körper, durch das Zurücksehen und Wiederhinsehen nach dem Lager des Hasen, dadurch, dass sie bald vorwärts, bald rückwärts, bald zur Seite sich hin und her bewegen, und dass sie wirklich allerlei freudige Bewegungen machen, weil sie dem Hasen nahe sind …«.

Der aufmerksame Leser findet hier eine ganze Reihe wichtiger Punkte wieder. Die Körpersprache des Hundes zu beobachten und daraus Rückschlüsse zu ziehen, ist durchaus keine Erfindung moderner Verhaltensforschung. Und auch der »freudige« Hund ist nicht das Verdienst moderner Kynologie, sondern bereits bei Xenophon im Altertum beschrieben.
Die frühe Hundeausbildung befasste sich allerdings nahezu ausschließlich mit der Jagd und dem Kriegswesen. Schon Xenophon sagte über den Wert der Jagd:
»Es haben aber diejenigen, welche Lust zu diesen Geschäften haben (Anmerkung: gemeint ist die Jagd), *vielen Nutzen davon; sie verschaffen ihrem Körper Gesundheit, sehen und hören schärfer, und altern weniger; und es ist dies auch eine treffliche Vorübung zum Kriege …« »… ich muntere daher die Jünglinge auf, die Jagd so wenig als andere Tugendübungen zu versäumen, denn dadurch werden sie gute Krieger, und lernen auch in anderen Dingen gut denken, reden und handeln, wo es nöthig ist …«*

Im Mittelalter erfuhr die Jagd eine weitere Blütezeit. Das wohl bekannteste mittelalterliche Lehrwerk der Jagdausbildung stammt von Gaston Phoebus. Es heißt: *»Das Buch der Jagd, das klassische Meisterwerk der Weidmannskunst«.* Mit wunderschönen farbigen Bildern erhält der Leser nicht nur Hinweise zur Weidmannskunst dieser Zeit, er gewinnt darüber hinaus zahlreiche Einblicke über die hohe Kultur der Jagdhunde-Ausbildung (siehe Fotos Seite 13). Vor dem Hintergrund der drei wichtigsten Dinge im Leben der Feudalherren, der *Jagd*, der *Waffenkunst* und der *Liebe*, wird verständlich, dass dieses umfassende Werk eine unglaubliche Verbreitung und Beliebtheit erfuhr. Das Werk ist in über 44 handschriftlichen Ausgaben erhalten. Auf zahlreichen Abbildungen ist der Hund als ständiger Begleiter und Jagdgehilfe zu sehen. Während der Hund als das »höchste und edelste Tier, das Gott erschaffen hat«, gerühmt wird, schneidet sein Vetter, der Wolf, in der Gunst des mittelalterlichen Menschen ungleich schlechter ab. Zahlreiche Vorurteile, Vermenschlichung, Angst und Hass festigen einmal mehr in der Geschichte den Mythos vom »Bösen Wolf«. Phoebus zeigt nicht nur, wie man den Hund auf seine jagdlichen Einsätze vorbereitet; minuziös beschreibt er auch jede Einzelheit der Hundehaltung: wie man Hunde auslaufen lässt, wie die Zwinger auszusehen haben, wie man sie pflegt oder wie man den Hunden zurufen und wie man mit dem Jagdhorn blasen soll. Bei aller Perfektion, deren man sich in der Jagdkunst befleißigte, das Töten der Tiere war für unsere Begriffe doch eine brutale Angelegenheit. Die vielen Bilder des Tötungshandwerks hinterlassen einen bitteren Nachgeschmack.

Je weiter wir in der Geschichte zurückgehen, desto härter waren die Erziehungs- und Ausbildungsmethoden. Das Leben eines einzelnen Menschen, ja ganzer Bevölkerungsgruppen galt nicht viel – und noch viel weniger das Leben von Tieren. Denken wir nur an das alte Testament. Worum ging es? Um Leben und Tod. Um Überlebenskampf und Vernichtung. Um das Gerettetwerden und Sterben. Mit brutaler Härte wurde nicht nur um Dasein und Macht, sondern auch um Bevormundung und Vorteile gekämpft – noch weit bis ins Mittelalter hinein. Man vergegenwärtige sich die Glaubenskriege, die Hexenverbrennungen, die Qualen der Leibeigenen und Sklaven.

Gleichzeitig wurde das Leben immer schon als etwas Kostbares gepriesen und auch das Leben der Tiere wurde zum Teil geachtet. Die Diskrepanz der Lebensbejahung (auch des Lebens des Anderen) einerseits und die Inkonsequenz, wenn sich eigene Interessen und die Rechte der Natur gegenseitig ausschlossen, sind so alt wie die Geschichte des Menschen. Der Mensch – erfinderisch wie er ist – hat sich, um sein konfliktbeladenes Gewissen reinzuwaschen, einfach zwei Spiegel aufgestellt. In dem einen sah er die Dinge edel und gut, im anderen notwendig und unausweichlich, ergo statthaft.

Zwangsmethoden in der Hundeausbildung

Im Spiegel statthafter Geringschätzung des Lebens wundert es nicht, dass auch die Erziehung und Ausbildung des Hundes in früheren Zeiten ausgesprochen hart ausfiel.

Döbel beschreibt in seiner »Jägerpractica« 1780 nicht nur den Einsatz der Koralle. Über die damals weit verbreitete Strafmethode des »Kriechens« ist zu lesen: *»Wenn er nicht recht tun will, so drückt man ihm die Stacheln in den Hals, dass auch bei harten Hunden der Hals rot wird und Haut und Haar abgehen. Wenn sie nicht recht kriechen wollen, so muss man sie einen oder auch mehrere Tage liegen lassen.«*

Aber es gab zu allen Zeiten auch Gegenstimmen: Oberforstrat Jester trat schon 1793 gegen zu »*große Brutalität*« ein. Und Hegendorf schreibt: »An Grausamkeit und Barbarei lässt die Parforce-Dressur nichts zu wünschen übrig.« Und Raesfeld zur Parforce-Dressur: »… *ein Lehrgang von Härte, Grausamkeit und Unvernunft.*« Doch auch Hegendorf empfiehlt noch den »*Strafschuss mit feinem Korn*« (aus spitzem Winkel von hinten, ausreichende Entfernung, feines Schrot und wenig Pulver).

Die Zwangsdressur, *Parforce-Dressur* genannt, beschreibt schon Diezel 1849 als »altmodisch«. Trotzdem erhält sie sich weit bis ins auslaufende 19. Jahrhundert unter diesem Begriff (und in der Praxis bis auf den heutigen Tag). Der Hund sollte zum »Werkzeug« des Hundeführers werden, und das ging, wie beispielsweise

Der Feudalherr hoch zu Ross, der Diener führt den Jagdhund auf der Fährte (oben). Auch das Handwerk des Tötens wurde genau beschrieben (unten).

Diezel meinte, nur mittels par force. Sollte der Hund etwa aus dem Wasser apportieren, zog man ihn mit zwei Leinen an verschiedenen Seiten ins Wasser und hielt ihn solange vor dem Gegenstand, bis er hineinbiss. Dies war jedoch weitgehend dem Zufall überlassen.

Hierzu ein Zitat von Diezel: Zeigte sich der Hund »*halsstarrig und widerspenstig … und zeigte er gar keinen Willen, den Rachen zu öffnen*«, so war Anhängen an kurzer Kette in Verbindung mit Hunger und Durst angesagt. Man dachte, der Hund würde auf diese Weise zur »Einsicht« gelangen und man müsse ihm den »Ungehorsam« auf diese Weise abgewöhnen. Half das auch nichts, dehnte man die Prozedur auf einen Tag und länger (!) aus.

Oberländer (Pseudonym des preußischen Forstbeamten W. Rehfuß) ging einen Schritt weiter. Er erkannte die Sinnlosigkeit der Zufalls-Parforce und richtete seine Zwangsmethoden gezielter aus. Oberländer öffnet den Fang des Hundes gewaltsam mit beiden Händen und lässt dann das Apportier-Holz hineinfallen. Oberländers Nachfolger Tabel und Most ersetzen den so genannten »direkten Zwang« Oberländers durch den »indirekten«. Das gewünschte Verhalten wird beim indirekten Zwang nicht mehr durch unmittelbare Zwangseinwirkung erreicht, sondern der Hund wird so unter Druck gesetzt, dass das gewünschte Verhalten als einziger Ausweg bleibt, um dem zuvor eingeleiteten Schmerz zu entgehen.

Die »Halsung« (aus Koralle [siehe Foto oben] oder anderen Schmerz vermittelnden Gegenständen bestehend) wird durch Drehen der Faust so gespannt, dass dem Hund nichts anderes übrig bleibt, als nach Luft zu japsen und den Fang zu öffnen. In diesem Augenblick wird der Schmerz sofort beendet. Die Konditionierung ist schlüssig, das muss man zugeben.

Zum Abliegen meint Oberländer: »*Man legt den Hund beim Rucksack ab und entfernt sich 200 Meter. Kommt der Hund hinterher, so leint man ihn an. Er muss im Bogen, durch Korallenrucke ermuntert, durch Peitschenhiebe niedergehalten, zum Rucksack kriechen. Man gestalte die Rundreise interessanter, indem man den Hund durch Dornen und Gebüsch kriechen lässt. Er wird hechelnd und zähneklappernd am treulos verlassenen Rucksack ankommen mit dem festen Vorsatz, nie wieder eine solche Strafe heraufzubeschwören.*«

Granderath geht einen Schritt weiter und setzt die Zwangsmethodik in seinem Buch »*Hundeabrichtung durch wahre Verständigung zwischen Mensch und Hund*« erst am Ende der Ausbildung ein. Ist es nicht erstaunlich, wie modern dieser Titel heute klingt – vier Generationen später? Aber auch Granderath war noch weit von der w a h r e n Verständigung entfernt.

Bei der Wahl der Mittel war man jedenfalls nicht zimperlich, und in der frühen Kynologie kommt zum Ausdruck, wie sehr der Mensch sich auch hier zum Maß der Dinge machte. Im Geleitwort zu Oberländers »*Die Dressur und Führung des Gebrauchshundes*« (1894) erzählt Tillmann Klinkenberg anschaulich, dass man sich zu dieser Zeit nicht vorstellen konnte und wollte, dass auch »*Hirsch, Rehbock und Kitz … Wesen mit Leib und Seele (was immer das sein mag), mit Gefühlen jedenfalls von Schmerz und Leid*« seien.

Ausbildung der Schäferhunde

Auch die Ausbildung der frühen Schäferhunde war denkbar hart. Von Stephanitz schreibt: »*Der Schäfer stützt seine Lehre auf Erbanlagen, Gewohnheit und Beispiel, er fasst seinen Hund nicht milde an, im Gegenteil, der Schüler* (Anmerkung: gemeint ist der Hund) *muss scharf heran, Faulheit und Nachlässigkeit werden nicht geduldet.*«

Stephanitz rät wörtlich zur Anwendung von »*Zuckerbrot und Peitsche!*« Trotz unverkennbarer Härte in der Ausbildung war man bemüht,

»Milde und Strenge ins richtige Verhältnis zu setzen«.

Ilgner hierzu: »*Der Schüler* (Anmerkung: gemeint ist der Hund) *darf keine Angst vor seinem Lehrer haben, im Gegenteil,* (er) *soll ihm Zuneigung schenken und sich darüber freuen, wenn sich sein Herr mit ihm beschäftigen will.*«

Man sieht, die Vorstellung des *Freudigen Hundes* hat eine lange Tradition und ist jeweils durchdrungen vom vorherrschenden Zeitgeist. Beim Lesen alter Ausbildungsliteratur stößt man immer wieder auf Sätze, die überraschend modern klingen. Liest man dann jedoch weiter, so erfährt man, dass die praktische Umsetzung in krassem Widerspruch zu den Leitsätzen stand. Trotzdem dürfen wir nicht über die Bemühungen der frühen Kynologen lächeln oder gar den Stab brechen. Aus ihren Schriften geht hervor, wie ernst es ihnen war und wie ehrlich sie sich einsetzten für Mensch und Hund. Dass sie mitunter gerade das, was sie anstrebten, verfehlten, lag im mangelhaften Wissen und im Zeitgeist begründet. Wenn wir zu Beginn dieses Buches einen Blick in die Geschichte machen, dann nicht wertend, sondern lernend und mit dem Versuch, zu verstehen. In jeder Zeit hat man an die aktuellen Ansichten geglaubt. Auch uns geht es heute nicht anders. Und auch wir werden überholt werden von neuem und besserem Wissen. Daher kann man mit Leitbildern und ihrer praktischen Verwirklichung nicht vorsichtig genug umgehen. Hierzu kann uns die Geschichte des Hundesports, mit all ihren Hochs und Tiefs, mit ihren Errungenschaften und ihren Irrtümern ein ergiebiger Lehrmeister sein.

In jeder Zeit hat man das angewandt, was bekannt war. So baute man im 19. Jahrhundert die Ausbildung des Hundes weitgehend auf Zwang und Wiederholung auf. Verknüpfungen im Dienste von Lernprozessen gezielt einzusetzen, das war eben noch nicht bekannt. Bei Ilgner lesen wir noch: »*Dass Hunde zum ersten und zweiten Male eine Übung trotz aller angewandten Mittel nicht ausführen, kommt häufig vor;*

Rittmeister von Stephanitz, Gründer der Rasse »Deutscher Schäferhund«.

beim dritten Male klappt es dann von selber; der Schüler hat eben begreifen gelernt.«

Bei diesem Statement fällt mehreres auf:
- Man konnte sich zu dieser Zeit offensichtlich nicht vorstellen, dass es am Menschen liegt, wenn der Hund etwas nicht begreift (»*… trotz aller angewandten Mittel*«).
- Das Gelingen der Aufgabenvermittlung wird der Wiederholung zugeschrieben. Man hatte zu dieser Zeit noch nicht hinterfragt, weshalb der Hund die Aufgabe nicht beim ersten Mal »*begreifen gelernt*« hat, und so war natürlich auch die Zielsetzung, nach Mitteln und Wegen zu suchen, damit der Hund die Aufgabe beim ersten Mal richtig ausführt, noch nicht in Sicht.

Phänomen der Vermenschlichung in der Hundeausbildung

Man kann sich vorstellen, dass diese Ausbildungsform von zahlreichen Fehlleistungen, Fehlverknüpfungen und auch von Frustrationen begleitet war. Abgesehen von unsäglichen und ebenso unnötigen Schmerzen, die man den Tieren zumutete, wohl bemerkt im »*Namen der Kynologie*« und aus »*sittlicher Überzeugung*«. Obwohl das Phänomen der Vermenschlichung erkannt war, befand man sich noch bis zum Hals in ihr. Ilgner: »*Jede Dressur bzw. Erziehung hat demnach eine gründliche Kenntnis der individuellen Eigenschaften* (Anmerkung: gemeint sind die Eigenschaften des Hundes), *der guten wie der schlechten, voranzugehen. Zu ersteren zählen Treue, Ehrgeiz, Anhänglichkeit, Großmut und Gehorsam; zu letzteren Neid, Fressgier und ein sehr stark entwickelter Geschlechtstrieb.*« Auffallend ist, dass der »stark entwickelte Geschlechtstrieb« – bereits bei Gaston Phoebus im Hinblick auf den Wolf in abschreckender Weise missverstanden – noch Anfang des 20. Jahrhunderts zu mittelalterlichen Rückschlüssen Anlass gibt.

Weiter wird empfohlen, den Hund zeitweise an die Kette zu legen: »*Indem der Hund an der Kette liegt, lernt er die Freiheit schätzen. In der Einsamkeit sammelt sich der Zögling und lernt seinen Gelüsten entsagen. Freudig begrüßt er seinen Herrn, der ihn von der Kette erlöst.*«

Welche Fehleinschätzungen! Im weiteren Verlauf wird davon gesprochen, nach Freiheitsentzug (durch Kettenhaltung) den Hund wieder »*in die Freiheit zu b e g n a d i g e n*«. Und »*gegen große Hunde, die sich ihrem Herrn widersetzen, hilft nur der d e r b e S t o c k*«. Auch Stephanitz rät noch – je nach Fehlverhalten des Hundes – zu »*Strafe*« und »*Sühne*«. An anderer Stelle wird an das »*Pflichtbewusstsein*« des Hundes appelliert.

Gegen die Vermenschlichung des Hundes

Konrad Most, Zeitgenosse des Rittmeisters von Stephanitz, kämpft Jahrzehnte mit seinen Gefolgsleuten gegen die Vermenschlichung des Hundes und die damit einhergehende Fehleinschätzung seiner Fähigkeiten. Most gebraucht in bewusster Abgrenzung zur *Dressur* (die an die alte Form der *Parforce-Dressur* und an die *Schablonendressur* erinnert) den Begriff *Abrichtung*. Diese definiert er so: »*Nach Auffassung der exakten Psychologie bedeutet Abrichtung: Gewöhnung des Tieres an bestimmte Handlungen durch absichtlich gesetzte Sinnesreize, wobei Aneignung und Ausführung dieser Handlungen lediglich auf Leistungen des Gedächtnisses, nicht auf Denkleistungen beruhen.*«

Worauf es Most hier ankommt, ist vor allem die Einschränkung der Lernfähigkeit. Nachdem zu dieser Zeit der Hund noch vielfach wie eine Art Mensch, der lediglich nicht sprechen kann, angesehen wurde, vertritt Most vehement die damals gültige wissenschaftliche Position, der Hund könne nicht mehr als Verknüpfungen (damals als *Gedächtnisleistung* formuliert) herstellen. Denken könne der Hund nicht. Most stützt sich im Wesentlichen auf die Erkenntnisse des russischen Nobelpreisträgers, Psychologen und Pathologen Iwan Petrowitsch Pawlow (1849–1936, Foto rechts).

Die Verbindung zu Pawlow lag nahe, denn dieser hatte seine Lehre von den bedingten Reflexen an Modellversuchen mit H u n d e n aufgestellt.

Most nützt das Wissen über die *ursprünglichen* und *stellvertretenden Reize* und entwickelt seine Programme des auf *Meidemotivation* aufbauenden Starkzwanges. (Der Begriff *Meidemotivation* ist zu dieser Zeit allerdings noch nicht gebräuchlich.) Man tut Most jedoch unrecht, wenn man annimmt, er habe die gesamte Ausbildung mit Starkzwang durchgeführt. Leider wurde auch er von seinen Zeitgenossen in diesem Punkt missverstanden. Most war ein Voll-

ZWANGS-BRINGEN

Wie Zwangsbringen heute noch ausgeführt wird

Viele sahen und sehen im *Zwangsbringen* die einzige Lösung, da der Hund wohl ohne Probleme zum Gegenstand hinausläuft, aber oft auf Umwegen oder gar nicht (in den wenigsten Fällen motiviert) den Gegenstand zurückbringt; es dient ebenso zur so genannten »Absicherung« der Übung.

Der Hund wird an einen Pflock oder Baum gebunden. Während der Team-Führer das Bring-Holz vor die Schnauze hält, schnürt die Hilfsperson (in der Regel ein darin erfahrener Ausbilder) unter gleichzeitigem Zufügen starken Schmerzes die Kehle des Hundes zu, was über kurz oder lang in den meisten Fällen zum Öffnen des Fangs führt. Der Hund japst nach Luft. In diesem Augenblick bricht die Hilfsperson den Schmerz sofort ab.

Um Schmerz zuzufügen, werden verschiedene Praktiken genützt: Hierzu dient entweder ein geschliffenes Stachelhalsband, eine Würgekette oder dünne Würgeleine, aber auch der schmerzhafte Griff in die Ohren oder das Elektrogerät. Der Gehilfe darf unter keinen Umständen zu früh mit der Einwirkung aufhören. Erst wenn der Hund auf das Kommando <Bring!> in das Holz beißt, hört der Schmerz schlagartig auf. Dann wird der Hund gelobt und darf sogar spielen (falls er dann noch Lust dazu hat).

In wenigen Wochen lernt der Hund weitgehend sicher, auf das stellvertretende Signal <Bring> dem gleichzeitig vom Hund erwarteten Schmerz durch schnelles Zupacken zu entgehen. Er führt die gewünschte Handlung aus, um Unangenehmeres zu vermeiden (Meidemotivation). In weiterer Folge wird dann die Übung ausgebaut bis hin zur prüfungsmäßig vorgeschriebenen Form.

blutpraktiker. Dass überwiegende Zwangsausbildung enorme Leistungsnachteile zur Folge hat, war ihm nicht entgangen. Zum »Bringen« schreibt er: »*Es empfiehlt sich, die Übungen zuvörderst unter peinlicher Vermeidung irgendeines – auch noch so gelinden Zwanges – vorzunehmen …*« (siehe Praxis des Zwangsbringens, Seite 17). Leider gestaltet sich das Zwangsbringen in vielen Fällen nicht ohne Komplikationen, und oft hält es auch nicht lange genug vor. Manche Hunde entdecken früher oder später, dass der Hundeführer im Turnier im wahren Sinn des Wortes *machtlos* ist, und das nützen sie dann zu ihrem Vorteil aus. Andere Hunde bringen in Folge des Zwangsapportes noch zögernder als vorher, und bei wieder anderen überträgt sich das Negativerlebnis auf die gesamte Unterordnung oder gar auf die Mensch-Hund-Beziehung. Es gibt heute genügend Spitzensportler, die mit ihren Leistungen beweisen, dass die viel zitierte Behauptung: »Sicheres Bringen sei nur über Zwangsapport zu erreichen« schlechterdings falsch ist.

Aber nicht alle Zeitgenossen Mosts stimmten dessen Starkzwangmethodik zu, und über die Ansicht, der Hund habe außer Instinkten nur noch das Gedächtnis (Assoziationsfähigkeit) zur Verfügung, gab es auch andere Ansichten. Otto Henze weist auf mehrere Beispiele im täglichen Leben mit dem Hund hin, etwa das freiwillige Aufnehmen und Entgegenbringen eines Gegenstandes zur Spielaufforderung, und meint, diese »Handlungen« (der Begriff *Verhaltensweise* ist noch nicht bekannt) müsse man bereits im Bereich des *Denkens* ansiedeln.

Beide Vertreter, Most wie Henze, sind klassische Beispiele dafür, dass die Einstellung zu einer Problematik gleichermaßen deren Lösungsform vorprogrammiert.

➤ Nach Most lernt der Hund ein bestimmtes Verhalten, indem er neutrale oder unangenehme Aufgaben ausführt, um Unangenehmem oder noch Unangenehmerem zu entgehen. Auf diese Weise kann man dem Hund nahezu alles beibringen, und wenn nichts schief läuft, auch mit erstaunlicher Zuverlässigkeit.

➤ Henze hingegen setzt auf die »*Abrichtung nach Eigenart*«, wie er sich ausdrückt, und meint damit sowohl das Nützen der Erbanlagen als auch das Eingehen auf die Individualität des Hundes. Er spricht von der Nutzung des *Geistes* an Stelle *roher Gewalt*. Der Hund soll beim »Erlernen der betreffenden Übungen fast gar keine Unlustgefühle kennen lernen und daher stets *freudig* arbeiten.« (Das Wort »fast« macht deutlich, dass damals die Voraussetzungen für eine motivational orientierte Pädagogik noch nicht vorhanden waren.)

Schade, dass Henze nicht die Kenntnisse zur Verfügung standen, seine Vision auch zu verwirklichen. Zwiespältig ist sein Verhältnis zum *Spiel*, das er einerseits wünscht und auch ansatzweise einbringt, zu dem er andererseits aber sagt: »*Eine Abrichtart, bei welcher man dem Hund spielend seine Aufgabe beibringt, kann es nicht geben.*«

Mit dem Begriff »Spiel« tun sich ja heute noch viele schwer – vornehmlich Männer. In patriarchalischen Gesellschaftsstrukturen wird »Spiel« gerne als etwas angesehen, was im Bereich des Kindes und der Frau anzusiedeln sei – und abgewertet. Erst dort, wo der »Ernst« einsetzt, beginnt ihrer Meinung nach das Wertvolle, und das sei natürlich den Männern vorbehalten. Spiel wird als etwas Vorläufiges, Unfertiges begriffen und damit völlig verkannt. Die moderne Pädagogik lehrt uns, dass alles Kindliche nicht als Vorstufe zum Erwachsenen anzusehen ist, sondern eine eigene, qualitativ andersartige Wertigkeit beinhaltet. Wer das nicht versteht oder verstehen will, wird nie zum echten, natürlichen Spiel vordringen können.

Die Ganzheitstheorie

Sieht man sich die Ausführungen der Abrichtung Henzes im Einzelnen an, so findet man leider auch bei ihm wieder Zwang auf der einen Seite und viel Vermenschlichung auf der anderen. Trotzdem sind die Unterschiede von Most zu Henze unverkennbar. Die Diskrepanz beider Autoren ist gleichzeitig ein Spiegel der tiefer liegenden, die Wissenschaften betreffende Neuorientierung um die Jahrhundertwende. Most stand noch stark unter dem Einfluss der *Elementenpsychologie*. In dieser Zeit widmete sich die naturwissenschaftliche Analyse intensiv den Reflexen. Infolgedessen verstand man das Tier als ein auf Reize mehr oder minder automatisch reagierendes Wesen. Auch in unseren Tagen kommen wieder »neue Methoden« auf, die im »reagierenden Hund« das Maß aller Dinge sehen. Diese Methoden kommen dem weit verbreiteten Wunschbild entgegen, den Hund wie einen Automaten bedienen zu wollen. Sozusagen »auf Knopfdruck« soll das Tier auf einen Befehl mit einem definierten Verhalten reagieren.

Diese Anschauung ist überholt durch die Erkenntnis, dass sich hoch entwickeltes Leben nicht nur reaktiv äußert, sondern aktiv anpasst, sich dabei verändert und gleichzeitig verändernd in das Geschehen eingreift (von Weizsäcker: »*Umwelt und Organismus beeinflussen sich gegenseitig und gleichzeitig*«, siehe Grafik rechts).

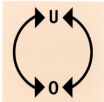

Die Rede ist von der *Ganzheitstheorie* (Christian von Ehrenfels »*Über die Gestaltqualitäten*«, 1890), die zu gewaltigen geistigen Umbrüchen unserer Epoche führte. Henze hatte diese Sichtweise entweder vorausgesehen oder zumindest intuitiv erfasst. Aber auch die Ganzheitstheorie wurde missverstanden, indem man sie in eine Methode zwängen wollte. Heute wissen wir, dass die Versuche etwa der Sprachschulung, wo man viel zu früh damit begann, vom Kind »Ganzheiten« (ganze Worte zu sprechen oder später zu lesen) zu verlangen, falsch waren. Die moderne Sprachforschung zeigte auf, dass die Selbststeuerungsvorgänge in der Sprachentwicklung mit dem Experimentieren von Elementen (Modulen) beginnen. Die vielen Rückkopplungen und funktionellen Kreisprozesse (Stimmorgan, Hören, Empfinden, Vorstellung usw.) müssen erst innerhalb elementarer Lernprozesse grundgelegt werden. In Anlehnung an N. Hartmanns »Schichtenlehre« stellen wir die Wechselwirkung zwischen niederen (elementaren) und höheren (spezialisierten) Lern-»Kategorien« in den Vordergrund. Demnach sind Elemente nicht primitive Vorläufer, sondern Träger kommender Ganzheiten. Elementare Lernprozesse werden nicht wie die Stufen einer Rakete nach Gebrauch abgestoßen und wertlos, sondern sie begleiten uns ein Leben lang.

Heute, nach etwas mehr als hundert Jahren, hat sich die *Ganzheitstheorie* in allen Wissenschaftszweigen durchgesetzt – ja sie trug sogar zum Entstehen neuer Wissenschaftsverbindungen bei. Keine andere geistige Sichtweise des Jahrhunderts hat unsere Welt derart verändert.

Die Emotionale Intelligenz

An dieser Stelle wollen wir kurz auf eine andere Errungenschaft hinweisen, diesmal aus unserer Zeit: Die Rede ist von der Sichtweise der *Emotionalen Intelligenz*. Neuere Ergebnisse der Gehirnforschung ebenso wie transdisziplinäre Analysen zeigen, dass die *Intellektuelle Intelligenz* nicht länger als Maßstab menschlicher Leistungsreichweiten gelten kann. Der IQ wurde in der Vergangenheit bei weitem überschätzt. Heute beginnt man zu erkennen, dass den emotionalen Fähigkeiten des Menschen eine ebenso große, wenn nicht noch wichtigere Bedeutung für das Gelingen des Lebens zukommt. Wenn Emotionen aber für den Menschen derart bedeutungsvoll sind, dann müssen wir alles, was wir bislang über die Fähigkeiten und Begrenztheit der Tiere angenommen haben, in einem neuen Licht sehen. Denn keiner wird bestreiten, dass höhere Tiere, etwa Hunde, zahlreiche Befindlichkeiten äußern.

<u>Ein Beispiel:</u> Der Hund seufzt, wenn es ihm zu lange dauert. Das ist eine Verhaltensweise, die der vom Menschen her bekannten *Ungeduld* frappant ähnlich ist. Der Hund »trauert«, er »freut sich«, er ist »nervös« und ein andermal »ruhig«, er hat »Angst«, empfindet »Einsamkeit« oder wird »aggressiv«.

Wenn es uns nur für einen Augenblick gelingt, diese Befindlichkeiten als das zu sehen, was sie sind, nämlich Emotionen, dann ist etwa die Ungeduld des Hundes nicht so weit von der des Menschen entfernt. Allerdings geht der Mensch anders mit Emotionen um als der Hund und damit vermag er die ursprüngliche emotionale Betonung ganz erheblich zu verändern.

Je nach Ausgangspunkt der Betrachtung setzen sich immer mehr neue Begriffe für die verschiedenen Erscheinungsformen der Emotionalen Intelligenz durch. Man spricht von *Adaptiver, Problem lösender, Instinktiver* oder auch von *Moralischer Intelligenz* des Menschen. Nicht alles, aber vieles gilt auch in ähnlicher Bedeutung für höhere Tiere. Man kann durchaus die Behauptung aussprechen: Die Sichtweise der Emotionalen Intelligenz beim Menschen lässt vermuten, dass auch die höheren Lebewesen »denken« können. Allerdings nicht in der Weise, wie wir bislang Denken verstanden haben, sondern denkend in einer integrativen Form, die einen höheren emotionalen als intellektuellen Anteil an Inhalten aufweist als bisher angenommen. Höhere Lebewesen können, um es vereinfacht und kurz zu sagen, nicht nur mit dem Verstand, sondern auch *fühlend* denken.

Und gerade von dieser Form des Denkens macht auch der Mensch, weitgehend unterbewusst, Gebrauch. Vielleicht müssen wir schon in kurzer Zeit davon ausgehen, dass höhere Tiere uns

gerade darin um vieles ähnlicher sind als im Vergleich des rationalen Denkens. So gesehen, wäre der Hund nicht »dumm«, weil er nicht versteht, dass er den gleichen Weg zurückgehen muss, um das Einfädeln der Leine um einen Pfosten rückgängig zu machen, sondern er ist lediglich in dieser intellektuell betonten Aufgabe überfordert und bei deren Lösung natürlich eingeschränkt. Mit der *arteigenen emotionalen Denkfähigkeit als solcher* hat das beschriebene Problem zunächst nichts zu tun. In anderen arteigenen Problemstellungen ist der Hund durchaus in der Lage, komplizierte Aufgaben mittels emotionaler Intelligenz bravourös zu lösen.

Von dieser Warte aus gesehen wären wir in der Lage, die begrenzte Anschauung Mosts hinsichtlich der »Denkfähigkeit des Hundes« auf der einen Seite und die übertriebene Einschätzung Henzes auf der anderen in ein helleres Licht zu rücken.

Die Prüfungsordnung am Beispiel der ÖPO 1947

Wir möchten uns hier auf einige interessante Inhalte aus den zahlreichen Veränderungen der nationalen und internationalen Prüfungsordnungen beschränken.

Übergeordnete Ziele der PO 1947

In den »*Grundregeln der Unterordnungs- und Gewandtheitsübungen*« ist unter 1. Folgendes zu lesen: »*Zu bewerten ist nicht nur die Art der Reaktion des Hundes, sondern auch die präzise Ausführung der Übungen. Der Hund darf dabei nicht eingeschüchtert erscheinen, sondern muß freudig und willig folgen.*« (In einer PO des deutschen SV heißt es im Jahre 1951: »*… soll seinem Führer auf das HZ* (Hörzeichen) *hin willig und freudig folgen.*«

Wie wichtig den Autoren der »*Freudige Hund*« war, geht aus der doppelten Beschreibung hervor. Man hat das Leitbild nicht nur in seiner positiven Formulierung »*freudig und willig*« ausgedrückt, sondern zusätzlich durch das Negativbeispiel verstärkt: Er soll »*nicht eingeschüchtert erscheinen*«.

Vor allem die negativ ausgedrückte Formulierung ist heute wieder aktuell. Viele Hunde gehen ja folgsam bei Fuß, schauen sogar hoch, gehen also technisch einwandfrei, und doch zeigt die kritische Analyse der Körpersignale eben das, was man schon vor einem halben Jahrhundert als »eingeschüchtertes Bei-Fuß-Gehen« abwertend beurteilte.

Gegenüberstellung

Die bereits 1947 im Punkt 16 auftauchenden Begriffe »Schönheit« und »Sicherheit in der Ausführung« erhalten in der ÖPO (Österreichische Prüfungsordnung) des Jahres 1967 eine deutliche Steigerung. Dort ist zu lesen:

»*Sicherheit und Schönheit der Arbeit zusammen ergeben höchste Bewertung. Der Hund darf nicht eingeschüchtert erscheinen, sondern muss freudig und willig folgen.*«

Sicherheit und Schönheit sollten ins Gleichgewicht gebracht werden. Damit erfährt die PO erstmals eine ästhetische Komponente! Und zwar mit enormer Gewichtung: Schönheit als neben der Sicherheit wichtigstes Leistungsziel! In dieser Formulierung hat sich die Abrichtung deutlich von der ausschließlichen Praxisleistung abgehoben. Es ging jetzt nicht mehr allein darum, w a s der Führer mit seinem Hund erreichen sollte, sondern w i e er es vortrug. Hier war also bereits von der Unterordnung in stilisierter, kultivierter Form die Rede.

Fasst man Schönheit der Bewegung etwas weiter, so enthält der Begriff auch die Perspektiven der Arteigenheit und Natürlichkeit. Das sind hochaktuelle Inhalte. Schade, dass der »Schönheit« nur eine kurze Lebensdauer beschieden war. Die Forderung nach Gleichgewicht in »Sicherheit und Schönheit« fiel nachfolgenden Revisionen zum Opfer – vermutlich unter dem Einfluss eines betont technisch ausgerichteten Zeitgeistes. Aus heutiger Sicht ein schmerzlicher

Es ist ein langer Weg bis hin zur vitalen, unablenkbaren und ununterbrochenen Aufmerksamkeit des Hundes in jeder Übung und in den Wartephasen.

und folgenschwerer Verlust. Ebenso schmerzlich die Tatsache, dass die Grundregeln in ihrer für die gesamte Unterordnung verbindlichen Ausrichtung gestrichen wurden. Man hat sie abgeändert und kurzerhand in die Teilübung der Leinenführigkeit geschoben.

Aber auch andere Inhalte und Formulierungen waren dem Wandel unterworfen. Vergleichen wir die Formulierungen bezüglich der Leinenführigkeit:

Hier nochmals die PO 1947: »*Der Hund darf nicht eingeschüchtert erscheinen, sondern muss freudig und willig folgen.*«

In der IPO (Internationale Prüfungsordnung) 1995 steht nur noch (unter 1. Freifolge): »*... hat der Hund dem HF auf das Hörzeichen ‹Fuß› freudig zu folgen.*«

Die nationale PO Österreichs aus dem Jahre 1996 zeigt sich etwas traditionsbewusster. Hier ist zu lesen: »*... muss der Hund dem HF auf das HZ (Hörzeichen) ‹Fuß› aufmerksam, freudig und gerade folgen, ...*« Den ursprünglichen Formulierungen wurden zwei neue Punkte hinzugefügt, a*ufmerksam* und *gerade* sollte der Hund folgen (gemeint war wohl geradlinig). Möglicherweise hatte für die *Aufmerksamkeit* das ursprüngliche Wort »willig« Pate gestanden.

Hier zum Vergleich die derzeit gültige Fassung der Schweizer SchH III-PO (aus dem Jahre 1988). Hier ist das Wort »willig« noch enthalten: »*... Der angeleinte Hund muss seinem Hundeführer (HF) in jeder Gangart und Richtung willig und freudig so folgen ...*«. Interessant auch hier die Reihenfolge: »willig« steht vor »freudig«.

Besser als das Wort »willig« wäre allerdings das Wort »FREI-willig«! Dies entspräche der modernen Auffassung, durch entsprechende Methoden die Freiwilligkeit des Hundes zu gewinnen.

Leitbild zur »Mensch-Hund-Harmonie«

Das Ziel

Allzu leicht lassen sich ehrgeizige Menschen vom Glanz sportlicher Erfolge verleiten. Hunde werden dann gekauft und gewechselt wie Tennisschläger, und exzessive Gewaltanwendungen avancieren zum methodischen Alltag. Wieder einmal mehr in der Geschichte muss der Zweck die Mittel heiligen. Der Begriff vom *Hund als Sportgerät* trägt leider eine traurige Berechtigung und mahnt zum kritischen Nachdenken. Jeder Hundehalter sollte sich von Zeit zu Zeit die Beweggründe seiner eingegangenen »Partnerschaft« vergegenwärtigen. Denn Beweggründe verändern sich oft in unauffälliger Weise. Hier gilt es zu prüfen, ob die aufgedeckten Veränderungen im Innersten gewünscht und akzeptiert werden oder ob sie sich, aus welchen Gründen auch immer, eingeschlichen haben. Soll man alte Ziele kraft Einsicht neu beleben oder diese einschränken oder gar aufgeben? Veränderungen der Beweggründe erfordern immer auch eine Neuorientierung – und zwar in a l l e n Fragen der *Mensch-Hund-Beziehung*.

Wer die *Mensch-Hund-Beziehung* gewissenlos unterhält, darf sich nicht wundern, wenn er zum Spielball erkannter oder auch nicht erkannter niederer Motive wird, wenn sich die Unzulänglichkeit seiner Moral irgendwann einmal als Bumerang erweist. Der Sport mit einem Lebewesen bedarf in besonderer Weise immer wieder einer kritischen Überprüfung!

Was motiviert uns zum Hundesport?

Ist es der Sieg? Man erinnert sich wohl an Goethes weise Einsicht, *nicht das Ziel sei das Ziel, sondern der Weg dorthin*. Aber zwischen Wissen und Verwirklichung liegen oft Welten. Wer Sieg und Niederlage nicht in der Praxis auf einen gemeinsamen Nenner zu bringen vermag, wird sich die längste Zeit seiner hundesportlichen Tätigkeit im Unglück befinden; denn alles, was ihn vom Sieg trennt, macht ihn unzufrieden.
Wäre es nicht vernünftiger, sich daran zu freuen, was jederzeit zur Verfügung steht? – Und zwar ohne den bitteren Zwang, besser sein zu müssen als andere?
Ich spreche vom Hund, der allein durch sein Dasein, das er mit uns teilt, unerschöpfliche Quellen der Freude bereitstellt. Wir brauchen weder den Hormonschub geleisteter Selbstüberwindung wie manche Langläufer, noch brauchen wir den Nervenkitzel riskanter Sportabenteuer. Wir haben doch den Hund, der uns reich beschenkt und der nie langweilig wird.

Aus der Höhe betrachtet, versteht man die »Ebene« des Realen oft besser. Ideale und ihre Leitbilder helfen uns hierbei.

Aber der Sport mit dem Hund ist immer auch Gemeinschaftspflege! *Gemeinschaft pflegen* heißt aber – auch wenn es n u r um die Gemeinschaft mit einem Tier geht – Nehmen u n d Geben! Meine schönsten Erlebnisse haben irgendwo auf einer Wiese oder auf einem Hundeplatz stattgefunden, wo ich ganz allein mit dem Hund übte und spielte, ohne den Weihrauch menschlicher Anerkennung, ohne den Glanz des Turniersiegs und ohne rauschenden Beifall einer Veranstaltung. Es ist das uralte Geheimnis, das sich in der Begegnung mit dem Hund offenbart; es ist Faszination des Verbundenseins. Es ist – ein Stück Paradies. Wer es erlebt hat, wird sich immer wieder daraufhin ausrichten. Und es wird sich die alte Erkenntnis vertiefen, dass an unser Leben die Forderung nach einer umfassenden, auch die Tierwelt einschließenden Liebe geknüpft ist.

Team-Gedanke: EIN- statt UNTER-Ordnung

In der so genannten »Unter-Ordnung« ist bis auf den heutigen Tag all das zusammengefasst, was das gemeinsame Leben von Mensch und Hund möglich macht. Die »Unterordnung« enthält sozusagen die Regeln des gemeinsamen Lebens. Und sie enthält die Grundaufgaben der Erziehung und Ausbildung. Lange Zeit waren Regeln und Aufgaben darauf ausgelegt, was der Mensch vom Hund erwartet hat. Mit dem Aufkommen der Verhaltensforschung hat sich jedoch das Bild vom Hund gewandelt. Man hat begonnen, auch nach dem zu fragen, was der Mensch dem Hund bieten müsse, worin (vermenschlicht gesprochen) die »Erwartungen« des Hundes an den Menschen liegen. Mit dem Ziel einer flüssigen Sprache kommt man an Begriffen, die Vermenschlichung beinhalten, nicht vorbei. Aber solange wir uns der eingeschränkten Gültigkeit der Humansprache bewusst sind und dies auch gelegentlich durch Apostrophierung vermerken, solange ist diese Vorgehensweise statthaft. Natürlich wissen wir, dass der Hund nicht wie ein Mensch auf uns eingehen kann.

Interessen liegen auf Grund der Verschiedenartigkeit beider Spezies nicht immer konform. Nirgendwo anders spiegeln sich die »Interessensunterschiede« von Mensch und Hund deutlicher wider als im Sport. Die Frage lautet, soll sich der Hund tatsächlich, wie es lange gesehen wurde, UNTER-Ordnen – im Sinne der bereits

Hand und Pfote verbinden sich im Spiel. – Aus dem alten »parierenden Hund« wird der »Mitspieler« und später im Sport der »TEAM-Partner«.

zitierten »Unterwerfung« –, oder wünschen wir uns den Hund als freundlichen Begleiter in der Familie und im Sport? Als Begleiter, für dessen Wohlbefinden wir die Verantwortung tragen. Soll sich nur der Hund »unterordnend anpassen« oder ist auch der Mensch aufgerufen, etwas beizutragen zu einem Vorgang, den man besser mit beidseitigem »Aufeinander-Eingehen« umschreibt? Und schließlich: Soll der Hund, wie heute noch manche Leute meinen, *parieren*, oder wünschen wir uns einen »Team-Partner«, dem auch wir bereit sind, in anpassender Weise entgegenzukommen und dem wir bestimmte Rechte zubilligen? Wünschen wir uns eine Hundehaltung im Stil der UNTER- oder der EIN-Ordnung? Es steht außer Frage, dass auch die EIN-Ordnung zu einem Teil UNTER-Ordnung mit einschließt. Nicht eine Trennung der Begriffe ist wünschenswert, sondern die damit verbundene *Betonung*. Mit anderen Worten, soll das UNTER-Ordnen oder das EIN-Ordnen im Vordergrund unserer Hundeerziehung und Hundeausbildung stehen?

Unterschätzen wir die wirkende Kraft der Wortwahl nicht! Zumindest sollte uns bewusst sein, was wir meinen und worauf es uns ankommt, wenn wir von »Unter«-Ordnung sprechen.

Ideal oder Sachziel?

Die Spezialisierung in allen Bereichen menschlicher Tätigkeit legt nahe, sich an Sachzielen zu orientieren, verspricht doch die Konzentrierung auf das isolierte Problem den besten Erfolg. Ideale können hierzu wenig beitragen, meint man, denn sie zeigen auf ein fernes, vielleicht nie erreichbares Ziel. Das Wagnis, sich auf Ideale auszurichten, mag manchen abschrecken. Ideale scheinen realitätsfremd und viel zu weit vom eigentlichen Problem entfernt. Wundert es da, wenn sie nicht sonderlich hoch im Kurs stehen? Dem modernen, aufgeklärten Menschen kommen sie eher nebulös, spekulativ oder gar gefährlich vor.

Auch im Hundesport liegen die Dinge ähnlich. Die Prüfungsordnungen sind ein Spiegelbild dieser Einschätzung. Sie enthalten einen umfangreichen Katalog formaler Ausrichtungen. Qualitative oder gar ideelle Inhalte spielen demgegenüber eine eher geringe, wenn nicht gar verschwindend geringe Rolle.

Das Ideal aller Ideale tritt aus der *Idee des Guten* hervor. Uralt sind daher die Ideale des Menschen hinsichtlich seines sittlichen Strebens und der Erziehung. Aber *Ideale* werden erst dann zur Wirklichkeit, wenn sie in einem *Vorbild* Gestalt gewinnen. Je vollkommener sich das Ideal im Vorbild spiegelt, desto überzeugender wirkt es auf den Menschen.

Besinnt man sich auf das, was die *Mensch-Hund-Beziehung* im Wesentlichen ausmacht, dann rücken Ideale wieder ins Rampenlicht.

Die *Mensch-Hund-Beziehung* ist eben kein statisch formaler Zustand, der sich in Zentimetern oder Grad messen lässt. Sie lässt sich daher auch nicht an Äußerlichkeiten ausrichten. Treffen zwei Lebewesen unterschiedlicher Spezies zusammen, indem sie eine Gemeinschaft eingehen, so stehen auf beiden Seiten Bedürfnisse. Für den Menschen ist wichtig, dass er das erhält, was er sich vom Hund erwartet, und für den Hund ist wichtig, dass er in dieser außergewöhnlichen Verbindung, wo er letztlich auf Gedeih und Verderb in des Menschen Hand liegt, sich im Gleichgewicht seiner hundlichen Bedürfnisse und Anpassungsfähigkeit bewegen kann.

Beim Menschen wie beim Hund geht es also um spezies-spezifische und um subjektive Befindlichkeiten, um psychosomatische Vorgänge, die sich wie Wellen von einem Zentrum aus ringförmig ausbreiten und alle Bereiche des Individuums erfassen. Und weil Mensch und Hund gleichzeitig und gemeinsam auftreten, überlagern sich die Wellen und bilden neue Formen.

Hierzu ein Beispiel: Die Gehweise eines Menschen und auch die eines Hundes ist immer auch Ausdruck innerer Vorgänge. Beim Menschen spricht man von inneren Absichten und

Gestimmtheit. Beim Hund nehmen wir Aktionstendenzen und Befindlichkeit an. In Anerkennung dieser existenziell realen Inhalte kommen wir nicht an der Frage vorbei, wie wir uns diese Vorgänge im Idealfall vorstellen. Diese Vorstellung gipfelt in der einfachen Frage: Wie soll die ideale Mensch-Hund-Beziehung aussehen, und wie soll sie sich im Detail einer sportlichen Vorführung manifestieren?

Ich habe in dieser Frage lange nach einem Wort, einem Begriff gesucht und finde keinen besseren als die *Mensch-Hund-Harmonie.* – Vor dem Hintergrund dieses übergeordneten Ideals steht die in der Praxis verwirklichte *Mensch-Hund-Beziehung.* Im Sport, ganz besonders in der *Unterordnung* (die wir als im weiteren Verlauf in ihrer Betonung der Ein-Ordnung verstehen) tritt auf der nächst tieferen Ebene individueller Verwirklichung die »Mensch-Hund-Gemeinschaft«, mit anderen Worten: *Mensch und Hund als Team.* Noch eine Ebene tiefer steht uns dann *die Team-Vorführung* vor Augen (siehe Grafik Seite 27).

Verweilen wir kurz beim Begriff der *Mensch-Hund-Gemeinschaft* und dem daraus abgeleiteten *Team-Gedanken. Gemeinschaft im Team* geht ja über die reine *Beziehung* hinaus. Im Team stehen gemeinsam bewältigte Aufgaben im Vordergrund. Eine weitere Besonderheit des Teams liegt in der unterschiedlichen Verteilung der Aufgaben. *Teamwork* umfasst alle erdenklichen Konstellationen gemeinsam zu bewältigender Aufgaben.

Teamwork als Bewertungsgrundlage

Weil aber die Verbindung Mensch-Hund, wie wir weiter oben festgestellt haben, bereits in sich, also v o r dem Auftreten bestimmter Aufgaben, eine *primär-zentrale Aufgabe* beinhaltet, müssten alle anderen folgenden Aufgaben am Maßstab einer gelungenen Synthese dieser Beziehung bewertet werden – und nicht isoliert!

Diese schlüssig hergeleitete Notwendigkeit, nämlich qualitative Inhalte der *Team-Vorführung* in ihrer Existenz nicht nur anzuerkennen, sondern in der Bewertung jeder Detailaufgabe voranzustellen, gibt dem Hundesport einen völlig anderen als den zur Zeit praktizierten Ansatzpunkt! Von dieser Warte aus gesehen, gewinnen Fragen nach dem *Ausdruck einer Körperhaltung,* nach *natürlichen* und *harmonischen Bewegungen,* Fragen nach *Aufmerksamkeit* und *Empfänglichkeit,* nach *Konzentration* und *Erwartungshaltung* oder Fragen an die *Ästhetik der Team-Vorführung* auf einmal an Bedeutung. Ja, sie stellen sich sogar in den Vordergrund. Leitbilder drängen sich förmlich auf und rücken in greifbare Nähe. Leitbilder, aus Idealen gewonnen.

Unter anderem sollen mit vorliegendem Buch die Kriterien *idealer Haltung und Bewegung* beschrieben werden. Hier vorerst nur so viel. Al-

Jugend ist voll von Idealen, ja sie verkörpert geradezu einen Ideal-Zustand.

Menschen, die Idealen folgen, haben bekanntlich höhere Frustrationstoleranzen. Viel spricht also für das Ausrichten auf ein Ideal hin.
Lassen Sie uns also das Wagnis eingehen – unpopulär und abseits vom Trend der Versachlichung –, nach Idealen und Leitbildern Ausschau zu halten!

Das Leitbild der »Drei Zinnen«

In der Seele des Menschen wirken Vorstellungen und Emotionen oft mehr als noch so gut gelungene intellektuelle Formulierungen. Daher versuchen wir im Folgenden, ethische, sportliche und individuelle Ideale in ein Bild zu fassen. Ideale sind wie »Superzeichen«, die uns immer wieder an das Wesentliche erinnern und die dem Wollen und Tun eine bestimmte Richtung geben. Daher haben Gleichnisse, Bilder und nicht zuletzt Musik eine uralte Tradition. Sie sind ausgezeichnete Hilfen auf dem Weg erstrebter personaler Veränderungen.
Vergegenwärtigen wir uns das Naturwunder der »Drei Zinnen«, jener gewaltigen Felsen in Südtirol, die aussehen, als hätten sie Götter gestaltet und hingestellt (siehe Foto Seite 28). Das gemeinsame Material, der Stein, soll an die E i n h e i t der drei Ideale erinnern, die einzelnen Felsmassive verkörpern die drei verschiedenen Sichtweisen, die e t h i s c h e, die s p o r t l i c h e und die i n d i v i d u e l l e, wobei die mittlere, die »ethische Zinne«, welche die anderen überragt, gleichzeitig sozusagen als *Ideal der Ideale* die Idee des Guten darstellt. Die Drei Zinnen zeigen in die Höhe, ins All, was uns auffordern soll, ihrer transzendierenden Dynamik zu folgen.

Ethische Ausrichtung

Ethische Ideale als Ausrichtung (des Lebens des Einzelnen und der Gemeinschaft, des Staates!) finden wir in nahezu allen frühen Kulturen. Der chinesische Philosoph und Staatsmann Konfuzius (auch Konfutse, Kungtse, ≈ 551–479) lehrt

les bis hierher Gesagte legt nahe: Wir kommen an Idealen und ihren Leitbildern nicht vorbei. Aber keine Angst! Diese verunsichern uns nicht, solange wir den Boden der Tradition nicht verlassen und solange wir keinen Spekulationen zum Opfer fallen.

➤ Ideale und ihre Leitbilder bedeuten echte Hilfen für neue Erkenntnisse und für den Fortschritt.
➤ Ideale und ihre Leitbilder beinhalten eine weite Bandbreite der Sichtweisen.
➤ Sie entfachen, wie uns die Geschichte immer wieder vor Augen hält, unausschöpfliche Motivationspotenziale.
➤ Sie haben einen verbindenden Charakter unter jenen, die sich auf sie ausrichten. Auf ein Ideal ausgerichtet, kämpfen Sportler nicht mehr nur gegeneinander, sondern immer auch um die Annäherung an das gemeinsam angestrebte Ideal. Demgegenüber lässt ein *Klima*, das von Sachzielen geprägt wird, den Mit-Sportler leicht zum reinen Konkurrenten, ja nicht selten zum Gegner werden.

Die transzendierende Komponente gemeinsamer Ideale aber verbindet ursprüngliche Gegner – wenigstens teilweise –, und sie verhilft dem Einzelnen außerdem, last but not least, Niederlagen und Enttäuschungen besser zu verkraften.

Aus dem Ideal der »Mensch-Hund-Harmonie« leiten wir die »Drei Zinnen« ab, die zur »ethischen, erzieherisch-sportlichen und individuellen Ausrichtung« aufrufen.

als Grundlage der sittlichen Vollkommenheit die Grundtugenden der *Nächstenliebe, Gerechtigkeit, Schicklichkeit, Weisheit* und *Treue*.
Auch bei den alten Griechen (Sokrates, Platon und Aristoteles) stand die *Ethik* (Synonym für Moralphilosophie) im Zentrum ihrer Bemühungen um das Gelingen des Lebens. Und Karl Jaspers (1883–1969), ein moderner Philosoph (neben Heidegger einer der bedeutendsten Vertreter des Existenzialimus) sagte sinngemäß, dass sich kein Mensch den metaphysischen Fragen entziehen kann: *»Leben heißt philosophieren.«*
Die Ethik als philosophische Disziplin fragt nach den letzten Gründen der sittlichen Erscheinungen und nach den sittlichen Verpflichtungen, die sich daraus ableiten. In allen zivilisierten Staaten findet sich die sittliche Verpflichtung nicht nur in der Fülle von Einzelgesetzen, sondern in den Postulaten der Grundgesetze wieder. *»Die Würde des Menschen ist unantastbar.«* heißt es dort.

Tierethik

Tieren gegenüber hat der Mensch ebenfalls sittliche Verpflichtungen. Auch diese Annahme ist uralt. Die Mythen der Ägypter sind voll von Tiergestalten. Sie traten auf als Botschafter der Götter, als Symbolfiguren und in Form von Tier-Menschen. Allein schon diese Verschmelzung von Mensch und Tier zeigt einen heute schwer nachvollziehbaren Einklang mit der Natur. Aus dem Glauben an ein universales naturhaftes Sein nahmen die Ägypter ihre Haustiere mit in den Tod. Die Gräber der Pharaonen sind voll von Gebeinen ihrer Lieblingstiere. Und in den griechischen Sagen finden wir dieselbe Wertschätzung Tieren gegenüber.
Auch die indianischen Völker lebten im Einklang mit der Natur. Sie achteten das Lebensrecht der wild lebenden und der gezähmten Tiere, ihrer Pferde und Hunde. Daher töteten sie nur so viel, wie für das Überleben unbedingt notwendig war. Die *Cheyenne* übrigens verdanken ihren Namen dem Hund (*Cheyenne* kommt aus dem Französischen: le chien = der Hund. Trapper gaben ihnen ursprünglich diesen Na-

men). Für die Indianer galt nicht nur der Mensch als *wakan* – geheiligt, sondern die gesamte Natur: Die Berge, Flüsse, Adler und Büffel waren ihrer Ansicht nach beseelt. So wurde die Sonne nicht nur als Naturgottheit verehrt, sondern als Offenbarung des großen Geistes *Manitou*. Die Indianer kannten also bereits einen unpersönlichen, geistigen Gott. Sie nannten ihn *wanka tonka* (bei verschiedenen Stämmen unter verschiedenen Begriffen bekannt: großer Manitoo, Wasconda, Yastasinane usw.).

Schon im 6. Jahrhundert v. Chr. schreibt der Chinese Laotse in seinem *Tao-te-king* (Tao-Te-King: Buch vom Weg und seiner Wirkung):
»*… Die Wirkkraft des Tao besteht nicht darin, die Wesen zu zwingen, sondern darin, dass man sie sich entfalten lässt, wie es ihnen entspricht.*«
Schöner und treffender lässt sich Tierethik kaum umschreiben.

Auch bei Platon (427–347 v. Chr.) wird die Seele als Inbegriff der Unsterblichkeit für Menschen u n d Tiere begriffen. Nicht nur der Mensch, auch Tiere galten als beseelte Wesen. (Dass daran allerlei Spekulationen der Wiedergeburt geknüpft wurden, spielt in ethischer Hinsicht eine untergeordnete Rolle.)

Und das alte Testament ist voll von tierschutzrelevanten Hinweisen. »*Der Gerechte erbarmt sich seines Viehs …*« – und: »*Der Gerechte weiß, was sein Vieh braucht …*« (Sprüche 12,10).

Noch bei Paulus wartet *alles Geschaffene sehnsüchtig und unter seinen Leiden stöhnend auf die Befreiung* (Röm. 8,19-22).

Die aufkommende nachchristliche Theologie jedoch begann – nicht zuletzt unter dem Einfluss des Christianisierungs- und Unterwerfungsgedankens –, den vorgefundenen Mythen allerorts und mit aller Entschiedenheit entgegenzutreten. Die mythischen Symbole waren, wie gesagt, reich an Tier- und Fabelwesen. Hier war der Mensch, zwar befangen im Sinnlichen und Endlichen, ein Teil der Natur. Er sah sich auf die Natur hin bezogen und nicht umgekehrt. Die nachchristliche Theologie hingegen stellt den Menschen in einer bis dahin ungekannten Art und Weise in den Mittelpunkt. Im anthropozentrischen Weltbild des Mittelalters ist der Mensch das einzige Lebewesen, das im Besitz einer unsterblichen Seele ist. Und als Folge dieser selbst erkorenen Sonderstellung nabelt er sich ab von der übrigen Schöpfung. Im Guten wie im Bösen bleibt er selbst der Mittelpunkt, auf den alles bezogen wird. Auf diese metaphysische Selbstüberschätzung gehen letztlich die Kreuzzüge, die Glaubenskriege und die Hexenverbrennungen zurück. Und auf diesen religiösen Irrtum ist es zurückzuführen, dass sich die Kirche weigerte, durch das Fernrohr eines Galilei (1564–1642) zu sehen (Galileo Galilei: Begründer der modernen Physik. Er bewies als erster, dass sich die Erde um die Sonne dreht (heliozentrische Lehre) und nicht umgekehrt. Der römische Klerus weigerte sich, durch das Fernrohr des Galilei den Beweis zu überprüfen. 1633 wurde Galilei zum Widerruf seiner Lehre gezwungen).

Thomas von Aquin (1225–1274), für Jahrhunderte maßgeblicher Kirchenlehrer und Theologe, äußert auf die Frage des Fortlebens der Tierseele: »*Die Seele des Tieres ist nicht teilhaftig eines ewigen Seins*«, denn: »*In den Tieren findet sich keinerlei Verlangen nach ewigem Sein, nur dass sie als Art ewig sind, insofern sich in ihnen ein Verlangen nach Fortpflanzung findet, durch welches die Art fortdauert.*« (Merkwürdig, dass sich die Beobachtungsgabe der Menschen im Mittelalter, vornehmlich des Klerus, offensichtlich auf jene Bereiche beschränkte, in denen sie sich den Tieren sittlich so weit überlegen wähnten …)

René Descartes (1596–1650) schrieb: »*… Nichts könne schwache Geister vom geraden Pfad der Tugend abweichen lassen als die Annahme, die Seele wilder Tiere sei von der gleichen Art wie unsere.*«

Und sein geistiger Schüler, Nicolas de Malebranche, ein französischer Philosoph, behauptet noch eine Generation später: »*Tiere fressen* ohne Vergnügen, weinen ohne Schmerz, handeln, ohne es zu wissen; – sie ahnen nichts, fürchten nichts, wissen nichts.«

Der katholische Theologe und Autor Eugen Drewermann, Verfechter einer neuen, universellen Tierethik, schreibt hingegen: »*Man mag darüber auch heute noch im Stile der mittelalterlichen Theologen debattieren, welchen Lebewesen man frühestens eine <Sehnsucht nach ewigem Sein> zusprechen könne oder nicht; wenn aber das Hauptargument für jede Hoffnung auf ewiges Leben die Liebe ist, dann wird man sagen müssen, dass spätestens dort, wo es so etwas gibt wie individuelle Brutpflege und Mutterliebe, auch subjektiv eine erste Ahnung von der Macht gefühlt und empfunden wird, der wir alle unser Dasein verdanken; spätestens von dieser Stufe an gibt es, so gebrochen auch immer, so etwas wie ein Anrecht auf Unsterblichkeit. – Und unterhalb dieser Zone, jenseits des Grabens, der vor 70 Millionen Jahren mit der Evolution der Säugetiere und der Vögel begann? – Vielleicht haben die primitiven Jägerkulturen nicht Unrecht, wenn sie in ihren Mythen und Riten betonen, dass man kein Tier töten dürfe, ohne nicht zuvor den Geist der jeweiligen Tiere um Vergebung gebeten zu haben … Und im Jenseitsgericht der Ägypter, wo die Götter das Herz des Toten gegen die Wahrheit … wiegen, wird des Menschen Verhalten nicht nur gegen seinen Mitmenschen, sondern auch gegen die Natur auf die Waagschale gelegt. – In den Pyramiden von Unas (5. Dynastie, 2300 v. Chr.) finden wir den Spruch: <Nicht liegt gegen NN die Anklage eines Toten vor, nicht liegt gegen NN die Anklage einer Gans vor, nicht liegt gegen NN die Anklage eines Rindes vor.> (Anmerkung: Gans und Rind stehen als Stellvertreter des Tierreiches). Und an anderer Stelle ist der Spruch des Toten überliefert: <Ich habe weder Futter noch Kraut aus dem Maule des Viehs weggenommen> und weiter: <Ich habe kein Tier misshandelt.>*«

Die griechische Kultur trägt die Tradition steinzeitlicher Jäger weiter, Tiere möglichst schmerzarm zu töten. Es war die Zeustochter Artemis, eine der ältesten und vielfältigsten der griechischen Götter, die als Herrin und Beschützerin der Tiere über das weidmännische Jagen und Töten wachte.

1200 Jahre nach Christus greift Franz von Assisi (1181–1226), Begründer des Franziskaner-Ordens und Patron der Tierschützer, das Leitbild der Hirtensorge (siehe Tierethik, Seite 31) auf. Seine berühmt gewordene Vogelpredigt gab mehrfach Anlass zu künstlerischen Inspirationen.

Und im ursprünglichen Sinne biblischer Auslegung dürfte der Mensch sich nicht die »Erde untertan« machen, sondern er sollte darüber herrschen, worunter zu verstehen ist, »den Garten Eden zu bebauen und zu erhalten«.

Trotz dieser hochmodernen ethischen Ansprüche früherer Zeiten darf man nicht übersehen, dass der Mensch zum eigenen Überleben Tiere töten musste. Drewermann meint, dass genau dieser Konflikt als eine der Ursachen für die frühe, religiöse Ritualisierung der Jagd und des Tötens angesehen werden könnte. Ritual, nicht nur um die Götter zu beschwichtigen, sondern um dem Tod einen übergeordneten Sinn zu geben, den

Göttin Artemis – Beschützerin der Tiere.

HUND UND TIERETHIK

Tierethik in der Bibel

Auch in den biblischen Texten findet man zahlreiche Gleichnisse und Vorgänge, in denen Tiere eine Rolle spielen.

- ✓ In der Genesis 1,30 wird davon berichtet, dass sich Tiere ursprünglich von Pflanzen ernährt hätten und dass dieser Zustand in der messianisch-christlichen Endzeit wiederkehren werde (Jes. 11,6 f.).

- ✓ Die frohe Botschaft des Neuen Testaments beginnt damit, dass Jesus in einem Stall zur Welt kommt. Die ersten Besucher waren Hirten, und seine Apostel Fischer. Diesen rief er zu: »Kommt und folgt mir nach! Ich werde euch zu *Menschenfischern* machen« (Lk. 5,1 ff.; Mk. 1,6 ff.).

- ✓ Das Ende Jesus, kurz nach dem Einzug am Palmsonntag in Jerusalem, ist von Tieren begleitet. Es wird berichtet, Jesus ritt auf einem *jungen Esel* (und nicht auf einem Pferd), zum Zeichen friedlicher Gewaltlosigkeit (Joh. 12,12 ff.).

- ✓ Mehrmals wird darauf hingewiesen, dass Gott auch für Tiere sorgt und sie schützt. Eines der aussagekräftigsten Gleichnisse jedoch ist der Heiland, der sich *als guter Hirte* um seine *Schafe* kümmert. Die Hirtensorge wurde von Christus an Petrus weitergegeben. Sie ist bis auf den heutigen Tag päpstliche Tradition.

mus, Jeremy Bentham (1748–1832), der Ethik eine entscheidende neue Richtung, als er in seinem berühmten Werk »An introduction to the principles of morals and legislation« (1789) die Leidensfähigkeit des Tieres herausarbeitete: »*The question is not, Can they reason? nor, Can they talk? but, Can they suffer?*« (Die Frage ist nicht, können sie denken oder können sie sprechen, sondern können sie leiden?)

Wenn man aber mit Bentham annimmt, dass Tiere leiden können, dann kommt man (unter dem ethischen Gleichheitsgrundsatz) nicht an der sittlichen Verpflichtung vorbei, *unnötiges Leiden* der Tiere zu vermeiden. Die Leidensfähigkeit der Tiere, im vorigen Jahrhundert noch heiß umstritten, wird inzwischen als Gegebenheit anerkannt.

Wohlbefinden

Worüber jedoch weiterhin, je nach Interessenslage, diskutiert wird, ist die Frage nach dem <Wohlbefinden> der Tiere. Das Problem liegt darin, dass sich Wohlbefinden nicht messen lässt. Noch vor einer Generation vertraten vor allem die Vertreter der Tierverwertungsindustrie die Auffassung, Tiere stünden im Wohlbe-

Konflikt leichter ertragbar zu machen? Wir können keine gültige Antwort darauf geben. Wie dem auch sei, die Geschichte des Menschen ist auch die Geschichte seiner Ethik, in welcher sich mehr denn anderswo der jeweilige Zeitgeist widerspiegelt.

Im 19. Jahrhundert erst gab der englische Sozialphilosoph und Mitbegründer des Utilitaris-

Franz von Assisis berühmte »Vogelpredigt«.

finden, wenn sie sich (im Sinne des Menschen!) leistungstüchtig zeigen. Wenn also das Huhn Eier legt und die Kuh Milch gibt und Kälber gebärt, dann sei dies gleichermaßen ein Beweis dafür, dass es den Tieren gut gehen müsse.

Heute ist klar, Wohlbefinden ist nicht messbar, und Ertragstüchtigkeit ist kein gültiger Parameter der Bewertung. Wohlbefinden ist ein Ausdruck dafür, »*dass das Individuum in Harmonie mit seiner Umwelt lebt und seine arteigenen Bedürfnisse ausleben kann*« (Dr. Jörg Styrie). Dies festzustellen, ist nur durch Hinzuziehen ethologischer Parameter möglich. Erst die genaue Kenntnis der arteigenen Verhaltensweisen macht es möglich, zu prüfen, inwieweit diese Verhaltensweisen unter bestimmten Haltungsbedingungen auch wirklich ausgelebt werden können. Zeigen Tiere in Gefangenschaft andere Verhaltensweisen als in der Freiheit, so nehmen die meisten Verhaltensbiologen heute an, dass sich die in Gefangenschaft Gehaltenen nicht wohl befinden können. Die unter diesen Umständen (Gefangenschaft und beengter Raum) in auffälliger Weise auftretenden Verhaltensweisen, wie das sinnlose Hin- und Herlaufen am Gitter oder das Drehen um die eigene Achse (man nennt diesen Verhaltenskreis »Stereotypien«) schätzen die meisten Verhaltensbiologen und Psychologen als ein eindeutiges Kennzeichen von mangelndem Wohlbefinden ein.

Trotz dieser schlüssigen Einschätzung meint das deutsche Pelztier-Institut etwa in Bezug auf die »Stereotypien« (siehe oben), dass diese lediglich als Anpassung an die gegebene Situation zu verstehen seien. Und zur Erscheinung des Kannibalismus in Gefangenschaft (Tiere fressen sich selbst auf. Oft wird diese Form bei Tieren in Gefangenschaft oder bei artwidriger Haltung beobachtet.) meint man dort wörtlich, der Kannibalismus sei »*nicht unnatürlich, sondern eine Art Opferung der einzelnen Kreatur zum Wohle der Weiterführung der Herde.*«

Man sieht einmal mehr, zu welch verzerrten Ansichten bestimmte wirtschaftliche Nutzungsinteressen führen können. Wo Tiere das *Rohmaterial des Produktes* ausmachen, dort billigt man ihnen natürlich wenig Rechte zu. Denn zugebilligte Rechte würden sich auf Gewinn und Image der Produzenten nachteilig auswirken.

Seit etwa zwanzig Jahren wurden jedoch die Rechte der Tiere innerhalb der Tierethik stark erweitert. Und dies mit steigender Tendenz. Moderne Vertreter der Tierrechte (beispielsweise Tom Regan) gehen davon aus, dass Tiere nicht nur leidensfähig sind, sondern dass Tiere »empfindende Subjekte« sind und dass sie darin dem Menschen sehr ähnlich sind. Demnach ist ein vorzeitiger, gewaltsamer Tod als Beeinträchtigung des Lebens anzusehen (Regan 1986). Nach Peter Singer haben Tiere – ähnlich wie Menschen – »Interessen«, auf Grund derer Rechte abzuleiten sind. Auch Joel Feinberg geht von den »Interessen« der Tiere und den damit verbundenen Rechten aus. Die Frage allerdings, ab welcher Sprosse der Evolutionsleiter »Interessen« angenommen werden sollen, ist bis dato weder einhellig noch gültig formuliert.

Robert Spaemann (1948) betont, aus ähnlichem Ansatz wie Ursula Wolf und andere, die Anerkennung der Subjektivität der Tiere, welche nicht nur im Hinblick auf Tiere, sondern auf den Menschen selbst von Bedeutung ist. Denn mit dieser Anerkennung setzt der Mensch einen Akt seiner eigenen Menschenwürde. Spaemann: »*Nicht das eigene Interesse, sondern die Selbstachtung ist es, die uns gebietet, das Leben dieser Tiere, wie kurz oder lang es sein mag, artgemäß und ohne Zufügung schweren Leidens geschehen zu lassen.*« (1984, 78).

Entscheidend für die moderne Tierethik wurde die »Mitgeschöpflichkeit«. Mit diesem Begriff sucht man zu umschreiben, dass es nicht nur um Unterlassen von Gewalt geht (»Was Du nicht willst, dass man Dir tu, dass füg auch keinem andern zu.«), sondern dass aktive Barmherzigkeit und echte Humanität gegenüber allen unschuldig Leidenden einzubringen sei.

Die zentralen Rechte, um die es nach wie vor geht, sind das Recht auf Freiheit und das Leben selbst.

Sich auf den TEAM-Partner Hund auszurichten, bedarf einer lebenslangen Einübung.

Die wichtigsten ethischen Postulate kurz zusammengefasst:
- Beachtung der Leidensfähigkeit;
- Recht auf Leben;
- Recht auf Freiheit und arteigene Entfaltung;
- Recht auf Achtung und Würde des Tieres;
- Beachtung der Stressfreiheit des Tieres;
- Schutz der Vielfalt der Arten.

Bedeutung des Tierschutzes

Tiernützung ist jedoch nicht immer zwingend mit Einschränkungen der arteigenen Lebensweise verbunden! Denken wir nur an die vielen Formen des co-therapeutischen Einsatzes von Tieren, z. B. als Blindenhunde, als vierbeinige Butler für Behinderte, zur Therapie für ältere oder kranke Menschen. Auch für die in diesen Bereichen eingesetzten Tiere bedeuten die erwarteten Leistungen Abwechslung, Herausforderung, Bestätigung und letztlich Lustgewinn, weshalb sie aus ethischer Sicht als unbedenklich zu werten sind. Schwierig wird es aber dann, wenn die oben zitierten Postulate in grober Weise verletzt werden, wenn Wildtiere der Freiheit beraubt werden, wenn Tiere schädlichem Stress ausgesetzt werden oder zu artfremden oder schmerzhaften Verhaltensweisen gezwungen werden. Die Ethik weist derartige Einsätze nicht von vornherein zurück, aber sie verlangt die ethisch begründete Rechtfertigung.

Das Wohl des Menschen hat unter bestimmten Voraussetzungen Priorität. Dass es genau diese Voraussetzungen sind, über die man sich nicht einig ist, liegt auf der Hand. Hier gilt es, die Beeinträchtigung des Tieres gegen das Wohl des Menschen abzuwägen. Das klingt zwar überzeugend, fällt aber in der Praxis leider meistens zu Ungunsten der Tiere aus, denn wer übernimmt die Rolle des Anwaltes für Tiere? Sind etwa sportliche Leistungen eine Rechtfertigung für Stress in der Ausbildung?

An dieser Stelle wird spätestens klar, welche Bedeutung dem Tierschutz in seiner Funktion als Anwalt nicht organisierten und daher wehrlos ausgelieferten Lebens zukommt.

Fassen wir zusammen: Wenn wir dem zeitgemäßen tierethischen Leitbild der Mitgeschöpflichkeit folgen, dann müssen wir auch die Würde des Tieres ernsthaft anerkennen. Und es liegt in der Verantwortung des Menschen, dafür zu sorgen, dass Tieren ihr Recht auf arteigenes Leben auch zuteil wird. Dies gilt im Besonderen auch für die sinnlich-emotionalen Bedürfnisse des Hundes. Es verpflichtet für bestimmte Rücksichten in Haltung und Ausbildung, zumal der Hund wie kein anderes Tier in enger Gemeinschaft mit dem Menschen lebt. Bedürfnisse dürfen nicht länger nur auf physiologischer Ebene definiert werden! Die komplexe Sozialstruktur des Hundes, seine Anpassungsfähigkeit und nicht zuletzt die neuen Perspektiven der emotionalen Intelligenz fordern eine Neufassung dessen, was wir beim Hund an arteigenen Bedürfnissen zu bedenken haben. Wenn wir davon ausgehen, dass lustvolles Lernen und Ausführen von Aufgaben des Sport- und Gebrauchshundes nicht nur eine Möglichkeit bedeutet, sondern die *ethische Verpflichtung* einschließt, dann müsste die daraus abgeleitete Maxime im Umgang mit dem Hund lauten:

»*Das Miteinander in der häuslichen Gemeinschaft, aber auch das Miteinander im Sport und im Aufgabenfeld des Gebrauchshundes ist so zu planen und zu gestalten, dass das Erlernen und Ausführen der erwarteten Aufgaben arteigen und lustvoll vom Hund erlebt werden kann.*
Zwang, Druck, Schmerz und Frustration sind zwar unabdingbare Begleiter des Lebens – auch des Lebens des Menschen! –, aber sie sind aus ethischer Sicht zu rechtfertigen und auf das jeweils durchführbare Minimum zu beschränken und wo immer möglich durch positive Motivation, durch »Passive Einwirkung« und durch »Resonanz-Szenarien« zu ersetzen. Ein Rest an Meidemotivation ist unumgänglich und auch ethisch vertretbar.« (E. Lind, 1997, anlässlich einer Tierschutzveranstaltung in Olten in der Schweiz).

In praxisbezogenen Werten heißt das: Hundesportler ebenso wie Führer eines Gebrauchshundes sollten willens und fähig sein, ihre eigenen Ziele pädagogisch-methodisch so zu transformieren, dass sie vom Hund emotional positiv aufgenommen werden können. Nicht das *Erzwingen* von Aufgaben, sondern deren *lustvoll erlebbare Vermittlung* stehe im Vordergrund.

Das hat nichts mit der so genannten *antiautoritären Erziehung* zu tun. *Autorität* muss sein, unter Menschen wie unter Tieren, die in sozialer Gemeinschaft leben. Aber es kommt darauf an, was man unter »wahrer« Autorität versteht. Sicher ist darunter nicht das willkürliche Ausspielen der höheren oder besseren Position und der damit möglichen Druckmittel zu verstehen. Autorität unterscheidet sich klar von physischem und auch rein moralischem Zwang! Sie gründet vielmehr auf dem *motivierten, persönlichen Jasagen zum Aufruf eines Autoritätsträgers* (Philosophisches Wörterbuch, Herder).

Dass die Motivation eines Tieres von der freien Willensentscheidung des Menschen abzugrenzen ist, stellt im Kern der Forderung keine Einschränkung dar! Das inzwischen umfangreiche Wissen über das Verhalten des Hundes hat es dem Menschen möglich gemacht, für die Aufgaben des Gebrauchs- und Sporthundes Methoden der positiven Motivation einzusetzen.

Autorität in der Erziehung
Die Sonderstellung jeglicher Autorität in der Erziehung fußt ja auf der besonderen Beziehung von Lehrendem und Lernendem, im Humanbereich etwa auf der Beziehung des Erwachsenen zum Kind. In der Hundeerziehung und -ausbildung auf der Mensch-Hund-Beziehung. Die Eigenart des Hundes ebenso wie sein Recht auf Lust und Wohlbefinden müssen sich aber in einer verantwortungsvoll verwirklichten Autorität widerspiegeln. Die entscheidenden Werte der Autorität, vornehmlich der Erziehungsautorität, liegen in der inneren Verantwortung und Überlegenheit. Äußere Formen, zu denen ohne Zweifel dann und wann auch der Einsatz von Zwang (im weitesten Sinne) zählt, dürfen nicht zum Selbstzweck werden. Entscheidend bleibt die innere Überlegenheit.

In der Mensch-Hund-Beziehung heißt das: Der Hund muss zwar lernen, sich in die menschliche Gemeinschaft einzufügen, ein-zuordnen, was zweifellos auch das zeitweise Unter-ordnen mit einschließt, aber sowohl die Vermittlung der erforderlichen Anpassungsprozesse als auch das Erhalten der erlernten Aktionsroutinen muss auf ethisch vertretbare Weise erfolgen.

Das Vorbild des sich gewaltsam durchsetzenden Alpha-Rüden im Wolfsrudel kann nur bedingt herangezogen werden. Und wenn man sich schon auf den Wolf beruft, dann müsste man vollständigerweise alle Verhaltensformen aufführen. Der Hinweis auf isolierte schmerzbringende Aktionen zeigt ein unvollständiges, verzerrtes Bild der wirklichen Vorgänge. In der Regel ersetzt das *Stellvertretende Signal* den realen Akt der schmerzbringenden Aktion. Es ist bekannt, dass Alpha-Tiere sich weniger durch physische Überlegenheit oder gar Kampflust, sondern durch ganz andere Qualitäten auszeichnen. Rangordnungsprivilegien dienen in erster Linie der übergeordneten Erhaltung der Art und der sozialen Gruppe. Ein geschwächtes Leittier kann das Rudel nicht mehr optimal führen. Daher der berechtigte Anspruch auf Privilegien.

Ob die Fähe in extremer Situation ihr Leben dem Erhalt ihrer Welpen opfert infolge von Hormonausschüttung oder weil das Verhalten genetisch programmiert, emotional mitgesteuert, bewusst, unbewusst oder teilbewusst ist, sei dahingestellt. Sie tut es. Führerqualitäten der Alpha-Tiere haben einen gemeinsamen Nenner. Es sind Aktionen, die letztlich der ER-haltung, und nicht der Störung oder ZER-störung des Rudels als Ganzem dienen.

Lassen wir noch einmal Laotse zu Wort kommen, der zwar das Wort Autorität noch nicht kannte, der es aber mit den Worten »Wahre Macht« treffend umschreibt:

»*Wachsen lassen, Nicht besitzen!*
Beschützen, Nicht beherrschen!
Führen, Nicht ausnützen:
Das ist das Geheimnis wahrer Macht (Autorität).«

Auch diese Seite des Hundes begegnet uns im Spiel: Der Blick verrät das Wolfserbe – gebündelte Konzentration und typischer Jagdblick.

Zusammenfassung der Ethischen Ausrichtung

Dort, wo Individuen in Gemeinschaft leben, ist Autorität unentbehrlich. Autorität muss sein. Aber nicht die Autorität der rohen Gewalt, sondern die Autorität der inneren Größe, aus innerer Freiheit, die Autorität des Vertrauens, der Weitsichtigkeit und Besonnenheit. Vor allem aber, die Autorität der weisen ER-haltung an Stelle jener lebensfeindlichen Macht um ihrer selbst willen, jener missverstandenen Autorität, die sich aufbläht auf Kosten *unter-geordneter* Lebewesen, etwa auf Kosten einer Hundeseele. Ich habe manchen trauern sehen um die Gesundheit oder das Leben seines Hundes. In einem Beispiel war die Epilepsie nicht, wie vorgegeben, ererbt, sondern die Folge anhaltender, missbräuchlicher Starkzwangmanipulation mit dem E-Schock-Gerät. Und die Bewegungsunfähigkeit in einem anderen Hundeschicksal war ebenfalls nicht angeboren, sondern die Folge wiederholten Niederschmetterns des Hundes, wenn er im Schutz nicht ausließ. Die Trauer mag der Läuterung der Betreffenden dienen, den Hunden nützt sie nichts mehr.

Ich wünsche jedenfalls jedem, der diese Zeilen liest, dass ihm beim Anblick seines Hundes das volle Vertrauen entgegenleuchtet und dass ihm aus der Tiefe der Hundeseele die unbegreifliche Freude an der Gemeinschaft mit dem Menschen berührt.

Und wenn Ihnen dann das Gewissen zuraunt: »Du bist gut zu diesem Hund«, dann haben Sie im Sinne von Karl Jaspers Ihre persönliche philosophische Antwort zur Mensch-Hund-Beziehung eingebracht, und gleichzeitig haben Sie damit einen Teil Ihrer eigenen Selbstverwirklichung eingelöst. Denn der Mensch wird dort herausgefordert, wo er sich bewegt. Wer einen Hund führt, muss sich darin bewähren, wer am liebsten surft oder Musik macht, hat andere Herausforderungen zu bestehen. Aber immer geht es letztlich um eines. Um die Liebe, so abgedroschen dieses Wort auch klingen mag. Was bleibt, sind weder gewonnene Turniere oder welche Leistungen und Ehrungen auch immer. Was zeitlos und unabdingbar bleibt, sind im Sinne von Theresa von Avila »die Werke der Liebe«.

Und wenn dem einen oder anderen Leser bei dieser inneren Erforschung Zweifel, Beklemmungen oder Gewissensbisse aufkommen, dann wünsche ich ihm den Mut und alles andere, was nötig ist, um einen neuen Anfang zu setzen. Diesmal unter dem Leitbild der Ethik.

Hierzu wäre noch viel zu sagen, aber ich bin sicher, dass jeder ernsthaft und reflektierend handelnde Mensch sein ganz persönliches, durch eigene Erfahrungen und Sichtweisen geprägtes ethisches Bild zeichnen kann. Wenn er nur will. Verlieren wir die Zinne der Ethik im Umgang mit dem Hund nie aus den Augen!

Sportliche Ausrichtung

Wie weit man sich am sportlichen Wettkampf orientiert, obliegt der Entscheidung jedes Einzelnen. Es steht außer Frage, dass man sich auch ohne Prüfung und Wettkampf sportlich betätigen kann. Gerade der Hundesport lädt ja dazu ein, sich mehr um das gemeinsame Vergnügen als um die Erfüllung festgesetzter Aufgaben zu bemühen. Andererseits darf man die Bemühungen, dem Hund im Sport näherzukommen, weder ignorieren noch gering schätzen. Besonders, wenn es nicht mehr um Formalismen und Punkte geht, sondern um die Mensch-Hund-Beziehung als solche. Wenn qualitative Inhalte in den Vordergrund rücken, wenn es also darum geht, zu zeigen, wie weit das Team miteinander harmoniert und wie engagiert und freudig der Hund seinen Teil dazu freiwillig (!) beiträgt, dann kann sehr wohl der Wettkampfsport erheblich zur Mensch-Hund-Harmonie beitragen. Zu diesem Wandel in der Zielsetzung will ich mit vorliegendem Buch beitragen.

Sachziele oder Leitbilder?

Auch in der sportlichen Zielsetzung stellt sich die Frage, ob Sachziele ausreichen oder ob man sich auch hier an Leitbildern, an Idealen ausrichten soll. Und auch hier gibt uns die Ge-

schichte eine eindeutige Antwort. Die sportliche Idee, von den Anfängen der vorgriechischen minoischen Kultur über Olympia bis hin zu unserer Zeit, ist nicht vorstellbar ohne Ausrichtung auf Ideale. Auch wenn diese Ideale starken Wandlungen unterworfen waren.

Wenn wir auf das antike Griechenland zurückblicken – und wenn wir uns die historischen Rückbesinnungen über Cicero, die Renaissance und den Humanismus, über Goethes Klassizismus, über den Historismus eines Burckhardt bis hin zu modernen Renaissancebestrebungen vergegenwärtigen, so werden wir merkwürdig berührt von den Etappen unserer eigenen kulturellen Herkunft. Man hat wiederholt versucht, diese unglaubliche Kraft, die von der antiken Welt bis zu uns wirksam ist, auf einen Nenner zu bringen, indem man die Griechen einmal als Verkünder der Wahrheit, der Schönheit, der Freiheit oder im Fadenkreuz anderer Kulminationspunkte sah. Aber die antike Geisteswelt war viel zu komplex, dort und da auch widersprüchlich, als dass man sie in ein Wort fassen könnte. Und man muss sich hüten, bei aller Achtung und Faszination, nicht der Schwärmerei oder Utopie zu verfallen. Die Schattenseiten dieser Epoche sind nicht minder Geschichte. Auch darin ist die Antike lehrreich.

Bereits in den vorgriechischen Kulturen, wir sprechen von Phaistos und Knossos auf der Insel Kreta, um 2000 v. Chr., finden wir den Sport als wichtiges gesellschaftlich-kultisches Ereignis. Man muss sich allerdings vergegenwärtigen, dass das herausragende Merkmal dieser minoischen Kultur eine Mischform aus Patriarchat und Matriarchat war. In manchen gesellschaftlichen und religiösen Bereichen waren Männer, in anderen Frauen dominant. Selbst der lebensgefährliche Stiersprung, eine der beliebtesten Sportarten jener Zeit, wurde mitunter von Frauen ausgeführt.

Die Aufgabe bestand darin, über einen im Galopp angreifenden Stier unter Nutzung der Hörner eine Art Salto auszuführen, mit dem Ziel, hinter dem Stier wieder heil zu landen. So-

Stiersprung in der minoischen Kultur.

wohl der Stiersprung als auch die Boxkämpfe (die Boxhandschuhe der Antike dienten anders als heute dazu, den Schlag zu verstärken. Sie waren mit Blei beschwert) waren ursprünglich weder »Wettkämpfe« noch »Spiele« in unserem Sinne. Sie wurden nicht nach Regeln und mit dem Ziel einer Bestleistung ausgeführt, sondern eher als *mutige Taten* eines heiligen Rituals verstanden. So war es bewundernswert, als Boxer oder Stierspringer – ähnlich wie im Krieg – als Held zu sterben. Kult, Sport und Fest bildeten eine untrennbare Einheit. In der späteren griechischen – patriarchalisch aufgebauten – Kultur waren Frauen hingegen weder als Teilnehmer noch als Zuschauer zugelassen (Ausnahme: Vor und nach den offiziellen Wettkämpfen fanden Häreen, Vorfeste statt: Hier trugen ausschließlich Mädchen Laufwettbewerbe aus.)

Olympia
Die schriftlichen Überlieferungen der Griechen gehen auf etwa 700 v. Chr. zurück. Zu der Zeit jedoch bestanden die Heiligtümer von Olympia bereits vier (!) Jahrhunderte. Die Bewohner des reichen Alpheiostales wollten den Reichtum durch Dankesakte an Zeus und die weiblichen

Vegetationsgottheiten erhalten. Die zweite Ursache für das Entstehen des Zeustempels im Alpheiostal ist in den ständigen kriegerischen Auseinandersetzungen zu suchen, denn jeder Kampfeshandlung gingen Opferhandlungen voraus.

In der Ilias von Homer lesen wir:
»Mit gesammelter Macht und in voller Rüstung der Waffen,
kamen wir mittags hin zum heiligen Strome Alpheios.
Da brachten wir Zeus, dem Allmächtigen, prangende Opfer.«

Eine dritte Ursache für die ungewöhnliche Sonderstellung des Olympischen Zeustempels war die besondere Art des Olympischen Orakels. Im Unterschied zu anderen Orakeln, wo die Ratsuchenden den Ort der Weissagung aufsuchten, wurden die Seher des Olympischen Orakels direkt an den Ort des Geschehens, nämlich auf das Schlachtfeld gesandt, um dort vor Ort ihre Weissagungen anzustellen. Berühmte Entscheidungsschlachten wurden von den Olympischen Sehern richtig vorausgesagt (Plataä 497 v. Chr., als die Perser besiegt wurden, oder 405 v. Chr., als die Spartaner den Sieg über Athen errangen), was zu einer Anhäufung von Votivgaben in nahezu unvorstellbarem Ausmaße geführt hatte (Votivgaben = Dankesgaben: Ein Zehntel der Kriegsbeute musste in Form von Kriegsgerät, Statuen u. a. abgegeben werden).

Mit dem Aufschwung dieser Region wurde Olympia immer mehr zum Treffpunkt ausgewanderter Griechen. Die Kult- und Feststätten mussten daher vergrößert werden, was mit Hilfe der Einnahmen aus dem Heiligtum kein Problem war. Umfangreiche Planierungen und Erdbewegungen fanden statt. Um den von weither angereisten Besuchern einen angenehmen Aufenthalt zu bieten, wurden mit der Vergrößerung des Heiligtums auch das Stadion und die Pferderennbahn (Hippodrom) gebaut, denn die Besucher blieben oft lange.

Der Zustrom war derart groß, die unangefochtene Bedeutung Olympias in Kürze derart verbreitet, dass auch Historiker, Gelehrte und Künstler angezogen wurden, um den Vervielfältigungseffekt von Olympia für die Verbreitung ihrer Errungenschaften und künstlerischen Leistungen zu nützen.

Das Fest des Zeus verlangte nach Frieden. Der »Gottesfriede« von Olympia sicherte den Wettkämpfern, vor allem aber den Besuchern von nah und fern für die Zeit der Hinreise, die Dauer der Feste und die Rückreise Schutz und Sicherheit. So wurde der olympische Gottesfriede zur ersten geschichtlichen *Friedensbewegung*.

Die Olympischen Spiele der Antike
In der klassischen Zeit dauerten die Feste sechs Tage, wobei die Athleten 30 Tage früher ankommen mussten. Nur die besten durften teilnehmen. Die Sieger erhielten zwar in Olympia lediglich die Siegerbinde und den Palmzweig, aber der Ruhm, der auch der Heimatstadt zugute kam, brachte dem nach Hause kehrenden Sieger nicht nur Ehre ein, sondern auch materielle Vorteile wie Steuerfreiheit, Geld, eine Rente und andere Privilegien. Der neue Beruf des Olympia-Athleten war höchst erstrebenswert. Es entstanden regelrechte Ausbildungszentren.

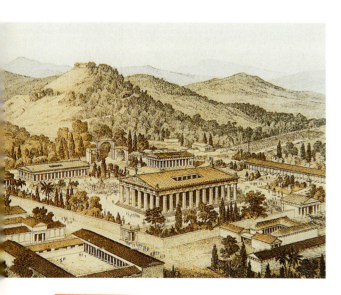
Olympia in einer Rekonstruktion.

Während die Olympischen Wettkämpfe ausschließlich athletischer Natur waren, fanden andernorts Hunderte von weiteren Wettkämpfen statt. Darunter auch Wettkämpfe in Musik, Gesang oder Theater. Um attraktiv zu erscheinen, boten die außerolympischen Städte den Siegern hohe Geldpreise an. Das Aufblühen athletischer und musischer Wettkämpfe ist als Folge des im 3. Jahrhundert weit verbreiteten Wohlstandes in ganz Griechenland, in Tunesien, Syrien und der Türkei zu verstehen. Jede Stadt wollte ihre eigenen Wettkämpfe.

Ideale der Olympischen Spiele der Antike
Entscheidend für die unangefochtene Vormachtstellung von Olympia blieb jedoch, dass sie als etwas »Höheres« angesehen wurden. Olympia war mehr als etwas Körperliches, Physisches oder nur Sportliches, das geht aus unzähligen alten Texten hervor. Nirgendwo anders standen die Ideale mehr im Vordergrund.
Von den Athleten erwartete man »edlen Mut« und vor allem die »Herrschaft über sich selbst«. Die Leidenschaften zu besiegen, vor den Mächtigen nicht zu zittern und den Tod nicht zu scheuen, das waren die erstrebenswerten Tugenden des Athleten. Der Athlet *trainiert* (askesai) ähnlich wie der Philosoph die Bezwingung seiner niederen Leidenschaften. Auch in den Paulusbriefen wird der siegreiche Athlet den Christen als Leitbild vorgestellt. Er empfängt den Siegeskranz als Lohn für seine Standfestigkeit, die ihn Erschöpfung, Leid, Schmerz, Angst und sogar den Tod ertragen lässt (siehe Foto rechts).
Das philosophische Ziel der athenischen sportlichen Erziehung war es, Körper, Seele und Geist zu einem harmonischen Ganzen zu formen (Kalokagathia). Mit dem Aufkommen der Berufsathleten und der immer weiter vorangetriebenen Spezialisierung der einzelnen Sportarten entfernte man sich jedoch immer mehr von diesem ursprünglichen Ideal der Kalokagathia. Bestechung und Egoismus verbreiteten sich und entweihten die alte Würde der festlichen Wettkämpfe. An Stelle der ursprünglich angestrebten Harmonie traten wirtschaftliche Vorteile und der Sieg über den Gegner.
Doch es gab auch Kritik an den Olympischen Wettkämpfen, von Anfang an. Schon Sokrates tadelt die Disharmonie der Läufer, die im Verhältnis zu ihren muskulösen Beinen unangemessen schmale Schultern hätten. Ihnen gegenüber stellte er die Faustkämpfer, wo die Verhältnisse umgekehrt lagen. Das Hervortreten immer rationaler werdender Überlegungen zersetzte nach und nach die Gültigkeit alter Normen und machte natürlich auch vor dem Götterglauben nicht halt. Das Schwergewicht der Erziehung verlagerte sich zugunsten geistiger Bildung und entfernte sich immer weiter von den alten Idealen der Kalokagathia. Als Platon in seinem »Staat« noch einmal das Ideal der Harmonie aufgreift, war es der Realität bereits entglitten. Seine Worte aus dem »Staat« klingen eher wie eine Erinnerung:

»*… Gott gab dem Menschen die zwei Künste der Musik und der Gymnastik, für das Mutvolle und das Geistige in ihm, nicht für die Seele und den Leib getrennt, oder doch nur nebenbei, sondern für beide Anlagen gemeinsam, damit sie in maßvoller Spannung und Lockerung zur Harmonie zusammenklingen.*«

Das Erziehungsprogramm Platons blieb unverwirklicht. Im Athen des 4. Jahrhunderts war hierfür kein Nährboden mehr vorhanden. Hinzu kam die Einverleibung der griechischen Städte in das Römische Weltreich und die wiederholten Erdbeben. Der Niedergang von Olympia und seiner Ideale war nicht mehr aufzuhalten. Die Ursachen hierfür lagen vielschichtig und kompliziert. Die Schließung der griechischen Heiligtümer im Jahre 391 und 392 n. Chr. – auf Befehl Theodosius I. – waren nur das äußere Zeichen für eine Entwicklung, die zu dieser Zeit bereits zu Ende war.

Aber der Rückblick macht Staunen:
Von 700 v. Chr. bis ins späte 4. Jahrhundert n. Chr. wurden in Olympia kultisch-sportliche Wettkämpfe abgehalten. Über ein Jahrtausend hin hat sich an einem Ort eine Idee erhalten, die den gesamten Kulturbereich der Antike nachhaltig beeinflusste. Es gibt in der Geschichte der Menschheit nichts Vergleichbares.

Weshalb ich den Leser auf diesen Ausflug in die griechische Geschichte des alten Olympia eingeladen habe, liegt in der verblüffend ähnlichen Situation, in der wir uns heute befinden. Verfallserscheinungen des Sports allgemein und des Hundesports im Besonderen mahnen zur Besinnung. Und wieder sind es dieselben Ursachen, die den Verfall einleiten: Formalismus, Materialismus, Versachlichung und ein Verlust ideeller Werte. Aber die Geschichte des Menschen ist wie eine Art Einbahnstraße. Es gibt kein Zurück. Es darf uns nicht derselbe Fehler unterlaufen wie Platon. Die Rückbesinnung auf historische Ideale allein genügt nicht. Sie muss über die Vergangenheit hinaus mit zeitlichen Gegebenheiten und nahe liegenden Inhalten in neue, gültige Leitbilder gefasst werden.

Die Olympischen Spiele der Neuzeit
Genau das hat Pierre Baron de Coubertin (1863–1937) unternommen, als er 1894 das *Internationale Olympische Komitee* gründete und damit den Anfang der *Olympischen Spiele der Neuzeit* schuf – anderthalb Jahrtausende nach dem Niedergang der Ereignisse im alten Olympia. In Anlehnung an das antike Vorbild fasste Coubertin zusammen, was in den großen europäischen Ländern sozusagen in der Luft lag. Der Zusammenschluss des Sports der Engländer (Sport kommt aus dem engl.: »disport« = sich zerstreuen, vergnügen, erholen) mit dem Turnen der Deutschen, der Tradition der Griechen und dem wieder erstandenen Olympischen Geist durch die Franzosen. Symbolträchtige Kennzeichen wie die Olympische Flagge (fünf ineinander geflochtene Ringe symbolisieren die fünf Kontinente), das Olympische Feuer und die Olympische Zulassungsregel riefen die alten Ideale wieder in das Bewusstsein der Menschen. Der Olympische Wahlspruch »*citius, altius, fortius!*« (lat. = schneller, höher, stärker!) sowie der Olympische Eid (die Spiele im *ritterlichen Geist* des Fairplay durchzuführen und die Regeln zu achten) knüpfen direkt an das antike Vorbild an. Merkwürdigerweise waren (anderthalb Jahrtausende nach dem antiken Olympia!) die Frauen wiederum zunächst ausgeschlossen. Erst seit 1900 dürfen Frauen aktiv teilnehmen.

Durch die Aufnahme des Begriffs »Spiel« (*Olympische Spiele* an Stelle der rein athletischen Olympischen Wettkämpfe im antiken Olympia) erfuhren die Olympiaden der Neuzeit eine überaus wertvolle Bereicherung. Das *Spiel* erinnert an die Anfänge, als man »Sport« (das Wort gab es noch nicht) aus reiner Bewegungsfreude betrieben hatte. Diese Rückbesinnung könnte auch heute zur Entlarvung sportlicher Exzesse beitragen und ihr Defizit an Ursprünglichkeit und Verzerrung der Sinnhaftigkeit aufdecken helfen.

Veränderung des Begriffs »Sport«
Der Begriff des Sports und der sportlichen Leistung hat im Verlauf der letzten hundert Jahre eine beträchtliche Wandlung durchgemacht. Nicht zuletzt unter dem Einfluss neu aufgenommener olympischer Sportarten, die sich nicht in den Wahlspruch »citius, altius, fortius« einbinden ließen. Betont *künstlerische* Sportarten wie etwa der Eiskunstlauf fanden Einzug in die *Olympischen Sportarten und Disziplinen*, und sie wurden von Anfang an nach athletischen u n d künstlerischen Maßstäben bewertet.

Wir erinnern uns: Auch im antiken Griechenland wurden außerhalb von Olympia zahlreiche musische Wettbewerbe gepflegt, um so dem Ideal der Kalokagathia noch näher zu kommen. Fassen wir die Inhalte der *Olympischen Idee* zusammen:

Der Begriff selbst ist bewusst an das antike Vorbild geknüpft, wobei als ideologische Grundlage das Ineinandergreifen *moralischer, huma-*

nitärer und *erzieherischer* Werte verstanden wird. Zu den Inhalten siehe Seite 41.
Zu ergänzen ist noch, dass Coubertin im Jahre 1908 den auf Sieg und Niederlage ausgerichteten Wettkämpfen eine zusätzliche Wertvorstellung verlieh. Er übernahm den Gedanken des Bischofs von Pennsylvania, der in einer Predigt ausdrückte, dass das Siegen nicht so wichtig sei wie die Olympiateilnahme selbst. In Abwandlung wurde dieser Satz als »*Nicht Siegen, dabei sein ist wichtig!*« weltbekannt.
Die Vergegenwärtigung der sportlichen Idee aus der Sicht des antiken und neuzeitlichen Olympismus ist zweifellos auch für den Menschen von heute ergiebig. Indem wir uns zurückbesinnen auf die lange Tradition des Sports, öffnet sich ein breiter Blickwinkel ideeller, athletischer und formaler Perspektiven. Und das Nachvollziehen aufblühender und untergehender Gepflogenheiten mahnt uns, die Sinnhaftigkeit sportlicher Betätigung nie aus den Augen zu verlieren, immer wieder neu zu überprüfen, aktuell anzugleichen und im Rahmen einer sinnvollen Zeitspanne praxisnah zu verankern.

Die sportliche Idee in der Prüfungsordnung
Dieser Forderung werden die Prüfungsordnungen der »Unterordnung« im Hundesport nicht gerecht. Darauf haben wir im Kapitel der Geschichte der Unterordnung ausführlich hingewiesen. Der vorgebrachten Kritik soll nun – auf der Basis historischer Entwicklungen und durch Einbeziehen neuer Erkenntnisse (und Einsichten!) – eine konstruktive Neubildung folgen. Versuchen wir – als zweite Ausrichtung im Leitbild der »Drei Zinnen« –, *ein zeitgemäßes Ideal* der *sportlichen Idee* und der daraus abgeleiteten Ziele, Forderungen und Garantien zu bilden. Ausgangsbasis ist die *Mensch-Hund-Beziehung*, die im Sport durch die Herausforderungen gemeinsamer Aufgaben eine Steigerung zur *Mensch-Hund-Harmonie* erfährt. Mit dem Anspruch auf *Harmonie* löst der Mensch einerseits seine tierethische Pflicht ein, Ausbildung und Ausführung artgerecht und lustvoll für den

OLYMPISCHE BEWEGUNG

Inhalte der *Olympischen Bewegung*
(1965 wurden die Inhalte des Olympismus vom deutschen Philosophen Hans Lenk (geb. 1935), der 1960 Olympiasieger im Rudern war, in praxisorientierter Theorie in 11 Punkten formuliert. Hier werden die teils zusammengefassten Inhalte einzeln, in 16 Punkten, wiedergegeben).

1. Kultische Prägung (nach Coubertin: »religio athletae«)
2. Künstlerische und geistige Gestaltung
3. Elitegedanke
4. Chancengleichheit
5. Höchstleistung
6. Wettkampf
7. Sportlichkeit *(Ritterlichkeit* und *Fairplay, Fairness)*
8. Regelmäßige Wiederkehr
9. Internationalität und Nationalität (Völkerverständigung und kulturelle Vielfalt)
10. Traditionsbildung
11. Waffenruhe während der Spiele
12. Gemeinschaft aller Sportarten
13. Amateurgedanke
14. Olympische Unabhängigkeit
15. Antikes Vorbild
16. Neuzeitliche Form

Hund zu gestalten, gleichzeitig gibt diese übergeordnete Verpflichtung tiefer liegenden Perspektiven verschiedener Sportarten und Disziplinen eine einheitlich gültige Richtung.
So untersteht auch die *Team-Vorführung* (bis dato »Unterordnung« benannt) der *Mensch-Hund-Harmonie*.
Die *Team-Vorführung* spiegelt sich im *Vorführwert* wider, der sich in *formale Leistungsanteile* und *qualitative Ausführungsanteile* gliedert. *Formale Leistungsanteile* und *qualitative Ausführungsanteile* werden als untrennbare Einheit

des *Vorführwertes* verstanden, was sich im Co-Begriff des *Anteils* manifestiert. Die Gliederung verweist lediglich auf die jeweils inhaltliche Betonung und auf die unterschiedliche Zugänglichkeit und Beurteilung.

Formale Leistungsanteile sind z. B.:
➤ Das Erfüllen der formalen Vorgaben und die Perfektion der Ausführung. Beispielsweise das gerade Vorsitzen, die exakte Position des Hundes während der Freifolge, der Ablauf beim Hürdensprung usw. Also Leistungsanteile, die kontrolliert werden können.
➤ *Formale Leistungsanteile* sind durch direkte, äußere Zugänglichkeit definiert und bedürfen in Abgrenzung zu den *qualitativen Ausführungsanteilen* keiner Deutung.

Qualitative Ausführungsanteile sind z. B.:
➤ *Freudigkeit*, *Vitalität* und *Ausstrahlung* der gemeinsamen Vorführung;
➤ *Aufmerksamkeit* und *Empfänglichkeit* des Hundes (z. B. in der Aufnahme und Umsetzung der Hörzeichen);
➤ *Erwartungshaltung* vor einer Übung und in Wartephasen;
➤ Aktionsbereitschaft (vor und während der Aktion);
➤ *Schönheit* von Haltung und Bewegung des Führers und des Hundes (Natürlichkeit, Ungezwungenheit, Geschmeidigkeit, Rhythmus, Eleganz, Freiheit, aber auch Schnelligkeit, Kraft, Ausdauer);
➤ *Selbstsicherheit* und *Führigkeit* in ausgewogenem Verhältnis;
➤ *Harmonie*: Einbringen und Ein-ordnen der Individualität in die Team-Vorführung.

Qualitative Ausführungsanteile lassen sich ihrer Natur nach nicht an isolierten, formalen Äußerlichkeiten ablesen und werten. Erst die ganzheitliche *Interpretation* von Haltung und Bewegung im Hinblick auf Befindlichkeit, auf Team-Ansprüche und Harmonie (unter Berücksichtigung möglichst vieler Details!) erschließt die *qualitative Bewertung*.

WETTKAMPF PRINZIPIEN

Inhalte der Wettkampf-Prinzipien
Sie entsprechen weitgehend denen der Olympischen Bewegung.

✓ Elitegedanke: Ausrichtung auf Vorführ-Ideale und Vorführ-Steigerung
✓ Wertung, ausgelegt auf Sieg und Reihung
✓ Bekenntnis zum Wert formaler und qualitativer Leistung (bzw. Ausführung)
✓ Einhaltung der Regeln
✓ Fairness
✓ Chancengleichheit
✓ Gerechte Beurteilung
✓ Anerkennung des Schiedsspruches

Hier endet die zweite Ausrichtung des Leitbilds der »Drei Zinnen«. Das Bild beginnt sich abzurunden.

Individuelle Ausrichtung
Weshalb wir im Bild der »Drei Zinnen« als dritte Ausrichtung noch die Individualität einbinden, mag zunächst verwundern. Drei triftige Gründe rechtfertigen diesen Schritt.

Gefahr der Versachlichung
Die Geschichte lehrt, dass im Keim jeder neuen (oder wiederkehrenden!) Entdeckung gleichzeitig die Zellen der Selbstzerstörung schlummern. Ich meine damit die Gefahren der Überschätzung, der Isolation und des Ausschließens. Auch die hier vorgestellte *Team-Vorführung*, die zweifellos wertvolle, bereichernde Ansätze bietet, ist nicht frei von der Gefahr der Versachlichung und eines sich neu wiederholenden Formalismus. Diese Keime der Zersetzung und Auflösung sind zwar anfangs nicht zu erwarten.

Um späteren Destruktionen jedoch vorzubeugen, soll von Beginn an auf Gefahren hingewiesen werden.

Wenn die vorliegende Darstellung der *Team-Vorführung* Freunde und Anhänger findet, ist es durchaus denkbar, dass sich die Formen der alten »Unterordnung« in absehbarer Zeit verändern. Wird dann in Zukunft mehr als bisher der Leistung des Te a m s und der Vorführung (auch des Führers!) Beachtung geschenkt, so könnten sich isolierte Anhaltspunkte herauskristallisieren, etwa ganz bestimmte bevorzugte Elemente des Anhaltens, der Links- oder Rechtswende usw. Damit wären wir zwar einige Schritte weitergekommen, aber bald schon würde man wieder auf der Stelle treten: Versachlichung und Formalismus hätten wieder einmal mehr der Ganzheit und dem Ideal den Rang abgelaufen. Um das zu vermeiden, wurde den verschiedenen Hundesportarten die *Mensch-Hund-Harmonie* übergeordnet. *Ganzheitliches Denken* ebenso wie die Ideale der *Ethik*, des *Sports* und der *Individualität* sollen stets im Blickpunkt bleiben und die Ausrichtung menschlicher Motivation vor Verzerrung und Abgleiten bewahren.

Wertungsproblem am Beispiel »Schnelligkeit«

Neben der Gefahr einer wieder erstehenden Versachlichung ist noch ein zweites Risiko gegeben. Dem Weg des geringeren Widerstandes folgend, liebt der Mensch seine eingeschliffenen Handlungen ebenso wie sein Schubladendenken. Der Vorliebe für isolierte Haltungs- und Bewegungsdetails könnte sich eine Bevorzugung bestimmter Temperamente oder auch Altersgruppen hinzugesellen.

»Wertungsbeispiel Schnelligkeit«: Wenn wir zum Beispiel nur einer ganz bestimmten Form der Schnelligkeit des Hundes Höchstwertung zumessen, dann sind alle anderen Formen von Schnelligkeit benachteiligt. Ganz zu schweigen von anderen Qualitätskriterien! Wir erinnern uns: Die Schnelligkeit des Hundes in der *Team-Vorführung* ist ihrem Wesen nach etwas anderes als die Schnelligkeit eines reinen Laufwettbewerbs! Die Schnelligkeit einer 180°-Kehre beispielsweise darf nicht zum Selbstzweck werden, denn sie ist nicht mehr als ein Teil der Aufgabenstellung. Leichtigkeit und Geschmeidigkeit der Bewegung ebenso wie Rhythmus, Schrittfrequenz und Auftrittstärke müssen eine gültige, den biologisch funktionellen wie den natürlich-ästhetischen Anforderungen entsprechende Form aufweisen.

Darüber hinaus gilt es die entwicklungsbedingten Veränderungen der Schnelligkeit zu berücksichtigen! Der Hund ist nur einmal in seinem Leben in der für das Alter von 2 bis 3 Jahren typischen »überschwänglichen Aktivität« (Bewegungsluxus) schnell. Es wäre in vielfacher Hinsicht falsch und ungerecht, nur die Schnelligkeit des Bewegungsluxus als Maxime anzunehmen! Auch der fünfjährige Hund ist schnell. Aber die Charakteristika seiner Schnelligkeit haben sich verlagert. Seine Laufgeschwindigkeit scheint zwar langsamer, in Wirklichkeit aber trügt das Bild. Der Hund läuft mit fortschreitendem Alter ökonomischer. Man kann das leicht an Zeitlupenaufnahmen paralleler galoppierender Hunde verschiedenen Alters nachweisen.

Individualität offenbart sich wie hier das Wasser: in Tausenden von Tropfen, und jeder Augenblick ist einmalig und unwiederbringlich.

Der junge Hund investiert in seiner Unerfahrenheit und in einer für diese Entwicklungszeit typischen »Überschwänglichkeit« überdimensionierte Bewegungsausmaße, die für den Zuschauer unterbewusst als »mehr Aktion, also schneller« interpretiert werden. In Wirklichkeit läuft der ältere Hund im direkten Vergleich trotz, besser gesagt wegen weniger spektakulär anmutender Motorik schneller als der jüngere. Also selbst die Beschränkung auf die reine Laufgeschwindigkeit rechtfertigt keine Präjudizierung des jüngeren Hundes! Dabei ist jedoch die reine Laufgeschwindigkeit innerhalb einer Vorführung im Vergleich zur Ökonomie und Schönheit (Rhythmus, Geschmeidigkeit, Ausstrahlung u. a.) der Bewegung von untergeordneter Bedeutung.

Ökonomie und Schönheit einer Bewegung verdienen daher höhere Bewertung als eine Vorführung, deren isolierte Schnelligkeit auf Kosten von Ökonomie und Schönheit erkauft wurde.

Wer aber spricht im Hundesport von der *Ökonomie und Schönheit der Bewegung?* »Schnell« heißt die Devise, und gemeint ist leider meist nur die spektakuläre Komponente einer zweckentfremdeten Schauleistung.

Wenn wir nur einer ganz bestimmten, eng begrenzten Ausprägung der Schnelligkeit Höchstbewertung zubilligen, dann stellen wir alle anderen Ausprägungen darunter. Als Folge dieser Präjudizierung verlieren ältere Hunde deutlich an Siegeschancen. Die Folgen sind fatal! Fatal für den Hund. Hunde werden viel zu früh aus dem Sport gezogen. Neue, jüngere müssen her. Und was passiert mit den älteren? Nicht alle, aber viele erwartet ein unwürdiges Dasein. Hut ab vor jenen Führern, die ihren Hund noch im Alter nicht nur ernähren, sondern im Rahmen der Möglichkeiten die gewohnten Herausforderungen bieten.

Natürlich können wir im Sport mit dem Ziel der Höchstleistung keine langsamen Hunde auf erste Plätze stellen. Das ist klar. Aber es geht um die ethische und sportliche Verpflichtung, Schnelligkeit richtig zu interpretieren und gerecht zu bewerten. Spektakuläre Äußerlichkeiten dürfen nicht zur isolierten Superleistung hochgejubelt werden. Schnelligkeit dient in erster Linie der psychosomatischen Zweckmäßigkeit. Und dies im Koordinatensystem von Mensch und Hund, also innerhalb der *Team-Vorführung.*

Temperamente
Die dritte Sorge im Hinblick auf Versachlichung gilt der Verschiedenartigkeit der Temperamente bei Mensch und Hund. Dieses Thema wurde ausführlich in anderer Literatur behandelt (siehe Lind, 1996, und in dem Aufsatz »Individualität bei Mensch und Hund«: SVÖ-Zeitung Nov. 1996, SC Nov. und Dez. 96, DHV Jan. 97). Daher kann hier nur zusammenfassend wiedergegeben werden, dass Temperamente niemals in Reinkultur auftreten, sondern in jedem Individuum in einer ganz bestimmten, einmaligen Zusammensetzung. Die auf Hypokrates zurückgehenden klassischen Temperamente des Sanguinikers, Cholerikers, Melancholikers und Phlegmatikers beinhalten neben unverkennbaren nachteiligen Eigenschaften immer auch Positiva! Eine der modernen Einteilungen von Thomas und Chess charakterisiert die verschiedenen Temperamente als das »Wie einer Verhaltensweise« (siehe Seite 45).

Die von Anfang an präsente Achtung vor der Individualität des Menschen und des Hundes könnte uns vor den Gefahren einer Neuen Versachlichung alternativer Ausbildungsmethoden bewahren.

DIE TEMPERAMENTE

**Einteilung der Temperamente
(nach Thomas und Chess)**
In einem Neun-Punkte-Programm stellten sie in überzeugender Weise ihre Einteilung dar.
1. Aktivität
2. Regelmäßigkeit (biologische Funktionen wie Schlafzeiten, Appetit usw.)
3. Annäherung – Rückzug (Reaktion auf neue, nicht vertraute Reize)
4. Anpassungsvermögen (wie lange dauert es, bis sich der Hund auf eine neue Situation eingestellt hat (Abgrenzung zu Punkt 3)
5. Sensorische Reizschwelle (wie stark müssen Reize ausfallen, um eine Reaktion zu bewirken)
6. Reaktionsintensität (wie heftig, intensiv oder energisch werden Reize beantwortet)
7. Stimmungslage (eher fröhlich, zufrieden mit sich und der Welt, positiv gestimmt oder eher negative Lebenseinstellung)
8. Ablenkbarkeit (lässt sich der Hund leicht ablenken oder vermag er auch unter Ablenkung seine Konzentration zu halten)
9. Ausdauer (Wie verhält sich der Hund, wenn Probleme auftauchen? In welcher Zeit gibt er auf? Oder versucht er immer und immer wieder, das gewünschte Ziel zu erreichen, trotz Schwierigkeiten?)

Wenn man die neun Punkte durchliest, so gewinnt man als Team-Führer fast den Eindruck, Thomas und Chess hätten ihre Typologie für Hunde aufgestellt und nicht für Kinder. Sind es doch dieselben Inhalte, die den Kynologen immer wieder bewegen und die schon das Ehepaar Dr. Menzel eine Generation zuvor bei ihrer Aufstellung der »Wesensprüfung« von Hunden bewegte. Wir stellen dem Leser anheim, sich anhand der Einteilung nach Thomas und Chess eine Übersicht über die Temperaments-Schwerpunkte seines Hundes und seines eigenen Naturells zu verschaffen. Stimmt die »Passung«, wie Heinz Weidt so schön formuliert? Wer möchte, kann neben die einzelnen Punkte Zahlen eintragen, etwa von 1 bis 4 (1 = schwache Ausprägung, 4 = äußerst starke Ausprägung).

Wenn wir die Verschiedenartigkeit des Menschen und der Hunde als Ausdruck der Vielfältigkeit des Lebens verstehen, dann müsste sich dies auch in der *Team-Vorführung* niederschlagen. Auch hier gilt, ähnlich wie am Beispiel der Schnelligkeit: Der Ausdruck einer Vorführung ist aus ganzheitlicher Sicht zu beurteilen. Wenn man bestimmte Merkmale isoliert und überbewertet, erfährt die Bewertung eine widernatürliche Verzerrung. Mit anderen Worten.

Die sportlichen Regeln sowie die detaillierten Ausführungsbestimmungen bilden gemeinsam mit der Natürlichkeit, Schönheit und Zweckmäßigkeit von Haltung und Bewegung den Rahmen, innerhalb dessen sich individuelle Merkmale manifestieren können, ja sogar sollen. Die Freifolge wäre nicht nur ein »Unter-Beweis«-Stellen, dass der Hund formal richtig neben dem Hundesportler hergeht und die Aufgabe des Hinaufsehens erfüllt; sondern es müsste die sich im Ausdruck manifestierende Befindlichkeit beider Sportpartner in den Vordergrund treten. Dass der Hund korrekt, aufmerksam und freudig mitgeht, ist hier Voraussetzung. Hier endet der Maßstab der Bewertung nicht, hier ist man erst mittendrin! Die Frage lautet: Was strahlt das Mensch-Hund-Team in dieser speziellen Aufgabenstellung der Freifolge aus? Erkennt man gezügelte und gleichzeitig freie Überlegenheit der beiden, oder ist einer von beiden unsicher oder verspannt? Stehen Tempo, Rhythmus, Kraft und Geschmeidigkeit in Harmonie oder zeigt das Ganze ein verzerrtes Bild durch unnatürliche Überbetonung eines einzigen Merkmals? Strahlt der Team-Führer mit seinem Hund Erhabenheit, Leichtigkeit und Freiheit in Haltung und Bewegung aus, oder sieht man dem Führer von weitem an, dass er seiner eigenen Verbissenheit oder Hektik erliegt? Sind das nicht klare Leistungsunterschiede? Sind nicht jene betrogen, die sich um die Harmonie ihrer Vorführung erfolgreich bemühen und dafür weder verbal noch in Punkten irgendeine Anerkennung finden?

Und wenn wir die allgemeinen Werte von Haltung und Bewegung in die Bewertung einer Vorführung mit einbeziehen, dann lautet die folgerichtige Konsequenz: Auch der Individualität muss ein bestimmter Raum gegeben werden. Nicht d i e ideale Gehweise wird dann gesucht (die gibt es nämlich nicht!), sondern die individuell überzeugendste würde siegen. Es könnte also der eine seine Schritte während des Gehens mit kraftvoll überlegener Zügelung demonstrieren, ein anderer würde eher forsch, aber mit vergleichbar überzeugender Ausstrahlung auf ein gedachtes Ziel zustreben. Wenn die Ausstrahlung beider Gehweisen die Erhabenheit des Siegers widerspiegelt und die übrigen Anforderungen an Haltung und Bewegung im Rahmen des Schönen, Natürlichen und Zweckmäßigen voll zufrieden stellen und darüber hinaus alle formalen Regeln erfüllt wurden, dann müssten beide trotz individueller Unterschiede volle Punktzahl erhalten. Individuelle Merkmale erhalten auf diese Weise einen formulierten und garantierten Freiraum.

Die Grenzen der Individualität
Damit die Individualität nicht zum Selbstzweck wird und ausufert, müssen ihr Grenzen gesetzt werden. Sie muss sich einordnen in die übergeordneten Gegebenheiten des Körperschemas, der Anatomie, der natürlichen Haltungen und Bewegungen. Das klingt schwieriger, als es in der Tat ist! Unterschiedliche Ausdrucksformen im Groben zu erkennen und zu unterscheiden, gelingt den meisten von uns, ohne es richtig gelernt zu haben. Körpersignale aufzunehmen und zu werten, läuft weitgehend unterbewusst ab und ist sozusagen menschliches Allgemeingut. Richter allerdings sollten in diesem Punkt überdurchschnittliche Kenntnisse und Beobach-

tungsgabe mitbringen. Wenn es gelingen würde, der individuellen Ausrichtung in der *Team-Vorführung* einen bescheidenen, aber unübersehbaren Stellenwert zu geben, dann würden die einzelnen Darbietungen ihren stereotypen Charakter verlieren. Das wiederum würde nicht nur die Motivation der Akteure steigern, sondern auch Zuschauer anlocken.

Leider sind wir (zur Zeit der Niederschrift dieses Buches im Jahre 1999) noch weit von einer sich in Punkten niederschlagenden allgemeinen Ausdrucksbewertung entfernt, und noch viel weiter von der Würdigung individueller Ausdrucksmomente. Ich habe bisher noch auf keinem Hundeplatz einen Ausbilder darauf hinweisen hören, dass seine Schüler die ihnen eigenen Temperament-Merkmale bewusst und überzeugend in die Vorführung mit einbringen sollen. Dabei wäre das doch eigentlich nahe liegend. Es scheint so, als ob wir vor lauter Bäumen den Wald nicht mehr sehen. Die heutige Form des Richtens in der Unterordnung ist ein Spiegel dafür, dass wir beim Denken in Punkten nicht nur die Mensch-Hund-Beziehung, sondern unser eigenes Mensch-Sein aus den Augen verloren haben.

Wenn man einen Team-Führer vor sich hat, der besonders sensibel ist, dann sollte man diesem erst einmal seine individuellen Vorzüge bewusst machen und diese in seine Mensch-Hund-Beziehung einbringen und gezielt in der *Team-Vorführung* auch zeigen. Das wird ihn motivieren und ihm Sicherheit geben. Erst im nächsten Schritt wird man auf die gegenindividuellen Inhalte aufmerksam machen und in kleinen Schritten an seinen Unzulänglichkeiten arbeiten – zunächst ohne Hund! Diese Vorgehensweise kommt aus der modernen Pädagogik, wo man erkannt hat, dass das Bewusstmachen der individuellen *Eigentlichkeit*, wie ich es nennen möchte, eine hervorragende Basis zur weiteren Selbstverwirklichung bietet. Die entsprechen-

Laufen ist nicht nur ein Trainingsergebnis, sondern ein Ausdruck von Lebensfreude. Das läßt sich jederzeit – auch im Winter – ausüben.

de Autosuggestion könnte lauten: »Erkenne Dein Naturell! Erkenne, wer du bist und nimm Dich an mit all Deinen Vorzügen und Schwächen! Hüte Dich vor Über- oder Unterschätzung bestimmter Charakterzüge. Lass es aber nicht auf der Selbsterkenntnis beruhen. Arbeite an Dir.«

Mit der Integration der Individualität in die *Team-Vorführung* wäre neben der erforderlichen Abrundung auch eine Steigerung der Gesamtleistung zu erwarten. Wir sehen, auch die Individualität trägt zur Ausrichtung im Bild der Drei Zinnen Wertvolles bei.

Zusammenfassung

Das Bild der »Drei Zinnen« steht nun vor uns. Wir haben versucht, dem *Hundesport* allgemein und der alten »*Unter*«-*Ordnung* im Besonderen den nötigen Tiefgang zu geben. Von der *Mensch-Hund-Beziehung* ausgehend, haben wir die *Mensch-Hund-Harmonie* abgeleitet. Die Verwirklichung der *Mensch-Hund-Harmonie* fanden wir im *Team-Gedanken* und in der daraus entwickelten *Team-Vorführung*. Auf diesem Weg soll uns die dreifache Ausrichtung auf die *ethische*, *sportliche* und *individuelle Zinne* vom Wesentlichen her inspirieren und leiten.

Es mag zunächst viel erscheinen, was hier der so genannten Praxis vorangestellt wurde, und aufkommende Ungeduld wäre verständlich. Aber man möge bedenken, dass alles, was bisher gesagt wurde, bei näherer Betrachtung aus der Praxis kam – und wieder in die Praxis mündet. Verstehen wir doch den Begriff Theorie in seiner alten, vorbildlichen Inhaltlichkeit. Theorie bedeutete ursprünglich so viel wie Gottes-Schau (theos heißt Gott). Demnach bilden Theorie und Praxis eine untrennbare kosmologische Einheit. Wer Interesse hat an der *Team-Vorführung* – als einer neuen Form der »alten Unterordnung« –, dem kann man nicht ersparen, sich auch geistig mit dem auseinander zu setzen, was man in der Praxis tut.

KAPITEL 2
GRUNDLAGEN DES HUNDESPORTS

➤ S. 51   **Kommunikationsebenen**

➤ S. 56   **Nonverbale Kommunikation**

➤ S. 69   **Verbale Kommunikation**

➤ S. 73   **Richtig motivieren**

➤ S. 81   **Über die Kunst des Übens**

➤ S. 88   **Konzeptiv-flexible Trainingsgestaltung**

➤ S. 103   **Basisübung**

➤ S. 113   **»Paradeübung«**

Kommunikation

Kommunikationsebenen

Wenn man beginnt, die *Mensch-Hund-Beziehung* verantwortungsvoll auszurichten, dann verändert sich so manches im Umgang mit dem Hund. Mehr und mehr tritt das Gelingen der eingegangenen Partnerschaft in den Vordergrund, und das Selbstverständnis des alten Lehrmeisters wird blasser und blasser. In der Folge erlebt man den Hund intensiver, gefühlvoller, ja inniger. Man sieht nicht mehr den Hund, der eine Übung so oder anders ausführt, diesen oder jenen Fehler macht, sportliche Erwartungen mehr oder minder erfüllt, sondern man sieht immer öfter den Hund in seiner individuellen, psychisch-physischen Einmaligkeit. Das Training verlagert sich weg von formaler Leistungserwartung, weg vom Denken in abstrakten Punkten, hin zum »*Teamwork in Harmonie*«, hin zu seelischer Beglückung.

Man muss es gesehen oder selbst erlebt haben, um zu begreifen, mit welchem Gewinn die beschriebenen Veränderungen verbunden sind. Denn merkwürdigerweise profitiert auch die formale Leistung von der Ausrichtung auf Harmonie. Immer mehr Team-Führer, deren Hunde sportlich verdorben wurden und die nochmals von vorn anfangen – diesmal spielerisch –, berichten von den hier beschriebenen Veränderungen. Mein Aktenordner »Leserpost« ist voll von Beschreibungen derartiger Wandlungen.

Harmonie im täglichen Umgang

Welche Veränderungen ergeben sich daraus für den Sport? Folgende Probleme gilt es zu sehen und zu bewältigen:

➤ Der Mensch glaubt zwar, seinen Hund zu verstehen, in Wirklichkeit aber bleibt uns viel von dem verborgen, was im Hund tatsächlich vorgeht.

➤ Selbst wenn wir den Hund genau beobachten, interpretieren wir sein Verhalten nicht immer richtig.

➤ Wir isolieren die Bereiche Motivation, Kommunikation, Spiel und »Unter«-Ordnung, sprich Appell, und übersehen dabei das ganzheitliche Ineinandergreifen der Vorgänge.

➤ Die traditionelle Hundesportmethodik orientiert sich primär an der formalen Erfüllung der Aufgaben und zu wenig an der qualitativen Ausführung.

➤ Vielen Team-Führern fällt mangelnde Motivation ihres Hundes nicht auf, weil Aktionen, wie etwa das Nachjagen einer bewegten Spielbeute, instinktgesteuert ablaufen und

Auch im Hinblick auf Kommunikationssignale ist der Hund Nachfahre des Wolfs. Allerdings sind Ausdrucksvielfalt und -intensität beim Hund degeneriert.

den (möglichen) Mangel an positiver Gestimmtheit verdecken (»maskierte Befindlichkeit«, E. L.).
➤ Der Mangel an Wissen über soziales Verhalten, Lernen, Pädagogik, Didaktik und Methodik wird zur Ursache unterschiedlichster Probleme. Darunter fallen auch Fehlverknüpfungen, die oft ritualisiert und damit verstärkt werden und mitunter nie oder oft erst spät erkannt werden.
➤ Nicht zuletzt stören und hemmen Überforderungen im Ganzen wie im Detail die Entwicklung des Hundes. Das wirkt sich letztlich auch auf die sportlichen Ausbildungsergebnisse aus.

All diese Punkte, die sich noch erheblich erweitern ließen, haben etwas gemeinsam. Der Hund scheint uns zwar nah. Als Wesen einer anderen Spezies ist er uns jedoch in vieler Hinsicht fremd. Auf emotionaler Ebene sind wir dem Hund wohl am nächsten. Vielleicht fühlen wir uns deshalb so stark angezogen von Hunden. Vor dem Hintergrund dieser Einsichten liegt es nahe, sich zunächst mit der Kommunikation zu beschäftigen. Denn nirgendwo kommt man sich schneller und besser näher, wie in der gegenseitigen Verständigung. Über die einzelnen Bereiche der Kommunikation und über die unterschiedliche Sinneswahrnehmung von Hund und Mensch wurde viel geschrieben. Wegen des Umfangs dieser Thematik können wir im Rahmen des vorliegenden Buches nur einiges herausgreifen.

Kommunikationsebenen

Hunde haben als Erben des Wolfs ein hoch sozialisiertes Verständigungsrepertoire. Rangordnungen zu bilden und umzubilden, bedarf einer ständigen Auseinandersetzung mit den Mitgliedern der Gemeinschaft. Daher besitzen die Hundeartigen *(Canidae)* ein vielfältiges Zeichenvokabular, wobei alle Ausdrucksebenen vielschichtig genutzt werden. Aussenden und Aufnehmen der Verständigungssignale stehen jedoch in untrennbarem Zusammenhang mit den arteigenen Sinneswahrnehmungen. Diese unterscheiden sich bekanntlich erheblich von denen des Menschen.

Mensch und Hund kommunizieren zwar auf den gleichen Ebenen: nämlich auf der *akustischen* (Lautäußerung), *olfaktorischen* (Geruchsebene), *visuellen* (Körpersprache, Mimik und Gestik) und auf der *taktilen* Ebene (Kommunikation mittels Berührung). Aber Hunde riechen, sehen und bewegen sich anders, und sie nehmen auch Berührungen anders auf.

Olfaktorische Kommunikation: Hunde riechen nicht nur um das Tausendfache besser als Menschen. Sie setzen diese Form der Kommunikation in zahlreichen sozialen Verhaltensweisen ein, die der Mensch längst auf die visuelle oder akustische Ebene übertragen hat.

Visuelle Kommunikation: Auch im Sehen gibt es enorme Unterschiede. Hunde sehen Farben anders und haben im Vergleich zum Menschen ein eingeschränktes Farbensehen. Auch in der Sehtrennschärfe liegen sie zurück. Dagegen können Hunde auf verhältnismäßig große Distanz geringste Bewegungsunterschiede wahrnehmen. Und sie sehen auch in der Dunkelheit noch hervorragend. Ihr Blickfeld ist auf Grund der Augenanordnung wesentlich größer als das des Menschen.

Taktile Kommunikation: Auch diese Art der Kommunikation ist bei Hunden sehr stark ausgeprägt und spielt in den unterschiedlichsten Formen eine große Rolle. Berührungen nehmen Hunde durch die Fellhaare erheblich verstärkt wahr. Dazu gehören Wegdrängen, Anrempeln, Schnauzenzärtlichkeiten, Paargehen, Kopf auflegen, Pföteln, Hinterteil andrücken und vieles andere.

Akustische Kommunikation: Die Lautäußerungen der Hunde sind im Vergleich zu anderen Tierarten außerordentlich vielfältig. Man nimmt an, dass diese Tatsache das Ergebnis der Domestikation ist. Lautgeben wurde zur Jagd, in der Bewachung und Verteidigung gefordert. Lautäußerungen sind aber auch Folge eines Anpassungsprozesses an den Menschen, der überwiegend akustisch kommuniziert.

Dürre beschreibt sieben Lautklassen. Allein in der Klasse »Bellen« unterscheidet man mindestens acht Formen: Einsamkeitslaute, Spielaufforderungsbellen, Spielbellen, Drohbellen, Warnbellen, Angriffsbellen, Begrüßungsbellen, Kontaktbellen und weitere.

Besondere Aufmerksamkeit verdient die visuelle Kommunikationsebene. Nicht nur, weil diese dem Menschen besonders nahe steht, sondern weil auch beim Hund die Körpersprache eine Sonderstellung einnimmt. Bewegung, Haltung, Gestik und Mimik genießen einen hohen Signalwert. Sie teilen Botschaften und Befindlichkeiten mit. Hunde können lachen, drohen, sich unterwerfen, Angst oder Angriff, Sympathie oder Antipathie äußern. (Unkupierte) Hunde nützen allein im Bereich der Rute zehn unterschiedliche Signalfunktionen. Im Bereich des Kopfes hat man beim Zwergpudel 14, beim Schäferhund 16, beim Alaskan Malamute 43 (!) verschiedene Mienen analysiert. An visuellen Signalen sind zahlreiche Körperteile beteiligt: Gliedmaßen, Rumpf, Kopf, Ohren, Rute, Zunge und Lefzen, aber auch das Fell und vor allem die Augen

Hunde stellen in vielen Situationen »stumme« Fragen. Lässt der Mensch diese wiederholt unbeantwortet, so werden die Fragen des Hundes immer seltener und seine Verselbstständigung immer häufiger.

(Blickkontakte, Fixieren u. a.). Allein schon dadurch erklärt sich die Vielfalt visueller Kommunikation.

Hinzu kommt, dass die visuelle Kommunikation stumm ist. In lautloser Kommunikation bleibt man verborgen und verrät sich nicht dem Feind. Man spricht zu Recht von der »nonverbalen (wortlosen) Kommunikation« als der wohl bedeutungsvollsten Kommunikationsebene bei Hunden.

Wenn man angesichts der typisch hundlichen Sinneswahrnehmungen die Kommunikationsformen überdenkt, mit denen der Mensch mit dem Hund in der Regel kommuniziert, so fallen sofort mehrere eklatante Defizite und Fehler auf. Der Mensch begegnet dem Hund zunächst einmal wie einem Mitmenschen, indem er sich mittels Worten kundtut. Hunde müssen daher lernen, Aufgaben auf akustische Signale des Menschen hin auszuführen. Auch »Lob und Tadel«, Zuneigung und Missfallen teilt der Mensch in der Regel akustisch mit.

Olfaktorische Kommunikationsebene: Geruchsreize werden zwar vom Hund genützt, um an uns zu »lesen«, in welcher Stimmung wir uns befinden oder welche Geruchsinformationen wir beispielsweise an unseren Kleidern nach Hause mitbringen. Darüber hinaus bieten sich dem Menschen jedoch wenig Möglichkeiten, sich olfaktorisch zu artikulieren.

Taktile Kommunikationsebene: Auch im taktilen Bereich müssen wir Defizite eingestehen. Die aufrechte Körperhaltung des Menschen ebenso wie die Größenunterschiede zum Hund vereiteln einen Großteil der Berührungsmöglichkeiten. Vielfach ist es nur noch die Hand, die taktile Reize vermittelt. Um so wichtiger wäre es, die Hand als dominantes Berührungsmedium möglichst früh bewusst und gezielt einzusetzen.

Visuelle Kommunikationsebene: Auf visueller Ebene bieten sich dem Menschen hingegen vielfältige Möglichkeiten, sich ohne große Umstellung so zu vermitteln, dass die Botschaften vom Hund auch verstanden werden. Das ist einer der Gründe, weshalb man die so genannten verbotenen »Hilfen« im Hundesport in der Regel auf visueller Kommunikationsebene einbringt. Betrachtet man einmal die Kommunikationsebenen ohne Vorurteile, so würde man hinsichtlich ihrer Nutzung im Signalaustausch mit dem Hund erkennen, dass die Isolierung auf die akustische Ebene nicht zu rechtfertigen ist. Im Gebrauchshundewesen müsste man die visuelle und akustische Ebene gleichwertig behandeln, so dass der Hund in der Lage wäre, je nach Situation entweder auf das Hör- oder das Sichtzeichen oder auf beides zu agieren. In manchen Situationen würden sich auch Berührungssignale anbieten. Soviel zur Aufgabenvermittlung.

Das Argument multipler Kommunikation wird darüber hinaus durch die Tatsache gestützt, dass zahlreiche Kommunikationsformen der Hunde als »Bündel« mehrerer Signalkomponenten in Erscheinung treten – als so genannte »Displays« oder, wie man in der modernen Nachrichtentechnik sagen würde, »Codes« (Immelmann et al., 1988). Nicht das Einzelsignal, sondern der differenziert zusammengesetzte Gesamtausdruck macht den Bedeutungsinhalt aus (Feddersen-Petersen). Signalebenen zu beschreiben ist also nur sinnvoll, so lange man sich der Vernetzung derselben bewusst bleibt.

Im Erziehungs- und frühen Ausbildungsbereich müsste vor allem die vernachlässigte Kommunikationsebene Berührung viel mehr genützt werden. Ich habe hierfür eine eigene Übung entwickelt: Die »Basisspiel-Übung« im Sitzen betont (unter anderem) Berührungen im Spiel. Sie hat sich inzwischen vielfach bewährt bei den oft anzutreffenden Kontakt- und Näheängsten, die mitunter unentdeckt bleiben und für zahlreiche Verhaltensauffälligkeiten und sportliche Fehlleistungen verantwortlich sind.

Kommunikations-Verstärker

Kontraste als Verstärker

Die Natur hat enorm viel investiert in den Austausch von Botschaften. Man denke nur an die zahlreichen Kontrasteffekte, die visuelle Mitteilungen erheblich verstärken. Etwa die dunkel gefärbten Lefzen vor hellem Fellhintergrund oder die hellen Augenbrauen vor dunklem Hin-

Der Hund schaut nicht aufs Futter, sondern er sucht den Blickkontakt zum Menschen. Die vorrangige Bedeutung des sozialen Ereignisses rückt »das Tun an sich« in den Vordergrund *(Integrative Motivation)*.

tergrund. Die Kinesik beschäftigt sich aus gutem Grunde stark mit der Symbolsprache der Augen. Wie weit sind sie *geöffnet* oder *geschlossen*? Sind sie *verhängt* oder *verengt*? Werden sie *aufgerissen* oder *flackern* sie hin und her? Ist der Blick *zugewandt* oder *abgewandt*, *unbestimmt* in die Ferne gerichtet oder scheint derjenige durch einen *hindurchzusehen*? Ist der Blick von oben herab oder von unten hinauf? Ist er *durchdringend*, *sanft*, *stumpf*, *stechend*, *zornig*, *kalt*, *glasig*, *feurig*, *abwesend* oder was sonst?

Die »sprechenden« Augenbrauen der Hunde sind nicht nur schön. Blickbewegungen, die aus geringer Distanz schon nicht mehr wahrnehmbar sind, werden durch die Brauen um ein Vielfaches verstärkt und können dadurch von den anderen Rudelmitgliedern gut wahrgenommen werden. Biologisch gesehen ist dieser Zusammenhang besonders auffallend. Die Muskeln der Brauen sind mit den Blickbewegungen gekoppelt, obwohl sich dadurch für das Individuum keine Verbesserung der Sehleistung ergibt. Der Gewinn liegt tatsächlich in der Signalwirkung. Daher sollten wir das Augenspiel des Hundes beobachten und uns erinnern: Auch auf diese Weise »spricht« der Hund mit uns. Das Auge ist der Spiegel der Seele, sagt der Volksmund nicht zu Unrecht. Versuchen wir also, aus dem Auge des Hundes und von seinen Augenbrauen zu lesen und halten wir unsere eigenen Augen offen, damit uns die vielfachen Botschaften nicht entgehen. Wer mag, kann auch das eigene Augenspiel bewusster als vielleicht bisher zur Kommunikation einsetzen.

Aus Raummangel haben wir uns hier auf die Augen konzentriert. Wir wissen, dass der Hund mit allem, was sich in irgendeiner Form dazu eignet, Signale aussendet: mit den Ohren, Lefzen, der Rute, dem Haarkleid, den Läufen, dem Kopf, der Zunge, dem Hinterteil usw.

Kontraste als Verstärker zu nützen, das hält uns die Natur vielfältig vor Augen. Nachahmung lag nahe. Schon die alten Ägypter formten ihre Schminkkunst nach tierischen Vorbildern.

Auf der einen Seite dienen Kontraste dem ver-

Auch der Mensch nutzt seit eh und je Kommunikationsverstärker. Hier eine Ägypterin.

stärkten Hervorheben bestimmter Botschaften. Gleichzeitig ist es dieselbe Fellstruktur, die auch die Tarnung sichert. Gegensätzliche Effekte mit ein und demselben Mittel? – Der einzige Unterschied besteht darin, dass visuelle Signalverstärkung mit Bewegung verbunden ist, während Tarnung durch Bewegungsstillstand entsteht.

Andere Formen der Verstärkung

Auch das Sträuben der Fellhaare dient als Verstärker. Und Kot, Urin sowie die Sekrete der Analdrüsen dienen als Signale und verstärken olfaktorische (geruchliche) Botschaften. Oder man denke an das Scharren nach dem Koten, das neben der Dominanzdemonstration den Duft besser verbreitet und damit die territoriale Besitzanzeige unterstreicht.

Äußere Reize als Verstärker

Wir wollen noch auf einen weiteren Verstärkereffekt hinweisen. Äußere Reize, die für den

Hund zunächst bedeutungslos sind (z. B. Hörzeichen), nehmen infolge wiederholten Auftretens Bedeutung an, so dass der Hund weiß, was zum Beispiel mit <Platz> gemeint ist. Darüber hinaus wird das Signal gleichzeitig verknüpft mit Emotionen, die mit dem nachfolgenden Ereignis in Verbindung stehen. Folgt etwa dem <Platz> von Anfang an ein Lust bringendes Spiel, so versetzt in der Folge allein schon das Hörzeichen den Hund in eine positive Stimmungslage.

Das Gleiche gilt natürlich auch in entgegengesetzte Richtung: Ein Hund, der mit dem Befehl <Bring> schlechte Erfahrungen verbindet, wird Unlust-, Angst- oder auch Aggressionssymptome äußern. – In beiden Fällen wurde das Hörzeichen selbst zum Verstärker der nachfolgenden Verhaltensweise.

Der beschriebene Vorgang beschränkt sich natürlich nicht auf akustische Reize. Auf jeder Sinnesebene können Reize in Verbindung entsprechender Emotionen als Verstärker wirksam werden. (Auf das Ineinandergreifen der verschiedenen Ebenen wurde bereits hingewiesen.)

Es liegt nahe, sich diesen Effekt zunutze zu machen, indem man Erziehungs- und Sport-Hörzeichen in möglichst hoher, positiver Emotionsbeteiligung vermittelt. Wo es sinnvoll und nötig ist, etwa zur Sicherheit des Hundes, sollten auch strenge, Unterordnung auslösende Hörzeichen eingeübt werden. Wer beispielsweise seinem Hund beim Spazierengehen ab und zu ein strenges <Platz> abfordert, bringt im Fall einer Hasen-, Katzen- oder Rehbegegnung ungleich höhere Chancen für die Kontrolle des Hundes mit.

»Nonverbale Kommunikation«

Was bedeutet eigentlich Körpersprache? Wie das Wort schon sagt, ist die Körpersprache eine Art Aussage. Aber eben nicht mit Worten, sondern mit Hilfe von Bewegungs-, Haltungs-, Mimik- und Gestiksymbolen. Wie aussagekräftig diese Kommunikation sein kann, zeigt uns der Pantomime. Dieser erzählt ganze Geschichten – ohne Worte, »nonverbal«.

In der Kinesik meint man, dass immerhin 50 Prozent der Informationen, die wir beispielsweise über den Charakter oder die Glaubwürdigkeit unseres Gegenübers gewinnen, mittels Körpersprache mitgeteilt werden. Die *nonverbale Kommunikation* hat gegenüber der verbalen Sprache auffällige Vorteile.

Sie ist schneller. Zeitgewinn ist in der Natur ein wichtiger Überlebensfaktor. Auch für den Menschen bietet die schnellere Information Vorteile. Das in Worte zu fassen, was beispielsweise eine genüssliche Geste beim Naschen eines Schoko-Riegels verrät, würde das Vielfache an Zeit in Anspruch nehmen. Dies wird in der Werbebranche tagtäglich genützt.

Die Körpersprache ist viel sagender, so paradox das zunächst klingt. Das Wort »Baum« beispielsweise beinhaltet eine klare Information, und es grenzt gleichzeitig von anderen Worten, etwa vom Wort »Apfel« ab.

Körpersprache ist längst nicht so klar in ihrer Ein- und Abgrenzung. Sie ist in ihrer Vieldeutigkeit eher mit einer Melodie zu vergleichen. Melodien rufen in ihrer Gesamtheit von Metrum, Rhythmus, Tonfolge, Har-

monie und Form Stimmungen hervor. Ein einzelner Ton der Melodie, etwa der Ton C, kann einmal Freude, ein andermal Traurigkeit oder Festlichkeit ausdrücken. Erst die Umgebung der anderen Töne und der Bezug zu den soeben aufgezählten Ebenen gibt dem Ton C seine einmalige, unnachahmliche Wertigkeit.

Auch von einem Bild heißt es ja, es würde mehr aussagen als tausend Worte. Man sieht, in der Unklarheit der Körpersprache liegt also gleichzeitig eine besondere Qualität.

Die *nonverbale Kommunikation* ist »ehrlicher«. Körpersignale lassen sich nicht so leicht vom Unterbewussten trennen wie Worte. Man könnte sagen: Lügen ist einfacher als seine Mimik zu verstellen.

Die Vieldeutigkeit der nonverbalen Kommunikation stellt andererseits an den, der vorhat, mit ihr umzugehen, hohe Anforderungen. Während man für das Wort »Apfel« nur wenige Alternativen findet, scheinen die Gebärden des genüsslichen Verspeisens eines Apfels nahezu unerschöpflich. Die Vieldeutigkeit der Kinesik wird besonders im Tanz genützt. In der Tanztradition des japanischen Theaters beispielsweise verwendet man mehr als 40 Stellungen der Augenbrauen in jeweils unterschiedlichen Bedeutungen!

So vielfältig sich die Körpersprache offeriert, so kompliziert und vielschichtig sind die im Innern ablaufenden psychosomatischen Prozesse, die sie auslöst. Zurückliegende Erfahrungen, biochemische Vorgänge, Absichten, Befindlichkeit, vitale Bedürfnisse und vieles andere sind daran beteiligt.

Kommunikationssignale richtig deuten

Es liegt auf der Hand, dass das Bild, welches sich der Beobachter auf Grund von Körpersprachesignalen macht, nicht mehr als eine Annäherung widerspiegelt. Gerade deshalb ist es so wichtig, Interpretationen vorsichtig anzustellen und nicht vorschnell, etwa auf Grund eines Einzelkriteriums, zu urteilen. Das gesträubte Haar eines Hundes ist nicht immer gleichbedeutend mit Aggression; und die erhobene, wedelnde Rute bedeutet durchaus nicht immer freundliches Gewogensein. Ebenso falsch wäre es, jedes Knurren mit Unsicherheit gleichzusetzen.

Wie sehr sich Kommunikationssignale verändern, wenn man ihnen bestimmte Elemente hinzugibt oder wegnimmt, vermag folgender Vergleich verdeutlichen. In der Abbildung rechts sehen wir das Symbol eines Telefons, bestehend aus drei Elementen: dem typischen Hörer, der (ehemals) typischen Wählscheibe und dem Gehäuse.  Es ist erstaunlich, dass wir mit nur drei Elementen eindeutig eine bestimmte Gestalt assoziieren. Was passiert jedoch, wenn wir ein Element weglassen, etwa den Hörer?

Niemand wird mehr in der Abbildung rechts ein Telefon erkennen. Statt dessen interpretiert man beispielsweise den Oberkörper  eines Menschen, der den Kopf tief zwischen die Schultern einzieht, eine Sparbüchse, die Querschnittszeichnung einer Walze in ihrem Lager oder eine andere technische Zeichnung. Auf keinen Fall verbindet man jedoch die beiden Elemente mit der Vorstellung eines Telefons.

Allein das Wegfallen eines einzigen Elementes verändert den ganzheitlichen Inhalt, die Gestalt. Wir schließen daraus: Die Körpersprache ist eine Art Mosaik, in dem der einzelne Stein keine definitive Bedeutung hat. Die Bedeutung erschließt sich erst in Bezug auf die benachbarten Steine und in Bezug auf das Ganze. Aristoteles hatte also schon vor 2000 Jahren mit seiner Behauptung Recht: »Das Ganze ist mehr als die Summe seiner Einzelteile«.

Übertragen wir dieses Beispiel auf das Dechiffrieren der Körpersprache des Hundes, so wird klar: Zum einen sollte man möglichst viele Einzelelemente kennen, zum anderen sollten die Bedeutungen möglichst vieler Signalaussagen bekannt sein, und zum Dritten müsste man auch die Varianten ein und derselben Signalmitteilung unterscheiden können.

Hinzu kommt, wer mit Kommunikation umgeht, braucht neben Wissen auch Beobachtungsgabe. Nur unter diesen Voraussetzungen ist eine reelle Chance gegeben, das, was sich uns zeigt, mit relativ hoher Wahrscheinlichkeit richtig zu deuten. Wenn der Hund beispielsweise sein Hinterteil an unser Knie presst, so kann das einmal (vermenschlicht ausgedrückt) bedeuten: »Ich mag Dich! Ich gehöre zu dir.« Ein andermal: »He, schau mal da hinüber, der dicke Schwarze da drüben ist mir nicht geheuer. Bleib bei mir, man weiß ja nie …« Oder: »Hallo Herrchen, ich möchte jetzt gestreichelt werden«.

Halten wir fest!
➤ Gleiche Elemente der caniden Körpersignale können in anderer Konstellation und Situation unterschiedliche Bedeutung haben, und erst die Summe aller Signale in Verbindung der ganzheitlichen Analyse der Situation und der vorangegangenen Ereignisse ermöglicht annähernd gültige Rückschlüsse.
➤ Die Zuchtziele haben bei manchen Rassen zu erheblichen äußeren (und inneren!) Veränderungen geführt. Dies brachte wiederum rassetypische Kommunikationsweisen mit sich. Manche hundetypischen Verhaltensweisen degenerierten, andere wurden verstärkt oder auch modifiziert. Hinzu kommen natürlich noch die individuellen Kommunikationen. Jeder Hund entwickelt seine ganz bestimmte unnachahmliche Form der Verständigung.

Von der »Ignorierenden« zur »Respondierenden« Kommunikation

Noch auf einen weiteren Zusammenhang wollen wir hinweisen. In der Regel verstehen Hunde und Menschen einander ganz gut. Die vielen ähnlichen Körpersignale sowie die »emotionale Nachbarschaft« machen eine weitgehend intuitive Verständigung möglich. Aber wenn man die Kommunikation dann wirklich einmal untersucht, findet man oft, dass Mensch und Hund jeweils das betonen, was ihnen nützt. Der Hund beobachtet den Menschen daraufhin, was für ihn an Vorteilen herausspringen könnte, und der Mensch liest am Hund, was für das Unterordnen des Hundes in der Familie oder im Sport von Wichtigkeit ist.

Viele Bücher, die sich mit der Körpersprache befassen, vermitteln in erster Linie die Inhalte von Signaleinheiten (Displays, siehe Seite 54). Auch die Verhaltensforschung beschäftigte sich vornehmlich mit der innerartlichen Decodierung der Signale, so wie sie unter Wölfen üblich ist. Also Kommunikation im Hinblick auf Decodierung (auch Dechiffrierung genannt). Hier wurden umfangreiche Kenntnisse erworben. Ebenso wichtig jedoch ist die Erforschung der *aktiv-wechselseitig-gleichzeitigen Kommunikation zwischen Mensch und Hund.* Also das auf »A u s t a u s c h ausgerichtete, kommunikative In-Verbindung-Treten«. Das Verstehen einer biologischen Erscheinungsform bedeutet etwas anderes als die praktische Umsetzung innerhalb des In-Verbindung-Tretens zweier verschiedener Spezies (aktionale und interaktionale Kommunikation.) Das innerartliche Ausdrucksverhalten der Caniden ist gut beschrieben, aber es fehlt noch an ethologisch-pädagogischen Schlussfolgerungen und an praktischen Orientierungshilfen (siehe Feddersen-Petersen: »Hunde und ihre Menschen«). Genau um diese geht es jedoch innerhalb der Mensch-Hund-Beziehung.

Beispiel einer Ignoranz-Kommunikation

Vielfach läuft die Kommunikation einseitig ab. Der Hund bleibt auf dem Spaziergang stehen und sieht zurück zu Herrchen. Herrchen bemerkt das, zeigt aber keine Reaktion. Er ignoriert die Botschaft des Hundes. Genauer gesagt: *Er gibt keine Antwort.* Der Hund läuft weiter. Nichts besonderes? Vielleicht doch! Der Hund hat seinen engsten Sozialpartner, den Menschen, »angesprochen«. Freilich nicht mit Wor-

Frauchen ließ alle »Fragen« unbeantwortet, also geht der Hund seiner eigenen Wege (Ignoranz-Monoton-Kommunikation, links). Nach Spielaufforderung des Hundes antwortet Frauchen durch Blickkontakt und hundliche (anschleichende) Haltung und Bewegung (Respons-Synton-Kommunikation, rechts).

ten, aber Zweck und Inhalt der wortlosen Kommunikation mittels Körpersprache waren für den Hund in diesem Augenblick wichtig. Möglicherweise wollte er eine »Frage« stellen oder eine »Mitteilung« geben. Aber seine Bemühung blieb erfolglos: »No answer« – keine Antwort. Ich nenne diesen Vorgang »*Ignorierende Kommunikation*« (Ignoranz-Motivation) im Gegensatz zur »*Respondierenden Kommunikation*« (respondere [lat.] = antworten, bestätigen). Während *Ignoranz-Kommunikation* die unbeantwortete Kontaktaufnahme beschreibt, hebt die *Respons-Kommunikation* das »wechselseitige und gleichzeitige soziale In-Verbindung-Treten« hervor.

Was geht in einem Hund vor, wenn er auf dem Spaziergang lediglich wenige, vornehmlich *Ignorierende Kommunikationen* erlebt? Mensch und Hund gehen zwar die gleiche Strecke, aber emotional geht jeder seiner eigenen Wege. Das muss dann und wann natürlich auch so sein. Aber wenn sich jahraus, jahrein Spaziergänge immer gleich, nämlich *ignoriert monoton* gestalten, dann wird das soziale Band immer dünner. Der Hund wird immer seltener den »Dialog« suchen. Herrchen denkt zum Beispiel an seine Gehaltserhöhung und der Hund wird durch diverse Gerüche angezogen. Unter diesen Umständen hat der Hund wenig Veranlassung, sich um seinen Herrn oder gar um gemeinsames Handeln zu kümmern. Er wird sich das Fragen buchstäblich abgewöhnen. Mit dem »Verstummen« der Fragen nimmt aber auch die Kommunikation als solche ab, und darunter leidet letztlich die Mensch-Hund-Beziehung.

Unter Menschen ist es nicht viel anders. Solange man streitet, ist eine Beziehung wenigstens noch lebendig. Erst wenn man sich nichts mehr zu sagen hat, geht sie gewöhnlich in die Brüche. Das Fatale an diesem Vorgang ist, dass die *Ignorierende Kommunikation* bei anhaltender Wiederholung zu einer Art gefühlsmäßiger Grundhaltung wird. Bei beiden wird sowohl die Kommunikationsbereitschaft als auch die kommunikative Erwartung abnehmen. Als Folge dieser Grundhaltung versandet die Kommunikation mehr und mehr. Aus der *Ignorierenden Kommunikation* wird so die *Ignoranz-Monoton-Kommunikation*. Eingeleitet wurde dieser bedauernswürdige Prozess durch eine einfache Unterlassungssünde: Frauchen oder Herrchen hat versäumt, auf die (meist stummen) »Fragen« und »Mitteilungen« des Hundes zu antworten. Man wusste zwar, dass der Hund über Gebärden kommuniziert, aber man hat in der Praxis schließlich doch versäumt, auf den angebotenen Dialog einzugehen. Irgendwie fühlte man sich doch nicht »angesprochen«. Hätte der Hund seine Emotionen mit Worten mitgeteilt, ja dann hätte ihm Frauchen oder Herrchen geantwortet. Es fällt uns eben doch schwer, die wortlose Kommunikation des Hundes als solche anzunehmen.

Auswirkungen der Respons-Kommunikation

Ganz anders sieht es aus, wenn der Team-Führer auf seinen Spaziergängen auf die Fragen seines Hundes antwortet. Wie, das ist zunächst zweitrangig. Zuerst geht es darum, Fragen nicht »unbeantwortet« zu lassen, sondern das eigene »Schweigen« zu beenden. Denken wir daran, bereits das geringste Körpersignal bedeutet für den Hund, man »redet« mit ihm – *nonverbal*. Der nächste Schritt wäre, dass man nicht nur antwortet, sondern selbst die Initiative ergreift, selbst Fragen stellt oder mitzuteilen beginnt und auf diese Weise das Zwiegespräch einleitet.

Das Verhalten des Hundes wird sich dadurch sichtlich verändern! Er lernt, dass man z u s a m m e n unterwegs ist, was der Gemeinschaft des ursprünglichen Rudels ja viel näher kommt. Er wird die Gesten erwarten und Herrchen oder Frauchen genau im Auge behalten. In der Wiederholung gesundet die verkümmerte Kommunikation. Es bildet sich die *Respons-Synton-Kommunikation*. »Synton« steht für das erwartungsvolle, gegenseitig-gleichzeitige In-Verbindung-Treten zwischen Mensch und Hund, gefördert durch den aktiven respondierenden Kommunikationsbeitrag des Menschen.

Das heißt nun nicht, dass man auf jedem Spaziergang von Anfang bis Ende mit dem Hund Gesten austauschen soll, oder wie ein Wilder hin- und herspringen muss, um den Bruder oder die Schwester Hund zu ersetzen. Es reicht, einen Teil der gemeinsamen Zeit gezielt kommunikativ zu verbringen und Fragen nicht mit permanentem Schweigen zu beantworten. Denn Schweigen kann ja sehr beredt wirken. Antworten wir aufmerksam und angemessen. Antworten können auf vielfache Weise gegeben werden. Etwa durch Augenzwinkern, Kopfnicken oder andere Gesten, mit oder ohne Wortverbindung, durch interessante Geräusche, durch Animieren des Futter-, Beute- oder Bewegungsspiels usw.

Und wenn wir einmal keine Zeit oder Lust zur Kommunikation haben, dann ist das nichts Ungewöhnliches. Mit gelegentlichem Verwehren der Kommunikation kommt der Hund problemlos klar. Das ist unter Hunden nicht anders. Worum es geht, ist die prinzipielle Bereitschaft zur

Gespannt wartet Banja, was nun folgt...

Respons-Kommunikation, die sich in zahlreichen Formen des gegenseitigen Aufeinander-Eingehens äußert.

Wir haben untersucht, wie oft Hunde unter normalen Bedingungen des Spazierengehens mit dem Team-Führer Kontakt aufnehmen und was sich ändert, wenn der Team-Führer beginnt, mit dem Hund *respondierend* zu kommunizieren. Bereits nach wenigen Tagen Spazierengehens in *Respondierender Kommunikation* hat sich das Verhalten der Hunde deutlich verändert.

Sie blieben näher beim Team-Führer, haben wesentlich öfter Kontakt aufgenommen, legten öfter kurze Galoppstrecken ein – zurück zum Team-Führer, zeigten sich motorisch abwechslungsreicher, vitaler und »beantworteten« die Botschaften in Wiederholungen immer öfter und teilweise auch ausgeprägter. In der Wiederholung mit weiteren Hunden erhärtete sich dieses Bild: Alle getesteten Hunde sandten wesentlich häufiger Kommunikationssignale aus und waren insgesamt viel stärker auf den Team-Führer bezogen als vorher.

Achtung-Geste

In weiterer Folge haben wir mehrere *Kommunikations-Gesten* zusammengestellt und damit experimentiert. Aus Raummangel können wir hier nur einige wenige Gesten herausgreifen. Die wichtigste ist die *Achtung-Geste*, die als Botschaft ein allgemeines »Aufgepasst!« vermittelt. Zahlreiche Verhaltensweisen werden durch diese Geste eingeleitet. Sie kann in vielen Varianten auftreten und wird oft durch andere Wahrnehmungsebenen, etwa die akustische, erweitert.

Damit gestische Kommunikation zustande kommen kann, ist Blickkontakt Voraussetzung. Das heißt, der Blickkontakt muss bereits bestehen. Besteht er noch nicht, muss er hergestellt werden. Die folgende Beschreibung eines Spaziergangs zeigt, wie man Blickkontakt aufbauen kann.

Herrchen zeigt die Achtung-Geste. Banja lässt sich allerdings nur überzeugen, wenn der Vorgang innerlich gelebt wird.

Aufbau der »Respons-Kommunikation«
Übungsbeispiel:
Der Team-Führer legt während des Spaziergangs unbemerkt und in Abständen einige Motivationsobjekte (MOs) auf den Weg oder ins Gras und merkt sich die Stellen. Je nach Vorlieben des Hundes kann das MO aus einem Futterstück oder einem Beuteersatz bestehen Beim Zurückgehen wartet der Team-Führer in der Nähe des abgelegten MOs eine Situation ab, in der Blickkontakt zum Hund besteht. Falls nicht, stellt er diesen her: etwa durch Schnalzen mit der Zunge oder ein anderes Geräusch oder mittels Haltung und Bewegung.

Die Körpersprache könnte etwa so aussehen: Herrchen oder Frauchen hält plötzlich an, steht still, hält die Luft an, fixiert das MO, macht einen Schritt in die Richtung des MOs, greift den Gegenstand und spielt damit zunächst allein. Das Ganze kann noch durch Geräusche bereichert werden. Der Hund wird aufmerksam, kommt her und will sich ins Spiel bringen. Anschließend könnte ein gemeinsames, typisch *Freies Spiel* folgen.

Nach wenigen Spaziergängen dieser Art wird der Hund bereits bei der Achtung-Geste in hohe Erwartungsstimmung geraten. Mit der Zeit kann die anfangs üppige Gebärde durch immer feinere Signale ersetzt werden, bis letztlich sogar ein bestimmter Gesichtsausdruck, ein Brauen- und Augenspiel oder allein schon das *Luft-Anhalten* genügt (Signalabschwächung). Hunde, die *respondierend kommunizieren* gelernt haben (besser gesagt, denen es nicht abgewöhnt wurde!), benötigen nicht jedesmal ein künstliches MO. Es reicht dann ein Büschel Gras, ein Blatt oder einen Zweig, eine Muschel oder auch nur die Kommunikation als solche. Sieht der Hund beispielsweise im Galopp zu Frauchen zurück, so gibt man der Bewunderung Ausdruck, oder wenn er einen freundlich anlacht, erwidert man die Zuneigung durch Anreden, Augenzwinkern oder anderswie.

Die Achtung-Geste aus verschiedenen Blickwinkeln

Die Achtung-Geste ist die wichtigste Botschaft und in Verbindung mit zahlreichen gestischen und/oder akustischen Ausprägungen möglich.
Form (innerartliche, aktionale Kommunikation): Hat der Signalgeber ein bestimmtes Objekt ausgemacht, dann hält er oft Kopf und Blick eine Zeit lang fixierend in diese Richtung. Der Kopf kann hierbei leicht nach vorn und unten zeigen. Der Hund bleibt beispielsweise plötzlich stehen, hält die Luft an und spannt die gesamte Muskulatur (visuelle Achtung-Geste). Oder er beginnt zu »Wuffen«, wenn er in der Nähe ein verdächtiges Geräusch hört (akustisches Achtung-Signal), oder er hält die Nase in die Luft oder zieht stoßweise die Luft ein, wenn er etwas Interessantes gerochen hat (visuelles Signal, das auf olfaktorische Motivation hinweist). All diese Verhaltensweisen haben für die übrigen Rudelmitglieder Signalwert.

Bedeutung: Die Bedeutung kann sehr unterschiedlich sein.
➤ Innere Spannung und gesteigerte Aufmerksamkeit beinhaltet als allgemeine Botschaft: Achtung! Hier ist etwas Besonderes. Oder auch konkret: In diesem Loch hat sich eine Maus versteckt.
➤ Beschaffenheit und Intensität der Signalausprägung geben Aufschluss über die Größenordnung des betreffenden Inhalts.

Effekte:
➤ Aufmerksamkeit bei den anderen Rudelmitgliedern, die anderen Rudelmitglieder erwidern den Kommunikations-Kontakt.
➤ Steigerung bereits vorhandener Kommunikations-Kontakte – das Umfeld wird auf mögliche Besonderheiten oder Gefahren überprüft.

Übertragung auf die Mensch-Hund-Kommunikation

Die Kommunikation könnte folgendermaßen aussehen:
➤ Aus der Bewegung heraus Anhalten;
➤ Beine in Sprungbereitschaft: wie beim Judo Beine in leichter Grätschstellung, ein Bein in Schulterrichtung, das andere quer zur Schulter;
➤ Oberkörper etwas nach vorn, Konzentration bündeln (innerer Vorgang);
➤ Sämtliche Muskeln leicht anspannen (äußere Entsprechung);
➤ Atem anhalten;
➤ Unter Umständen Lippenstellung sichtbar verändern;
➤ Fixierender Blick;
➤ Aktion starten: spielerische Anschleich- oder Wegschleich-, Flucht- oder Spiel-Angriffsymbole.

Aufbruch-Geste

(Visuelle Aufbruch–Geste am Beispiel eines Szenario zu Hause.) Die Aufbruch-Geste lässt sich natürlich auch auf dem Spaziergang einsetzen, indem man damit die Kehrtwende, Richtungsänderung oder eine kurze Laufstrecke einleitet. Richtet sich der Hundebesitzer nach einer ruhenden Haltung – etwa im Sitzen – auf, dann wird ein normal veranlagter junger Hund ebenfalls aufstehen. Und zwar hundetypisch: mit einem Ruck. Diese ganz bestimmte Ausprägung des Aufstehens entspringt nicht nur dem Wunsch, keine Möglichkeit ins Freie zu verpassen, sondern gleichzeitig kommt das alte Wolfserbe zum Ausdruck, aufzuspringen, wenn der Rudelführer mit seinem Aufstehen das Signal zum Aufbruch gibt.

Wer Hundesport betreibt oder einen besonders engen Kontakt zu seinem Hund wünscht, der sollte derartige Chancen zur Gemeinschaft nicht permanent ungenützt lassen. In der Regel ignorieren Hundeführer das Aufbruchverhalten ihrer Hunde, oder sie dämmen es immer und immer wieder ein. Da trainieren Hundesportler jahrelang darauf hin, dass der Hund in ständiger Aufmerksamkeit steht und sich möglichst vital zeigt. Aber die einfachsten, naheliegendsten und artgeigenen Übungsmöglichkeiten werden ignoriert.

Ein Hund, der im täglichen Umgang mit hoher Erwartungshaltung die Bewegungen von Herrchen oder Frauchen verfolgt, muss dies am Hundeplatz nicht erst lernen. Ein guter Team-Führer befindet sich immer im Training, und es macht ihm Freude, das Verhalten seines Hundes zu beobachten – und mit ihm *respondierend* zu kommunizieren. Wer wünschte sich nicht einen Hund, der mit höchster Spannung aufschaut und auf ein Hör- oder Sichtzeichen hin seine volle Vitalität einsetzt. Das wäre doch der »Freudige Hund«, nicht wahr?

Einbau der Übung im täglichen Umgang

Dieses temperamentvolle »In-Aktion-Treten« übt man am besten im täglichen Umgang. Hierzu ein Beispiel. Wenn man die Post holt, schickt man den Hund nicht jedesmal Platz (weil es lästig ist, wenn er einen überallhin verfolgt), son-

Klar, was Herrchen »sagt«: Komm, lauf mit mir.

dern man lässt ihn mitgehen, ihn teilhaben an den ohnehin oft kargen Abwechslungen des Tages. Es gibt viele Gelegenheiten, das natürliche Aufbruchverhalten zur Kommunikation zu nützen. Wenn man mal eben schnell in den Keller muss, wenn im anderen Zimmer das Telefon läutet, wenn Besuch kommt, wenn man in den Garten geht, usw.

Ich lasse den Hund zwar nicht jedes Mal mitgehen, aber nach dem Aufbruchsprung belohne ich ihn einmal mit Zärtlichkeit, ein andermal mit einer Kaustange, dann mit einem kurzen Beutespiel oder auch nur mit einem Zwinkern oder einem freundlichen Wort. Wenn ich alleine weitergehen möchte, schicke ich ihn nach dem Aufbruchsprung und der Belohnung auf sein Lager zurück oder lasse ihn bei kurzfristiger Rückkehr stehen (ein andermal sitzen oder liegen). Beim Zurückkommen belohne ich ihn dann nochmals. Der Hund hat gelernt, Aufbruchsignale erwartungsvoll aufzunehmen und anschließend mit Aktionsbereitschaft zu beantworten. Was der Hund auf diese Weise im täglichen Umgang gelernt hat, kommt dem Sport zugute.

Einige Gesten im Überblick

Aus Raummangel können wir weitere Gesten nur im Telegrammstil aufführen. Sozusagen als Anregung für den Leser. Zur Übertragung hundetypischer Gesten sei noch vermerkt: Gesten eins zu eins nachzuahmen, ist nicht angebracht. Es genügt, wesentliche Punkte herauszugreifen und diese mit der Körpersprache des Menschen umzusetzen. Der Hund ist durchaus in der Lage, Gesten richtig zu interpretieren, wenn sie nur annähernd hundlich sind. Der Mensch braucht also weder den aufrechten Gang noch seine typische Mimik abzulegen, um von seinem Hund verstanden zu werden. Dass der Hund beispielsweise das Lachen und Lächeln des Menschen (mit entblößten Zähnen) als Aggression interpretiert, ist (mit möglichen Ausnahmen) ein Märchen! Derartige Spezies-Unterschiede hat der Hund schon im Welpenalter einzuordnen gelernt.

Im Folgenden beschreiben wir einige Gesten, die wir immer wieder an Hunden beobachtet haben.

Bewegungs-Aufforderung

Drehen des Kopfes, oft auch in Verbindung mit Anlaufen oder einem Sprung aus dem Stand, wobei das Ausholen und Wegdrehen meistens den gesamten Körper mit einschließt. Also auch die Beine, Hüfte und den Oberkörper!
Der Signalgeber fordert die übrigen (oder auch nur einen einzelnen) zum Mitlaufen auf. Auf diese Weise werden oft *Verfolgungsspiele* eingeleitet. Die spielerische Laufaufforderung zeigt andere Gesten als die *Aufbruch-Geste* des Alpha-Tieres eines Haushundrudels.
<u>Übertragung</u>: Lässt sich ohne wesentliche Abänderung übertragen.

Aufbruch-Geste

Aufbruch-Gesten (siehe auch Seite 62 und 63) demonstrieren vor allem gelassene Überlegenheit. Man könnte von »Dominanz-Ökonomie« sprechen.

Das Alpha-Tier (durchaus nicht immer der Rüde) richtet sich mehr oder minder betont auf und schreitet in Zielrichtung, ohne sich groß um die anderen zu kümmern. So, als sei es das Selbstverständlichste der Welt, dass ihm alle folgen. Anzuhalten, mit jedem Blickkontakt aufzunehmen oder wiederholt einzuladen, würde Schwäche bedeuten.

Genau diesen Fehler machen Team-Führer, die ihren Hund, der nicht mehr zurückkommt, unter wiederholten Bitten nachgehen oder gar nachlaufen. Weggehen alleine reicht nicht. Man müsste weggehen, ohne sich umzusehen und ohne irgendwelche Hör- oder Sichtzeichen zu geben. Schon gar kein <Hier>, <Komm> oder den Namen des Hundes. Der Hund würde nur lernen, dass er sich über die Hörzeichen hinwegsetzen kann und dass Herrchen oder Frauchen leicht zu dominieren ist. Und Selbstbelohnung durch Dominieren macht riesig Spaß ...
<u>Übertragung</u>: Lässt sich ohne wesentliche Abänderung übertragen.

Entspannungs-Geste

Der Hund lässt sich locker zu Boden fallen, stößt dabei die Luft aus und legt beispielsweise den Kopf auf eine der Vorderpfoten.
Oft lässt sich diese Geste nach dem Gewinn einer Spielbeute beobachten, wenn sich der Hund in Sicherheit wähnt. Nach der Entspannungs-Geste nimmt er dann die Beute zwischen die Pfoten und fängt an, den symbolischen Knochen abzuschälen und zu zerkleinern.
<u>Übertragung</u>: Nur bedingt möglich. Abhängig von Jahreszeit und Witterung, setzt entsprechende Kleidung voraus. Erfordert vor allem überdurchschnittliche Beweglichkeit des Menschen. Lässt sich aber (mit Einschränkung) modifiziert auch auf das Sitzen (Stuhl oder Sessel) übertragen.

Niño teilt mit: »Hallo, spiel mit mir.«

Vorsteherhaltung

Auch diese Haltung beinhaltet einen ausgeprägten Signalwert im Sinne einer Achtung-Geste. Der Hund fixiert in gespannter Körperhaltung ein (nahes oder fernes) Objekt, hebt dabei einen der Vorderläufe an und beugt ihn.
Damit teilt der Hund den anderen mit: Ich habe ein jagdbares Objekt ausgemacht und bin sprungbereit.

Anschleichen

(Anschleichen nach dem Vorbild spielender Hunde)
Kopf ist abgeduckt und leicht vorgebeugt. Der Körper wird auf einer gedachten horizontalen Linie getragen, vertikale und horizontale Bewegungsausschläge werden vermieden, die Pfoten geräuschlos aufgesetzt *(Bewegungstarnung!)*. Objekt fixieren. Die Ohren sind so weit wie möglich vor- und aufgerichtet. Der gesamte Körper ist in merklicher, aber ausgeglichen verteilter Spannung: Rute hängt entweder entspannt herunter oder ist leicht angehoben; Fang zunächst offen, kurz vor dem Absprung geschlossen; Atmung ruhig und fließend; mitunter aus der Vorwärtsbewegung Anhalten und regungsloses Verharren. In dieser *Bereitschaftsposition* sieht man häufig: Schließen des Fangs und/oder Einatmen und Atem anhalten. Dieselben Gesten zeigen sich kurz vor dem *Spielangriff*.
<u>Übertragung:</u> Lässt sich in weiten Teilen ohne wesentliche Abänderung übertragen.

Wegschleichen

Ähnliche Details wie beim Anschleichen. Auch das sich in Sicherheit bringende Tier zeigt sich zunächst lautlos und möglichst unsichtbar *(Bewegungstarnung)*. Wichtigste Unterschiede: Das Gewicht wird von der Gefahrenquelle wegbewegt, in Fluchtrichtung.
<u>Übertragung:</u> Nahezu alle Details lassen sich ohne wesentliche Abänderung übertragen.

Spielaufforderung

Spielaufforderungen (siehe Foto oben) können sehr unterschiedlich aussehen.

Bekannt und oft beschrieben ist die Haltung »Hinten hoch, vorne tief«, eventuell in Verbindung mit Spielgesicht und wedelnder Rute. Häufig werfen Hunde hierbei beide Vorderläufe auseinander, wohingegen beim Mäusesprung die Vorderläufe objektbezogen in der Mitte zusammenstoßen. Auseinander geworfene Läufe vermitteln klar: Vom Signalgeber ist keine Gefahr zu erwarten.

Darüber hinaus laden Hunde auch durch aufforderndes Stampfen mit der Vorderpfote zum Spielen ein. Oder durch Stupsen mit der Nase, etwa an ein am Boden liegendes Individuum, durch Anrempeln mit dem Hinterteil oder auch mittels akustischer Signale.

Diese Geste hat einen starken Symbolcharakter. Sie bedeutet betont Freundlichkeit.

Übertragung: Wollte man versuchen, die hundetypische Spielaufforderung »Hinten hoch, vorne tief« originalgetreu zu übertragen, so würde man sich eher lächerlich machen und der Hund würde einen womöglich mit großen, verwunderten Augen ansehen oder, bei Ängstlichkeit, das Weite suchen. Es reicht völlig aus, den Oberkörper im einladenden Sprung etwas vorzubeugen. Gleichzeitig kann man die Arme locker nach außen und unten werfen.

Imponieren im Beutespiel

Haben Hunde beispielsweise einen attraktiven Gegenstand im Fang, dann bringen sie das mit allerlei Gesten zum Ausdruck. Den Gegenstand hoch tragend, beginnen sie, elastisch und federnd mit erhobener Rute zu traben.

Der Besitz des Gegenstandes wird imponierend demonstriert

- ▶ durch wiederholtes Lockern und Nachfassen. Wird der Gegenstand dabei nach oben bewegt, bleibt der Hund meist in Bewegung.
- ▶ durch Stehenbleiben, den anderen (in mehr oder minder sicherem Abstand!) fixieren, Kopf tief halten, Gegenstand fallen lassen und wieder auffangen, mitunter auch zu Boden fallen lassen und eine Zeit lang liegen lassen; währenddessen den anderen mit allerlei anderen Gesten aufreizen (akustisch, durch Blicke oder Boden stampfen, Erstarren u. a.).

Übertragung: Vieles von dem, was Hunde an Gesten zum Imponieren einsetzen, lässt sich ausgesprochen gut übertragen. Allerdings verlangen Imponiergesten einiges an Unbefangenheit und Mut ab. Wer traut sich schon, derart aus sich herauszugehen …?

Provokation im Beutespiel

Auch beim Provozieren kann man viele Varianten und Details beobachten. Der Auslöser zum Provozieren ist meist dann gegeben, wenn der oder die anderen auf ein vorausgegangenes Imponieren nicht oder nur schwach reagieren.

Um den anderen doch noch zum Spiel zu bewegen oder auch, um eigene Stärke zu demonstrieren, kommt der Hund, der die »Spielbeute« im Fang hat, nah an die anderen heran, streift den einen oder anderen »so ganz nebenbei« (natürlich in voller Absicht) mit dem Hinterteil oder mit dem Gegenstand selbst. Oder der Signalgeber macht kurz vor dem anderen einen Bogen, schlägt einen Haken oder beginnt beim Vorbeilaufen zu beschleunigen. Manche Hunde stellen sich in »T«- oder »V«-Stellung und rempeln den anderen mit dem Hinterteil an. Auch akustische Signale kommen zum Einsatz.

Übertragung: Zahlreiche Provokationsgesten lassen sich mit entsprechender Abänderung übertragen.

Zeigen

Der Hund will in einen bestimmten Raum oder will uns auf einen für ihn nicht erreichbaren Gegenstand aufmerksam machen.

Das Aufmerksam-Machen vermittelt der Hund durch allerlei Kommunikations-Signale, wie durch Zeigen, durch Lautsignale oder durch Haltung oder Bewegung. Viele Hunde beginnen mit der Zeige-Geste. Bringt dieses Signal keinen Erfolg, kommen Lautäußerungen (Wuffen, Winseln, Bellen, Seufzen), Haltungen (beispielsweise Sitzen, weil der Hund gelernt hat, für das Sitzen belohnt zu werden) oder auch Bewe-

WEITERE GESTEN

Begrüßung und Fellpflege

Begrüßungs-Gesten: Auch hier könnte der Mensch hundliche Verhaltensweisen für die Verbesserung (und Aufrechterhaltung) einer lebendigen, harmonischen Mensch-Hund-Beziehung nützen. Wer auf die Begrüßungs-Gesten seines Hundes beim morgendlichen Zusammentreffen oder beim Nach-Hause-Kommen von der Arbeit eingeht – täglich(!) –, übt sich nicht nur in der Kommunikation, er steigert damit gleichzeitig den sozialen Kontakt.

Fellpflege: Das Gleiche gilt für das Striegeln und andere Dienste, die man dem Hund zukommen lässt (Ohren putzen, Zähne reinigen, Krallen schneiden, Zecken entfernen u. a.). Striegeln nicht nur als anonyme Notwendigkeit, sondern als soziales Erlebnis ausgeführt, wird vom Hund dankbar aufgenommen und hat Zuneigungs- und Lustbekundungs-Gesten zur Folge. Zum Beispiel: Kopf nach hinten drehen bei gleichzeitigem Andrücken des Hinterteils, Ohren anlegen, Blickkontakt sowie das Entgegenstem-men jener Körperpartie, die gerade gestriegelt wird.

gungen (Trippeln, Hochspringen oder auch – seltener – Umkreisen) hinzu.

Die Zeige-Geste sieht etwa so aus: Der Hund sucht den Blickkontakt, anschließend bewegt er den Kopf (Richtungsgeber sind Augen und Nase) in die Richtung, wo er die Motivation lokalisiert hat. Also entweder zur Tür, in Richtung Tischkante oder zur Autotüröffnung oder dorthin, wo er sein MO wähnt. Zeige-Bewegungen werden durch Hin- und Herbewegen des Kopfes zwischen Motivationsquelle und Kommunikationspartner gegeben. Je nach Rasse und Individuum mehr oder minder schnell, mehr oder weniger häufig, ausgeprägt ruckartig oder eher weich, wobei die Kopfbewegungen meist durch den Blick und die Augenbrauen verstärkt werden. Die Signale können kombiniert, aufeinander folgend oder als Mixtur aus beidem zum Einsatz kommen.

Hier noch einige weitere Abwandlungen und Erweiterungen des Zeige-Repertoires: Züngeln, aufforderndes Nasenstoßen nach oben, Zurückweichen und in Spannung stehen bleiben oder auch nur Zwinkern.

Den gesamten Vorgang einer zeigenden Motivationsäußerung zu beobachten und zu interpretieren, ist ebenso interessant wie gewinnbringend. Wer es versteht, die zahlreichen Details zu sehen und richtig zu interpretieren, der weiß einfach mehr über seinen Hund und kann besser auf ihn eingehen. Dies kommt dem Umgang im Allgemeinen und auch dem Sport zugute!

Stimmungsübertragung

Neben den Gebärden dürfen wir auch die Kommunikation durch Stimmungsübertragung nicht unterschätzen. Hunde haben bekanntlich ein überaus feines Sensorium für innere Vorgänge. Ob die Informationen wiederum an äußeren Details, etwa der Körpersprache, des Atems oder geruchlicher Veränderungen, wahrgenommen werden oder ob Hunde tatsächlich in der Lage sind, telepathische Informationen aufzufangen, wissen wir nicht. Diese Zusammenhänge sind ja noch nicht einmal beim Menschen hinreichend erforscht.

Fest steht jedoch, dass sich Hunde schwer täuschen lassen. Wer sich einem Hund mit der Absicht nähert, ihm wirklich zu schaden, wird dies in der Regel durch versuchte Verstellung kaum maskieren können. Die innere Stimmung des Menschen spielt daher im Umgang mit dem Hund eine außerordentlich wichtige Rolle. Aber Stimmung beinhaltet eben mehr als nur »gute oder schlechte Laune« bzw. die »positive Einstellung zum Training«. Reichweite und Tiefgang erhalten Stimmungen erst auf Grund der inneren Haltung, also der Lebensanschauung, der Ethik und der Ideale, nach denen sich ein Mensch ausrichtet. Man sieht, jeder Gedanke, den man zu Ende denkt, führt zur Philosophie des Lebens, was immer man darunter verstehen mag.

Wir sollten daher, bei allem Respekt vor gezielter, bewusster Signalanalyse, nicht übersehen, dass auch wir fortwährend Informationen aussenden. Auch dann, wenn wir nicht daran denken oder keine bestimmten Absichten verfolgen. Der unterbewusste Anteil von Informationen ist eine oft unterschätzte kommunikative Gegebenheit. Und je harmonischer es in unserem Inneren aussieht, um so günstiger ist es um den unterbewussten Teil unserer Ausstrahlung bestellt. Das haben all jene erkannt, die der Überzeugung leben, Hundehaltung und -ausbildung ist ein Teil menschlicher Selbstverwirklichung.

Konflikte erkennen

Das Wissen um Signale ist nicht nur im Hinblick auf Kommunikation wichtig. Die Signalbeobachtung gibt auch der Beurteilung das Fundament, ob der Hund mit der Vermittlung von sportlichen Aufgaben klar kommt. Die stets präsenten Fragen: »Habe ich das Anspruchsniveau (Schwierigkeitsgrad) richtig gewählt oder habe ich den Hund überfordert?«, »Ist die Verknüpfung gelungen?«, »Konnte ich die positive Stimmung erhalten oder hat sie in der Übung einen Einbruch erlitten?«, »Stimmt die Motivationsbalance oder ist der Hund über- oder untermotiviert?« oder »Befindet sich der Hund im Vollbesitz seiner Selbstsicherheit oder ängstigt er sich?« lassen sich nur auf der Basis einer permanenten Überwachung der Signalebenen beantworten. Konflikte im Ansatz zu erkennen und sofort richtig zu bereinigen, ist eine der wichtigsten Voraussetzungen für eine erfolgreiche Erziehung und Ausbildung.

Der eine oder andere mag sich fragen: Brauchen wir das alles für die »Unterordnung«? Die Antwort lautet: Ja und nochmals Ja! Wenn wir »Harmonie im Team« anstreben, dann ist neben allen anderen Vorgängen immer und unaufhörlich die Frage nach der emotionalen Befindlichkeit des Hundes wichtig. Und diese Frage beantwortet uns der Hund zum Großteil mittels Gebärden. Je besser es uns gelingt, die Gesten zu dechiffrieren, desto wirklichkeitsnäher werden wir den Hund verstehen und auf ihn eingehen können. Und nicht zuletzt wird sich der so verstandene Hund auch im Sport oder als Gebrauchshund auf Dauer motivierter und zuverlässiger zeigen.

Verbale Kommunikation

Zum Abschluss noch einige allgemeine Worte zur *verbalen Kommunikation*. Bekanntlich versteht der Hund die Worte des Menschen nicht im vollen Umfang. Ob die komplexen inneren Handlungsvorgänge des Hundes allerdings allein mit Assoziation zu beschreiben sind, darüber wissen wir einfach noch zu wenig. Sicher ist: auch hier spielen Emotionen eine entscheidende Rolle, denn der Hund nimmt das Wort (anders als der Mensch) nicht semantisch, das heißt in seiner Bedeutung, sondern als ganzheitliches, betont emotionales Erlebnis auf.

Hörzeichen verständlich vermitteln

Wir müssen uns daher bemühen, akustische Informationen dementsprechend zu vermitteln. Hierbei sind die an das Wort geknüpften Umstände und Begleit-Motivationen ebenso wichtig wie das Hörzeichen selbst.

▶ Wie oft hört man auf dem Hundeplatz das abgedroschene »So ist's brav!« – Ohne jegliche emotionale Beteiligung, ohne echtes Engagement. Stereotypes, unbeteiligtes Lob wirkt sich jedoch eher kontraproduktiv aus: Der Hund verknüpft damit Bedeutungslosigkeit.

▶ Oder man vergegenwärtige sich für einen Augenblick das Hörzeichen <**Fuß!!!**> auf

VERBALE KOMMUNIKATION

Prüfungen und Turnieren. Hunderte Male gleich gesprochen: Mit Druck und einzig in der Erwartung, dass der Hund pariert und den Hundeführer nicht blamiert. Diese unterjochende Zielsetzung vermittelt einen abstoßenden, glanzlosen und lebensfeindlichen Beigeschmack.

Hunde im »Team« sollten in der Regel ein freundliches, engagiert gesprochenes <Fuß!> hören, das sich als äußerer Ausdruck einer innerlich vorausgegangenen freudigen, lustbetonten und vitalen Einladung manifestiert. Strenge Hörzeichen sollten Ausnahmen bleiben.

<u>Neue Hörzeichen einführen:</u> Im Hinblick auf die phonetische Verwechslung von Hörzeichen ist es ratsam, ähnlich klingende Worte leicht abzuändern. Etwa <Sitt> an Stelle von <Sitz>, um den Unterschied zum <Platz> deutlich zu machen.

<u>Eindeutige Hörzeichen verwenden:</u> Leider geben manche Hundehalter immer wieder widersprüchliche und unverständliche Hörzeichen.

➤ Sie sagen zum Hund <Komm>, wenn er ins Zimmer soll, sie selbst aber nicht mit hineingehen. Der Hund jedoch hat gelernt, <Komm> bedeutet aus seiner Position: »Zu Frauchen oder Herrchen hin laufen«. Jetzt soll er sich auf <Komm> vom Hundehalter entfernen und allein bleiben.

➤ Kommt der Hundehalter nach Hause und will mit dem Hund spazieren gehen, heißt es wieder <Komm>. Diesmal soll der Hund auf das gleiche Hörzeichen mitkommen.

➤ Wenig später, auf dem Spaziergang, sagt der Hundehalter ungeduldig, weil der Hund zu lange an einem Gras schnüffelt: »Komm jetzt endlich«. Der Hund war in einer Entfernung von zirka 10 Metern, und der Hundehalter meinte nicht das Herankommen, sondern das in Distanz weitergehen.

➤ Manche Hundehalter gehen sogar noch weiter. Sie verbinden »Komm« als allgemeine, zusätzliche Aufforderung: »Komm jetzt. Platz!« – Im nächsten Augenblick »Komm! Sitz«. – Und auf dem Spaziergang hört der Hund: »Komm, mach jetzt endlich dein

Ein freundliches <Fuß> (oben) ist hörbar und sichtbar vom drohenden (oder zwingenden) <Fuß!!> (unten) unterscheidbar.

Pfützchen« und wenig später beim Aufnehmen von zweifelhaftem Unrat: »Komm, lass das sein«.

Die Verwirrung ist komplett. Gegensätzliche Inhalte mit ein und derselben Verknüpfung zu paaren ist Ursache für allerlei Probleme. Außerdem wird das Hörzeichen »verwässert«. Mit der Folge, dass der Hund das eigentliche »Komm« nicht mehr in der gewünschten zuverlässigen Art und Weise ausführt.

Richtig wäre es, das Zurückbleiben vom Mitkommen aus dem Raum klar zu unterscheiden, zum Beispiel mittels <Bleib> und <Komm>. Ebenso sollte man für das Hinein (in den Raum) und Heraus (aus dem Raum) die Geleit-Hörzeichen <Raum> und <Komm> verwenden

(»Rein« ist wegen der phonetischen Nachbarschaft zu »Nein« nicht geeignet). Das Hineinschicken in einen Raum könnte man mit dem Hörzeichen <Hinein> bzw. <Voran> und das Heraustreten aus dem Raum mit <Komm> bzw. <Hier> vermitteln. Und die Grundhaltungen dürfte man nicht mit »Zusätzen« wie »schön Sitz« oder »brav Sitz« versehen.

Übrigens: Lobende Hörzeichen sollte man von Zuneigungs-Hörzeichen unterscheiden! Will man dem Hund Zuneigung mitteilen, so spricht man ihn etwa mit »Feiner Hund« oder »Liebe Banja« oder Ähnlichem an. Lob als Anerkennung für eine vorausgegangene Leistung ist etwas anderes.

Unausführbare Hörzeichen vermeiden: Hier noch ein anderes kritikwürdiges Beispiel: Oft werden Hörzeichen gegeben, obwohl von vornherein so gut wie sicher ist, dass der Hund den Auftrag entweder nicht ausführen kann oder nicht will. In jedem Fall lernt der Hund in dieser Situation: »Herrchen oder Frauchen nimmt es nicht so genau«. Das Ergebnis ruft einen beträchtlichen Autoritätsverlust des Hundehalters hervor und ist Öl ins Feuer, wenn der Hund Dominanzbestrebungen zeigt.

Für den Hund bedeutet der Klang der Worte emotionales Erlebnis. Und dies ist amorphen, maschinellen Reizen weit überlegen.

»Geleit«-Hörzeichen

Wer im Sport einiges erreichen möchte, sollte bedenken, dass sich Sport-Hörzeichen im Gebrauch des täglichen Lebens verwässern. Der Hund ist keine Maschine. Er kann nicht in jeder Situation das Letzte geben. Man scheue sich daher nicht, zahlreiche Hörzeichen zur Unterscheidung verschiedener Situationen zu verwenden. Hier empfehlen sich als Ergänzung zu den gültigen Sport-Hörzeichen die »Geleit«-Hörzeichen, die ich entwickelt habe (siehe Seite 71):

- Auf ein <Liegen> zu Hause braucht der Hund nicht die Pfoten von sich zu werfen und blitzartig zu Boden schnellen, sondern er kann sich ruhig und gelassen niederlegen. Und er braucht auch nicht unbedingt bis zur Auflösung (<Frei> oder <Fertig>) in dieser Haltung verweilen. Die Verlängerung des Geleit-Hörzeichens <Liegen> wird mit <Bleib> vermittelt.
- Auf <Komm> braucht der Hund nicht im gestreckten Galopp herandüsen, sondern es reicht ein lockeres Herantraben.
- An Stelle von <Fuß>, das ja im Sport allerhöchste Anforderungen an das Team stellt, heißt es im täglichen Umgang <Am Knie> und – wenn der Hund an lockerer Leine gehen soll – <Leine>.
- Mit dem Hörzeichen <Umkreis> weiß der Hund, er darf sich beim Spazierengehen nicht noch weiter entfernen. Auf <Umkreis> darf er entweder stehen bleiben, herkommen, sich hinsetzen oder abliegen.
- <Sitzen> ist etwas anderes als das sportlich erwartete <Sitt>.
- Beim Fahrradfahren oder beim Gehen in der Stadt, etwa vor einer Ampel, vermittelt das Geleit-Hörzeichen <Anhalten> (in seinem Verlaufscharakter) etwas anderes als im Sport das <Steh>.
- Für das Aufstehen aus dem Liegen verwenden wir das gleichlautende Geleit-Hörzeichen <Aufstehen>.
- Soll der Hund von der Straße auf die Wiese wechseln (oder von einer Wiesenseite auf

VERBALE KOMMUNIKATION

DIE HÖRZEICHEN

Turnier-Hörzeichen	Geleit-Hörzeichen
<Hier>	<Komm>
<Voraus> bzw. <Voran>	<Vorgehen>
<Fuß>	<Am Knie> oder <Leine>
<Platz>	<Liegen>
<Sitz>	<Sitzen>
<Steh>	<Aufstehen>
	<Anhalten>
<Frei> (Schutzdienst)	<Fertig> (Auflösen einer Übung)
	<Umkreis>
	<Raum>
	<Warten> oder <Bleib>
	<Wiese> (i. V. mit Zeige-Geste)
	<X> (Vorsicht! – »ix« gesprochen)
	<Bei Rad> (rechts am Fahrrad)

die andere), so setzen wir das Geleit-Hörzeichen <Wiese> in Verbindung mit dem richtungszeigenden Arm ein. (Gründe für den Wechsel gibt es viele: Zur Gelenkschonung sowie Weidezäune und andere Gefahren).

➤ Das Geleit-Hörzeichen <X> steht stellvertretend für <Achtung> oder <Vorsicht>, beides Worte, die viel zu lang sind in Situationen, wo es schnell gehen muss.

Stereotype Stimmlage

Viele Trainer raten, Hörzeichen immer in derselben Tonlage, Lautstärke usw. zu geben. Es fragt sich aber, ob der Hund dadurch nicht abgestumpft und in seiner subtilen Wahrnehmungs- und Interpretationsfähigkeit unterfordert wird. Für die Phase des Erlernens ist es sicher richtig, bestimmte Hörzeichen jeweils annähernd gleich vorzugeben. Aber sobald der Hund Assoziationen erkennen lässt, sollte man es sogar darauf anlegen, den Hund mittels variabel gegebener Hörzeichen auf Unterschiede hin zu trainieren. Der Hund soll nicht nur eine bestimmte Übung in einer bestimmten Form ausführen (das wird ihm mit der Zeit langweilig!). Nein, er soll sie so ausführen, dass es dem »Wie der Botschaft« entspricht. Das <Platz> sollte ein Hund, der als Team-Partner auftritt, einmal in freudiger Spannung, ein andermal mit Bevorzugung der Schnelligkeit und in besonderen Situationen auch (etwa zu seiner eigenen Sicherheit) betont unterordnend ausführen.

Dieses feine Ansprechen auf Unterschiede der Botschaft ist auch ein Ziel innerhalb der *Respondierenden Kommunikation*. Alles zusammen, Geleit-Hörzeichen sowie die variabel ausgesprochenen Turnier-Hörzeichen und die improvisierten Worte des täglichen Lebens, ergeben eine abwechslungsreiche und gleichzeitig stressfreie Grundlage für die akustische Kommunikation.

Hörzeichen pädagogisch anpassen!

Zuerst müssen wir uns über das Hörzeichen klar werden. Da wir vorhaben, den Hund später allein durch feine Nuancierung der Mimik und Stimme zu lenken, dürfen wir nicht anfangs den Fehler machen, die *Reife Form* des Hörzeichens (Turnier-Hörzeichen) zu früh einzusetzen und damit vorwegzunehmen. Dasselbe gilt für die Körpersprache. Wenn der Hund beispielsweise noch zu jung ist, um sich schnell zu setzen, wäre es sinnlos, eine Körpersprache mit schnellen, zackigen Bewegungen einzusetzen. Alle Aktionen des Team-Führers sind dem Hund anfangs anzugleichen: Stimme, Mimik, Gestik und Haltung. Also werden wir einem jungen Hund, der alles ein wenig langsamer macht, ein seiner Ausführung angeglichenes, langgezogenes <Siiitz> oder auch <Siitzen> geben. Erst wenn uns der Hund von sich aus die aktivere (und damit meistens schnellere) Ausführung zeigt, verändern wir das Hörzeichen.

Motivation, Spiel und »Geistiger Zügel«

Richtig motivieren

Motivation, Spiel und *Geistiger Zügel* habe ich bereits in früheren Büchern ausführlich behandelt (siehe Weiterführende Literatur, Seite 255). Daher kann hier nur eine knappe Zusammenfassung gegeben werden.

<u>Ein Beispiel:</u> Acheja, eine vitale Riesenschnauzer-Hündin, schaut Frau Schwarz beim Zusammenpacken der Hundesportsachen zu.

Wie immer gibt Frauchen Leine, Wasserschüssel, ein Säckchen mit Futterhappen und natürlich den heiß geliebten Schleuderball in die Sporttasche.

Jeder Handgriff, jede Bewegung wird von Acheja äußerst aufmerksam verfolgt, denn Acheja l i e b t die gemeinsamen Stunden am Hundeplatz. Aber auch die Hündin wird beobachtet. Frau Schwarz gibt sich zwar sehr beschäftigt, gleichzeitig aber beobachtet sie ihre Hündin. Klar, worauf es Acheja abgesehen hat. Sie freut sich auf das bevorstehende Ereignis – und am liebsten wollte sie gleich hier mit dem Ballspiel beginnen.

Wie Frau Schwarz den Ball vom Schrank holt und in die Tasche steckt, trippelt Acheja ungeduldig von einer Pfote auf die andere und weist mit der Schnauze auf den Ball hin, mittels intensiver Zeige-Gesten. Das gefällt Frau Schwarz und nebenbei will sie der Hündin über den Kopf streicheln. Wiewohl Frauchens Zuneigungen bei Acheja äußerst beliebt sind, so kommt ihr der Liebesbeweis im Augenblick sichtlich ungelegen. Jetzt will sie nicht gestreichelt werden! Sie duckt den Kopf ab, weicht aus und heftet ihren hypnotischen Blick noch fester auf die Tasche, in welcher der Ball verschwand. Doch Frau Schwarz bleibt konsequent. Den Ball bekommt Acheja erst auf dem Hundeplatz. – Hier lassen wir die Geschichte enden.

Was uns die Hündin gezeigt hat, ist ein Verhalten, das Hundehaltern täglich vorgeführt wird. Und doch übersehen wir oft, dass gerade in diesen »einfachen« Szenarien des täglichen Lebens der Schlüssel für artgerechten Umgang und für optimale Lernbedingungen steckt. Wir beschäftigen uns zu viel mit den Lernzielen und zu wenig mit der »Verpackung«, zu viel mit der Konditionierung und zu wenig damit, was emotional abläuft, zu wenig damit, wie wir Lerninhalte schmackhaft machen können. Zuerst sollten wir unsere Aufmerksamkeit dem »Wollen« des Hundes widmen! Das heißt seiner Motivation! Und es geht um die Fragen: Was macht Lernen

Schnelles Anhalten ohne Ruck und Druck! Allein die Körpersprache in Verbindung des *Geistigen Zügels* vermittelt die beabsichtigte Botschaft.

überhaupt möglich, und was ist arteigenes hundliches Lernen – in der Praxis?

Dass Acheja dem Streicheln ausweicht, ist durchaus nicht selbstverständlich! Dieser Vorgang lässt uns tief in die inneren Vorgänge des Hundes blicken. Der Hund lebt betont im Jetzt. In Jahrtausenden seiner Vorgeschichte hat er gelernt, dass der Erfolg vom konzentrierten Einsatz all seiner Fähigkeiten abhängt. Ähnlich wie der Mensch konzentriert auch der Hund all seine Kräfte und Fähigkeiten auf EIN Ziel hin. Hierbei nützt er das Repertoire erfolgreicher Verhaltensweisen. Und wenn bekannte Strategien nicht zum Erfolg führen, wenn es also gilt, einen kreativen neuen Anpassungsprozess einzuleiten, nützt er die Fülle seiner emotionalen und, soweit vorhanden, seiner intellektuellen Intelligenz. Was als Ablenkung erlebt wird, davon sucht er sich zu befreien. Es stört ihn sichtlich.

Dieses Verhalten ist vergleichbar mit dem, was der Mensch unter *Meditativem Handeln* versteht. Ganz mit der Sache, der Aufgabe zu verschmelzen. Weg von der Distanz. Hin zu den Dingen. Das ist mit »Aufsaugen« möglichst vieler und hochwertiger Informationen verbunden. Diese Informationen werden aber erst zugänglich, wenn man sich ihnen auf eine ganz bestimmte Art und Weise zuwendet. Wenn man sich öffnet, wenn man sich befreit von allzu starren, eng vorgefassten Einschätzungen und Eintrittserwartungen. Wenn wir erkannt haben, dass Hunde im Jetzt leben, warum nützen wir diese Fähigkeit nicht besser?

Integrative Motivation

Acheja hat sich nicht ablenken lassen! Aber warum nicht? – Weil sie sich in meditativer Konzentration befand, und weil die Motivation des ersten Zieles (Ball) in diesem Augenblick stärker wirkte als die zweite (gestreichelt werden). »Alles zu seiner Zeit« und »Prioritäten setzen« würde der Mensch sagen. Für Acheja war die Zeit des Aufbruchs zum Spiel. Alles, was davon ablenkte, war hinderlich. Genau diese Ausgangssituation sollten wir bei der Ausbildung des Hundes schaffen. Aber nicht irgendwo oder als übergeordneten, abstrakten Lehrsatz, sondern in jeder einzelnen praktischen Übung! Wenn wir es schaffen, jederzeit eine intensive Motivation wachzurufen, dann wird der Hund in einer Art und Weise mitmachen, die geprägt ist von berauschender Konzentration, Vehemenz, Ausdauer und Unablenkbarkeit. Dann können zwanzig, hundert oder Tausende von Menschen den Hund nicht davon ablenken, zum Team-Führer aufzuschauen und auf dessen Hörzeichen zu warten, um energiegeladen die nächste Übung auszuführen. Und der Team-Führer braucht keine Angst mehr zu haben, dass der Hund die Übung, »wenn's drauf ankommt«, möglicherweise doch nicht ausführt. Denn die *Integrative Motivation* (motivare [lat.] = in Bewegung setzen) fördert nicht nur die mobilisierenden Antriebe zum Verhalten (die so genannten Aktionsbereitschaften), sie sichert auch die Zuverlässigkeit. Worauf es also ankommt, ist, zunächst einmal den Hund möglichst optimal zu *motivieren*. Nicht umsonst genießt das Zauberwort *Motivation* in der Pädagogik bis heute uneingeschränkte Zustimmung. Aber es liegen mitunter Welten zwischen dem, was der eine oder andere darunter versteht.

Es müsste uns gelingen, unsere Ziele zu Motivationen des Hundes umzugestalten.

Wie aber erreichen wir die soeben umschriebene *Integrative Motivation*? So dass wir ähnliche Gestimmtheit erreichen wie im Beispiel Achejas. Erinnern wir uns an die arteigenen Motivationen des Hundes und seines Urahns, des Wolfs! Bedenken wir, dass der Wolf vor allem ein sozial lebendes und agierendes Wesen ist. Erinnern wir uns, dass er ein Territorium für sich beansprucht, dieses verteidigt und dass er drittens ein Jäger, ein Raubtier ist. Auf diesen drei Säulen bauen die gesamten komplexen Verhaltensweisen auf. Bedenken wir, dass das meiste davon im Spiel vorbereitet wird und dass der Hund im Gegensatz zum frei lebenden Wolf genau genommen nie über den Zustand der Jugendlichkeit hinauswächst. Wir hindern ihn daran. Tut er es trotzdem – treten etwa die jahrtausendealten Triebe in Form des Wilderns hervor –, dann haben wir ein echtes Problem mit einem Hund, der (nach unserer Vorstellung von einem Haustier) aus dem Ruder läuft. Die Fähigkeit, in manchen Bereichen zeitlebens im jugendlichen Entwicklungsstadium zu leben, ist neben der verlorengegangenen Freiheit das wichtigste Pfand für die Domestikation, für ein weitgehend risikoarmes Leben im Verband des Menschen. Wenn wir aber die Gemeinschaft des Hundes nur aufrechterhalten können, indem wir den Hund in vieler Hinsicht auf jugendlichem Entwicklungsstand halten (die Ansicht mancher Ethologen, die Fetalisation sei bei Hunden ein genetisch bedingtes Domestikationsprinzip, ist umstritten), dann liegt es doch nahe, das Spiel als die in diesem Zusammenhang zweifellos wichtigste Lern- und Aktionsform von Anfang an einzubringen, zu kultivieren und lebenslang zu erhalten!

Genau diesen Weg habe ich beschritten (LINDart®). Wir haben die Sprache des Hundes immer besser gelernt, nach seinen Bedürfnissen und wie er diesen nachgeht gefragt, und wir haben mit ihm engagiert kommuniziert und gespielt. – Immer differenzierter. Wir haben berücksichtigt, dass Hunde rasse- und individualspezifische Vorlieben im Spiel mitbringen, und wir haben gelernt, alle *Motivationsbereiche* und deren *Zusammenspiel* immer besser zu nützen. Wir haben gelernt, nicht nur über Futter oder Spielbeute zu motivieren, sondern auch Zuneigung, Berührung und Bewegung zu nützen.

Im Leben gehen die einzelnen Bereiche ineinander über, vermischen sich in allen erdenklichen Varianten. Sozialanteile sind im Spiel so gut wie immer dabei. Aber bei Fellpflege, Wundversorgung, Berührungs-, Zuneigungs-, Beiß- und Kampfspielen stehen natürlich soziale Momente besonders im Vordergrund. (Keine Angst vor dem Wort »Kampfspiel«! In keinem anderen Spiel lernen Hunde die Rangeinordnung und Beißhemmung besser als in Kampfspielen! – Bestimmte Rassen (und Individuen) neigen allerdings dazu, sich in Kampfspielen aufzuheizen und überzuborden. Freundlich begonnene Spiele tendieren dann oft dazu, in vehemente Aggression auszuarten. In diesen Fällen spricht in der Regel mehr gegen als für derartige Spiele.)

Richtig spielen

In der methodischen Praxis kann sich der Ansatz, die vier großen Motivationsbereiche modellhaft einander gegenüberzustellen, hilfreich auswirken; solange man nicht vergisst, dass uns Motivationen (mit wenigen Ausnahmen) als Mixturen begegnen. Mit bestimmten Betonungen und in unterschiedlicher Gewichtung.

Abgesehen davon, dass beim »richtigen Spielen mit Hunden« kein Motivationsbereich bevorzugt wird, geht es darum, die Wahl des Motivationsbereichs nicht als eine generelle und stets gleiche Wahl aufzufassen, sondern Futter-, Berührungs-, Bewegungs-, Beute- und Zuneigungsspiele in den Dienst der jeweils anliegenden Aufgabe zu stellen. – Je nach Beschaffenheit der Aufgabe, aber auch je nachdem, wie weit der

»Freies Spiel«, in dem der Hund auf vielen Ebenen artgerecht stimuliert wird, ist schwieriger als viele annehmen. Wissen und Handling muss man sich erst aneignen.

Jede Phase des *»Freien Spiels«* hat ihre Tücken: Sei es das möglichst lebensechte Stimulieren (Bild links außen), das richtige Anbeißen-Lassen (Bild links Mitte) oder das nah am Fang geführte und damit für den Hund chancenreiche MO-Handling (links innen, rechts innen und Mitte). Oberstes Gebot bleibt jedoch: Das Spiel darf nie aus dem Rahmen des »Entspannten Feldes« fallen.

Hund Spielappetenzen gebildet hat und welches Naturell er mitbringt, eignet sich ein bestimmter Motivationsbereich oft besser als andere. Von dieser pädagogischen Einsicht aus ist es dann nicht mehr weit, auch den Umgang im gewählten Motivationsbereich so zu gestalten, dass etwa beim Futterspiel nicht nur nach dem RRV-Prinzip (Reiz-Reaktion-Verstärkung – Betonung der Sekundärmotivation) gefüttert wird, sondern das Füttern selbst zum motivierenden, kommunikativen Ereignis wird und in sich Lust vermittelt. Zentrum dieser komplexen Umgangsweise bleibt lange Zeit das *Freie Spiel*, das Spiel um des Spiels willen. Zusätzlich wird auf diese Weise bezweckt, die Motivation zu steigern, die Bindung zu festigen und: Appetenzen zu bilden. (Frei übersetzt: Appetit, Begierde. Der Hund zeigt Appetenzverhalten, wenn er etwa unruhig wird, auf und ab geht, dies und das zu unternehmen beginnt, um seinen Appetit auf irgendetwas zu stillen.)

Aus dem *Freien Spiel*, dem Spiel ohne vordergründige Leistungsabsichten, werden dann behutsam *Ziel-* und *Zweckspiele* entwickelt. Und dabei nützen wir, dass das Spiel aus eigenen Quellen gespeist wird (Spielappetenz). Spiel in sich ist dem Hund ein Bedürfnis. Das heißt aber, wenn wir Aktionsursachen aufteilen, dann müssten wir auf jeden Fall auch einen Spieltrieb annehmen. Also nicht nur Spiel als Exerzierfeld des Ernstfalles, und auch nicht Spiel, nur um ein bestimmtes Triebziel zu erreichen, sondern das Spiel als solches. Gerade für den Hund, der seine Freikarte für die menschliche Gesellschaft wie gesagt nur im Kleid der Jugend erhält, ist und bleibt das Spiel zeitlebens wichtiger Bestandteil seiner Lebensqualität. Auch wenn im Spiel zahlreiche zielgerichtete Verhaltensweisen etabliert sind, so geschieht es doch immer auch um seiner selbst willen. Spiel läuft, so gesehen, auf mehreren funktionellen Ebenen ab. Gleichzeitig und in Wechselwirkung. Wird mit Hunden viel gespielt, dann entwickelt sich eine auffallend zunehmende Motivation für diese Aktionsform. Das Spiel wird zu einer Art »vitalem Bedürfnis«. Der Hund braucht das Spiel für sein seelisches Gleichgewicht. Er wird in gewisser Weise abhängig davon. Abhängig jedoch in positivem Sinn, denn, wie wir gesehen haben, der in jugendlichem Stadium gehaltene Hund kommt ohne Spiel nicht verlustfrei aus. Hunde, mit denen nie gespielt wird, entbehren wichtige Erfahrungs- und Lernmöglichkeiten auf mehreren Ebenen.

Neue Erkenntnisse in der Gehirnforschung brachten zutage, dass die Gehirnmasse von Kindern, mit denen nicht gespielt wurde (und die wenig Berührungskommunikation erfuhren!), deutlich unter dem Altersdurchschnitt liegt.

RICHTIG MOTIVIEREN

Ähnliche Zusammenhänge müssen bei höheren Tieren angenommen werden. Apfelbach hat an Frettchen, die in restriktiver Umgebung lebten und in den sensiblen Phasen wenig Sozialkontakte hatten, ebenfalls reduzierte Gehirnmassen nachgewiesen.

Wer viel – und vor allem richtig – mit Hunden spielt, der wird sehen, dass sich im Spiel ähnliche Appetenzen bilden wie beim Fressen oder Jagen. Der Hund bekommt »Appetit aufs Spiel«. Und zwar so sehr, dass Spielen immer mehr zum Bedürfnis wird. Denken wir daran: Der Hund darf in der Regel nicht mehr jagen, er sucht sein Futter nicht mehr auf der Fährte, auch der Rivalenkampf um die Begattung fällt weg, zumindest bei den Rassehunden. Das Revier muss nicht mehr ernsthaft verteidigt werden. Lange Laufstrecken werden nicht mehr benötigt. Wo soll der Hund hin mit seinen Urbedürfnissen? Wo und wie kann er seine arteigenen Anlagen und Bedürfnisse ausleben, seine Kräfte und sein Vermögen erleben? Nur wenige Hundehalter gehen beispielsweise regelmäßig Fährten. – Fahrrad fahren, gemeinsames Laufen, Schlitten und Wagen fahren, Verlorensuche, Schutzhundsport, Agility und vieles andere bringt dem Hund ersatzweise das wieder, was er ursprünglich in der Natur hatte. Aber eben nur teilweise. Die Verlagerung auf das Spiel bietet hier eine nahe liegende und viel versprechende Alternative. Spiel im Umgang mit dem Hund, Spiel in der Erziehung und im Sport. Denn im Spiel kann sich der Hund nicht nur verausgaben und bewähren, im Spiel treten wir in engen sozialen Kontakt, geben wir uns und dem Hund Gelegenheit zur *Kommunikation*. Im Idealfall zur *vital-respondierenden Kommunikation*.

Primärmotivation

Richtig Spielen mit Hunden bedeutet, die Bereiche Bewegung, Futter, Spielbeute, Zuneigung vor allem spielerisch zu vermitteln. Es bedeutet, mit *Animation* und *Stimulation* zu arbeiten und auf das richtige *Anspruchsniveau* (Schwierigkeitsgrad) zu achten. Des Weiteren darf der Hund weder unter- noch übermotiviert werden, und die Funktionalität verschiedener MOs (Motivationsobjekte) berücksichtigt und der Aufgabe entsprechend genützt werden.

Eine weitere wesentliche Bereicherung stellt der in der Hundeausbildung erstmals formulierte systematische Einsatz der *Primärmotivation (intrinsische Motivation)* dar. War das Lernen bislang in den Ausbildungstheorien weitestgehend vom Prinzip der Verstärkung (RRV = Reiz-Reaktion-Verstärkung) durch positive (oder auch negative) Motivation bestimmt, so stelle ich innerhalb ganzheitlicher Pädagogik konsequent die *Freude am Tun* in den Vordergrund. Übungen werden nicht nur von ihrer formalen Ausführung her gesehen, sondern im Hinblick auf ihren natürlichen Anteil an Primärmotivationen. In der Folge treten an Stelle isolierter Leistungserwartungen an den Hund Zielsetzungen des *Teamworks*.

Als *»Geistigen Zügel«* setzen wir die Hand mit gespreizten Fingern ein. Diese markante Handstellung kommt sonst im täglichen Leben nicht vor und bildet daher ein unverwechselbares Signal.

Geistiger Zügel

Weil aber das Spiel ohne Regeln und Autorität ausufert und sich dann als Bumerang erweist, braucht auch das Spiel einen ausgleichenden »Gegenspieler«. Wir werden daher alles, was innerhalb von Regeln als »Warten«, »Befolgen«, »Abstand halten« oder »Akzeptieren« usw. auftritt, mit dem Bild des »*Geistigen Zügels*« vergleichen. Gemeint ist damit jene Autorität, die auf innerer Überlegenheit fußt. Autorität, die dem Team-Führer die Rangordnung sichert und das Ein-Ordnen des Hundes in die menschliche Gemeinschaft erleichtert. Diese Autorität wirkt anders als die mechanische Einwirkung eines Zügels. Sie ist geistiger, immaterieller Natur. Sie wirkt als ein »*Geistiger Zügel*«. Aber deswegen wirkt sie nicht weniger zuverlässig!

Das Symbol des *Geistigen Zügels* ist die gespreizte Hand, die im täglichen Leben kaum vorkommt und sich in vieler Hinsicht deutlich von »normalen« Handhaltungen unterscheidet.

Das Wesentliche des ganzheitlichen Vorgehens besteht nun darin, von Anfang an *Motivation* und *Geistigen Zügel* auszubalancieren, damit weder das eine noch das andere überwiegt. Der Team-Führer fängt also nicht an, den Hund »aufzudrehen«, um ihn dann, wenn es zu viel wird, wieder zu bremsen. Ebenso wenig wird er den Hund erst einmal »unterordnen«, bevor er mit dem Aufbau beginnt. Vielmehr bilden Motivation und *Geistiger Zügel* von Anfang an eine Einheit, wobei sich methodisch gesehen nicht zwei Antagonisten (Gegenspieler) gegenüberstehen, sondern (zunächst) beides vom Hund emotional positiv erlebt werden kann.

Der Hund lernt schon als Welpe die Symbolbedeutung des *Geistigen Zügels,* etwa in wartender Weise vor der Futterschüssel. In der Erwartung des Futters kann er dieses *geistige Zügeln* problemlos und positiv gestimmt aufnehmen. Schon bald wird aus dem früher praktizierten »Platz liegen müssen« oder »Aufs Fressen warten müssen« auf diese Weise »Lauern dürfen« und aus dem zwanghaften »Aus!« wird: »Alte Beute tot – neue Beute jagen« (Beutetausch nach kurzem Einsatz des *Geistigen Zügels*). Das Warten wird nach Vorgabe des Lernfortschritts zeitlich mehr und mehr ausgedehnt. Alsbald festigt sich das Symbol und erhält Tabu-Bedeutung. Nach und nach lässt sich der *Geistige Zügel* auch auf andere Bereiche übertragen: Der *Geistige Zügel* wird so zum *generalisierten Tabu-Signal*. Als Tabu-Signal kann er später bei vielen Gelegenheiten eingesetzt werden: Gegen Hochspringen, Vordrängen, »Fremdbeißen« (Beißen in die Hand oder in Kleider), gegen Herausspringen aus dem Auto und bei anderen Gefahren des täglichen Lebens.

Vergessen wir jedoch nicht! Gleichviel, ob es sich um Aktionen, um Wartephasen oder um Stoppen einer Aktion handelt, wir setzen anfangs in jedem Fall positive Motivation ein, und zwar nicht nach dem alten RRV-Muster, sondern durch die Verbindung primärer und sekundärer Motivationen, wobei die syntone Kommunikation als Bindeglied dient. Der Mensch steht nicht wie in der RRV-Methodik (weitgehend) außerhalb der emotionalen Prozesse des Hundes, sondern er wird zu einem wesentlichen integrierten Teil des Ablaufs, in dem Primär- und Sekundärmotivation ebenso wie bereits vorhandene Verhaltensweisen ganzheitlich verschmelzen.

Hierzu ein Beispiel: Wenn der Team-Führer zwar den Ball bewegt, ohne jedoch mit dem Hund kommunikativ in Verbindung zu treten, wird der Hund buchstäblich an ihm vorbeisehen und nur das MO fixieren. In diesem Fall steht der Team-Führer nur insoweit im Interesse des Hundes, als er durch seine Handbewegung verrät, wann der Ball nun endlich geworfen (oder zum Anbiss angeboten) wird.

Wir wissen inzwischen, wie sich der Team-Führer mittels Körpersprache interessant macht, wie er mit dem Hund etwa ein Anschleich- oder Fluchtspiel einleitet und damit in *Respondierende Kommunikation* tritt. Am Ende dieses Spiels kommt beispielsweise der Ball zum Einsatz. Hier hat sich der Team-Führer in den Mittelpunkt des Geschehens gebracht. Mit einfachen Mitteln, ohne großen Aufwand – wohlgemerkt: Nur durch einige Gesten! Der Hund lernt binnen Kürze: »Ich kann an Frauchens oder Herrchens Augen und Mimik ablesen, wann die Beute flieht.« – Am Team-Führer führt in diesem Aufbau kein Weg vorbei. Der Hund wird alles einsetzen, um die integrale Herausforderung (primärer und sekundärer Motivationen) anzunehmen. (Dies ist natürlich nicht zu erwarten, wenn der Hund jahrelang gelernt hat, am Team-Führer vorbei zum MO zu sehen. Eine Zeit der Umorientierung muss man dem Hund schon lassen.)

Welche Vorteile die methodische Orientierung an der Kommunikation mit sich bringt, vor allem im Sport, liegt auf der Hand. Die Aktionsbereitschaft des Hundes steht nicht mehr auf einem Bein allein, nämlich auf dem MO (das in der Prüfung nicht vorhanden ist), sondern sie steht auf mehreren Säulen: dem Team-Führer, dem Spiel und dem MO! Selbst wenn das MO nicht mehr da ist, so erinnert doch der Team-Führer mit seiner kommunikativen Präsenz immer noch an das MO, vor allem aber ist er selbst gemeinsam mit dem Tun an sich zum »Nukleus der Motivation« geworden (»Nucleus« = Kern).

Zur »Absicherung«

Um den Hund dazu zu bringen, Aufgaben auch dann zu bewältigen, wenn kein MO mehr im Einsatz ist, beschreitet die traditionelle Ausbildung verschiedene Wege: Gewöhnung, Aufschubmethoden sowie alte und neue Zwangsabsicherungstechniken. All diesen Ansätzen ist gemeinsam: Der Motivator wird entweder im Hund selbst gesucht (Beispiel Meidemotivation bei Zwangsabsicherung) oder aber im MO (Gewöhnung und Aufschub).

Dem gegenüber stehen die Methoden der *Respondierenden Kommunikation* in Verbindung mit der *Integrativen Motivation*, in der möglichst viele Motivationsbereiche angesprochen werden (Reizsummation) und in der ein neuer Motivator ins Spiel kommt, nämlich der Mensch. Die allgegenwärtige, stets verfügbare und anpassungsfähigste Motivation ist zweifellos der Mensch in seiner Funktion als Team-Führer!

Das Team, nicht das Resultat der Aufgabe steht im Mittelpunkt. Damit erübrigt sich von vornherein ein Großteil der so genannten »Absicherung«. *Harmonie* kommt mit ungleich weniger Absicherung, mit weniger »Verträgen unter den Menschen« und auch mit weniger Gewaltakten in der Mensch-Hund-Beziehung aus! Und es sage ja keiner, angesichts unseres ehrlichen Eingeständnisses, dass ein Rest an Gewalt und zwanghafter Einwirkung in der Regel unumgänglich ist, man sei eben doch nicht weitergekommen. Es liegen Welten zwischen dem Führen des Hundes mittels *Integrativer Motivation* oder durch den Einsatz der klassischen Instrumente der alten Unter-Ordnung, dem Leinenruck und Befehlston.

Didaktik und Methodik

Über die Kunst des Übens

Wer schon einmal eine Fertigkeit bis zur Meisterschaft gebracht hat, weiß, dass der Erfolg ganz entscheidend von der Qualität des Übens abhängt. »Die Kunst des Übens« wird daher beispielsweise bei Musikern oder Sportlern äußerst hoch eingeschätzt und lebenslang verfeinert. Um immer noch effizienter und besser zu üben, bedarf es mehr als Kenntnis der allgemeinen Lerngesetze. Auch die Variablen und Ausnahmen sind wichtig und tagtäglich, genau genommen in jeder Situation neu aufeinander abzustimmen. Das Wissen über richtiges Üben ist daher weit gefächert und umfangreich. Wir können hier nur auf einiges hinweisen.

Solisten suchen verständlicherweise nach Wegen, den Auftritt bestmöglich abzusichern. Je nach Veranlagung legt der eine mehr Gewicht auf das visuelle Gedächtnis, der andere auf die Melodievorstellung, wieder andere auf den motorischen Ablauf der Fingersätze usw.

Im Gegensatz zu herkömmlichen Ausbildungsmethoden, wo formale Anforderungen mittels Druck oder Schmerz vermittelt und eingebracht werden, setzt der Autor konsequent auf »Integrative Motivation« und »Passive Einwirkung«. Freude an der gemeinsamen Ausführung (Blick- und Stimmungs-Kommunikation), MO und U-Gitter bestimmen das Bild dieser perfekten 180°-Kehrtwende.

Als besonders vorteilhaft hat sich erwiesen, isoliert auf einzelnen Ebenen zu üben, und zwar 100 Prozent rational, so dass beim Aufkommen des gefürchteten Black-out (= Der Vortragende hat den Faden verloren und ist außer Stande weiterzuspielen) die Möglichkeit besteht, sich ganz auf eine der Ebenen zu konzentrieren und kontrolliert zu spielen. Setzt die erste Ebene aus, kann man die anderen der Reihe nach abfragen, bis auf einer Ebene die gewünschten Informationen verfügbar sind. Hat man sich vom Schock des Black-out erholt, kann wieder auf normale ganzheitliche Spielweise umgeschaltet werden, wobei die motorischen Funktionen dann wieder weitgehend unbewusst ablaufen und das künstlerische Spiel in den Vordergrund rückt.

Auch der Hundesportler kennt das Problem der Auftrittsangst und des Black-out – wenn auch nicht in derselben Komplexität wie der Solist. Unter normalen Umständen läuft alles weitgehend automatisch ab. In bestimmten Situationen, etwa bei einer Prüfung, kann es vorkommen, dass der Team-Führer die einfachsten Übungen verwechselt, Details vergisst oder einfach nicht mehr weiter weiß. Dass dieser Zustand dem Hund nicht verborgen bleibt, dürfte klar sein. Und in der Folge kann auch der Hund völlig anders als unter normalen Umständen reagieren. Was tun in dieser Situation? Verdrängen ist am schlechtesten, das ist bekannt. Ein berühmter Solist gibt einen ebenso einfachen wie wirkungsvollen Rat: »Spiele zu Hause, als hättest Du einen TV-Liveauftritt, und spiele den TV-Liveauftritt, als wärest Du zu Hause.«

Ein Pianist etwa, der tagtäglich, jahraus, jahrein zirka sechs Stunden professionell übt, ständig das Risiko des Auftritts im Nacken hat und vierzig erfolgreiche Auftritte im Jahr bestreitet, der weiß über diese Dinge eben mehr als ein Hundesportler. Auch dieses Beispiel zeigt, wie viel man von anderen Professionen lernen kann. Richtiges Üben ist also schon der halbe Auftritt.

Die »W«-Fragen

Fragt man zu früh nach dem entscheidenden »WIE üben?«, so schleppt man bereits zurückliegende Fehler mit sich. Daher kreisen wir die entscheidenden Fragen des richtigen Übens von außen her ein. Wir schaffen sozusagen erst mal eine solide Basis.

Was?

Die Frage, »Was?« geübt werden soll, ist längst nicht so klar wie zunächst angenommen. Man sollte sich wirklich erst einmal fragen, wofür sich beide Team-Partner eignen und was man eigentlich üben will, das heißt, mit welcher Sportart man sich am besten identifizieren kann. Und die zweite, gleichrangige Frage sollte lauten: Was bietet sich für mich und meinen Hund am sinnvollsten an? Hierzu gehören Fragen der Veranlagung und des Temperaments, aber auch Fragen nach den gegebenen Möglichkeiten, also welche Sportarten für das Team vor Ort überhaupt realisierbar sind.

Hat man daraufhin eine Wahl getroffen, dann ist das Feld der Aufgaben grob abgesteckt. Denn die Übungen (der traditionellen Sportarten) stehen weitgehend fest, und wer im Sport mitmachen möchte, muss die geltenden Regeln akzeptieren. Das gehört nun mal zu den Grundprinzipien der sportlichen Idee.

»Was?« bedeutet aber noch mehr als nur die Definition der Aufgabe. Im »Was?« fragen wir analysierend, worin denn das Wesentliche einer Übung besteht, worauf es bei der Übungszielsetzung besonders ankommt und was sie von anderen Übungsinhalten abgrenzt.

Schließlich fragen wir im »Was?« auch nach den methodischen Mitteln oder nach stofflichen Hilfsmitteln.

➤ Was (welche Sportart) eignet sich für mich und meinen Hund am besten?
➤ Welche Sportart lässt sich hier vor Ort ausführen?
➤ Was ist das Wesentliche einer Aufgabe?
➤ Was? In Verbindung anderer W-Fragen.
➤ Was wird an Hilfsmitteln benötigt?

Welches Umfeld, welche Stimmung?

Wir wissen, dass Spiel nur im so genannten *Entspannten Feld* stattfindet. Das Spiel wird sofort abgebrochen, wenn irgendwelche bedrohenden Einflüsse das *Entspannte Feld* stören. Hierfür reichen allein schon mutmaßliche Störungen aus. Nun frage man sich als Hundesportler einmal ehrlich, ob man das *Entspannte Feld* im Training stets aufrechterhält oder ob doch immer wieder grober Umgang oder Überforde-

Viele Übungen bereiten wir aus dem Basisspiel im Sitzen vor.

rung das *Entspannte Feld* empfindlich stören. Fällt es einem eigentlich auf, ob und wann man das *Entspannte Feld* verlässt.

Man könnte Spiel als den »Luxus des Lebens« bezeichnen. Das Spiel steht und fällt mit dem Umfeld und den Lebensbedingungen. Daher sollten wir uns auch im Hundesport bemühen, optimale Voraussetzungen für das Spiel zu schaffen. Räumen wir möglichst alles, was sich als störend oder abträglich erweisen könnte, bereits im Vorfeld beiseite. Und vor allem, lassen wir den Hund erleben, dass es kaum etwas Schöneres geben kann, als mit Frauchen oder Herrchen zu spielen. Hierzu ist, bevor das eigentliche Spiel beginnt, Folgendes zu beachten:

➤ Mensch und Hund sollten gesund und ausgeruht sein.
➤ Mensch und Hund sollten sich im seelischen Gleichgewicht befinden.
➤ Die Atmosphäre sollte stress- und angstfrei sein (gemeint sind die schädlichen Stressfaktoren).

Das heißt, man soll weder bei Lustlosigkeit, Überreiztheit, Apathie, Zorn, Ärger oder bei anderen ungünstigen Gemütsstimmungen üben! Allerdings mit folgender Einschränkung: Wer sich seiner inneren Verfassung wirklich bewusst wird, außerdem einen starken Willen besitzt und über eine gute Vorstellungskraft verfügt, dem mag durchaus das Meisterstück gelingen, in schlechter Laune am Hundeplatz anzukommen und nach wenigen Augenblicken des Übens mit dem Hund die eigene Stimmung ins Positive zu kehren. So wie die Begegnung mit Musik einen traurigen Menschen umzustimmen vermag, so kann auch der Hund dazu beitragen, dass wir unser seelisches Gleichgewicht wiederfinden. Wenn man aber bemerkt, dass alle aufgewandten Bemühungen fruchtlos bleiben, ist es wirklich besser, das Üben abzubrechen – mit einem motivierenden Abschluss für Team-Führer und Hund.

Wie viel?

Wer wüsste es nicht? In der Regel werden zu viele Dinge auf einmal geübt. »Weniger wäre mehr gewesen«, heißt es zu Recht im Volksmund. Zu viele Übungen aneinander zu reihen hat zur Folge, dass der Lernerfolg der einzelnen Übung darunter leidet. Wenn ein Hund das Apportieren beispielsweise beherrscht, dann sei man froh darüber und hüte es wie eine kostbare Kerze, die sich aufbraucht. In Abständen von 3 bis 8 Wochen oder noch länger wird das Apportieren getestet und aufrechterhalten, jedes Mal mit besonderem Augenmerk auf freudig-vitale Vorführung. Im regelmäßigen Training kommen nur korrekturbedürftige oder neue Übungen dran. Und wenn es sich um viele Übungen dieser Art handelt, dann verteilt man sie besser auf 2 oder mehr Trainingstage.

<u>Und wenn der Hund wirklich alles kann?</u> Nun, dann gilt der gleiche Rat wie oben, nur mit der Ergänzung: Die Übungen durch Abwandlungen weiterhin interessant zu halten. Erinnern wir uns an das Kapitel über das Anspruchsniveau beim richtigen Spielen mit Hunden (siehe Seite 75). Zu leichte Aufgaben führen zu einer Abnahme der Motivation. Bei anhaltender Wiederholung kann dies sogar zur Versandung der Motivation führen! Aufgaben anhaltend interessant, das heißt mit einem stets präsenten Maß an *wohl dosierter Herausforderung* (Grothe) zu gestalten, stellt eine der wichtigsten Aufgaben für den Fortgeschrittenen und für den Meister dar. Daher gilt:

➤ Umfang der Übungen (Lernvolumen) überschaubar halten.
➤ Lernziele richtig aufteilen.
➤ Ausgereifte Leistungen mittels Abwandlung der Aufgabe interessant erhalten.
➤ Ausgereifte Leistungen mittels Pausen vor Versandung bewahren.

Wo?

Auch der Ort des Übens ist wichtig. Das weiter oben erwähnte *entspannte Milieu* finden wir am ehesten in vertrauter Umgebung, also zu Hau-

DIDAKTIK UND METHODIK

se. Wird der Hund im Haus gehalten, so fühlt er sich in der Küche oder dort am wohlsten, wo man sich gemeinsam aufhält. Dort werden in der Regel auch weniger Ablenkungen auftreten. Zudem lassen sich diese zu Hause leichter ausschließen als im Freien. Wir üben daher mit Welpen und Junghunden vieles zuerst im Haus (bzw. im Flur oder in der Garage). Bei fortschreitendem Können dann im Garten und erst zum Schluss im Freien, auf dem Hundeplatz und in unbekanntem Gelände. Das Üben im Raum bringt noch weitere Vorteile: Der Hund kann sich nur begrenzt entfernen. Hinzu kommt, Welpen sehen noch nicht weit. Zu Hause kann diese Distanz im Allgemeinen nicht überschritten werden. Diesen Umstand hat bereits Oberländer in seiner »Stubendressur« genützt.

Wenn man allerdings bestimmte Grundsätze berücksichtigt, lässt sich auch das Üben auf dem Platz von Anfang an erfolgreich durchführen. Hierzu zählt eine gut gefestigte Vertrauensbasis und das Ausschließen jeglicher Ablenkung. Mit dem jungen Hund gehen wir auf den Hundeplatz, wenn sonst niemand da ist, und wir üben dort nur ganz kurz und intensiv (eine halbe bis zirka 5 Minuten, mehr nicht!), um Ablenkungen gar nicht erst aufkommen zu lassen. Die leider immer noch weit verbreitete Meinung, man soll junge Hunde am Platz miteinander spielen lassen, damit sie eine positive Beziehung zum Platz bekommen, beruht auf einer Fehleinschätzung. Zweifellos entwickelt der junge Hund im Spiel mit Artgenossen eine positive Beziehung zum Platz, aber eben »zum Platz in Verbindung mit diesen Hundebegegnungen«. Der Mensch spielt dabei eine untergeordnete Rolle. Hundesport, so wie wir ihn verstehen, strebt jedoch nach Mensch-Hund-Harmonie, und das setzt voraus, dass es für den Hund auf dem Platz nur eines gibt: *Freude am gemeinsamen Spiel und Sport mit Frauchen oder Herrchen.* Nach dem Üben mag man Hunde miteinander spielen lassen, besser jedoch ist es, dem Spiel der Artgenossen eine eigene Zeit und einen anderen Ort zu bieten, etwa an einem anderen Tag und irgendwo außerhalb des eigentlichen Sportplatzes.

Erst wenn der Hund eine gefestigte Spielappetenz gebildet hat, bringen wir Ablenkungen ein, die er dann auch in der Regel problemlos bewältigt. Hat der Hund jedoch in seiner Jugend gelernt, sich am Platz auf andere Hunde zu konzentrieren, verbindet sich damit oft eine lebenslang anhaltende, von Ablenkungen geprägte Erwartungshaltung. Deshalb gilt:

➤ Anfangs nur an gut bekannten Orten üben.
➤ Angenehme, einladende Umgebung schaffen!
➤ Anfangs in absolut ablenkungsfreier Umgebung üben!

Wann?

Die Frage nach der Übungszeit hängt von mannigfachen, darunter auch vielen individuellen Faktoren ab. Übungszeiten sind hochaktive Lebensvorgänge. Man lege sie daher, wenn möglich, nicht in biologisch vorprogrammierte Leistungstiefs. Fress- und Auslaufgewohnheiten müssen ebenso berücksichtigt werden wie die zur Verfügung stehende Freizeit von Frauchen oder Herrchen.

Erst einmal die Jagdstimmung abklingen lassen, dann folgt das Hörzeichen <Aus>.

Hinzu kommen die vielfältigen Möglichkeiten, das Übungsresultat mittels Zeit zu beeinflussen. Wann sind welche Pausen angebracht? Wann ist eine bestimmte Trainingsphase zu beenden und durch eine neue zu ersetzen bzw. durch eine Pause abzuschließen?

In welchem Alter, in welcher Entwicklungsphase sind welche Lernziele besonders anzustreben? Und schließlich: Wann, das heißt in welcher Reihenfolge zu anderen Übungen soll eine bestimmte Übung aufgebaut werden? Oder auch: Wann während des Trainings soll diese Übung drankommen, wann eine andere?

Zusammenfassung:
- ➤ Leistungsaktive Zeiten bevorzugen. Üben im Leistungstief vermeiden.
- ➤ Faktor Zeit berücksichtigen! Aktivzeiten und Pausen planen und aufeinander abstimmen.
- ➤ Alter, Entwicklung und Reifung berücksichtigen.
- ➤ Reihenfolge der Übungen bedenken.

Wie oft?

Ein alter römischer Spruch lautet: »Repetitio est mater studiorum« – Wiederholung ist die Mutter der Studierenden. Allerdings hat man früher der Wiederholung viel zu viel Bedeutung beigemessen. Wir haben darauf bereits im Abschnitt »Geschichte des Hundesports« (siehe Seite 15) hingewiesen. Wiederholung ist sicherlich wichtig. Aber wie viel Wiederholungen?

Unter dem »Wie oft?« des Trainings, unter der *Trainingsfrequenz*, versteht man nicht nur die Frage, wie oft etwa wöchentlich oder täglich zu üben ist, sondern auch die Frage nach den Wiederholungen etwa einer einzelnen Übung. Aber diese Frage lässt sich nicht schubladenartig beantworten. Denn für den Lernerfolg ist beispielsweise die emotionale Beteiligung stärker ausschlaggebend als die Anzahl der Wiederholungen. Unter annähernd neutraler emotionaler Beteiligung (im Laborversuch) wurden beim Hund 20 bis 25 Wiederholungen für eine gefestigte Erinnerung herausgefunden. Jeder weiß jedoch, dass der Hund bei starker emotionaler Beteiligung Übungen mitunter auf Anhieb lernt. Dasselbe gilt für Erinnerungen. Sieht er auf einem Spaziergang eine Katze, dann erinnert er sich an den Platz noch nach Tagen, ja sogar Wochen. Resultat einer einzigen Erfahrung!

Man sieht, die Schwierigkeit des Übens liegt vor allem darin, dass vieles ineinander greift. Zieht man an einem Strang dieses vielschichtigen Geflechts, so verformt sich das Ganze. Vorauszusehen, welche Folgen jede Veränderung nach sich zieht, lässt sich nur abschätzen. Und selbst dieses Abschätzen setzt eine Menge Wissen und Erfahrung voraus. Wiederholungen zu häufen, kann einmal das beste Mittel der Wahl bedeuten, ein andermal wäre es vorteilhafter, nur wenige oder gar keine Wiederholungen einzubringen. Die Erfahrung lehrt, dass man in der Regel eher zu viel als zu wenig Wiederholungen ansetzt. Wenn wir im Training beobachten, dass der Hund eine Aufgabe erfüllt hat, dann sollten wir nicht nur jede weitere Wiederholung (die ja das große Risiko einer Verschlechterung beinhaltet!) vermeiden, sondern wir setzen eine kurze Pause an, in der sich das Gelernte vertiefen kann. Wir legen den Hund beispielsweise ab oder bringen ihn sogar in seine Box.

Wissenschaftler (u. a. E. Pöppel) haben nachgewiesen, dass das augenblickliche Erlebnis zirka 3 bis 5 Sekunden in unserem Bewusstsein verweilt. Dies gilt für Erwachsene. Kinder haben eine kürzere *Gegenwartsdauer*. Sie können beim Überqueren der Straße das »Nach-links-Sehen« innerhalb einer Sekunde bereits wieder vergessen haben. Wie lange die Gegenwartsdauer bei Hunden exakt dauert, ist zwar nicht bekannt, aber wir nehmen auf Grund von Beobachtungen an, dass sich der Lerneffekt auch bei Hunden reduziert, wenn man zu schnell zur nächsten Aufgabe übergeht. Das Abwarten einiger Sekunden nach einer Übung wirkt sich erfahrungsgemäß positiv aus.

Damit der Hund auch noch nach Jahren galoppierend zurückbringt, muss man gut abwägen, wie oft die Übung wiederholt wird.

Eine andere Frage des »Wie oft?« wird immer wieder auf Kursen gestellt: »Wie oft soll man den Hund beim Üben mittels Spiel bestärken?« Auch diese Frage lässt sich nicht mit einer Zahl beantworten. Vereinfacht könnte man antworten: *»So selten wie möglich und so oft wie nötig«*. Die Anzahl der Bestätigungen pro Trainingseinheit wechselt von Mal zu Mal, und sie ändert sich vor allem mit der Ausreifung des Spiels. Je reifer das Spielen wird, desto weniger Bestätigungen sind erforderlich. In fortgeschrittenen Lernstadien sollten die Belohnungen streckenweise nach dem Zufallsprinzip gegeben werden, wobei auch Überraschungen einzubauen sind.

Zusammenfassung:
➤ Wiederholungen jeder Art maßvoll einsetzen.
➤ Gegenwartsdauer (einige Sekunden) nach einer Übung abwarten.
➤ Belohnungen individuell und situativ angleichen.

Wie oft in der Woche soll geübt werden? Die Frage nach der Häufung von Übungseinheiten ist eine weitere Bedeutung des »Wie oft?«. Hier gilt: Neu einzuübende Fertigkeiten sind besonders zerfallgefährdet. In den ersten Tagen vergisst man am meisten. Daher ist es nicht sinnvoll, eine Übung an einem bestimmten Tag aufzubauen und dann eine Woche zu pausieren. Andererseits ist bekannt, dass massiv gehäuft eingebrachte Trainingseinheiten zu einem Leistungsverlust führen. Daher ist es ratsam, Übungseinheiten zeitlich aufzuteilen und regelmäßig zu üben (Ausnahme Lernpausen). Optimal wäre (innerhalb einer Aufbausequenz), mehrmals am Tag kurz zu trainieren oder einmal täglich länger trainieren (mit 1 Tag Pause pro Woche, gegebenenfalls auch 2 Tagen, aber nicht 2 Pausentage hintereinander!).

Wie?

Die alles entscheidende Frage lautet jedoch »Wie?«. Daher setzen wir es hier auch an die letzte Stelle. Das »Wie?« schließt die Summe aller Möglichkeiten ein. Es korrespondiert mit allen vorausgegangenen Fragen und gibt Antwort auf die konkreten Fragen der Vorgehensweise, bis ins Detail. Wir greifen hier aus Raummangel nur einige wichtige Punkte heraus, ohne Anspruch auf Vollständigkeit.

➤ Individuell angeglichenes Üben (für Mensch und Hund!).
➤ Üben in positiver Gestimmtheit (Interesse wecken – Animieren – Stimulieren – Motivieren!).
➤ Mehrkanaliges Üben.
➤ Anspruchsniveau beachten (nicht zu leicht und nicht zu schwierig).
➤ Lerngesetze berücksichtigen (Ganzheitstheorie und Konditionierungsgesetze).

Ein Wort zur Sicherheit

Wegen der umfassenden Bedeutung für die Gesunderhaltung des Hundes passt das Thema »Sicherheit« gut hierher. Die Rede ist vom *Freien Spiel* und seinen Gefahren. Viele übersehen in der Hitze des Spiels, dass die vielen Stopps, Starts, Turns und Sprünge, die sie ihren Hunden zumuten, eine enorme Belastung darstellen. Nicht jede Rasse ist für derartig temperamentvoll gestaltete Spiele gleichermaßen geeignet. Und nicht jeder Hund verträgt die Belastungen schadlos. Daher der dringende Rat, sich der Belastungen bewusst zu werden und das Spiel in puncto Belastung vernünftig auszulegen. Tipps zur Schonung siehe rechts.

Auch mit älteren und kranken Hunden kann man noch *Freie Spiele* durchführen. Aber das Spiel muss den Gegebenheiten angepasst werden. Selbst in extremen Fällen (HD, Bandscheibenvorfall u. a.) kann noch gespielt werden. Dies setzt allerdings voraus, dass der Hund das *kultivierte Freie Spiel* bereits beherrscht und: warten gelernt hat. Um Sprung-, Start-, Stopp- und andere physikalische Belastungen aufzufangen, kann man beispielsweise ganz auf Futter umsteigen oder aber das MO direkt vor dem Fang führen und den Anbiss durch minimale, ruckartige Bewegung in Verbindung entsprechender Körpersprache und Akustik auslösen. Oder man kann das MO auch schräg am Fang vorbei werfen. Auch das bietet gelenkschonende Bedingungen für den Anbiss. Auf diese Weise können Sprünge, Stopps und Körperdrehungen weitgehend ausgeschlossen werden.

Beutestreiten darf bei manchen Erkrankungen des Bewegungsapparates oder bei Herz- und Kreislaufleiden nicht mehr oder allenfalls stark eingeschränkt durchgeführt werden. Weil aber arbeitsfreudige Hunde sehr unter Trainingsentzug leiden, müssen seelische und körperliche Defizite gegeneinander abgewogen werden. Hier ist der fachärztliche Rat oft unentbehrlich. Zeigen Sie Ihrem Tierarzt, was und wie Sie mit dem Hund spielen. Er kann Ihnen in der Regel wertvolle Ratschläge geben.

SICHERHEIT UND SCHONUNG

Tipps zur Schonung des Hundes

✓ MO nicht immer in die Höhe wegziehen, sondern tief spielen und nach vorn oder seitlich wegziehen.

✓ Belastende Übungen nicht gehäuft trainieren.

✓ Gut aufwärmen vor dem Training.

✓ Dem Hund eine gute Grundmuskulatur aufzubauen helfen (Rad fahren am Bügel, Wagen fahren, bergwandern, joggen. Aber nicht: Den Hund hinter dem Auto herlaufen lassen!).

✓ Für optimales Gewicht sorgen.

✓ MO nicht immer in die Höhe wegschleudern, sondern auch auf den Boden werfen.

✓ Motivationsbereiche wechseln. Dann und wann (etwa bei Rekonvaleszenz) auf Futter oder Bewegung ausweichen.

✓ Beim *Beutestreiten* maßvoll vorgehen.

✓ MO nicht immer wegschleudern, sondern in der Hand haltend anbeißen lassen.

Konzeptiv-flexible Trainingsgestaltung

Mit welchen Übungen man beginnen und in welcher Reihenfolge man fortfahren soll, ist durchaus nicht gleichgültig, sondern stellt bereits eine folgenschwere didaktische Entscheidung dar. Ebenso die Entscheidung für planmäßige oder eher improvisatorische Vorgehensweise. Oder wenn wir noch mehr ins Detail gehen: Soll man eine Übung nach der anderen vornehmen oder verschiedene Übungen parallel und teils aufeinander bezogen aufbauen? Könnte und sollte man dieses offene Vorgehen in jeder Trainingseinheit neu bestimmen?

Während man früher eher streng den Lehrplantheorien folgte, hat sich in den letzten 2 Jahrzehnten immer mehr die pädagogisch offene Vorgehensweise durchgesetzt, das so genannte *Curriculum*. Vertreter curricularer Vorgehensweisen fordern im Hinblick auf die Bedürfnisse der Schüler an Stelle vorprogrammierter Planerfüllung vor allem *didaktische Gestaltungsfreiheit*. Eine späte, aber sicher gerechtfertigte Referenz an die mittlerweile mehr als hundert Jahre alte Ganzheitstheorie, die durch die Erkenntnisse der Chaos-Forschung entscheidende neue Impulse erfuhr.

Wir werden im vorliegenden Lehrwerk sowohl die Vorteile didaktisch-methodischen Planvorgehens als auch jene der curricularen Organisation von Lehrvorgängen nützen. Diesen Weg, den ich »*konzeptiv-flexible Trainingsgestaltung*« nenne, habe ich bereits in meiner mehrbändigen Kindergitarrenschule »*Pima*« (Ricordi München 1995) erfolgreich beschritten.

Planen ist wichtig und bringt enorme Vorteile, aber man darf letztlich nicht am Plan kleben bleiben, sondern muss offen und bereit sein, planmäßige Vorsätze gegebenenfalls zu Gunsten einer völlig anderen Vorgehensweise zu verwerfen. Das heißt, sich neu und abweichend vom Plan zu entscheiden. Aus diesem Grund sprechen wir auch nicht vom (festen) *Plan*, sondern vom (variablen) *Konzept*. Das *Konzept* muss der flexiblen Entscheidung des Augenblicks, sagen wir der *Improvisation* untergeordnet werden!

Hierin liegt genau der Schwachpunkt eines Buches. Denn auch der beste Autor kann dem Leser die individuell situative Entscheidung des Augenblicks nicht abnehmen. Allerdings können Bücher helfen, vor allem wenn sie mehrkanalig und in Verbindung mit Videos aufgebaut wurden, die Entscheidungstiefe und -breite des Lesers zu verbessern und somit indirekt zu einer besseren pädagogischen Sichtweise und dem daraus abgeleiteten didaktisch-curricularen Vorgehen beizutragen.

Wir werden daher den Ausbildungsweg zur *Team-Vorführung* nicht auf traditionelle Weise beschreiben, also eine Übung nach der anderen und in der Reihenfolge der Prüfungsordnung, sondern wir folgen der *konzeptiv-flexiblen Trainingsgestaltung*.

Das bedeutet:

➤ Es kommt nicht (linear) eine Übung nach der anderen, sondern es werden da und dort mehrere Übungen (und Teilübungen!) parallel nebeneinander geführt, wobei einige ab einem bestimmten Könnensstand miteinander verbunden werden. Da jedoch jeder Hund sein ganz individuelles Curriculum braucht, weisen wir immer wieder auf ergänzende Varianten und auf Alternativvorschläge hin (variable und alternative Zweit- und Drittwege).

➤ Doch selbst diese Erweiterungen entheben den Leser nicht der Aufgabe, das Vorgefundene individuell umzuformen! Abgesehen von einigen übergeordneten Rangfolgen muss für jeden Hund ein eigenes Ausbildungskonzept entworfen (und ständig revidiert!) werden.

➤ Bei den didaktischen Entscheidungen im Einzelnen werden sich die eingangs beschriebene Ausrichtung sowie die Grundlagen als wertvolle Hilfe erweisen.

➤ Kernpunkt der curricularen Vorgehensweise ist die »*konzeptiv-flexible Entscheidung*«. In jeder Situation muss neu entschieden werden, ob man im Konzept bleibt, ob man es abwandelt oder ob man zu Gunsten viel versprechenderer Wege (vorerst) abbricht oder verwirft.

Didaktische Transformation
Darunter verstehe ich, kurz gesagt, den Vorgang des Umformens menschlicher Ziele in Motivationen, die der Hund arteigen und lustvoll annehmen kann. Leider sind in vielen Fällen die Ziele des Hundesports mit dem, was dem Hund Spaß macht (und was ihm liegt), nicht in Einklang zu bringen.

Wir gehen davon aus, dass der Hund zahlreiche Verhaltensweisen mitbringt, darunter Instinktverhalten und die genetische Disposition für zu erwerbende Rituale und Routinen (bereits der 8 Wochen alte Welpe hat einen beachtlichen Umfang an adaptiertem Verhalten). Beide Ebenen greifen bei manchen Verhaltensweisen ineinander (Lorenz: Instinktverschränkung). Die Umformung (*didaktische Transformation*, E. L.) erfordert einerseits Kenntnisse dessen, was im Hund vorhanden ist, und andererseits Erfahrung, wie sich damit erfolgreich umgehen lässt. Eine weitere Voraussetzung bildet die Analyse der Leistungsziele jeder einzelnen Übung. Und zwar im Hinblick auf die im Hund vorhandenen M ö g l i c h k e i t e n: Sein Verhaltensrepertoire, seine Triebe und Emotionen, seine Intelligenzebenen sowie seine rassespezifischen und individuellen Adaptionsmöglichkeiten.

Bei der Freifolge beispielsweise stehen ganz andere Anforderungen im Vordergrund als beim Apportieren oder Hürdensprung. Hier kommt uns die Modellvorstellung der Motivationsbereiche entgegen. Jede einzelne Übung beinhaltet naturgemäß eigene Anforderungen mit bestimmten Betonungen. Über ein Hindernis zu springen, macht dem Hund Spaß, wenn man einmal von den formalen Ausführungszwängen des Vorsitzens, Zurückbringens usw. absieht.

NEUAUFBAU DES HUNDES

Zunächst muss man sich darüber klar werden, ob der auszubildende Hund schon viele, möglicherweise nicht nur positive Erfahrungen hinter sich hat oder ob man mit einem unbefangenen, unverbrauchten Hund beginnt, etwa einem Welpen. Hat der Hund schon allerlei gelernt, ist er bereits mehr oder minder ausgebildet worden und dies in einer Weise, die eben keinen »freudigen« Hund zum Ergebnis hatte, so lässt man nach einer Pause von etwa 4 Wochen zunächst einmal alles weg, was den Hund an negative Erlebnisse erinnert. Man fängt tunlichst mit dem an, was der Hund am besten kann. Führt ein Hund beispielsweise die gesamte Unterordnung nur widerwillig oder gar ängstlich aus, mit einer einzigen Ausnahme, dem Hürdensprung, dann beginnen wir mit dieser Übung und wandeln sie in kleinen Schritten nach Lind-art® um: Also mehr und mehr in Richtung *Respondierende Kommunikation, Spiel* sowie *positive Motivation* und *Geistiger Zügel*.

Mut, Vertrauen und Ausdauer werden dem Team-Führer abverlangt, damit er nicht zu früh zu den problematischen Übungen und Teilen übergeht und damit zurück ins alte Fahrwasser steuert. Erst wenn sich das freudige, harmonische Üben im Team an mindestens einer Übung (oder Teilübung) sichtlich g e f e s t i g t hat, sollte man sich an problematische Übungen heranwagen. Und dann am besten unter Kontrolle eines erfahrenen Ausbilders. Schulen und Einzelpersonen, die die TEAM-Ausbildung nach LIND-art® vermitteln, teilt das TWZ mit. Adresse siehe Seite 255.

Neben dem Team-Führer den Platz rauf- und runterzugehen, sicher weniger. Noch schwieriger wird es, wenn wir vom Hund verlangen, er soll den Apportier-Gegenstand von sich aus (und freudig!) im Galopp wieder zurückbringen. Es gibt also Übungen, die liegen der Natur des Hundes mehr als andere und es gibt einige Aufgaben, die stehen sogar im Widerstreit zu hundeeigenen Verhaltensweisen – zunächst einmal. Wir werden in der gesamten Unterordnung der »Mensch-Hund-Harmonie« das Prinzip der *didaktischen Transformation* nie aus den Augen verlieren. Zu jeder einzelnen Übung wurden neue, lustvoll annehmbare Mittel und Wege gefunden. Genau dieser Ansatz hat dazu geführt, dass der gesamte Übungsaufbau der klassischen Unterordnung in mehrfacher Hinsicht neu geformt wurde. Besondere Beachtung verdient in diesem Zusammenhang die auf Seite 94 beschriebene Motivation durch die *Resonanz-Szenario-Methode*.

Primärmotivation

Wenn wir aus diesem Blickwinkel danach fragen, welche Übungen dem Hund in seinen natürlichen Verhaltensweisen am nächsten kommen, dann fallen uns jene Aufgaben ein, die einen hohen Anteil an *Primärmotivation* (innere oder *intrinsische Motivation*) beinhalten. Das sind vor allem die kurzen Lauf- und Sprungübungen, also der Sprung über die Hürde, der Klettersprung und das Herankommen. Es sind dies Übungen aus den Motivationsbereichen der Bewegung und Geschicklichkeit und, beim Herankommen, zusätzlich noch der betonten Sozialebene.

Eine der am schwierigsten zu lösenden Aufgaben ist sicher die Freifolge, wenn wir davon ausgehen, dass sich diese nicht auf das erzwungene Hochsehen zum Team-Führer beschränkt, sondern als durch und durch freudige Team-Harmonie verstanden wird, die sich in zahlreichen Körpersignalen manifestiert. Wir beginnen daher mit Übungen (oder Teilen daraus), die ähnlich wie bei der Agility von sich aus Spaß machen, also mit kurzen Lauf-, Sprung- und Geschicklichkeitsübungen. Auf diese Weise wird uns von Anfang an ein nicht geringer Anteil der Motivation allein schon durch die Übung selbst verfügbar, ohne aufwendig oder umständlich organisierte Motivationszugaben oder Transformationen. Die weitere Reihenfolge der Übungen folgt wie gesagt den curricularen Prinzipien des fortschreitenden Schwierigkeitsgrades, der Querverbindungen und der *Teilvorbereitung*. Teilvorbereitung bedeutet, der Hund lernt an Übungen Teile aus nachfolgenden Aufgaben, wobei diese Teile das Erlernen der folgenden Übungen direkt oder indirekt vorbereiten und damit erheblich erleichtern. Besonders schwierige Übungen teilen wir in viele einzelne Lernschritte auf. Wo angebracht, werden wir die methodische Technik der *Zeitlichen Dehnung* nützen. Das bedeutet, dass bestimmte Lernvorgänge absichtlich längere Zeit ausgedehnt werden. Bei *Zeitlicher Dehnung* muss man mit Wiederholungen pro Trainingseinheit meist äußerst sparsam umgehen (Gefahr der Motivations-Versandung).

Die Sonderstellung der Freifolge

Die Positionierung der Freifolge (bzw. Leinenführigkeit) an das Ende der Ausbildung mag verwundern, wird doch allgemein diese Übung an den Anfang gestellt. Die Freifolge als die mit Abstand schwierigste Übung bildet den Schluss, denn

▶ nirgendwo anders steht die *Mensch-Hund-Harmonie* derart auf dem Prüfstand wie in dieser Übung.
▶ nirgendwo anders ist der Anteil des Menschen an der gemeinsamen *Team-Vorführung* so hoch wie hier.
▶ keine andere Übung beinhaltet derart viele Einzelaufgaben, wie Bei-Fuß-Gehen, Wenden links und rechts, Kehrtwende, schneller und langsamer Schritt, die Acht durch die Gruppe, Anhalten, Schussgleichgültigkeit.
▶ keine andere Übung (außer dem Abliegen) dauert auch nur annähernd so lange.
▶ in keiner anderen Aufgabe spielen ästhetische und Ausdrucksmomente eine derart wichtige Rolle.

Daher werden wir dieser Übung besondere Aufmerksamkeit widmen und sie in vielen kleinen Lernschritten und Variationen über die gesamte Länge der Ausbildung aufbauen *(Zeitliche Dehnung)*, wobei der Zusammenschluss aller Einzelteile erst relativ spät erfolgt.

Wir alle kennen die Bedeutung der *Ersterfahrung*. Bringe ich dem jungen Hund <Bei-Fuß-Gehen> als Gehorsamsübung mittels Leinenrucken oder psychischem Druck bei, so wird der Hund in dieser Übung keine ungetrübte Freude aufbauen können. Selbst wenn die Einwirkung wohl dosiert und schockartig gegeben wird, sodass der Hund daraufhin das gewünschte Verhalten zeigt; – ja selbst wenn anschließend Lob oder Spiel folgen, so bleibt diese Übung (zumindest teilweise) in emotional negativ besetzter Erinnerung! Auch wenn sich der junge Hund insgesamt freudig zeigt – weil bei fachgerechter Ausbildung die Freude gegenüber den negativen Stress- und Unlustgefühlen überwiegt –, so darf das nicht darüber hinwegtäuschen, dass die negativen Emotionen unterschwellig existent sind und Konflikte auslösen können.

Nicht immer werden diese Konflikte erkannt und richtig interpretiert. Das kommt daher, dass der negativ besetzte Anteil durch die Überschwänglichkeit der Jugend oft maskiert wird. Mit dem Erwachsenwerden verliert sich aber der Glanz der jugendlichen Grundstimmung, bei dem einen Hund mehr, bei dem anderen weniger, beidem einen früher, bei dem anderen später. Für die meisten jedoch gilt mit fortschreitendem Alter: Es wird immer schwieriger, die gewohnte Vitalität und Fröhlichkeit zu erhalten. Dann treten oft jene Seiten zutage, die man lange übersehen hatte und die man unberücksichtigt ließ.

Erweiterte und neue Theorien und Methoden

Das Ausrichten des Hundesports auf die *Mensch-Hund-Harmonie* sowie der erheblich erweiterte sportliche Anspruch haben eine Reihe neuer Theorien und Methoden entstehen lassen. Vieles davon ist hier erstmals veröffentlicht. Leider erlaubt der zur Verfügung stehende Raum nur

Erst wenn der Hund alle Merkmale einer »freudigen Ausführung« zeigt, sollte die volle Punktzahl vergeben werden. – Diese Kehre besticht in Tempo (Läufe!), Vitalität (Körperspannung), Konzentration (Ohren, Augen, Blickrichtung), Führigkeit, Freiheit (Ohren, Fang, Zunge, nicht der geringste Druck), technische Perfektion (enge Ausführung u. a.). Um das alles wahrzunehmen, muss der Richter in unmittelbarer Nähe stehen, und er muss die psychosomatischen Haltungs- und Bewegungsparameter kennen.

Kurzbeschreibungen. In den einzelnen Darstellungen der Übungen werden wir auf die hier formulierten Inhalte wieder zurückkommen.

Elementar-Phänomen-Ausbreitung (E. L.)

Leider wird sogar heute noch von manchen Autoren und Trainern die Meinung vertreten, man solle mit der sportlichen Ausbildung des Hundes erst ab einem Jahr beginnen. Diese Ansicht ist verständlich, wenn man von den alten, harten Ausbildungsmethoden ausgeht. Dem damit verbundenen Druck hielten tatsächlich erst die etwa einjährigen Hunde stand. Aber spielerische, motivationale Ausbildung setzt alten Forderungszwängen lustvolle Förderung entgegen, und damit wurde der Weg frei für die Früherziehung und Ausbildung. Ausgehend von entwicklungspsychologischen und reifungsrelevanten Gegebenheiten nützen wir in der Hundeerziehung und -ausbildung vor allem seine frühe Lernbereitschaft. Je früher man beginnt, desto mehr gilt es allerdings zu berücksichtigen,

➤ dass die Bereiche Erziehung, Umwelterfahrung und Sozialisierung (Hunde untereinander und Mensch-Hund-Sozialisierung) absoluten Vorrang haben!

➤ dass die Ausbildung in der dreifachen Ausrichtung der *Drei Zinnen* verankert ist: Ethische Verantwortung und davon abgeleitet der artgerechte Umgang; sportliche Ideale und Individualität – daraus wurde der Team-Gedanke entwickelt.

Ich war viele Jahre im humanpädagogischen Früherziehungs- und Forschungsbereich tätig (Kindergitarrenschule »Pima«, »LIND-EGTA Mensurgliederung 1989« sowie zahlreiche Fachberichte in Europa und Japan). Es war nahe liegend, auch in der Tierpädagogik die frühen Lebensphasen des Hundes zu nützen, um möglichst viele Anforderungen, die auf den Hund später zukommen, in elementarer und phänomenaler Form zu vermitteln. Hierbei orientieren wir uns an naturgegebenen, selbstorganisierten Lernvorgängen (z. B. Sprachentwicklung und motorische Entwicklung bei Kleinkindern). Neueste Erkenntnisse der Gehirnforschung, der Chaos-Forschung und der Entwicklungspsychologie stellen erstmals auf wissenschaftlicher Ebene die Genialität dieser elementaren Lern- und Adaptionsvorgänge unter Beweis. Man hat erkannt, dass die alten linearen Denkschemata falsch sind. Kausalitätsprinzipien (»ähnliche Ursache ergibt ähnliche Wirkung« oder »gesteigerte Maßnahme ergibt gesteigerte Wirkung in dieselbe Richtung«) sind in allen offenen chaotischen Systemen von vornherein ausgeschlossen. Die Chaos-Forschung hat uns gelehrt, dass vielfach verknüpfte Rückkopplungskreise »unberechenbar« sind. Im übertragenen wie im mathematischen Sinn! – Lernprozesse gestalten sich mehrdimensional, offen und komplex.

Das volle Vertrauen des Welpen spricht aus diesen Augen. Verletzen wir es nicht durch Überforderung. Bestätigen wir es durch liebevolle, artgerechte Zuwendung.

Auf der Basis dieser Erkenntnisse habe ich die »*Elementar-Phänomen-Ausbreitung*« entwickelt. Es ist dies ein neuer Weg in der Tierpädagogik, Erziehung und Ausbildung im Welpenalter anzusetzen. Wie das Wort schon sagt, geht es hierbei um erste und frühe Lernprozesse, um »*Urbausteine*« frühen Lernens, um das lustvolle Experimentieren und um phänomenale Erfahrungen an Urbausteinen und deren Kombination. *Urbausteine*, die bereits Inhalte späterer Ganzheiten repräsentieren. (Die Bedeutung des Begriffs *Element* ist nicht gleichzusetzen mit dem Kausalitätsverständnis des 19. Jahrhunderts.) Der letzte Begriff, nämlich die »*Ausbreitung*« weist auf die Dringlichkeit breiter und vielfältiger Reizangebote. Ein Kleinkind bringt zirka 100 Milliarden Ganglienzellen (Gehirnzellen) und 100 Billionen Synapsen (Schaltstellen) mit. Werden die Synapsen nicht rechtzeitig angesprochen und trainiert, so sterben sie ab. Das heißt: Bleiben in bestimmten Wachstumszeiten (sensiblen Phasen) die entsprechenden Reize aus, so sind bestimmte Lernprozesse unwiederbringlich verloren. Auch bei Hunden gilt dieses Prinzip.

Einige Folgerungen der »*Elementar-Phänomen-Ausbreitung*« gelten (modifiziert) auch für erwachsene Individuen. Daher war eine kurze Einführung in dieses Thema angebracht.

Hier eine Facette der »*Elementar-Phänomen-Ausbreitung*«, die für Welpen u n d erwachsene Hunde gleichermaßen brauchbare Ansätze bietet: Beim <Stehen> beispielsweise kommt es anfangs nicht darauf an, »wo und wie« der Hund steht, sondern lediglich darauf, dass es ihm Spaß macht, diese natürliche Haltung im Wechsel zu einer vorausgegangenen anderen Grundhaltung auszuführen (arteigen und individuell). Darum hat sich die frühe Methodik in erster Linie zu bemühen. Dass alle methodischen Maßnahmen der Frühpädagogik behutsam anzugehen sind, dürfte klar sein. Kurze Konzentrationsfähigkeit, geringer Erfahrungsschatz, tiefe Frustrationsgrenze usw. grenzen methodische Vorgehensweisen von vornherein ein. Wer beispielsweise glaubt, er würde der »beschränkten Aufnahmefähigkeit« eines Junghunds entgegenkommen, wenn er anfangs nur einige wenige Übungen vermittelt und später mehr oder »höhere« Anforderungen, etwa das <Steh>, erst ab einem Jahr verlangt, unterliegt gleich mehreren Irrtümern.

➤ Zunächst einmal ist es für den Hund nicht schwieriger, zu stehen als zu sitzen oder zu gehen, oder sich hinzulegen anstatt zu sitzen. Wer hier die Probleme hat, ist der Mensch, der nicht in der Lage ist, Mittel und Wege zu finden, die natürlichsten Grundhaltungen von Anfang an artgemäß zu vermitteln.
➤ Zum Zweiten lernt der Hund oft anders, als sich der Trainer dies vorstellt. Der Hund weiß nichts von den Unterschieden einer SchH I zur SchH II und SchH III und den von Menschen formulierten Leistungsunterschieden.
➤ Und er ist schließlich nicht in der Lage, nach menschlichen Punktemaßstäben zu denken.
➤ Ebensowenig kann er ein zukünftiges Ereignis, etwa ein Turnier, als Motivation für den Augenblick ummünzen.

Grundhaltungen nützt der Hund bereits im Welpenalter. Aber er nützt sie vital-funktionell und nicht im Sinne sportlicher Wertmaßstäbe, die vom Menschen stammen. Nach traditioneller Ausbildung lernt er aber zuerst Sitzen und nach 12 Monaten das <Platz>, wie beispielsweise ein Schweizer rät. Mit dem Stehen sieht es nicht viel anders aus. Stehen vermitteln heute noch viele erst nach der SchH I oder II, also nach eineinhalb bis 2 Jahren! Vorher wird es ja in der Prüfung nicht verlangt. – Weshalb eigentlich nicht? Ist Stehen schwieriger als Sitzen? Entscheidet man sich dafür, mit dem Sitzen zu beginnen und das Stehen und/oder Liegen erst nach 12 Monaten zu vermitteln, so lernt der Hund bis dahin nicht nur das aufgeforderte Sitzen, sondern er lernt über einen verhältnismäßig langen Zeitraum, dass die stehende oder liegende Grundhaltung in der Ausbildung keine Bedeutung hat.

Das hat schwer wiegende Folgen: Nach einer derart langen Zeit hat der Hund mehrere, vor allem aber die entscheidenden Lernphasen seines Lebens bereits hinter sich! Hinzu kommt, das Sitzen hat sich inzwischen gefestigt und automatisiert. Automatisiert bis zum generalisierten Nebeneffekt: Der Hund verbindet ja nicht nur das Hörzeichen <Sitz> mit dem Vorgang, sondern das gesamte Umfeld sowie den zeitlichen Ablauf. Er erwartet also bereits beim sich anbahnenden Anhalten die in dieser Situation gewohnte Grundhaltung <Sitz>. Soll der Hund ein Jahr später aus dem Gehen heraus stehen (räumliches Umfeld und zeitlicher Ablauf sind nahezu identisch), dann tritt häufig die bekannte Verwechslung der Grundhaltung auf, obwohl der Hund im isolierten Stehtraining die Übung fehlerfrei gezeigt hat.

Die sich anschließenden Probleme sind bekannt. Der Trainer wird ärgerlich oder er wiederholt das <Steh> zu oft, betont das »Unter«-Ordnungs-Steh oder greift zum Zwang. Jeweils mit dem Erfolg, dass das <Steh> im Hund emotional negativ besetzt wird. Manche Hundehalter meinen in dieser Situation, der Hund »verweigere« die Aufgabe. In Wirklichkeit steht der Hund unter den eingebrachten Umständen in einem Konflikt, und in dieser Situation folgt er zunächst einmal dem Lust-Unlust-Prinzip (Lust wird bevorzugt, Unlust gemieden). Daher wird er unter diesen Umständen umso mehr zum Sitzen neigen, je mehr der Trainer das <Steh> forciert. Was hier Not täte, wäre die Rückgewinnung des Vertrauens und die Vermittlung eines <Steh> als »lustvolles Erlebnis«.

Hierzu noch eine wichtige Ergänzung: Es reicht nicht aus, zusammengehörende Übungen spielerisch freudig zu vermitteln. Die Motivationen müssen untereinander in einem ausgewogenen Verhältnis stehen. Wenn eine der Grundhaltungen – beispielsweise das Sitzen – zwar freundlich vermittelt wurde, motivational aber weit unter dem Stehen oder Liegen liegt, dann wird der Hund im Konfliktfall zur lustvolleren Übung ausweichen.

Es spricht also viel dafür, dem Hund möglichst früh lustvolle Erfahrungen mit den Grundhaltungen zu vermitteln, und zwar so, dass die Antriebe der einzelnen Übungen untereinander ausgeglichen sind. Außerdem ist es vorteilhaft, soweit es mit seiner Entwicklung und Reife in Einklang steht, den Hund auch auf weitere, künftig zu erwartende Aufgaben vorzubereiten. Aber eben nur »vorzubereiten«! – Elementares Lernen!

Die *Phänomen-Ausbreitung* könnte dahingehend missverstanden werden, dass es nur darauf ankäme, möglichst viele Übungen kunterbunt und möglichst früh zu vermitteln. Damit würde man folgenschwere Überforderungen riskieren. Im Zentrum spielerischer Interaktionen steht anfangs das Experimentieren im Spiel, das *Freie Spiel*. – *Lernspiele*, besser gesagt *Zielspiele* (denn Lernen tut der Hund auch im *Freien Spiel*) können nach und nach eingebaut werden, aber der Hund bestimmt, wie viele, in welcher Zusammenstellung und in welchem Schwierigkeitsgrad *(Dichte, Gruppierung und Anspruchsniveau)*.

Resonanz-Szenario (E. L.)

Viel spricht für *mehrkanaliges Lernen*: Gleichzeitiges Lernen auf verschiedenen Sinnesebenen. »Vielfachverknüpfungen rufen Mehrfachauswirkungen hervor« (Volker Bendig). Wir müssen davon ausgehen, dass Üben immer auch zu einem Teil mit Wiedererkennen zu tun hat. Das Gehirn sucht beim Verarbeiten neuer Eindrücke nach möglichen Beziehungen zu bereits erworbenen Informationen, nach so genannten *Resonanzen*. Die Ähnlichkeit oder Übereinstimmung zu vorhandenen Mustern beschleunigt den Lernprozess ganz erheblich. Weil aber Eindrücke, die mehrere Sinnesebenen ansprechen (mehrkanaliges Lernen), natürlich weit mehr *Resonanzen* hervorrufen, liegt ihr lerntheoretischer Vorteil auf der Hand.

Jeder kennt dieses Phänomen am Beispiel der »Eselsbrücke«. Den Familiennamen »Welcost« kann man sich wahrscheinlich nicht lange merken. Denkt man aber bei diesem Namen an die Eselsbrücken »well« oder »Welpe« und für den zweiten Teil an »Cost« bzw. das deutsche Wort »Kosten«, und denkt man dann noch an die Verbindungsbrücke zu beiden Brücken: »Welpen kosten Geld«, dann lässt sich der Name möglicherweise sogar über Wochen im Gedächtnis halten. Man nennt diesen Vorgang »Mnemotechnik«.

Vor dem Hintergrund dieser Zusammenhänge nützen auch wir – im Sinne der *Integrativen Motivation* – oft mehrere Vermittlungsebenen gleichzeitig. Der Hund erfährt auf diese Weise unterschiedliche Sinneseindrücke: Er sieht unsere Körpersprache, er hört unser Hörzeichen, er nimmt unsere Stimmung auf, er riecht unseren Gemütszustand, er spürt das MO beim *Beutestreiten* oder er schmeckt das Futter-MO. Dies schließt jedoch nicht aus, dass zeitweise eine bestimmte Vermittlungsebene absichtlich (isoliert) hervorgehoben wird. Mehrkanaliges Lernen beinhaltet zahlreiche Vorteile – vor allem im Hinblick auf bessere »Anschaulichkeit« und höhere »Motivation«.

Aber wir dürfen nicht vergessen, dass wir es mit Tierpädagogik zu tun haben. Hier stellen sich im Vergleich zur Humanpädagogik Probleme anders, und es treten neue Risiken auf den Plan. Wenn wir dem Hund beispielsweise das Liegen mit der nach unten führenden Faust (mittels Futter und Körpersprache) vermitteln, dann haben wir mehrkanaliges Lernen eingebracht und gleichzeitig für lustvolles Lernen gesorgt. Das Ergebnis kann sich sehen lassen: Viele Hunde führen die Aufgabe nach wenigen Wiederholungen richtig aus. Trotzdem sind auch auf diesem Weg Fehlverknüpfungen und andere Risiken nicht ausgeschlossen. Besser wäre es, nach einem Verhalten zu suchen, das der Hund bereits mitbringt und das der anliegenden Aufgabe ähnlich ist.

Entwicklung des Resonanz-Szenarios

Ich ging der Frage nach, ob sich abrufbares Verhalten in der Tierpädagogik auf direktem Weg abrufen lässt: Etwa durch Schaffen eines der Aufgabe angepassten »*Szenarios*« und mit Hilfe der entsprechenden Reize.

➤ Zunächst musste das »Phänomen« jeder einzelnen Aufgabe analysiert werden.

➤ Im zweiten Schritt suchte ich nach ähnlichen Phänomenen im Bereich vorhandener Verhaltensweisen (angeborener Auslösemechanismus, AAM, oder durch Erfahrung ergänzter Auslösemechanismus, EAAM). Wobei den betont reflex- und instinktgesteuerten Routinen wegen ihrer Zuverlässigkeit besondere Aufmerksamkeit galt. Auch erworbene Verhaltensweisen, die ein normal aufgewachsener Hund im Alter von etwa 8 bis 12 Wochen mitbringt, erwiesen sich als ergiebig.

Wird der Hund mit dem angebotenen »Szenario« konfrontiert, so werden die einzelnen »Mosaiksteine« im Gehirn auf »Resonanzen« geprüft. Sind genügend Einzelbausteine vorhanden, so dass das Mosaik eine Gestalt im Gehirn hervorruft, lassen sich auch die in dieser Situation üblichen Verhaltensroutinen abrufen. Entweder durch das Auftreten des *Szenarios* selbst oder durch das Offerieren der entsprechenden

»*Resonanz-Szenario*«: Für den Hund bedeuten die aufgestellten Beine eine Höhle, vor der er sich erst »auf die Lauer legt« und: – l i e g t.

Reize. Unter »*Resonanz-Szenario*« verstehen wir demnach ganzheitliche Vorgänge, etwa bestimmte Verhaltensmuster der Fellpflege, Jagdspielpraktiken usw.

Wählt man für die Vermittlung eines beabsichtigten Lernziels das »*Resonanz-Szenario*«, so besteht die methodische Aufgabe nicht darin, ein festgesetztes Lernziel mit vorhandenen methodischen Strategien zu verwirklichen, sondern zuerst muss für jede anliegende Aufgabe das entsprechende vorhandene »*Double*« im Verhaltensrepertoire gefunden werden. Nicht die bekannte Strategie, sondern die Beobachtung bildet die Grundlage des methodischen Plans. Jedes *Resonanz-Szenario* ist daher ein Unikat. Ist das *Phänomen-Double* aus dem vorhandenen Verhaltensrepertoire gefunden, so gilt es, eine Abbildsituation zu schaffen, ein »*räsonierendes*«, wiedererkennbares »*Szenario*«.

Resonanz-Szenario am Beispiel des Abliegens

Im Idealfall enthält die Wiedererkennung (*Resonanz*) das Phänomen der gesamten Aufgabe. An Stelle von Lernschritten, die den Hund schrittweise oder über Versuch und Irrtum zum Liegen veranlassen sollen, simuliert man eine Situation, in der der Hund auf Anhieb das gewünschte Verhalten zeigt: Im Spiel, auf dem Boden sitzend, stellt der Trainer mit den Beinen eine Art Höhle her. Futter, ein Ball, die bewegte Hand, etwa in Verbindung mit Geräuschen, kommen ins Spiel. Das MO verschwindet in der »Höhle«. Und zwar so, dass das MO vom Hund noch gesehen wird, aber doch so weit weg, dass er erkennt, er kann es nicht erreichen. Der Hund wird das machen, was die Situation in sich trägt: »*Er legt sich auf die Lauer*« – und liegt. Auf Anhieb, ohne Lernstufen, ohne Umwege. Und zudem in ungetrübtem Einklang seiner natürlichen Verhaltensweisen. Und er ist motiviert, *integrativ motiviert*.

»*Resonanz-Szenario*« bedeutet demnach einerseits das Nützen vorhandener Verhaltensroutinen, zum anderen das Schaffen einer der Aufgabe ähnlichen Situation, aus der die *Wiedererkennung* höchstwahrscheinlich ist, und letztlich das Einsetzen wiederum ähnlicher, auslösender Reize. Das *Resonanz-Szenario* eignet sich besonders im Elementarbereich, also um Ersterfahrungen in den Grundhaltungen und -bewegungen. Um das erste Liegen, Stehen, Anhalten, Sitzen, Mitlaufen, Herkommen usw.

Der Einsatz dieser Methode erfordert
➤ Kenntnisse dessen, was im Hund vorhanden ist.
➤ Erfahrung, wie sich damit erfolgreich umgehen lässt.
➤ die Analyse der Leistungsziele jeder einzelnen Übung. Und zwar im Hinblick auf die im Hund vorhandenen M ö g l i c h k e i t e n: Sein Verhaltensrepertoire, seine Triebe und Emotionen, seine Intelligenzebenen sowie sein rassespezifisches und individuelles Adaptionsvermögen.

Inzwischen hat sich gezeigt, dass es für nahezu jede (bisher bekannte und geforderte) Aufgabe in der Hundeausbildung ein oder mehrere Verhaltensmuster gibt, die sich im Sinne des *Resonanz-Szenarios* tierpädagogisch nützen lassen. Selbst für Detailaufgaben, wie etwa das plötzliche <Steh>, ließen sich resonanztaugliche Doubles finden.

Sättigungsdistanz (E. L.)

Wie die Vermittlung unterschiedlicher Aufgaben zeitlich zu verwalten ist, darüber gibt die »*Sättigungsdistanz*« Auskunft. In der traditionellen Ausbildung wird die Fortführung eines Lernprozesses bis zu seiner Festigung gefordert. »Erst wenn der Hund in einer Aufgabe sicher« sei, soll man zur nächsten übergehen.

Für den reflexionsbegabten Menschen mag dieser Ansatz Vorteile bringen. Anders jedoch bei Tieren. Ist eine Verhaltensweise einmal zur Routine geworden, dann zeigen sich bei Tieren auch jene Erscheinungen, die sich für das Erlernen neuer Übungen kontraproduktiv erweisen. In der Routine sind nicht mehr so viele »Erwartungsrichtungen« gegeben wie im Erlernstadium. Im Erlernstadium ist dem Hund noch alles neu und interessant. Das fordert seine Anpassungsfähigkeit heraus. Vor allem treten hier die emotionale Intelligenz und in der Folge kreative, intelligente Handlungen auf den Plan. Nicht nur die Sinne, sondern alle vorhandenen individuellen Kräfte sind in Bereitschaft. Diese Präsenz dient nicht nur der Bewältigung anliegender Aufgaben, sie kommt auch der Abgrenzung dicht beieinander liegender Problemstellungen zugute!

Hinzu kommt das bereits beschriebene, ganzheitliche Erleben des Hundes und seine begrenzte Fähigkeit zur Abstraktion. Zeitlich und örtlich nahe liegende Umweltreize werden nicht getrennt vom anliegenden Problem verarbeitet, sondern gemeinsam. Das heißt, Umweltreize, die in keiner direkten Verbindung zur augenblicklichen Handlung stehen, können in ähnlichem Umfeld Handlungen mit beeinflussen. Nach soundso vielen Wiederholungen einer neu erlernten Handlung tut sich der Hund dann schwer, bei Präsenz dieser mitauslösenden Reize eine neue, andere Verhaltensweise zu erlernen. Details bereits gemachter Erfahrungen stehen dann im Widerstreit zur neuen Aufgabe. Der Hund gerät unter diesen Umständen in einen Konflikt, was sich in Übersprungshandlungen, Unsicherheit, Meiden oder Angstreaktionen äußern kann.

Daher ist es sinnvoll, Lernvorgänge (dicht beieinander liegender Aufgaben) nicht bis zur ausgeprägten Automation auszudehnen, sondern vorher abzusetzen. Dies geht aus der vereinfachten Lernkurve deutlich hervor (siehe rechts). Wenngleich diese vereinfachte Darstellung Rückschläge (Regressionen), Stagnation sowie Leistungssprünge unberücksichtigt lässt, so zeigen die beiden markanten Krümmungsbereiche doch deutlich, worauf es ankommt. Es geht uns neben der Lernleistung um die Automation, die sich bei zunehmender Leistung einstellt.

Da die Automation neben unverkennbaren Vor-

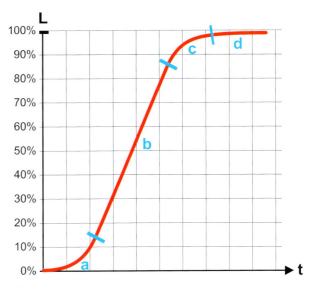

Vereinfachte Volterra-Lernkurve. L = Leistung, t = Zeit.

teilen leider auch die beschriebenen Nachteile mit sich bringt, bietet sich die Möglichkeit an, entgegen traditioneller Lehrmeinung Lernprozesse nicht bis zum Abschluss der Sättigung auszudehnen, sondern vorher abzubrechen. Ich nenne diesen Vorgang »*Sättigungsdistanz*«. Lernvorgänge werden demnach im Bereich d innerhalb der Sättigungskrümmung (siehe Grafik oben) abgebrochen. Es folgt ein neuer Lernprozess.

Hierzu ein Beispiel: Angenommen, wir beginnen mit der Übung <Liegen>. Beobachtet man nach einiger Zeit, dass die Aufgabe in den Sättigungsbereich mündet, setzen wir die Übung ab und beginnen mit einer anderen Übung aus der Gruppe der Grundhaltungen. Dieser abwechslungsreiche Aufbau schafft gute Voraussetzungen für die Vielfalt der *Erwartungsrichtungen* und *-inhalte* und unterstützt damit die *Integrative Motivation*. Er wirkt den negativen Momenten der Automation in vielfacher Hinsicht entgegen.

Die »*Sättigungsdistanz*« setze ich vor allem gegen Verwechslung ähnlicher Übungen ein, also alle Aufgaben, die links und rechts auszuführen sind. Man denke in diesem Zusammenhang nur an die Hunde, die in der Unterordnung immer links zu gehen gelernt haben und irgendwann einmal in Agility eingesetzt werden. Diese Hunde haben enorme Probleme, auch rechts zu laufen. Den eigentlichen Anstoß für die konsequente methodische Übertragung der entdeckten »*Sättigungsdistanz*« gaben zwei Herausforderungen.

➤ Zum einen waren es die Aufgaben der neuen Sportart TEAM-dance. Dort wird der Großteil der Aufgaben links u n d rechts gefordert (19 Standards mit jeweils bis zu 10 Elementen ergeben an die zweihundert Grundaufgaben! – Die Kombinationen nicht mitgerechnet!). Herkömmliche Methoden brachten zu viel Ausfälle und benötigten viel zu viel Zeit.

➤ Zum anderen hatte ich herausgefunden, dass Bestärkungen (Belohnungen aller Art) und Körperhilfen nicht zu lange permanent gegeben werden dürfen. Hier gilt: Belohnungen und Hilfen müssen so früh wie möglich abgebaut werden! Spätestens jedoch zu Beginn der Sättigung. Der ideale Abbau folgt wiederum nicht strengen, sondern komplexen »chaotischen Regeln«. Viele Hundeführer bauen zu spät und zu primitiv ab. Das ist die eigentliche Ursache dafür, dass sich ihre Hunde nur dann freudig und engagiert zeigen, wenn Futter oder Ball sichtbar sind und wenn die gewohnten Körperhilfen gegeben werden.

Hier noch eine Ergänzung: Die *Sättigungsdistanz* ist nicht zu verwechseln mit dem bekannten *Lernplateau*. Letzteres besagt, dass man innerhalb einer bestimmten Zeit nur ein bestimmtes Volumen an Lernleistung einbringen kann. Mehr Lernen innerhalb dieser Zeit bringt keinen weiteren Gewinn. Bei der *Sättigungsdistanz* hingegen geht es darum, die negativen Begleiterscheinungen ausgeprägter Automation im Hinblick auf neue, vor allem verwechselbare Lernziele zu vermeiden.

Signal-Timing (E. L.)

Beim *Signal-Timing* geht es um die zeitliche Abstimmung von Signalen unterschiedlicher Ebenen. Also etwa der Hörzeichen in Verbindung mit parallel eingebrachter mimischer Stimulation oder anderer Signale der Körpersprache.

In der Ausführung der Unterordnungsübungen, die ja laut Prüfungsordnung durch Hörzeichen abgerufen werden, kann man beobachten, dass bei den meisten Hunden visuelle Signale im Vergleich zu akustischen höher im Kurs stehen. Werden Hörzeichen und Körpersprache gleichzeitig gegeben, so meinen wir (weil wir als Menschen die Sprache als bevorzugte Vermittlungsebene gewohnt sind), der Hund würde die Übung infolge des Hörzeichens ausführen, und die begleitenden visuellen Hilfen (Körpersprache) hätten eher unterstützende Wirkung. Diese Wunschvorstellung entspricht leider (häufig!) nicht dem, was der Hund erlebt. Immer wieder kann man beobachten, dass die *Auslöseanteile* der *visuellen Ebene* gegenüber der *akustischen Ebene* deutlich überwiegen. Lässt man die unterstützenden Körperhilfen ganz weg, so führen viele Hunde eine eben noch gekonnte Übung mitunter überhaupt nicht mehr aus. Offensichtlich spielte in diesen Fällen das Hörzeichen im Vergleich zur visuellen Signalebene eine nahezu unbedeutende Rolle. Erst das Forcieren oder Wiederholen des Hörzeichens lässt den Hund wieder »hinhören«.

Um mehr *Auslöseanteile* auf das Hörzeichen zu bündeln, setze ich den Effekt zeitlich getrennt vermittelter Signale ein *(Signal-Timing)*. Mit einfachen Worten: Hörzeichen und Körperhilfen dürfen nicht zeitgleich gegeben werden, sondern sie müssen entsprechend ihrer *Auslöseanteile* in zeitlicher Versetzung aufeinander folgen.

Soll der Hund, wie in der Unterordnung üblich, dem Hörzeichen folgen, dann muss das *akustische Signal* so gegeben werden, dass es zum *Signal der bevorzugten Auslöseanteile* wird. Dies erreicht man, indem das Hörzeichen k u r z v o r der einsetzenden Körpersprache vermittelt wird. Der Hund wird auf diese Weise lernen, dass den visuellen Signalen das akustische vorausgeht. Durch die zeitliche Abstufung der beiden Signalebenen wird das Risiko, dass eine der Ebenen ignoriert wird, erheblich vermindert. Das Hörzeichen steht nicht mehr in Konkurrenz zum visuellen, sondern es steht zeitlich vor dem Einsatz des visuellen Signals. Damit erhält die akustische Ebene eine begünstigte Position. Sie kündigt die visuelle Ebene an. Da der Hund nach der frühest zugänglichen Mitteilung sucht (Zeitvorteil-Effekt), gewinnt das Hörzeichen auf diese Weise eine veränderte und gesteigerte Bedeutung. Wir geben sozusagen die zeitliche Folge vor, was den Hund veranlasst, dem ursprünglich weniger bedeutungsvollen akustischen Signal seine volle Aufmerksamkeit zu schenken. Mit Hilfe des *Signal-Timings* überbrücken wir die (weitgehende) Unfähigkeit des Hundes, Vorgänge isoliert zu verarbeiten.

Das *Signal-Timing* ist eine ebenso einfache wie wirkungsvolle Methode, um noch ein weiteres Problem zu lösen. Viele Hunde führen Übungen hervorragend aus, solange das MO in Sicht ist. Fehlt das MO, ist auch die Motivation weg. Würde man im Training konsequent nach der Methode des *Signal-Timings* vorgehen, ließe sich das Dilemma vermeiden. Man müsste das MO von Anfang an versteckt halten, etwa unter der Weste, in einer Tasche oder an der *MO-Krawatte* (von mir entwickelt, Bezug siehe Herstellerhinweise, Seite 255) hängend. Nach dem Spannungsaufbau käme dann das Hörzeichen zum Einsatz, und erst nach Abschluss der Übung greift der Team-Führer zum MO.
Viele Hundeführer gehen jedoch umgekehrt vor. Sie nehmen sich innerlich eine Übung vor, die sie anschließend mit dem MO bestärken wollen. Sie greifen in die Tasche, holen das MO heraus und geben anschließend das Hörzeichen. Ab dem Augenblick jedoch, wo der Hund an den Armbewegungen abliest, dass gleich der Ball

fliegen wird, treten die *Auslöseanteile* der visuellen Ebene, in unserem Beispiel in Form der Spielbeute in den Vordergrund. Der Hund sieht durch den Team-Führer hindurch und hat nur noch das MO im Kopf. Die Betonung der visuellen Ebene kann so weit gehen, dass der Hund das Hörzeichen tatsächlich nicht hört. Das heißt, er hört wohl mit den Ohren, aber die Meldung wird im Gehirn nicht verarbeitet. Das *Hörzentrum* im Gehirn war inaktiv, war »ausgeschaltet«.

Setzt man das *Signal-Timing* zum ersten Mal ein, so muss man damit rechnen, dass die Übung zunächst zögerlich, langsam, unsicher oder gar nicht gezeigt wird. Das legt sich jedoch in der Regel innerhalb kurzer Zeit. Der Hund braucht

»*Signal-Timing*«: Zuerst das Hörzeichen <Fuß>, dann die Körpersprache und das MO-Handling!

einige Wiederholungen, um seine Strategie neu, nämlich diesmal auf das Hörzeichen zu orientieren. Hierbei hilft ihm der Erfolg.

Eine weitere Anwendungsebene des *Signal-Timings* lässt sich gut am Beispiel des <Aus> aufzeigen: Hier geht es darum, durch Abstimmen der aufeinander folgenden Aktionen des Team-Führers zu vermeiden, dass der Hund zu konkurrieren beginnt und das MO infolgedessen zögerlich abgibt oder gar verweigert. Wird das *Signal-Timing* optimal genützt, dann werden die eben genannten Probleme nicht nur vermieden, sondern der Hund gibt freiwillig und in positiver, lustvoller Erwartung ab.

Und wie wird's gemacht? Nach dem <Aus> wirft man das MO nicht weit weg, sondern lässt den Hund unmittelbar nach dem <Aus> sofort wieder anbeißen oder man wirft das MO direkt vor ihm auf den Boden. Auf diese Weise verbindet der Hund das Hörzeichen mit dem sich unmittelbar anschließenden Zupacken. Die sofort nach dem <Aus> folgende Endhandlung bewirkt eine p o s i t i v e Verknüpfung zum Abgeben. Es ist ein entscheidender Unterschied, ob das MO, wie es üblich ist, in die Ferne geschleudert wird oder ob es direkt vor der Schnauze auf den Boden geworfen wird. Bei Hunden mit gefestigten <Aus>-Problemen muss man jedes konkurrierende Moment eliminieren. Hier kommt man oft an der Nutzung mehrerer MOs nicht vorbei!

MO-Rangnützung (E. L.)

Die meisten Hunde haben ein bestimmtes »Lieblingsspielzeug«, ihr *Vorzugs-MO*. Aber es gibt auch Hunde, die keine oder nur geringfügige MO-Rangfolgen zeigen.
Die Bevorzugung eines MOs lässt sich in vielen Aufgabenstellungen methodisch nützen.

➤ Denken wir etwa an den Beutetausch. Gibt ein Hund das MO nur ungern wieder ab, so ist es für den angestrebten Beutetausch nicht sinnvoll, »irgendeinen« Gegenstand oder das beispielsweise weniger motivierende Futter als Konkurrenz-MO einzusetzen. Warum sollte der Hund die Beute abgeben? »Aus seiner Sicht« wäre das ein schlechter Tausch: Lieblings-MO gegen »irgendetwas« … Nein, in diesem Fall muss man den Spieß umdrehen. Man sucht nach einem MO, das der Hund zwar annimmt, das aber nicht gleichzeitig sein *Vorzugs-MO* ist. Das Vorzugs-MO behält man für den zu erwartenden Beutetausch in der Tasche zurück. Nach einem *Freien Spiel* mit dem rangtieferen MO folgt dann der Beutetausch mit dem *Vorzugs-MO*.

➤ Ferner lässt sich die *MO-Rangnützung* (E. L.) auch zur Dosierung des *Motivationsniveaus* nützen. Zeigt ein Hund bei der Freifolge in Verbindung mit dem Ball Übermotivation, indem er ständig hochspringt, so wäre es ratsam, für diese Übung entweder ein rangtieferes MO einzusetzen oder aber, sollte das nicht ausreichen, den Motivationsbereich zu wechseln.

Die MO-Rangnützung bietet sich darüber hinaus noch für andere Situationen an.

➤ Zeigt sich der Hund bei einer bestimmten Übung aktivitätsarm, dann könnte man sich das Vorzugs-MO nur für diese eine Übung aufheben.

➤ Wenn sich herausstellt, dass man mit dem Hund zu viel trainiert hat und sich ausgerechnet eine Woche vor dem Turnier eine unverkennbare Lustlosigkeit breit gemacht hat, dann lässt sich durch mehrtägiges Vorenthalten des Vorzugs-MOs die Appetenz steigern. Ein *Freies Spiel* kurz vor dem Turnier, dann aber mit dem Vorzugs-MO, wird seine Wirkung nicht verfehlen.

Passive Einwirkung (E. L.)

Hindernisse in der Ausbildung einzusetzen, ist nicht neu. Allerdings wurden bisher lediglich einzelne Situationen beschrieben (z. B. die Freifolge an einem Zaun oder an einer Mauer entlang zu üben). Die Bedeutung des Phänomens für die gesamte didaktisch-methodische Aus-

Bei der »*Passive Einwirkung*« ersetzen Hilfsmittel – wie hier die Gerten – die aktiven Einwirkungen des Ausbilders.

bildung wurde bislang nicht erkannt, was sich allein schon dadurch zeigt, dass es nicht einmal einen Begriff dafür gab.

Der Terminus »*Passive Einwirkung*« (E. L.) ist als Überbegriff für die verschiedenen, auf dem Prinzip des Leiteffekts aufbauenden Formungsmöglichkeiten zu verstehen. Genauer gesagt geht es um »*Leit-, Stopp-, Ausweich-, Tabuisierungs- und Verzögerungseffekte*«. Die *Passive Einwirkung* baut auf der Beobachtung canider Verhaltensweisen auf: Hunde gehen an Leitlinien entlang (*Leiteffekte* und *Begrenzungseffekte*), sie halten vor Hindernissen (*Stoppeffekt*) oder umgehen diese (*Ausweicheffekt* und *Tabuzoneneffekt*). Auf der Suche nach Möglichkeiten, die formalen Anforderungen der Unterordnungs-Übungen ohne Zwang, aber effizient zu verbessern, habe ich die »*Passive Einwirkung*« weiterentwickelt. Leitzäune, Seile, Pflöcke, Gegenstände, Gerten oder andere Hilfsmittel, also *Umgebungs- und Gegenstandseffekte* ersetzen aktive Einwirkungen des Ausbilders. Die *Passive Einwirkung* bietet unbegrenzte didaktisch-methodische Möglichkeiten.

Impulsive Berührung (E. L.)

Die Problematik des Hörzeichens im Hundesport (als einer im Vergleich zu visuellen Signalen oft untergeordneten Vermittlungsebene) hatte neben dem *Signal-Timing* noch zur Entwicklung einer weiteren Methode geführt: Der *Impulsiven Berührung*. Wird zusätzlich zum Hörzeichen ein taktiles Signal gegeben (etwa die impulsartige Berührung durch eine Gerte), so führt der Hund infolge der Reizsummation die Übung in der Regel sicherer und auch schneller aus. Die *Impulsive Berührung* ist weder Schmerzvermittlung noch löst sie Meidemotivation aus! Und sie ist nicht zur *Erstvermittlung* gedacht, sondern sie dient als Verstärkung (*didaktischer Katalysator*) bereits konditionierter Verhaltensweisen. Mehr darüber an späterer Stelle.

Das TEAM in Balance

»Basisübung«

Vertrauensbildung

Von Vertrauen sprechen alle. Aber wenn man die methodischen Vorgehensweisen dann näher untersucht, gestalten sich diese oft alles andere als vertrauensfördernd. Es gibt heute noch Autoren, die zum zwangsmäßigen Öffnen des Fangs raten, wenn der Hund das Apportier-Holz nicht freiwillig in den Fang nimmt. Anschließend wird natürlich gelobt …

Vertrauensvoll mit dem Hund umzugehen und gleichzeitig etwas von ihm zu wollen, dazu gehört mehr als der Wille. Die praktische Umsetzung erfordert Wissen, Einübung, Pflege und ständig präsente, kritische Reflexion.

Zur Vertrauensbildung bietet die Basisübung wohl bedachte Voraussetzungen. Gleichzeitig stellt sie aus pädagogischer Sicht günstige Bedingungen, um erste Zielspiele einzubringen. Team-Führer und Hund sollen erleben, dass Spiel und Übung, richtiges Spielen vorausgesetzt, ein und dasselbe sind. Die *Erste Annäherung* an eine Aufgabe, die didaktische *Vermittlungsphase*, ist im Idealfall nichts anderes als geschickt geplantes, zielorientiertes Spiel, eben *Lernspiel*.

Wie bereits erwähnt, findet Spiel bei Tieren nur im so genannten *Entspannten Feld* statt. Spiel ist eines der luxuriösesten Geschenke des Lebens. Es kann nicht aufkommen bei Gefahr, Hunger, Übermaß an Stress oder bei Angst. Jeder Züchter weiß: Nach dem Fressen, wenn es sozusagen an nichts mehr fehlt, spielen die Welpen am liebsten (obwohl das Spiel mit vollem Magen aus physiologischer Sicht einige Risiken beinhaltet). Es kann nicht oft und eindringlich genug daran erinnert werden, im Umgang mit dem Hund immer wieder die Atmosphäre des *Aktionsmilieus* zu überprüfen und sämtliche Störfaktoren zu meiden bzw. zu eliminieren. Aus diesem Grund wählen wir für die *Basisübung* anfangs das störungsfreie *abgeschirmte Milieu* zu Hause, etwa in der Küche, im Wohnzimmer, in einer Stube oder in der Garage. Zeigt sich der Hund im *abgeschirmten Milieu* unbefangen und frei, so kann die Basisübung im nächsten Schritt im eigenen Garten oder auf einer Wiese durchgeführt werden.

Ich habe die *Basisübung* ursprünglich für Welpen entwickelt. Es hat sich jedoch gezeigt, dass sich diese Übung bei Hunden jeden Alters überraschend gut bewährt. Inzwischen haben zahlreiche Team-Führer, die ihren traditionell ausgebildeten Hund auf positive Motivation

So wünschen wir uns den Hund: Im Vollbesitz seines Selbstwertgefühls, gleichzeitig jedoch führig und freundlich. Balance heißt das Zauberwort.

»umstellen« wollten, neu begonnen und bei ihrem Hund mit Hilfe der *Basisübung* binnen Kürze jenes Vertrauen zurückerobert, das der sportgeschädigte Hund jahrelang vermissen ließ.

Vorteile der Basisübung

Ein wesentlicher Unterschied der Basisübung zu herkömmlichen Vorgehensweisen liegt in der ungewöhnlichen Haltung des Team-Führers. Gewöhnlich begegnen wir dem Hund in der Ausbildung in aufrechter Haltung.

Die Position des am Boden sitzenden Team-Führers bietet jedoch für die ersten Ausbildungsphasen unvergleichbar günstigere Voraussetzungen. Ganz neu ist diese Erkenntnis nicht. Es ist beispielsweise bekannt, dass man Hunden, die beim Herankommen Probleme haben, hilft, indem sich der Team-Führer klein macht und in die Hocke geht. Bisher blieb es jedoch beim punktuellen Einsatz der Hocke. Welche Tragweite das Phänomen der tieferen Position pädagogisch und psychologisch gesehen beinhaltet, wurde bislang noch nicht formuliert.

Kurze Zusammenfassung:

▶ Im Sitzen ist der Mensch nur noch halb so groß. Er ist aber dadurch nicht nur kleiner geworden, sondern er wirkt auch anders: Seine Überlegenheit, die sich zum Teil durch die aufrechte Körperhaltung äußert, wird im Sitzen erheblich abgeschwächt.

▶ Im Sitzen sehen sich Mensch und Hund auf annähernd gleicher Höhe in die Augen. Und auch die Hände und Beine befinden sich auf annähernd gleicher Ebene. Dies hilft Körper- und Bewegungsscheu sowie Berührungsängste des Hundes abzubauen.

▶ Gleichzeitig bietet die sitzende Position dem Team-Führer bessere Voraussetzungen für das Spiel-Handling. Er braucht sich nicht ständig zu bücken und an das »Tief-Spielen!« erinnern.

▶ Hinzu kommt, dass sich die Beine des Menschen als stilisierte Höhlen und Hindernisse anbieten, durch die der Hund durchschlüpfen und über die er rutschen kann.

▶ Die Beine bieten mannigfache Möglichkeiten zum Verstecken des Futters oder der Spielbeute.

▶ Außerdem weiß der Hund natürlich, dass ein sitzender Mensch ihm nicht nachlaufen kann. Im Gefühl der Sicherheit, sich jederzeit entziehen zu können, nähern sich scheue Hunde dem sitzenden Menschen eher.

▶ Und noch eins: Im Sitzen demonstriert der Team-Führer allein schon durch die wahrgenommene Position, dass er nicht die Absicht hat, seinem Spielpartner nachzujagen und ihm etwa die Beute abzunehmen.

Kurz, die sitzende Position des Team-Führers vermittelt bedeutungsvolle *Botschaften*. Sie vermittelt aussagekräftige Signale vertrauensvoller Absichten. Der Mensch verzichtet vorübergehend im Spiel (ähnlich wie dominante Hunde sich zuweilen von untergeordneten oder jüngeren jagen lassen) auf seinen höheren Rang. Man kann sagen, Mensch und Hund sind sich bei sitzender Haltung des Menschen physiologisch und psychisch einfach näher. Es entsteht eine Situation, die dem Spiel der Welpen sehr ähnlich ist. Dass diese Position bei Hunden, die ihren Halter dominieren, nicht das Mittel der Wahl ist, dürfte klar sein.

Aufbau der Basisübung

Wir setzen uns auf den Boden, am besten mit dem Rücken an eine Wand. Und zwar so, dass der Hund sowohl zwischen Rücken und Wand durchkriechen kann als auch durch die aufgestellten Beine. Wer nicht mehr so gelenkig ist oder einen besonders großen Hund führt, der kann die Übung auch auf einem Bein kniend (startähnliche Haltung) ausführen oder sich auf einen Hocker setzen.

Wir laufen mit dem Hund auf die Spielfläche und beginnen mit einem *Freien Spiel*, beispielsweise mit einem Berührungsspiel (Knuddelspiel) oder mit einem Futter- oder Beutespiel. Wir stimulieren den Hund durch Körpersprache, Stimme und (bei MO-Spielen) mittels *Animation* (Belebung der Beute). Bei Knuddelspie-

Bei größeren Hunderassen wählt man zur Basisübung die hier abgebildete »Startstellung«.

len ist bekanntlich immer darauf zu achten, dass der Hund in puncto Beißen die gesetzten Grenzen nicht überschreitet. Bei aller Freundlichkeit, die wir vermitteln, darf die Rangordnung nicht darunter leiden.

Die Erfahrung hat jedoch gezeigt, dass Hunde bei richtigem Spielen eine ausgeprägte Beißhemmung entwickeln. Die ständige Orientierung auf das Objektbeißen hat als Nebeneffekt, dass der Hund der Hand ausweichen lernt und sofort den Druck nachlässt, sollte er einmal das Ziel verfehlt haben.

Gelingt es dem Team-Führer, neben dem MO auch sich selbst interessant zu machen, wird der Hund versuchen, aus der Mimik seines Spielpartners den Fortgang des Spiels abzulesen (optimale Voraussetzung für *Respondierende Kommunikation*). Im Idealfall konzentriert sich der Hund abwechselnd auf das MO, dann wieder auf die Physiognomie des Team-Führers. Sieht der Hund zum Team-Führer, so ist dies vom Team-Führer mit verstärkter Kommunikation und Aktion zu beantworten. Dem Einfallsreichtum sind keine Grenzen gesetzt: Das MO flieht, hüpft, macht Zickzack-Bewegungen, stellt sich tot, versteckt sich usw. Wir kennen das schon. Das Spiel kann mit entsprechenden Lauten unterstützt werden.

Man wird sehen, wie der Hund bei diesem Spiel sichtbar frei wird, und nach kurzer Zeit beginnt, über die Füße und Waden des Team-Führers zu krabbeln, durch die Beine durchzuschlüpfen usw. Ganz ähnlich, wie er im Welpenalter mit seinen Geschwistern gespielt hat.

Erste Zielspiele:
Vorübungen ‹Liegen›, ‹Ab- und Aufsitzen›, ‹Aufstehen› und ‹Anhalten›

Aufgaben frei von übermäßigem Stress und lustvoll zu vermitteln, ist nicht immer leicht. Selbst wenn man es ernst meint mit dem Vorsatz, Übungen ausnahmslos lustvoll zu gestalten und die eigenen Ziele dem Hund schmackhaft zu machen (*Didaktische Transformation*), rutschen selbst erfahrene Ausbilder immer wieder in gewohnte Ausbildungspraktiken. Früher hat man den Hund in die Positionen <Sitz> und <Platz> gezwungen, mehr oder minder. – Und man hat geglaubt, freundlich vorgegangen zu sein, wenn der Hund anschließend ein Häppchen bekam. Heute ist weit verbreitet, das <Sitz> mit Futter einzuleiten. Den letzten »Rest« oder wenn es mal nicht klappt, holt man dann mit einem mehr oder weniger »sanften« Niederdrücken ein.

Dass auch »sanftes« Hinunterdrücken aus psychologischer Sicht Zwang bedeutet, wollen viele nicht wahrhaben. Aber wenn man dann fragt, wie sie es wohl empfänden, wenn sie als Gast »sanft« in den Sessel gedrückt würden oder anschließend »sanft« zur Tür hinausgeschoben würden, dann geht doch manchen ein Licht auf. Auch der Hund empfindet es als unangenehm, wenn er auf ähnliche Art und Weise in eine Haltung gezwungen wird.

Viele wollen heute das <Platz> »zwanglos« vermitteln, indem sie beispielsweise Futter in die Faust nehmen, die Faust auf den Boden werfen und solange geschlossen halten, bis sich der Hund über »Versuch und Irrtum« *(trial and error)* legt, was mit dem anschließenden Öffnen der Faust verstärkt wird. Oder man wirft Futter auf den Boden. »*Trial and error*« hat jedoch den Nachteil, dass der Team-Führer wenig Kontrolle darüber hat, wie lange es dauert, bis der Hund die gewünschte Verhaltensweise zeigt. Dauert *Versuch und Irrtum* zu lange, wird die Frustrationsgrenze möglicherweise überschritten, und der Hund zeigt allerlei Übersprungshandlungen oder er verliert ganz einfach die Lust am Weitermachen.

Da der Zufall enorme pädagogische Risiken birgt, sollte man ihn ausschalten oder zumindest einschränken. Allgemein gilt in der Unterrichtslehre: Die jeweils bessere pädagogische Lösung zeichnet sich durch folgende Kriterien aus: höhere Erfolgsquote, mehr Lustgewinn, schnelleres und leichteres Erlernen, besseres Behalten, mehr Transfer-Möglichkeiten und – last but not least – weniger Risiken.

Einige Möglichkeiten des »Formens«

Lernt der Hund auf Grund bestimmter, vom Menschen angestrebter Verhaltensweisen, so nennt man das »Formen«. Wichtig ist, dass man sich nicht von vornherein auf eine bestimmte Methode oder Vorgehensweise festsetzt. Man muss offen bleiben für methodische alternative Zweit- und Drittwege des Formens. Der Hund selbst zeigt uns, worauf er am besten anspricht, vorausgesetzt, wir bieten ihm verschiedene Möglichkeiten an.

Bei der Vermittlung von Vorübungen geht es nicht um formale Forderungen einer Prüfung, sondern um elementares Lernen.

Aus der Fülle der Vermittlungs-Möglichkeiten greifen wir hier nur einiges heraus. Besondere Beachtung verdienen die *Nachahmungs-Gesten* und die *Resonanz-Szenarien*.

Wir werden für jede der nun folgenden Vorübungen eine Vermittlungsform herausgreifen und beschreiben. Für jede Vorübung mehrere Möglichkeiten darzustellen, würde den verfügbaren Rahmen sprengen. Man muss herausfinden, ob der Hund bei einer bestimmten Übung besser auf Körpersprache, auf MOs oder auf das, was wir mit »Resonanz-Szenario« umschreiben, anspricht.

➤ »*Formen mittels Nachahmungs-Gesten*«: Der Trainer nützt »Lernen durch Nachahmung«, indem er (für die Haltungs- und Bewegungsaufgaben) Körpersprache, Mimik und Bewegung einsetzt *(Nachahmungs-Gesten)*.

➤ »*Verstecktes Formen*«: Der Hund wird beobachtet. Setzt er sich beispielsweise, so verbinden wir sein freiwilliges Verhalten mit dem entsprechenden Hörzeichen. Mit zunehmender Konditionierung lässt sich der Vorgang umkehren. Der Hund setzt sich auf das vorausgegangene Hörzeichen. Der Vorgang kann durch Bestärkungen nach dem Sitzen und dem begleitenden Hörzeichen intensiviert und beschleunigt werden.

➤ »*Objekt-Motivation*«: Man verwendet *Motivationsobjekte* (z. B. Futter-MO oder Beute-MO), um damit beabsichtigte Bewegungen,

Haltungen oder auch komplexere Verhaltensweisen einzuleiten. Bei den komplexeren Lernvorgängen sind meistens mehrere Schritte nötig.
- Formen durch »Resonanz-Szenario«: Man sucht für die anliegende Aufgabe nach bestehenden Verhaltensmustern, die das Phänomen der Aufgabe beinhalten (Phänomen-Double) und analysiert die entsprechenden Auslöser. Auf dieser Grundlage wird ein wiedererkennbares »Szenario« geschaffen, das beim Hund einen Reaktionsmechanismus auslöst (AAM oder EAAM). In manchen Fällen liegen die Auslösereize in der Situation selbst. In anderen Fällen bedarf es zusätzlicher Reize.

Die zuletzt vorgestellte Form verblüfft angesichts der direkten, ganzheitlichen und stufenfreien Vermittlung und wegen der hohen Eintrittswahrscheinlichkeit.

Mit welcher Vorübung beginnen?
Da jede gelungene Übung gute Voraussetzungen für folgende Aufgaben bietet und weil der risikoärmere Weg nicht nur sicherer, sondern auf Dauer auch kürzer ist, sollte man in der Tierpädagogik immer damit beginnen, was dem Tier leichter fällt (mit wenigen Ausnahmen).
Für die anliegende Frage heißt das: Der Hund selbst gibt uns an, mit welcher der drei Grundübungen wir beginnen. Um dies in Erfahrung zu bringen, leiten wir ein Basisspiel ein und experimentieren (kurz!) mit den drei Grundhaltungen. Zeigt sich der Hund für eine der Haltungen besonders gut disponiert, dann beginnen wir mit dieser Aufgabe. Sind keine Unterschiede zu beobachten, dann liegt die Reihenfolge im Ermessen des Ausbilders.

Wann zur nächsten Übung übergehen?
Zu dieser Frage kommen die bereits erwähnten Methoden »*Elementar-Phänomen-Ausbreitung*« und »*Sättigungsdistanz*« in Einsatz. Konkret: Der Hund lernt möglichst früh alle drei Vorübungen der Gruppe »Grundhaltungen«. Bevor sich die erste Vorübung gefestigt hat, also bevor sie der Hund auf Grund vieler gelungener Wiederholungen automatisch und fast immer fehlerfrei ausführt, also vor Erreichen der *Sättigung*, gehen wir zur zweiten Übung über. Dann folgt der Wechsel der ersten beiden Übungen, dann die dritte und zuletzt der willkürliche Wechsel aller drei Übungen untereinander.

Vorübung ‹Liegen›
Eine bewährte Methode der ersten Annäherung ist das »*Lernen nebenbei*« (*Verstecktes Lernen*, siehe Seite 212): Legt sich der Hund zu Hause von sich aus hin, so begleiten wir dieses Verhalten mit dem entsprechenden Hörzeichen. Nach einigen Tagen (oder Wochen) wird der Hund in der Lage sein, sich auf das Hörzeichen hin zu setzen. Diese Methode ist bei besonders nervösen oder ängstlichen Hunden erfolgreich. Sie lernen die Verknüpfung sozusagen »en passant« – nebenbei. Für untermotivierte Hunde ist eher das Gegenteil, also hoch aktive Stimulation angesagt. Der ausgeglichene Hund bedarf keiner extrem methodischen Schritte. Auf die Vermittlung durch *Passives Lernen* kann man daher in vielen Fällen verzichten.

Im nahtlosen Übergang fließen Vorübungen in das *Freie Spiel* ein.

Ein anderer Ansatz zur *Ersten Annäherung* an eine Aufgabe ist das Nützen hundlicher Verhaltensweisen, die einen Teil der Aufgabe bereits beinhalten. Diese biologisch verankerten Ansatzpunkte gilt es zu finden und methodisch umzusetzen. Auch für das <Liegen> gibt es ein arteigenes hundliches Verhalten, das sich methodisch nützen lässt.

Wir gehen von der Basisübung aus:
Das Futter (bzw. Ball oder Beißwurst) wird mitten im Spiel unter dem Knie oder der Wade am Boden versteckt. Das unter der Wade versteckte Futterstück wurde vorher bewegt und durch Laute belebt. Der Hund verbindet diese im Spiel stilisierte Jagdsituation mit uralten, aus dem Wolfserbe stammenden Aktionsroutinen. Dies löst ein Verhalten aus, das man unter spielenden Welpen in ähnlicher Situation immer wieder beobachten kann: Wenn der Spiel-Jäger keine Chance sieht, die Beute sofort durch den Mäuselsprung zu erwischen, so legt er sich entweder ganz oder zumindest mit dem Vorderteil auf den Boden. Er »legt sich auf die Lauer«. Da haben wir doch, was wir wollen: »Liegen«! Und zwar hoch motiviert und arteigen.

Wenn es gelingt, die eben beschriebene Situation im Spiel herzustellen, legt sich der Hund oft schon beim ersten Versuch hin. Kontaktscheu oder Nähe-Angst müssen natürlich vorher abgebaut worden sein. Die soeben beschriebene Methode, das Liegen zu vermitteln, ist ein klassisches Beispiel der *Didaktischen Transformation* (siehe Seite 89). Ich habe auf zahlreichen Seminaren immer wieder Hunden, die das <Platz> noch nicht kannten oder aber Ausbildungsprobleme zeigten, mit diesem Übungsaufbau binnen Minuten das <Liegen> vermittelt. Inzwischen wird diese Methode von vielen Trainern erfolgreich eingesetzt.

»Sich auf die Lauer legen vor einer Höhle«
Wir animieren die Spielbeute, wie beschrieben – engagiert und kreativ! Während des Spiels versucht man, den Hund von der Seite herankommen zu lassen. Anschließend versteckt sich die Beute unter dem Knie, das wie eine Baumwurzel oder eine Höhle wirkt. Die Faust umschließt das Futterstück. Möglicherweise lässt man Teile davon ein wenig vorschauen. Schickt sich der Hund an, sich »auf die Lauer zu legen«, öffnen wir die Faust – oder noch besser, wir leiten ein Futter-Beute-Spiel ein (beutebelebtes Futter-Handling). – Hat man den Eindruck, dass sich der Hund nicht ganz hinlegen will, so belohnen wir ihn trotzdem. Wir belohnen bereits den Ansatz zum Liegen. Er wird dann nach einigen Tagen das erfolgreiche Verhalten verstärken und sich weiter ablegen, wenn wir ihm das Futter ein wenig vorenthalten. Von Wiederholung zu Wiederholung machen wir es dem Hund schwieriger, das Futter aus der Hand aufzunehmen.

Nach wenigen Wiederholungen kann man zusätzlich Körpersprache einsetzen, indem man beispielsweise mit der freien anderen Hand das Ablegen mitzeigt, ohne jedoch den Hund zu berühren! Nach dem <Liegen> folgt verbales Lob und Freigabe des Futters oder der Beute oder auch abwechselnd ein sich anschließendes *Freies Spiel*.

Vorübung <Liegen>, **vermittelt durch** *Resonanz-Szenario* »vor einer Höhle auf der Lauer liegen«.

Der Hund wird je nach Übungs-Pensum und je nach Begabung (beider Team-Partner) schon nach einigen Tagen die gelungene Verknüpfung erkennen lassen. Obwohl erst in der Grobform vorhanden, so enthält die Vorübung <Liegen> bereits alles Wesentliche, was später für das prüfungsmäßige <Platz> (oder <Abliegen unter Ablenkung>) erforderlich ist. Hunde, die die Grundhaltungen in Vorbereitung erfahren haben, zeigen im Übergang zu prüfungsmäßigen Ausführungen in der Regel keine Probleme.

Wann gibt man das Hörzeichen <Liegen>?
Weil Hörzeichen die Gefahr mit sich bringen, dass sich der Hundehalter zu sehr auf die verbale Ebene ausrichtet und zu wenig auf die Körpersprache, ist es besser, das Hörzeichen anfangs wegzulassen. Nach einigen Tagen wird dann der Vorgang mit dem Hörzeichen <Liegen> begleitet. (<Platz> folgt erst später. Siehe »Geleit-Hörzeichen«, Seite 71.)
Die Wirkung des Hörzeichens lässt sich verstärken, indem wir das Signal-Wort nicht nur einmal, sondern wiederholt aussprechen. Nicht vergessen! Wir sprechen Hörzeichen f r e u n d - l i c h aus. An Stelle von »Befehlen« wollen wir sozusagen »freundliche Einladungen« oder auch »spannungsvolle Auslöser« geben. Dies schließt nicht aus, dass in bestimmten Situationen, etwa zur Sicherheit des Hundes, Hörzeichen auch im Unterordnungston gegeben werden. Hunde, die normalerweise freundlich angesprochen werden, reagieren umso besser auf die Ausnahme eines strengen Hörzeichens.

Vorübung <Ab- und Aufsitzen>
Wir unterscheiden zwei Formen des Sitzens: das Absitzen aus dem Stehen und das Aufsitzen aus dem Liegen.
Eine kurze Einstimmung sichert uns die Aufmerksamkeit des Hundes. Anschließend machen wir uns und, falls ein MO (Futter oder Beute) zum Einsatz kommen soll, auch dieses interessant. Und, wir denken uns in die gewünschte Übung hinein. Wie immer im Spiel, so ist auch hier *Imagination* angesagt. Das heißt, wir stellen uns den Ablauf genau vor. Wir sehen innerlich, wie sich der Hund setzt. Genau diesen Vorgang bringen wir in die begleitende Körpersprache. Innere Vertiefung und geistige Vorausnahme werden oft unterschätzt. Die aktive Vorstellungskraft lenkt unsere Bewegungen intuitiv richtig, so dass sie der Hund auf Anhieb aufnehmen kann. In dieser Phase gibt es noch keine Einschränkung bezüglich Körperhilfen. Auch Arm- und Handbewegungen können hilfreich sein. Allerdings darf man nicht vergessen, dass der Erfolg weit mehr von der »Überzeugungskraft der Signale« als vom »Ausmaß der Bewegungen« abhängt.
Ebenso wichtig ist es, auf direktem Weg die Freude am gemeinsamen Spiel und an der Aufgabe wachzurufen oder beides zu nützen. Der Hund kommt auf diese Weise mit immer weniger MO-Bestätigungen aus, und es entwickelt sich mit der Zeit die »Freude in der Erwartung«, die »Lust spannungsvoller Vorfreude«.
<u>Wir gehen von der Basisübung aus:</u>
Auch die Übung <Absitzen> lässt sich aus dem Knien oder Sitzen des Team-Führers oft besser vermitteln als im Stehen. Diesmal ist es nicht das stilisierte Lauern und Agieren vor einem »Mäuseloch« oder vor einer »unterhöhlten Baumwurzel«, sondern ein belebter Leckerbissen. Etwa in Form eines stilisierten (durch Summen zum Leben erweckten) »Flattermanns«, der sich in die Luft erhebt und über dem Kopf des Hundes langsam nach hinten fliegt. Der Hund verfolgt das »merkwürdige Flugobjekt« und wird sich bald in die für das Mitverfolgen bessere Position des Sitzens begeben, wenigstens ansatzweise.
Es könnte allerdings auch passieren, dass sich der Hund anstatt sich zu setzen, blitzschnell umdreht oder hochspringt oder auch rückwärts geht. Im Ansatz des vom Lernziel abweichenden Verhaltens fliegt der Flattermann jedoch wieder nach vorn. Nach einigen Wiederholungen wird sich der Hund dann hinsetzen oder zumindest einen Ansatz hierzu zeigen. In

diesem Augenblick tritt die Bestärkung ein: Der Flattermann fliegt dicht am Fang vorbei und wird geschnappt (Futterstück oder Spielbeute). Auch das Aufsitzen kann ähnlich aufgebaut werden. Womit man beginnt, zeigt uns der Hund innerhalb eines vorausgehenden Testspiels selbst an.

Auch für die Vorübung <Sitzen> bewährt sich bei vielen Hunden (zusätzlich oder als Ersatz zum Futter-MO) die Körpersprache einzuset-zen. Hier kommt uns vor allem die zweite freie Hand zugute, die für den Hund sichtbar nach hinten und in Richtung Boden geführt wird. Manche Hunde weichen allerdings zurück. In diesem Fall empfiehlt sich der Einsatz einer *Passiven Einwirkung*. Nach Bekanntmachen mit dem Hindernis (Kiste, Schachtel, ein »U«, gebildet mittels Leitset, oder auch die Ecke eines Raumes) wird die Übung in Verbindung mit der *Passiven Einwirkung* ausgeführt. Der aufgestellte Gegenstand verhindert das Zurückweichen oder das seitliche Ausweichen des Hundes (von mir entwickeltes »Leitset« zum Einsatz für *Passive Einwirkung*, siehe Firma Agilo, Seite 255). Zeigt der Hund Probleme, sitzt er beispielsweise aus dem Liegen trotz aller Stimulationsversuche nicht auf (dies ist oft der Fall, wenn der Hund das Liegen schon lange kann und die negativen Auswirkungen der Lernsättigung wirksam werden, siehe *Sättigungsdistanz*, Seite 97), dann brechen wir (im Sinne unserer konzeptiv-flexiblen Trainingsgestaltung!) die Methode ab und wählen einen alternativen Weg.

Hier ein anderes *Resonanz-Szenario:* Im ersten Schritt veranlassen wir den Hund lediglich zum Aufstehen, egal, ob er anschließend steht, geht oder sitzt. Dies erreichen wir, indem wir uns seitlich vom liegenden Hund stellen, ein MO aus der Tasche zaubern und einen Schritt in Richtung des liegenden Hundes nach vorn gehen (für den Team-Führer bedeutet das einen überkreuzenden Schritt). Gleichzeitig geben wir einen deutlichen Bewegungsauslöser. Der Hund wird aufspringen. Die Übung wird wiederholt, wobei der Auslöser jedoch deutlich ruhiger ausfallen soll. In weiteren Wiederholungen wird allmählich die Vorwärtsbewegung eingestellt. An ihre Stelle tritt die Körpersprache, die das Aufsitzen demonstriert. Das Hörzeichen wird erst nach ein, zwei Wochen gegeben.
Es hat sich gezeigt, dass die frühe Verwendung des Hörzeichens viele Team-Führer verleitet, die Übung im alten Stil des Forderns aufzubau-

Hier wird die Vorübung <Sitzen> **mittels Körpersprache vermittelt. Der Hund wird in keiner Phase berührt, gedrängt, gezwungen oder frustriert.**

en, bevor der Hund den Ablauf gelernt hat. Auf Leine, Berührung und Hörzeichen im Erlernstadium absichtlich zu verzichten, hilft dem Team-Führer, Motivation konsequent durchzuführen.

Vorübung <Aufstehen> aus dem Sitzen und Liegen

Ob man mit dem <Aufstehen> aus dem Liegen oder aus dem Sitzen beginnt, hängt vom jeweiligen Hund ab. Ein kurzer Test gibt Aufschluss darüber.

Angenommen, wir entscheiden uns für das Aufstehen aus dem Liegen. Der Team-Führer steht (oder sitzt in *Startstellung*, siehe Foto, Seite 105) neben dem liegenden Hund. Anschließend nimmt der Team-Führer Kontakt auf, macht sich interessant (nicht zu sehr, sonst steht der Hund zu früh auf), geht weg und muntert den Hund auf, mitzukommen (Aufbruch-Gesten, unter Umständen in Verbindung mit einem MO). Besser ist es allerdings, wenn der Hund allein der *Aufbruch-Geste* folgt, ohne zusätzliche Motivation. Das MO lenkt von der Übung ab. Anschließend wird die Übung wiederholt, jedoch ohne nach vorn zu gehen.

Wir setzen folgende Nachahmungs-Gesten ein: Beine in den Kniegelenken beugen und mit beiden Armen einen nach oben sich öffnenden Halbkreis beschreiben. Gleichzeitig, und dies ist das Wichtigste, stemmt man den Oberkörper durch Strecken der Beine nach oben. Die rechte Hand hält, falls erforderlich, ein MO.

Nachahmungs-Geste für das <Aufstehen> aus dem Sitzen oder Liegen

(Es wird dringend empfohlen, zuerst einmal einige Wiederholungen ohne Hund zu üben.)
Vorweg ein paar Worte zur Körperhaltung des Team-Führers bei dieser Übung. Die Haltung sollte zwei Bedingungen erfüllen.
➤ Sie muss das Aufrichten erlauben. Hierfür eignen sich beispielsweise der Schneidersitz, kniende Haltungen oder die bereits beschriebene *Startstellung*.
➤ Der Team-Führer muss in der Lage sein, aus dieser Ausgangshaltung ohne Schmerzen und Probleme aufzustehen.

Wer besonders gelenkig ist, kann jede beliebige Sitzhaltung am Boden wählen. Er kann beispielsweise das <Stehen> direkt aus dem Sitzen im Basisspiel einleiten. Durchschnittlich gelenkige, vor allem aber ältere oder bewegungseingeschränkte Menschen sind besser beraten, sich für die *Startstellung* (bei Bedarf auch für die Verwendung eines Hockers) zu entscheiden. Wichtig ist, dass der Haltungswechsel deutlich gezeigt wird, was sich durch Mithilfe beider Arme und Hände und durch die gesamte Körperhaltung erheblich verstärken lässt.

Der Team-Führer kniet (beispielsweise in *Startstellung*) rechts neben dem Hund, während der Hund sitzt oder liegt.

Herrchen oder Frauchen bringt nun die rechte Handinnenfläche (Finger nicht spreizen! – Kein *Geistiger Zügel*!) etwa 40 cm vor die Schnauze des Hundes (wird ein Futter-MO verwendet, so klemmt man dieses zwischen Daumen und Zeigefinger). Die linke Hand wird in die rechte gelegt, so dass auch die linke Handinnenfläche zum Hund zeigt. Während man aufsteht, beschreiben beide Hände kreisförmige Bögen nach außen und oben. Würde man die linke Hand von Anfang an hinter dem Hund halten, so könnte er sie nicht sehen. Von vorn kommend, sieht er die linke Hand zumindest im ersten Teil der Bewegung, und wenn sie im weiteren Verlauf außerhalb des Blickwinkels gerät, lässt der sich mitbewegende Arm (bis zur Schulter) erahnen, wohin sich die außer Sicht geratene Hand bewegt hat.

Folgt der Hund der beschriebenen *Nachahmungs-Geste*, lassen wir sofort üppiges Lob folgen und bestärken sein Verhalten durch die üblichen Sekundärmotivationen: Futter, Beute, Spiel. Sollte der Hund zögerlich aufstehen, so muss er bereits im Ansatz des Aufstehens belohnt werden. Mehr zu erwarten, würde Risiken beinhalten. Die Belohnung für den Ansatz dient nicht nur der Übung, sondern hilft gleichzeitig, anderen Problemen vorzubeugen (oder vorhandene Schwierigkeiten abzubauen). Der Hund hat womöglich Angst oder er steht in irgendeinem Konflikt. Erfährt er aber, dass seine Aktion Lust bringt (Futter, Lob und Spiel), so bestärkt ihn dies u. a. auch in seiner Selbstsicherheit. Das rechtzeitige Bestärken wird auf diese Weise zum Desensibilisierungsakt. Nach wenigen Wiederholungen wird der Hund das erfolgreiche, angedeutete Verhalten verstärken, wenn man ihm die Belohnung ein wenig vorenthält.

Wurde die Übung einige Tage in der beschriebenen Form gespielt, so kann man das *Geleit-Hörzeichen* <Stehen> einbringen. Nach 1 bis 2 Wochen wird die Übung nicht mehr in *Startstellung*, sondern in stehender Haltung vermittelt. Anfangs beugt man noch etwas die Knie, um das Hochstemmen deutlich zu machen, später kann man stehen bleiben. Nach und nach werden die Körperhilfen abgebaut. Mit der Zeit wird das Hörzeichen als stellvertretender Reiz wirksam und die Körperhilfen können ganz entfallen. Ab und zu jedoch ist es vorteilhaft, die Übung wieder von unten aufzubauen, sozusagen im Zeitraffer.

Um das, was später auf Prüfungen als Fehler bewertet wird, von Anfang an zu vermeiden – etwa das Vorgehen des Hundes –, bietet sich auch hier die *Passive Einwirkung* an. Etwa in Form des bereits erwähnten Leitzauns (zur Not reicht auch eine Schachtel oder ein Stuhl aus).

Vorübung <Anhalten> aus dem Gehen

Für die Erstvermittlung <Anhalten> (aus dem Gehen) setzen wir in folgendem Beispiel auf *Nachahmung*, *Kommunikation* und auf den Einsatz *Passiver Einwirkung* (in Form des *Geistigen Zügels*).

Wir beginnen mit einem *Freien Spiel*. Wie gewohnt achten wir darauf, dass das Motivationsniveau der Aufgabe angemessen wurde und weder zu hoch noch zu tief liegt. Geht der Hund aufmerksam und erwartungsvoll seitlich einige Schritte mit, ohne hochzuspringen, zurückzubleiben oder wegzusehen, dann ist der Zeitpunkt für die Vermittlung der Aufgabe günstig.

Nachahmungssignale für das <Anhalten> aus der Bewegung

Der Team-Führer wird im Gehen langsamer, stellt das rechte Bein vor den Hund und quer zur Gehrichtung. Gleichzeitig beugt man die Knie ein wenig und dreht den Oberkörper nach links mit. Der Oberkörper wird hierbei leicht vorgebeugt. In dieser Haltung sieht man den Hund an und bleibt wie versteinert stehen. (Mit der tiefen Körperhaltung wirkt der Team-Führer einer möglichen Tendenz des Hundes, sich zu setzen, entgegen.)

Der Team-Führer muss das Stehenbleiben innerlich erleben. Nur so kann er glaubwürdig die Botschaft vermitteln: »Die ganze Welt steht still!« Er hält den Atem an, spannt die gesamte Körpermuskulatur leicht an und bleibt regungslos stehen (Achtung-Signal). Auch hier darf man nicht den Fehler machen, das Stillstehen zu lange auszudehnen. Eine Sekunde oder kürzer reicht anfangs völlig aus. »Antwortet« der Hund auf diese Botschaft ebenfalls mit Stehenbleiben, und sei es nur einen Augenblick lang, dann ist die

Auch das <Anhalten> aus der Bewegung wird durch kommunikative Körpersprache vermittelt.

Aufgabe für den Anfang erfüllt. Im gleichen Augenblick folgt Lob und *Freies Spiel*.
Wie gewohnt verzichten wir anfangs bewusst auf Hörzeichen. Wir konzentrieren uns voll auf die gestische Kommunikation. Wir erinnern uns: »Zuerst fördern, dann fordern!«
Mit der Zeit kommt dann das Hörzeichen hinzu. In der klassischen Unterordnung gibt es ja nur das Stehen aus der Bewegung, das mit dem Hörzeichen <Steh> vermittelt wird. Wer auf die neuen Sportarten TEAM-sport und TEAM-dance hinarbeitet, sollte von Anfang an die entsprechenden Hörzeichen einbringen. Für den Haltungs-WECHSEL (Stehen, genauer gesagt Auf-Stehen aus dem Liegen oder Sitzen) heißt es dort <Steh>, und das Anhalten aus dem Gehen oder Laufen heißt <Stop> (oder <Halt>).

<u>Fassen wir zusammen</u>: Der Hund hat in der Basisübung nicht nur Berührungsängste abgebaut, sondern ein gesundes Maß an Vertrauen zur Körpernähe seines Team-Partners gewonnen. Gleichzeitig wurde die Beißhemmung auf ganz natürliche Weise geübt und gefestigt. Und er hat bei den ersten Zielspielen <Liegen>, <Sitzen>, <Aufstehen> und <Anhalten> Freude erfahren. Das grundlegende Vertrauen, die gemeinsame spielerische Beschäftigung ebenso wie das kleine Repertoire der erlernten Grundhaltungen wird sich für die folgenden sportlichen Aufgaben als tragfähiges Fundament erweisen.

»Paradeübung«

Auf der Suche nach einer Übung, die nahezu alle Gesichtspunkte der Team-Ausbildung nach *Lind-art*® beinhaltet, wurde diese Übung über Jahre hin entwickelt, verfeinert und standardisiert.
Dem Zuschauer bietet sich ein Bild von Aktivität, Teamwork und Harmonie. Das gemeinsame Tun ist Spiel – und der unvoreingenommene Betrachter kann sich der freudigen Ausstrahlung dieser Mensch-Hund-Teams kaum entziehen. Da kommt ein Team-Führer mit seinem Hund auf den Platz, stellt sich in einer bestimmten Art und Weise vor den Hund, und von diesem Augenblick an ist der Hund innerlich höchst engagiert, heftet seine Augen an jede Bewegung seines Spielpartners, hält die Ohren spitz, atmet ein, wenn der Team-Führer einatmet, und hält den Atem mit ihm an; bleibt ohne irgendein Zeichen von Unterwerfung, Zwang oder Angst l a u e r n d am Boden liegen. Das spannungsvolle Warten macht ihm offensichtlich Spaß. Der Team-Führer schleicht sich in geduckter Haltung vom Hund weg – auf leisen Sohlen in geschmeidigen Schritten, den Körper schwebend tragend. Er fixiert den Hund fortwährend mit den Augen, um ihn dann nach einiger Entfernung mit den auslösenden Signalen der Bewegung (und der Stimme) aufspringen zu lassen. Der Hund rast herbei, und es folgt ein *Freies Spiel* nach allen Regeln der Kunst.

<u>Dem Kenner fällt noch einiges mehr auf:</u>
➤ Er hat gesehen, dass der Team-Führer sein MO in einer gedachten Linie zwischen den Augen des Hundes, der symbolhaften Hand des *Geistigen Zügels* und den Augen des Team-Führers hält *(Augen-MO-Linie)*.
➤ Es ist ihm nicht entgangen, wie der Team-Führer kurzzeitig das MO, dann wieder den *Geistigen Zügel* oder die eigene Mimik betonte – wie die einzelnen Komponenten ständig in Balance gehalten wurden und ein untrennbares Ganzes bildeten.
➤ Und es fiel ihm auf, dass der Hund wie in Trance vertieft war und sich durch keine Ablenkung irritieren ließ.
➤ Und es wurde sichtbar, wie sich die m o b i l i s i e r e n d e n und die z ü g e l n d e n K r ä f t e im Gleichgewicht befanden.

Das Ganze sieht erstaunlich leicht aus. Intuition, Beobachtungsgabe, Vorstellungskraft, Imagination (Verwandlungskunst), Fantasie und Kreativität sind gefragt. Lauter Eigenschaften, die –

DAS TEAM IN BALANCE

Kommunikativer Spannungsaufbau (Bild links außen), vitales, explosives ‹Platz› (links Mitte), Beginn des Wegschleichens durch »In-Front-Drehen« (links innen). Balance-Spiel mit den Regulatoren: Szenario Wegschleichen, MO-Handling, *Geistiger Zügel*, Blickkontakt, Augen-MO-Linie (rechts innen und Mitte). Dann folgt der Auslöser (rechts außen).

wie wäre es anders möglich – besonders im Spiel und in der Kunst gefragt sind. Doch wer weniger geschickt ist, kann es ebenfalls lernen. Bis zu einem gewissen Grad. Hierbei hilft die Aneignung des umfangreichen Fundaments theoretischer Kenntnisse. In die Tiefe dieses Fundaments reichen die Verhaltensweisen des Hundes, wobei adaptive Appetenzverhalten ebenso zum Einsatz kommen wie weitgehend vorprogrammierte Instinkthandlungen und Reflexe. In die Breite reichen die vielfältigen Kommunikationsdetails, deren sich der Team-Führer mittels Haltung, Mimik und Gestik, Berührung und auch Geräusch bedient. Das *Tabu-Signal* des *Geistigen Zügels* anzuerkennen hat der Hund in der Regel vorher schon gelernt, und auch das lauernde Warten wurde in kleinen Schritten aufgebaut.

Wenn man einer ausgereiften Paradeübung zuschaut, so gewinnt man den Eindruck, es könne gar nicht anders ablaufen. Im Vergleich erkennt sogar der Nichtfachmann, dass der eine Hund eben noch zu wenig »Appetit« aufs gemeinsame Spiel zeigt, ein anderer überdreht ist, ein dritter sich viel zu leicht ablenken lässt oder gar den Team-Führer durch allerlei Aktionen dominiert.

Die Paradeübung – ein Spiegel der Mensch-Hund-Harmonie

Die Paradeübung ist ein Test des erreichten *Teamwork*, eben eine Vorzeig-, eine *Paradeübung*. Sie steht daher am Ende des »richtigen Spielens mit Hunden« und stellt in ihrer ausgeprägten Form das *Reife Spiel* zwischen Mensch und Hund dar. Bis beide Team-Partner auf dem Niveau des *Reifen Spiels* zu kommunizieren gelernt haben, sind in der Regel 4 bis 8 Monate vergangen. Auf dem Niveau des *Reifen Spiels* sollte sich der Team-Führer befinden, wenn er nach vorliegendem Lehrwerk die *Team-Vorführung*, also die »neue Form« der alten »Unter-Ordnung«, erlernen möchte. Es ist ratsam, sich die *Paradeübung* entweder im Video (siehe Seite 255) oder live anzusehen. Wer im Test nicht in der Lage ist, seinen Hund mindestens 1 Minute auf sich zu konzentrieren und sich dabei auf 10 bis 20 Schritte von ihm zu entfernen, ihn dann auf ein auslösendes Signal abzurufen und mit ihm anschließend eine *Freies Spiel* durchzuführen, das mit einem problemfreien Abgeben des MOs endet, der sollte die festgestellten Defizite erst aufholen, bevor er mit dem Unter-Ordnungs-Training beginnt.

Leistungsmerkmale der *Paradeübung*:
➤ 100-prozentige *Aufmerksamkeit* während der gesamten Übung, ohne eine einzige Ablenkbarkeit (Mensch und Hund)!
➤ Sichtlich hoch ausgeprägte *Spielappetenz* (Hund).

➤ Stressfreie Akzeptanz des *Geistigen Zügels* – Tabu-Signal (Hund).
➤ *Respondierende Kommunikation* (Mensch und Hund).
➤ Glaubwürdige Vermittlung der *primären und sekundären Motivationen* (Mensch).
➤ Positive Aufnahme der *primären und sekundären Motivationen* (Hund).
➤ Hoch aktive Annahme des *aktionsauslösenden Signals* (Hund).
➤ *Integral motivierendes Freies Spiel*, gefolgt von
➤ richtigem *Anbeißen lassen*,
➤ *Beutestreiten* und
➤ *konflikt-* und *problemfreiem Auslassen* (beispielsweise mittels *Konkurrenz–MO* oder einer anderen Aus-Methode, siehe Seite 131).

Die einzelnen Schritte der Paradeübung:
1. Hund aus dem Auto holen, Gassi führen;
2. An den Eingang des Hundeplatzes (oder der Spielwiese);
3. Einstimmen (Animieren des MOs, aber vorenthalten);
4. Achtung-Geste, Blickkontakt und *Respondierende Kommunikation* aufbauen;
5. <Abliegen> oder <Sitzen>;
6. Führer dreht sich in Front und schleicht sich vis-a-vis davon;
7. Balance zwischen *Motivieren* und *Geistigem Zügel*;
8. Aktionsauslöser;
9. *Freies Spiel* (MO noch vorenthalten);
10. Anbeißen lassen;
11. *Beutestreiten*;
12. Loslassen;
13. Hund kommt von allein zurück. <Aus> (Konkurrenz-MO oder andere Technik), anschließend Auslöser für Wiederaufnahme des Spiels;
14. Punkt 9. bis 12. einige Male wiederholen;
15. Spielende.

»Spiel und Stop«

Eine weitere Steigerung erfährt die *Paradeübung* in »*Spiel und Stop*«. In dieser Spielübung soll der Hund hoch motiviert werden, wobei der TEAM-Führer mitten im Spiel erstarrt und gleichzeitig den *Geistigen Zügel* einsetzt. Ob zusätzlich ein Hörzeichen (z. B. <Stop>) gegeben wird oder nicht, ist individuell zu entscheiden. Der Hund erstarrt in der augenblicklich wahrgenommenen Körperhaltung. Er wartet auf den neuen Auslöser, ohne die Haltung zu verändern. Im Stopp soll keine bestimmte Haltung assoziiert werden, sondern der Hund soll lernen, in jeder Haltung auf die Stopp-Signale zu verharren und abzuwarten (siehe Foto Seite 120). In *Spiel und Stop* steht die TEAM-balance nochmals auf dem Prüfstand, und zwar mit hohem Anspruch. Wer Spiel und Stop überzeugend vorführt, der hat bewiesen, dass der Hund selbst in hoher Trieblage führbar bleibt. Trotz des Einsatzes von Autoritätssymbolen darf die Harmonie nicht gestört werden.

KAPITEL 3
AUFBAU DER ÜBUNGEN

➤ S. 128 | **Ablegen und Herankommen**

➤ S. 146 | **Hürde und Kletterwand**

➤ S. 161 | **Vorübungen <Teilkreis>, <Umkreisen>, <Sitzen>, <Liegen>, <Stehen>**

➤ S. 171 | **<Sitz>, <Platz>, <Steh>**

➤ S. 201 | **Apportieren**

➤ S. 212 | **Voraus-Senden**

➤ S. 242 | **Freifolge**

Unterordnungs-Übungen

Vorab zu lesen

Es empfiehlt sich, den vorliegenden Teil C zuerst einmal in Ruhe durchzulesen, um sich einen Überblick zu verschaffen. Danach ist zu überlegen, womit man beginnt.

➤ Das gleichzeitige Verwalten einzelner Lernprogramme nennen wir »*Parallelübung*«. Vorschläge für sich anbietende *Parallelübungen* findet der Leser jeweils zu Beginn einer neuen Übung.

➤ Bei vielen Übungen ist es ratsam, sie in Einzelschritte zu zerlegen und diese später wieder zusammenzuführen. Auf diese Weise werden mit der Zeit immer mehr Übungen parallel geführt, mitunter jede in einem anderen Aufbaustadium. Wo es sinnvoll erscheint, werden Vorübungen und Teilaufgaben miteinander verknüpft. Fast abgeschlossene Übungen stehen gerade erst begonnenen gegenüber.

So gestaltet sich das Training betont abwechslungsreich, spannend und herausfordernd. Der Wechsel zwischen Übungen mit unterschiedlichem Könnensstand lässt sich in vielfacher Weise vorteilhaft nützen.

➤ Am Ende einer Übungsbeschreibung sind da und dort *Problemhilfen* beschrieben.

➤ Da sich nicht in jeder Übung alle möglichen Varianten beschreiben lassen, sollte der Leser versuchen, methodische Wege einer bestimmten Übung auch auf andere Übungen zu übertragen (»Nachahmung« oder die Nutzung des Kurzzeitgedächtnisses lassen sich beispielsweise bei nahezu jeder Übung anwenden).

➤ Der hier vorgestellte Aufbau dient wie die Platzierung *der Parallelübungen* lediglich als Modell. Für jeden Hund, für jedes Team muss eine individuelle Didaktik ausgearbeitet werden. Die hier vorgelegte Reihenfolge ist also nicht verbindlich.

➤ Einige übergeordnete Vorschläge sollte man jedoch einhalten. Dazu gehört beispielsweise, dass wir Übungen mit hohem Primärmotivationsanteil (Sprünge oder Herankommen) an den Anfang der Ausbildung stellen und weniger primär-attraktive Aufgaben, wie etwa die Freifolge, ans Ende setzen.

Aber gerade die wenig attraktiven Aufgaben verdienen unsere besondere Aufmerksamkeit. Hierzu bietet sich das didaktische Prinzip *der kleinen und kleinsten Lernschritte* an. Wir greifen Teilbereiche heraus und formen

Hier ist gut die »Augen-MO-Linie« zu sehen. Der Hund sieht auf das MO und gleichzeitig kommuniziert er mit dem Team-Führer; denn der Hund weiß: »Das MO lebt nicht ohne Anteil des Spielführers«.

sie mit dem Ziel um, den Primärmotivationsanteil deutlich zu erhöhen.

Aus Einzelteilen werden in sich geschlossene, eigene Aufgaben mit hohem Lustpotenzial. Später werden die Einzelteile dann nach und nach zusammengefügt zur fertigen Übung.

▶ Ein weiteres wichtiges didaktisches Prinzip ist die optimale Nutzung der Zeit. Es hat sich bewährt, Aufgabenvermittlungen eher kurz zu gestalten und lieber mehrere kleine Aufgaben hintereinander vorzunehmen als eine Aufgabe breitzutreten. Eine Trainingseinheit beinhaltet bei dieser Vorgehensweise zwischen vier und acht (+/- zwei) kurze Detailaufgaben.

▶ Sowohl *Parallelübungen* als auch *Problemhilfen* sind vom Team-Führer aufzustellen und individuell zu entscheiden.

▶ Lässt der Hund in der ersten Annäherung (Vermittlung) und in der Folge zunehmend Fertigkeit erkennen, dann sollte man nicht auf die schnelle Fertigstellung der Übung hinarbeiten. Während der vier letzten klassischen Lernstufen *Detaillernen*, *Festigung*, *Abwandlung* und *Absicherung* können durchaus neue Aufgaben mit eingebaut oder abwechselnd zur ersten mitgeführt werden (auch hier sprechen wir vereinfacht von *Parallelübungen*). Der Hund sollte sich möglichst früh an Unterscheidungsaufgaben gewöhnen.

Von »Spiel und Stop« zu »Spiel und Ziel«

Wir gehen davon aus, dass das Team inzwischen »Spiel und Stop« beherrscht. Außerdem hat der Hund innerhalb seiner vorbereitenden Ausbildung in *TEAM-balance* die Grundhaltungen <Sitzen>, <Liegen>, <Stehen>, <Aufstehen> und <Anhalten> und natürlich auch den *Geistigen Zügel* gelernt.

Nun können die Grundhaltungen in »Spiel und Stop« integriert werden. Der Übergang von »Spiel und Stop« zu »Spiel und Ziel« sollte fließend erfolgen: nicht zu oft, nicht zu viele Aufgaben und nicht zu viele hintereinander! Wichtig ist, dass die im Spiel aufgebaute Stimmung auch bei Zielspielen erhalten bleibt.

Zur Ausführung: Nach dem »Stop« hält der Team-Führer die Spannung noch für einen Augenblick aufrecht, um anschließend eine der Grundhaltungen (<Sitzen> oder <Liegen> bzw. <Platz>) einzubauen. Anfangs in gewohnter Weise mittels *Nachahmungsgesten* und/oder Futter (bzw. Beute-MO). Aus dem Sitzen oder Liegen lässt sich dann auch das Aufstehen einbringen. Mit zunehmender Sicherheit ist die *Zügelhand* nur noch bei Bedarf einzusetzen.

Wer mit seinem Hund die *Paradeübung* und *Spiel und Stop* erreicht hat, kann nach und nach dazu übergehen, einfache Aufgaben ins Spiel einfließen zu lassen.

Man wird sehen, dass die Lauerphase im »Stop« hervorragende Grundlagen für ein engagiertes und schnelles Ausführen der anschließenden Aufgabe bietet. Im Stop befindet sich der Hund in einer hohen positiven Lusterwartung. Er ist konzentriert und neugierig darauf, was kommt, und er ist hoch motiviert. Gleichzeitig befindet er sich in einer ausgewogenen, aufnahmebereiten und gezügelten Stimmungslage.

Die Wirkung dieser positiven Faktoren wurde erreicht durch den konsequenten Aufbau der Spielappetenz. Die Aufgabe selbst sowie ihr zeitliches und räumliches Umfeld, aber auch die sozialen Komponenten der respondierenden Kommunikation (siehe Seite 58 ff.), das folgende Lob in Verbindung mit anschließendem Futter oder Beute bilden eine geschlossene Einheit *Integrativer Motivation*.

Vorbereitung, Einstimmung und Richteranmeldung

Gedankliche Vor- und Nachbereitung

Nicht jedem liegt es, sich außerhalb des Trainings Gedanken oder gar Notizen über das Üben zu machen. Dem gegenüber steht die Tatsache, dass sich ganzheitliches Vorgehen komplex gestaltet und nicht ganz einfach zu überblicken und zu verwalten ist. Und wer wüsste nicht, dass einem oft wichtige Dinge im entscheidenden Augenblick nicht mehr einfallen. Auch alte Gewohnheiten stehen dem Erfolg oft entgegen. Fehler machen wir alle, das wäre nicht so schlimm. Fatal ist nur, dass wir leider immer wieder die gleichen Fehler machen. Alles in allem empfiehlt es sich, die Erfahrungen der allgemeinen Unterrichtspraxis zu nützen. Dort ist man tagtäglich mit ähnlichen Problemen konfrontiert, und seit Generationen beschäftigen sich hervorragende Wissenschaftler und Praktiker mit der Vertiefung der Einsichten und deren praktischer Umsetzung.

Von einem verantwortungsvollen Lehrer erwartet man, dass er die Unterrichtsstunde gründlich vorbereitet und fächerübergreifend und unter Nutzung moderner Lehrmittel durchführt und dass er über Erfolg und Misserfolg der Stunde reflektiert. Dieser dreifache Weg – *Planung, Durchführung* und *Reflexion* – bietet allerbeste Voraussetzungen für ein Höchstmaß an Unterrichtsqualität.

Planung im Hundesport

Auf den Hundesport übertragen, hieße das: Der Team-Führer macht sich Tage vor dem Training in aller Ruhe vorbereitende Gedanken. Am Ende dieser Planung steht die Gliederung des methodischen Konzepts. Entsprechende Vorsatzbildungen runden das Programm ab (Vorsatzbildungen helfen vor allem gegen schlechte Gewohnheiten). Zuerst muss man sich einige übergeordnete Fragen beantworten:

➤ »Was will und kann ich eigentlich mit meinem Hund erreichen?«

Und anschließend die wichtige Frage der Standortbestimmung:

➤ »Wo stehe ich mit meinem Hund?«
➤ »Wo liegen die Stärken, wo die Schwächen meines Hundes?« und, nicht zu vergessen: »Wo liegen meine eigenen Stärken und Schwächen?«
➤ »Welche (problemfreien) Übungen können vorübergehend ausgesetzt werden?«
➤ »Was will ich in welcher Zeit erreichen?«

Erst wenn diese Fragen beantwortet wurden, ist es sinnvoll, sich einen mittel- und langfristigen Plan zu erstellen. Die konkreten didaktischen und methodischen Detailüberlegungen zur nächsten Trainingsstunde kommen ganz zum Schluss.

Konkrete Fragen wären dann etwa:

➤ »Worauf sollte ich mich konzentrieren?«
➤ »Welche methodischen Varianten und Alternativen wurden schon eingesetzt?«
➤ »Mit welchem Erfolg?«
➤ »Soll ich auf Zurückliegendem aufbauen oder einen methodischen Neubeginn anstreben?«
➤ »Welche didaktischen Stufen bieten sich für die einzelnen Lernziele an?«

- »Welche methodischen Wege sind zu beschreiten, welche Alternativen bereitzustellen?«
- »Welche Inhalte sind in Querverbindungen zu planen und wie?«

Die Beantwortung dieser Fragen verleiht der Trainingsgestaltung bereits wertvolle Ansätze.

Vertiefung der Vor- und Nachbereitung
Viele Pädagogen raten dazu, didaktisch-methodische Gedanken in irgendeine Form zu bringen, sie aufzuschreiben oder auf ein Diktiergerät zu sprechen. Indem man Fragen und Antworten nicht nur denkt, sondern sozusagen »archiviert«, v e r t i e f e n sich die Inhalte (mehrkanaliges Lernen!). Zum Vorteil der Planung gesellt sich dann noch die verbesserte Erinnerung und Präsenz der aufgestellten Lernziele, der allgemeinen Vorsätze und der konkreten Vorgehensweisen.

Um Vertiefung geht es auch beim *mentalen Training* und der davon abgeleiteten *mental-methodischen Planung*. Innerhalb der *mental-methodischen Planung* stellt man sich nicht nur seine eigenen Leistungen vor, sondern auch, wie der Hund wohl auf das methodische Vorgehen antworten würde.

Prozesse mittels Vorstellungskraft, also auf rein geistiger (mentaler) Ebene durchzuspielen, bringt mehrere Vorteile:

- Mentales Training sowie *mental-methodisches Planen* laufen ohne Risiko ab. Gerät man in einen Engpass, so kann das Gedankenspiel ohne Schaden abgebrochen, die Hindernisse aus dem Weg geräumt und der nächste Durchgang in Sekundenschnelle neu begonnen werden.
- Mentales Training kann an jedem Ort und zu jeder Zeit durchgeführt werden. Also zu Hause, ohne Hundeplatz und ohne Hund, kurz vor dem Zubettgehen oder mitten in der Nacht, in einer Kaffeepause, im Zug oder beim Warten vor der Ampel.
- Es kostet kaum Zeit und ermüdet weniger.
- Mentales Training kann zwar die Praxis nie ersetzen, aber es kann sie ganz hervorragend ergänzen und verbessern helfen. Mentale Praktiken helfen nicht nur, bereits begonnene Vorgänge zu vertiefen und zu festigen, sie eignen sich ebenso im kreativen Bereich. Etwa beim geistigen Durchspielen verschiedener methodischer Wege. Je mehr Erfahrungsinhalte gespeichert sind, desto viel versprechender gestaltet sich mentales Training.

Kurz vor dem praktischen Training sollte man sich die wichtigsten Punkte des vorausgegangenen methodischen Konzepts und der davon abgeleiteten Vorsatzbildung nochmals kurz in Erinnerung rufen. Wir nennen das *Memorieren* (mittels Stichworten = Memorandum und Vorsatz-Besinnung). Methodisches Konzept und Vorsätze kreisen dann im »aktuellen Arbeitsspeicher« des Gehirns und werden im Training auf dem Platz mit großer Wahrscheinlichkeit dann und wann eine Warnlampe aufblinken lassen.

Reflexion
Unmittelbar nach dem Training sollte man sich dann nochmals vor Augen halten, was sich beim Üben bewährt hat und was nicht. Wir nennen diesen letzten Schritt Rückbesinnung bzw. mit dem Fachausdruck »*Reflexion*«. Aus der *Reflexion*

GEWISSENHAFT VORBEREITEN

Materielle Vorbereitung
Man sollte sich vor Trainingsbeginn darüber im Klaren sein, was alles gebraucht wird und wo es bereitstehen soll.

- ✓ Werden Geräte benötigt?
- ✓ Steht die Schrägwand am richtigen Ort und in der richtigen Steilstellung?
- ✓ Ist ein MO oder eine Hilfsperson für das <Voraus> vorgesehen.
- ✓ Sind die MOs, die zum Einsatz kommen sollen, in einwandfreiem Zustand?
- ✓ Welche Übungen erfordern Gegenstände aus dem Bereich der *Passiven Einwirkung* usw.?
- ✓ Ist die richtige Trainingsweste vorhanden und wurden Anoraks oder Westen vor dem Training geschlossen?

Pannen, die auf Grund mangelhafter Vorbereitung am Platz passieren, wirken sich auf das Trainingsergebnis in der Regel nachhaltig schlecht aus. Sie machen den Team-Führer nervös, unsicher oder gar wütend, und sie führen beim **Hund zu Leerläufen, Fehlverknüpfungen oder Ablenkbarkeit.**

ergibt sich, was beizubehalten und was zu ändern ist. Das unmittelbare Reflektieren ist mit am Wichtigsten beim Üben! – Es gibt Instrumentalsolisten, die sich nach dem öffentlichen Konzert, wenn alle Leute den Saal verlassen haben, nochmals hinsetzen und die Fehlerstellen des Konzertprogramms kurz durchspielen. Erst danach sind sie bereit, Autogramme und Interviews zu geben. Eine vorbildliche *Reflexion*!
Die gedankliche Vor- und Nachbereitung sieht aufwendiger aus, als sie tatsächlich ist. Zuerst macht man sich Gedanken bezüglich der Lernziele und der Vorsätze, bevor man zum x-ten Mal in die Fußstapfen alter Fehler tritt. Und nach dem Training? – Haben Sie Mut, die soeben beendete Trainingseinheit kritisch zu hinterfragen. Sie werden überrascht sein, wie beide, Vor- und Nachbereitung, die Trainingsqualität verbessern helfen!

Das methodische Konzept kostet einmal in der Woche etwa 20 Minuten, die Vorsatz-Besinnung (Memorandum) direkt vor dem Üben dauert nicht länger als 3 Minuten, und auch die nach dem Üben anschließende Reflexion nimmt in der Regel nicht mehr als 5 Minuten in Anspruch. Übrigens, je öfter man nach dieser »dreifachen Vergegenwärtigung« vorgeht, um so routinierter wird man in der Ausübung und Nutzung derselben.

Team-Vorbereitung
Hierzu zählen alle Überlegungen und Vorkehrungen, die einer optimalen physischen und psychischen Verfassung des Team-Führers und des Hundes dienen:
- ➤ Nicht zu viel oder zu wenig essen, der Abstand zur letzten Mahlzeit sollte weder zu lang noch zu kurz sein
- ➤ ausgeruht sein
- ➤ innerliche Ausgeglichenheit
- ➤ positive Grundstimmung
- ➤ ausreichend Zeit usw.

Weiter gehört dazu der Auslauf des Hundes vor dem Training mit »Pfützchen« und »Häufchen«. Übrigens, es passiert nicht nur Hunden, dass sie plötzlich im Training ihre Notdurft verrichten müssen …
Vorsicht nach längeren Autofahrten oder in kalter Jahreszeit: Gelenke und Muskeln schonend aufwärmen und vorsichtig – zunehmend – belasten! Auch das gilt für beide TEAM-Partner. Hier eine kurze Beschreibung des Auslaufens und Aufwärmens.

Richtig auslaufen
Jeder Hundesportler weiß, dass man vor dem Training dem Hund Auslauf gewähren muss. Er muss genügend Zeit finden, mehrmals (!) Pfützchen und auch eventuell mehrmals Häufchen

zu machen. Wer nach dem ersten Pfützchen umdreht, darf sich nicht wundern, wenn der Hund mitten im Training seine Notdurft verrichten will. Hunde geben ihren Urin bekanntlich nicht auf einmal, sondern in Raten ab.

Für das anschließende Üben hat sich der ruhige, entspannende Spaziergang bewährt. Der Hund soll sich physisch und psychisch lockern. Wenn es erforderlich scheint, soll man überschüssige Lauf- oder Spiellust maßvoll abreagieren lassen. Wir haben immer wieder beobachtet, dass beispielsweise anhaltendes Bellen oder Hochspringen mancher Hunde beim Training allein durch Laufen oder Spielen vor dem Training ganz von allein aufhört (mit Ausnahmen natürlich).

Vor dem Üben sollten Mensch und Hund ein gezieltes Aufwärmprogramm absolvieren.

Richtig aufwärmen

Was häufig unterschätzt wird, ist die Belastung der Muskeln und Gelenke während des Spiels und Trainings. Daher sollte man dem Üben ein gezieltes, der Tagestemperatur angepasstes Aufwärmen (warming up) vorausgehen lassen. Doch Vorsicht, nicht gleich mit Sprüngen oder abrupten Stops beginnen. Vor allem nicht nach längeren Autofahrten! Erst einmal leicht und locker aufwärmen, dann steigern.

Aufwärmen sollte sich jedoch auch der Team-Führer! Man geht anschließend um vieles geschmeidiger, aufrechter und natürlicher. Außerdem aktiviert die Bewegung auch innerlich.

Im Idealfall beginnt man mit gezielten Dehnungsübungen (Stretching), gefolgt von einigen Bewegungselementen für Beine, Wirbelsäule, Schultern, Arme und Kopf. Den Abschluss bildet ein kurzer Dauerlauf mit eingeschobenen Sprints. Wer schon fortgeschritten ist, wird einige Links-, Rechts- und Kehrtwenden sowie das Anhalten und Angehen üben, und zwar ohne Hund!

Beginn der Team-Vorführung
Einstimmung: Zuneigung und Vertrauen

Als erstes gilt es, sich selbst einzustimmen. Hierzu einige Gedanken: Die gemeinsamen Stunden mit dem Hund gehören für viele von uns mit zum Schönsten. Was liegt also näher, als sich von Herzen darauf zu freuen und die gemeinsame Zeit richtig auszukosten. Die Römer sagten schon: »Carpe diem!« – Pflücke den Tag (wie eine kostbare Frucht). Und von Werner Bergengruen stammt der schöne Satz: »Ein Tag kann eine Perle sein, ein Jahrhundert nichts.« Aber warum das Glück auf den Tag beziehen? Eine halbe Stunde, ja ein Augenblick kann zur Kostbarkeit werden. Wenn man wenig Zeit für den Hundesport zur Verfügung hat, dann sind Vorbereitung und Einstimmung doppelt wichtig. Und wenn man eher viel Zeit hat oder einem das Training zur Last wird, dann sollte man sich daran erinnern, wie sehr man sich früher genau den Zustand gewünscht hat, in

Mit dem Training sollte man wirklich erst dann beginnen wenn das »psychisch-physische« Aufwärmen erfolgreich abgeschlossen wurde.

dem man sich nun befindet. Der Mensch neigt leider dazu, das Glück der Gegenwart unbeachtet zu lassen. Es scheint mitunter, als liefen wir unserem Glück buchstäblich davon.

Zur eigenen positiven Grundeinstellung, die man kraft Einsicht und Willen steuern kann (!) und soll, gehört noch der wichtige verbindende Gedanke an den Hund. Auch unser Begleiter soll Freude haben beim gemeinsamen Üben! Bei allen Überlegungen und Vorsätzen dürfen wir diesen Punkt, der uns an die *Drei Zinnen* (siehe Seite 27 ff.) erinnert, nie aus den Augen verlieren!

Ich kenne Menschen, die das ernst nehmen. Sie knüpfen diesen Gedanken beispielsweise an ein Ritual: Wenn sie dem Hund das Halsband (oder je nachdem auch das Fährtengeschirr) umlegen, dann denken sie daran, ihm feierlich das Band der Freundschaft, der Freundschaft zwischen Mensch und Hund, anzulegen. Sie machen sich bewusst, dass Wohlergehen und Glück dieses ihnen anvertrauten Wesens in ihren Händen liegt, und sie nehmen sich vor, gut zu diesem Wesen zu sein. Während dieser kurzen Zeremonie rufen sie die Zuneigung zum Hund bewusst wach und sie teilen dies mittels Stimmungsübertragung und zarten, innigen Gesten mit. – Liegt das Halsband schon an, dann nehmen sie das Anklinken des Karabiners als Ritual der Verbindung.

Dieser erste Teil der Einstimmung lässt die gegenseitige Zuneigung und das Vertrauen spürbar werden, und zwar im Team-Führer und im Hund. Wer diesen Teil der Einstimmung als festen Bestandteil des Übungsrituals pflegt und ausbaut, kann sich mit der Zeit sicher sein, den Hund in jeder Situation allein durch das Anlegen des Halsbandes in jene Stimmung zu bringen, um die sich manch andere mit aufwendigen Spielen bemühen.

Motivationsbalance
Hier geht es um ein kurzes, einstimmendes Spiel, das so genannte *Reife Spiel*.

Im *Freien Spiel* spiegelt sich die intakte Balance wider. Die Qualität des Spiels ist auch Maßstab für den Erfolg sportlicher Leistungen.

Der Team-Führer hat gelernt,
- *Integrative Motivation* mittels Körpersprache *(Respons-Kommunikation)* so zu vermitteln, dass der Hund in eine hohe Aktionsbereitschaft gerät und sich kaum noch durch irgendetwas ablenken lässt.
- die Balance zu halten zwischen Motivation und *Geistigem Zügel*, so dass die aktive Vitalität seines Hundes nicht nur verfügbar wird, sondern auch stets unter Kontrolle bleibt.
- einmal die Motivation, in der nächsten Sekunde den *Geistigen Zügel* zu betonen, wobei der Hund in beide Richtungen gleich gut führbar wurde.

Mit einem Wort, der Team-Führer hat es geschafft, seinem Hund alle Übungen lustvoll (freudig) zu vermitteln, gleichzeitig den Hund in jedem Augenblick in seinem Bann zu halten und nie die Führungsrolle aus der Hand zu geben. Das ist das Meisterstück der Balance.

Dieser Teil des Einstimmens, wir nennen ihn sinngemäß »Motivationsbalance«, muss vom Team-Führer genau auf den eigenen Hund und auf dessen momentanen Ausbildungsstand sowie die anliegenden Lernziele abgestimmt werden. Der eine Hund muss bereits im Warmspielen ein- oder mehrmals zum Anbeißen kommen, einem anderen Hund wird man den Anbiss vorenthalten. Es gibt leider keine Rezepte für die individuelle Einstimmung.

Autoritätsbalance
Zur Balance im Einstimmen gehört außerdem – vor allem bei fortgeschrittenen Teams –, dass auch die Autorität des Team-Führers vermittelt wird. Leider wird dieser Bereich des Teamwork immer wieder vernachlässigt. Motivieren allein reicht (für die meisten Hunde) nicht aus! Aber es ist nicht leicht zu beschreiben, wie man die Autorität vermittelt. Auf keinen Fall durch rohe Gewalt.

Worauf es ankommt, ist die innere Gestimmtheit des Team-Führers. Körperhaltung, Körperspannung, Kopfhaltung, Blick, Atmung, Gehweise, Hörzeichen und mimische Kommunikation müssten dem Hund neben den bereits beschriebenen motivierenden Inhalten auch Autorität vermitteln. Diese Qualität des Trainings stellt sich in der Regel nicht von alleine ein. Auch das will gelernt sein. Ein Siegerteam zeigt auch bei strömendem Regen, bei Hitze oder unter Ablenkung noch eine überzeugende Vorführung.

Erfahrene Turnierkämpfer strahlen das aus, was soeben umschrieben wurde. Man erkennt sie allein schon an der Grundstellung. Spätestens jedoch an den ersten Schritten. Das Vorführen lässt neben der viel gerühmten Freude auch ein wenig Appell, sprich »*Unter*«-*Ordnung* erkennen. Und das muss auch so sein. Dieser Autoritätsanteil innerhalb der Vorführung ist unentbehrlich. Im Idealfall wird er zwar überdeckt von Freude, Harmonie und Vitalität. Aber er ist dennoch vorhanden. Im Hintergrund und jederzeit aktivierbar. Wer das nie geübt hat, dem fehlt in seiner Vorführung eine markante Qualität.

Team-Führer, die die Einstimmung allein auf Motivation aufgebaut haben, sollten sich diese Zeilen zu Herzen nehmen und einen Teil des Einstimmens auch der »*Unter*«-*Ordnung* widmen. Das heißt nicht, dass der Hund nach der warmen Dusche (Motivation) die kalte (Schmerz oder psychischen Druck) erfahren soll! (Was wir unter Autorität verstehen und was nicht, wurde behandelt.) Aber je klarer und konsequenter die Autorität allein schon durch das Auftreten des Team-Führers vermittelt wird, desto zuverlässiger wird sie der Hund akzeptieren. Mit der Zeit wird auch dieser Punkt nicht nur bei Auftritten, sondern auch beim Üben für beide Team-Partner immer selbstverständlicher.

Das Eintreten

Sowohl Prüfung als auch Turnier beginnen bekanntlich nicht mit der Richteranmeldung, sondern bereits mit der Annäherung zum Platz. Wir nennen diesen wichtigen Vorgang »*Eintreten*«. Mit dem noch am Anfang seiner Ausbildung stehenden Hund machen wir das Warmspielen in unmittelbarer Nähe des Übungsplatzes. Wir verringern auf diese Weise die Gefahr, dass sich der Hund auf dem Weg zum Übungsplatz wieder ablenken lässt oder wegen der langen Wegstrecke in puncto Vorenthaltung überfordert wird (und infolgedessen mit allerlei ungewollten Aktionen oder Abwendung aufwartet). Der fortgeschrittene und mehr noch der ausgebildete Hund muss in der Lage sein, sich ab dem Warmspielen durch keine Ablenkung mehr irritieren zu lassen. Er muss auch längere Wegstrecken bis zum Übungsplatz in hoher Konzentration und Erwartungshaltung bewältigen. Haben Team-Führer und Hund das Eintreten gelernt, dann bringt das Team für die folgende Richteranmeldung und für den Beginn der Vorführung denkbar viel versprechende Voraussetzungen mit. Auch das Eintreten sollte wie ein Ritual geübt werden, auf das man sich am entscheidenden Tag notfalls auch unterbewusst verlassen kann.

Wie lernt man das Eintreten?
Man beginnt auf dem Vorfeld des Übungsplatzes. Etwa 4 bis 8 Wochen werden auf dem (anfangs kurzen!) Weg zum Übungsplatz 1 oder 2 *Freie Spiele* eingeschaltet. Wir beginnen von Anfang an, das MO an der MO-Krawatte (oder in einer Tasche) versteckt mitzuführen und es lediglich für das Spiel hervorzuholen. Es ist wichtig, dass der Hund nicht nur auf das MO lauert, sondern ständig den Team-Führer beobachtet. Dies erreichen wir, indem wir auf dem gesamten Weg zum Übungsplatz kommunizieren: entweder mittels Mimik und Stimme oder nur mit einem von beiden. Wichtig ist, dass wir, b e v o r die Hand zum MO greift, das folgende *Freie Spiel* durch Zunahme der Spannung im Gesichtsausdruck ankündigen. Ergänzt wird die Aufmerksamkeit des Hundes durch die *Respons-Kommunikation* beim täglichen Spazierengehen. Ab und zu wird auch ein MO herausgeholt oder ein sich anbietender natürlicher Gegenstand genutzt.

Sobald der Hund eine sichere Erwartung auf dem Weg zum Übungsplatz zeigt, geht der Team-Führer dazu über, das Eintreten einmal mit, einmal ohne *Freies Spiel* zu gestalten. Eine weitere Gestaltungsvariante liegt darin, das *Freie Spiel* zwar einzuleiten, aber nicht mit dem Anbiss zu beenden, sondern mit dem Vorenthalten.

Das Eintreten geht dann nahtlos in die Richteranmeldung über.

Richteranmeldung
Während des Eintretens beziehungsweise des Wartens auf den Anmarsch zum Richter muss sich der Team-Führer auf allerlei Vorgänge konzentrieren. Hier nur einige Beispiele zur Verdeutlichung:
➤ Wie lange dauert es noch?
➤ Wie weit bin ich entfernt?
➤ Wo steht der Mitantretende?
➤ Muss ich mich eher auf Distanz zu ihm halten (weil einer der Hunde Antipathiesignale zeigt)?
➤ Wenn ja, auf welcher Seite trete ich zum Richter hin?

Man stelle sich vor, wenn zu diesen Entscheidungen, die in Sekundenschnelle zu treffen sind, noch hinzukommt, dass sich der Hund unkonzentriert oder mangelhaft motiviert zeigt. Der Richteranmarsch könnte zum Spießrutenlauf werden. Das entgeht dem Hund sicher nicht, was sich wiederum auswirken wird. Der Teufelskreis ist perfekt!

Nein, es ist wirklich besser, man übt das Eintreten ebenso wie den Richteranmarsch und die Meldung wie eine Übung. Und zwar mit Spruch und allem drum und dran!

Wenn man sich nämlich im Training einmal bewusst selbst reden hört, könnte es sein, dass man damit ganz und gar nicht zufrieden ist.

Psychologen haben herausgefunden, dass sich Sympathie oder Antipathie in den ersten 7 Sekunden einer Begegnung einstellen. Eine einmal gewonnene Einstellung ist schwer zu korrigieren. Das heißt, es ist durchaus nicht gleichgültig, wie wir vor den Richter treten!

Wem also an einem erfolgversprechenden Auftritt vor dem Richter gelegen ist, der wird nicht daran vorbeikommen, auch diesen Teil der Prüfung zu üben und durch Training zur zweiten Natur werden zu lassen. Nicht jedem liegt diese Form des Trainings.

Die Auswertung zahlreicher Zeitlupenaufnahmen von Spielszenen ließ dieses neu entwickelte (E. L.) und mustergeschützte MO entstehen. Das MO hängt an der ebenfalls von E. L. erstmals entwickelten MO-Krawatte (früher Schleifleine), die inzwischen vielfach imitiert wurde.

Ablegen und Herankommen

Dass wir mit der Übung <Ablegen in Verbindung mit Herankommen> beginnen, hat mehrere Gründe:
➤ Diese Übung steht der *Paradeübung* von allen Aufgaben am nächsten. Auch dort finden wir: Ablegen, Warten und auf den Auslöser zu Herrchen galoppieren. Wir können also auf Bekanntes zurückgreifen. Erfahrene Pädagogen fragen bei jeder neuen Aufgabenstellung, wo sie a n k n ü p f e n können. Sie machen hierbei nichts anderes, als die Techniken des Gehirns nachzuahmen. Auch dort wird bei jedem neuen Eindruck das riesige Reservoir des Unterbewussten nach Ähnlichem durchforstet, nach Analogien gesucht.
➤ Ein weiterer Vorteil liegt darin, dass sich der Team-Führer an einer relativ einfachen Aufgabenstellung in die Motivations-Didaktik und -Methodik einüben kann und hierbei wichtige Erfahrungen sammelt.
➤ Und noch ein Vorteil ist zu erwähnen: Aus dem <Ablegen und Herankommen> lässt sich in direkter Anknüpfung die Übung <Ablegen des Hundes unter Ablenkung> entwickeln. Wir werden sehen, dass das <Ablegen unter Ablenkung> mit dem Anspruch auf *Mensch-Hund-Harmonie* durchaus keine laue Pflichtübung mehr ist, sondern hohe Anforderungen an beide Team-Partner stellt.

PHASE 1: AUFBAU AUS DER PARADEÜBUNG
Parallelübung: <Platz> aus dem Stehen und aus der Bewegung; Vorübungen <Sitzen>, <Liegen>, <Stehen> und <Vorsitzen>, <Spirale>, <Vorsitzen>, <Grundstellung aus dem Vorsitzen>, <Bekanntmachen mit Hürde und Kletterwand> sowie andere

Der Team-Führer nähert sich wie gewohnt mit dem eingestimmten Hund dem Übungsplatz.

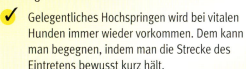

☞ **Problemhilfe gegen ständiges Hochspringen während des Eintretens:**
Eigentlich sollte der Team-Führer gelernt haben, die für jede Aufgabe optimale Motivationsbalance herzustellen. Wurde das versäumt oder nicht ausreichend aufgebaut, dann sollte der Team-Führer unbedingt zuvor daran arbeiten, das erforderliche Gleichgewicht herzustellen.

✓ Gelegentliches Hochspringen wird bei vitalen Hunden immer wieder vorkommen. Dem kann man begegnen, indem man die Strecke des Eintretens bewusst kurz hält.

✓ Auf dem Weg lässt sich das Hochspringen weitgehend vermeiden, wenn man mit dem MO tief spielt und sich im Spiel in mehr oder minder großen Kreisen dem Eingang nähert. Der Hund wird damit beschäftigt sein, dem MO nachzujagen. Der längere Weg im Außenkreis hält ihn zusätzlich auf Trab.

Immer wieder sieht man folgenden Fehler:
Der Team-Führer will dem hochspringenden Hund entgehen, indem er das MO in unerreichbare Höhe bringt. Dies veranlasst aber einen tüchtigen Hund, noch höher zu springen, hat er doch bisher im Spiel erfahren, dass seine Tüchtigkeit belohnt wird. Woher soll er wissen, dass in diesem besonderen Fall seine Bemühung fehl am Platz ist. Richtig wäre es, den Hund entweder vom Hochspringen abzulenken oder eindeutig den *Geistigen Zügel* einzusetzen.

Das heißt in unserem Sinne: »Das Team tritt ein«. (Problemhilfen gegen ständiges Hochspringen, siehe oben).
Der Hund wird im Eingangsbereich des (ablenkungsfreien!) Übungsplatzes abgelegt. Abliegen hat der Hund schon im Spiel oder innerhalb der weiter oben angeführten Parallelübungen gelernt, etwa zu Hause im Zimmer, in der Garage oder im Garten. Im Idealfall kann er bereits im

Liegen lauernd warten und auf den Auslöser explosiv aufspringen und zum Team-Führer galoppieren.

Wir entfernen uns vom Hund wie bei der *Paradeübung*: wegschleichend, kommunizierend, die Balance haltend zwischen Motivation und *Geistigem Zügel*. Wir entfernen uns so weit, wie es der Hund verträgt. (Viele überfordern den Hund durch zu weites Entfernen oder zu langes zeitliches Ausdehnen – oder durch beides.)

Bis hierher hat sich zur *Paradeübung* nichts geändert. Nun kommt jedoch etwas entscheidend Neues hinzu: Der Hund wird nicht mehr, wie gewohnt, mittels einer schnellen Bewegung, durch den *(natürlichen!) Auslöser*, abgerufen, sondern aus der in der Prüfung geforderten ruhigen Haltung, also mittels eines »*stilisierten Auslösers*«. Der Hund wird uns aufmerksam beobachten, während wir uns aus der geduckten Spannungshaltung aufrichten, entspannen und kurz (anfangs 1 bis 2 Sekunden, nicht länger!) stehen bleiben. Währenddessen kommunizieren wir weiterhin mimisch mit dem Hund: Wir sehen ihn ununterbrochen an (mit sprechenden Augen, nach Belieben auch mit (nonverbal!) sprechenden Lippen – kurz, mit ausdrucksvoller Mimik). Nach diesen 2 Sekunden ruhigen Stehenbleibens kommt – wie gewohnt – der *Auslöser*: anfangs noch in Verbindung mit einer ruckartigen Bewegung, etwa mit dem ganzen Körper oder der Hand zum MO, nach Belieben auch mit Veränderung der Position in die gewohnte, etwas geduckte Spannungshaltung. Gleichzeitig wird das Hörzeichen ‹Hier› gegeben. Aber bitte freundlich! Keine Befehle! Denken Sie über Ihr ganz persönliches ‹Hier› nach. Es sollte genauso klingen, wie Sie wollen, dass der Hund zu ihnen galoppiert! Freundlich, fröhlich, aufmunternd, vital, explosiv, feurig, aber bitte n i c h t fordernd, befehlend! In der reifen Form sind es nur noch minimale Signale, höchst dezent, aber für den Hund aussagekräftig. Der Hund wird, wie in der *Paradeübung* gelernt, im gestreckten Galopp zu Ihnen laufen. Damit er aber nicht nur herkommt, sondern beim Herankommen gerade bleibt, mögliche Nahängste abbaut, und damit er nicht zu früh abbremst, lassen wir ihn monatelang durch die Beine laufen. Dabei Beine breit stellen, das MO tief, direkt am Boden führen und erst im letzten Augenblick, wenn der Hund auf Grund seiner Geschwindigkeit nicht mehr außen an den Beinen vorbeilaufen kann, durch die Beine nach hinten werfen. Es ist sehr zu empfehlen, die Übung zuerst einige Male ohne Hund zu üben! Auch das Durchwerfen will gelernt sein! Nicht irgendwohin werfen, sondern tief am Boden entlang und in gerader Verlängerung der Laufrichtung. Und nicht zu weit: etwa 4 bis 8 Meter. (Problemhilfe gegen Vorbeilaufen, Seite 132).

Nach dem Durchwerfen wird der Hund, vorausgesetzt, er hat richtig spielen gelernt, mit dem Beute-MO sofort zurückkehren und mit dem Team-Führer spielen wollen. (Bevorzugt der Team-Führer Futter, dann muss er natürlich für das Zurückkommen des Hundes weitere Futterstücke bereithalten.)

Es schließt sich ein *Freies Spiel* an mit *Beutestreiten* nach allen Regeln der Kunst: tief spielen; MO um die Beine führen; MO springt, hüpft, läuft zickzack, versteckt sich usw.; auf jedes Ziehen und Rucken des Hundes ein wenig nachgeben; glaubwürdig Schwächen zeigen; das Ganze mit Stimme unterstützen; bei besonders tüchtigen Aktionen des Hundes entsprechend mehr nachgeben; im richtigen Augenblick loslassen; mit Konkurrenz-MO den Hund sofort wieder an sich binden; freiwilliges Abgeben nach einer der Aus-Methoden (z. B. durch Ablenkung, Beutetausch, Überlisten oder Stimulierung zur Ruhe).

Nach dem *Freien Spiel* kann <Ablegen und Herankommen> gegebenenfalls in gleicher oder leicht abgewandelter Form noch ein bis zweimal wiederholt werden. Wenn der Hund keine Fehler mehr macht, dann sollte man kleine Abwandlungen einbringen.

PHASE 2: HÖRZEICHEN <HIER> IM SIGNAL-TIMING
(Die Vorübungen <Sitzen> und <Vorsitzen> sollten inzwischen aufgebaut worden sein.)

Vorab noch ein Tipp zum Trainingsaufbau: Widerstehen Sie der Versuchung, verfrüht zur jeweils nächsten Stufe weiterzugehen. Bringen Sie sich nicht aus falschem Ehrgeiz um die bereits erworbenen Grundlagen, sondern lassen Sie sich Zeit bei der Ausbildung! Auf der anderen

<Abliegen und Herankommen> bauen wir auf der schon bekannten »Paradeübung« auf. Hinzu kommt lediglich das Laufen durch die Beine zur Richtungsfestigung und Tempoerhaltung sowie das stufenweise Abbauen der Stimulationen und das »Stilisieren des Auslösers«.

PROBLEM VORBEILAUFEN

☞ **Problemhilfe gegen seitliches Vorbeilaufen:**
Ist der Hund trotz aller Voraussicht in der Übung seitlich an den Beinen vorbeigelaufen, sollten Sie die Übung in dieser Form nicht gleich wiederholen! Das Risiko der Festigung durch Wiederholung ist zu groß.
Wir legen den Hund unmittelbar vor uns ab. Links und rechts neben dem breitbeinig stehenden Team-Führer werden zwei Zäune als *Passive Einwirkung* – seitliche Blockade – aufgebaut, so dass der Hund nicht mehr seitlich vorbeilaufen kann. An Stelle der Zäune können auch (bekannte und freundlich angenommene) Personen dienen.
Wofür man sich auch entscheidet, in jedem Fall muss der Hund – wie immer – mit der veränderten Situation vertraut gemacht werden. Erst wenn er sich arglos zeigt, darf mit der Übung begonnen werden. Es folgt ein kurzes *Freies Spiel*, ohne dass der Team-Führer seine Position verändert. Im geeigneten Augenblick, wenn der Hund schon in Richtung Beinmitte läuft, wird dann das MO nah am Boden durch die Beine geworfen.
Es empfiehlt sich, die Hilfen der seitlichen Blockaden nicht zu früh abzubauen.

Seite darf man aber, wie wir inzwischen wissen, nicht zu lange auf einer Stufe stehenbleiben (Sättigungsdistanz!). Im Idealfall wird der Hund immer (auch nach Abschluss der höchsten Prüfungsstufen!) in einem Zustand der stets präsenten Herausforderung gehalten. Dies erreicht man durch Abwandlung, Erweiterung, aber auch Einbinden neuer Aufgaben, die nicht unbedingt zum Prüfungsrepertoire zählen müssen. Wir haben beispielsweise mit großem Erfolg ältere, ziemlich ausgelaugte Schutzhunde durch Aufgaben aus dem Agility-Bereich oder TEAM-dance wieder auf die Beine gebracht oder auch umgekehrt alte Agility-Hasen mittels Anforderungen aus SchH, TEAM-dance oder TEAM-sport wieder motiviert.

Nach etwa 8 bis 12 Wochen wird sich der Team-Führer bereits auf die volle Distanz entfernen können, wobei der Hund höchst aufmerksam lauert. Auch das ruhige Stehen des Team-Führers wird sich bereits auf 3 bis 5 Sekunden ausdehnen lassen.

Jetzt ändern wir eine scheinbare Kleinigkeit, allerdings eine Kleinigkeit von ausschlaggebender Bedeutung! Der s*tilisierte Auslöser* <Hier> wird nicht mehr gleichzeitig mit der entsprechenden Körperhilfe gegeben, sondern eine halbe Sekunde vorher. Sofort nach dem <Hier> erfolgt jedoch die Unterstützung durch die bekannten *ursprünglichen Auslösesignale*. Es wird sich zeigen, dass der Hund in wenigen Wochen auf das ruhige Stehen des Team-Führers kurz vor dem Abrufen mit derselben gesteigerten Aufmerksamkeit und mit einer hoch gespannten, aber beherrschten Erwartungshaltung reagiert. – Wie vordem bei der Paradeübung. Das *Signal-Timing* sichert uns, dass der Hund wirklich das Hörzeichen erwartet und sich nicht nur nach der Körperhilfe richtet.

Wiederum nach einigen Wochen geht der Team-Führer dazu über, die Zeit vom <Hier> bis zum Einsetzen der stimulierenden Körperhilfen auszudehnen. Wichtig ist in dieser Phase, dass man die auferlegte Wartezeit unregelmäßig verändert. Ab und zu jedoch sollten dem <Hier> s o - f o r t die stimulierenden Körpersignale folgen (nach der »magischen halben Sekunde«).

Der eine Hund braucht nach drei- oder viermal »länger warten« bereits wieder eine Bestärkung, der andere benötigt die »magische Bestärkung« nur alle 10- oder gar 15-mal. Hinzu kommt, dass das individuelle Verhältnis auch von Übung zu Übung und von Tag zu Tag differieren kann.

Phase 3: Kurzzeitiges aufrechtes Gehen einbringen – Motivationsinseln

Normalerweise ist das aufrechte Gehen des Menschen für den Hund nicht besonders interessant. Noch weniger das aufrechte, ruhige Stehen. Im Sport soll der Hund in der am wenigsten motivierenden Haltung, nämlich dem ruhigen Stehen des Team-Führers, Aufmerksamkeit und Freude zeigen. Um diese Aufgabe für den Hund artgerecht zu erfüllen, müssen wir uns schon etwas einfallen lassen. Beispielsweise durch den Wechsel von »*motivationsarmen Keilen*« und »*motivationsintensiven Phasen*« oder kurzen »*Motivationsinseln*«.

Die gewünschte Stimmungslage steht uns nach wie vor aus der *Paradeübung* zur Verfügung. Wir schalten nun zwischen die Phasen des spannungsvollen Wegschleichens immer wieder einige (wenige!) Schritte in normaler, aufrechter Gehweise ein (Keile). Nach dem aufrechten Gehen folgt etwa ein Ducken und der bekannte Auslöser. Oder man dreht sich wieder zum Hund, erstarrt für einige Augenblicke und lässt dann den Auslöser folgen.

Da den »motivationsarmen Zeiten« vorübergehend immer Motivationen mit anschließendem Spiel folgen, werden diese ursprünglich langweiligen Zeiten für den Hund interessant und Lust fördernd *(»Reizfärbung«)*. Bei ausreichender Wiederholung gerät der Hund auch ohne nachfolgende Verstärkung in Stimmung *(stellvertretender Reiz zweiter Generation)*. Mit den Wochen werden die »*Motivationsinseln*« immer seltener gegeben. Unregelmäßig und unvorhersehbar. Und alsbald wird der Hund die Spannung selbst bei ruhigem, aufrechtem Gang des Menschen halten können. Wir erinnern uns jedoch daran, dass man dieses Ergebnis (in hoher Qualität) nur aufrecht-

erhalten kann, wenn immer wieder sporadisch Motivationen einsetzen.

PHASE 4: <VORSITZEN> KOMMT HINZU
<u>Voraussetzung:</u> Der Hund hat das <Vorsitzen> als Vorübung (Parallelübung) bereits gelernt. Da wir den Hund bisher immer in vollem Galopp durch die Beine laufen ließen, müssen wir das <Vorsitzen> schrittweise einbauen. Wir beginnen damit, den Hund aus einer Distanz von 3 bis 7 Metern herankommen und vorsitzen zu lassen. Aber auch hier lassen wir ihn abwechselnd einmal durch die Beine laufen, das nächste Mal vorsitzen. Die anschließende Grundstellung vermeiden wir noch, denn diese ist eine der häufigsten (oft nicht erkannten) Ursachen für schiefes Vorsitzen (übrigens häufig ein Kriterium für einen besonders klugen Hund!). Nach dem Vorsitzen spreizen wir die Beine und lassen den Hund wie gewohnt durchlaufen. Das festigt die Richtung.

Parallelübung: Zur Verbesserung des Vorsitzens
Um das Absitzen nach dem Herankommen zu verbessern, sollte der Hund parallel zur Aus-

> **Immer wieder** muss man sich als hundlicher Spielpartner daran erinnern: Tief spielen! – MO auf Augenhöhe! Und beim *Beutestreiten:* Glaubwürdige Chancen bieten!

führung aus der Distanz (durch die Beine laufend) das <Vorsitzen> aus 3 bis 5 Metern lernen. Auch dieser Vorgang wird mittels Körpersprache, eventuell verstärkt durch ein MO, durchgeführt: Der Team-Führer hält das MO vor dem Bauch. Wichtig ist, dass es mit beiden Händen und wirklich in der Mitte gehalten wird, denn einseitiges oder schiefes Halten ist oft Ursache für schiefes Vorsitzen. Beim Näherkommen des Hundes wird das MO in der ersten Phase mit beiden Händen nach oben geführt. Gleichzeitig wird das Hörzeichen <Sitt> gegeben. Während des Hochbewegens kann eine der beiden Hände als *Geistiger Zügel* eingesetzt werden, um etwa das Hochspringen zu verhindern. Oder die zweite Hand wird als Bewegungshilfe eingesetzt mit dem Ziel, dass der Hund sich schneller setzt. Der Hund wird jedoch nicht berührt. Die Bewegungshilfe wird lediglich als Körpersprache eingesetzt. Die zweite Hand kann auch gegen Anstoßen eingesetzt werden. Wichtig ist jedoch, dass die Bewegungshilfe mal mit der einen, mal mit der anderen Hand gegeben wird. So lässt sich schiefes Vorsitzen als Folge auf Bewegungshilfen vermeiden.

Parallelübung: Für näheres Vorsitzen
Für näheres Vorsitzen bietet sich neben der Verstärkung der Körpersprache und der Motivation ein leichtes Zurücklehnen an.

☞ **Problemhilfe 1** gegen zögerliche Annäherung und befangenes Vorsitzen:
(Die Beschreibung enthält wichtige Anhaltspunkte, die generell für die »Umformung« [Korrektursituation] einer Übung gelten.)
Manche Hunde werden beim Näherkommen deutlich langsamer – oft weil sie bei der Annäherung, besonders beim <Vorsitzen>, schlechte Erfahrungen gemacht haben. Das vielfach zu beobachtende Zurechtrücken des Hundes in das »korrekte« <Vorsitzen>, verbunden mit Unmutsäußerungen, Schimpfen oder Zwangseinwirkungen, hinterlässt beim Hund negative Emotionen mit den bekannten Folgen.
Aus Raummangel können wir nicht näher auf die verschiedenen Ausprägungen »vorsitzgeschädigter« Hunde eingehen. Wir sprechen im Folgenden von »Befangenheit« und meinen damit die vielen Verhaltensauffälligkeiten, die sich auf Grund der beschriebenen Korrekturen im Vorsitzen einstellen können.
Ein wichtiger Punkt ist das Hörzeichen. Wie wir wissen, wirkt dieses nicht nur als Auslöser für die bezweckte Übung, sondern für die damit verbundene Erwartungshaltung des Hundes. Daher empfiehlt sich, das Hörzeichen phonetisch zu verändern oder – in extremen Fällen – sogar ein neues Wort zu verwenden (auf freundliche und hohe Stimmlage achten). Auch der Ort der Übung sollte vorübergehend gewechselt werden.

Leichtes Zurücklehnen ist eine hervorragende Übung, um das Vorsitzen unbefangen und vertrauensvoll aufzubauen.

ABLEGEN UND HERANKOMMEN

PROBLEM STARTEN

☞ **Problemhilfe gegen zögerndes Starten:**
Zögerliches oder langsames Starten des Hundes (was bei richtigem Aufbau auf der Paradeübung nicht sein dürfte) lässt sich beheben, indem man sich mitten aus dem aufrechten Weggehen unvermittelt und blitzschnell zum Hund umdreht, die üblichen Startsignale gibt und zum *Freien Spiel* einlädt. Das Umdrehen erfolgt in wechselnder Distanz – einmal gleich nach den ersten 4 Schritten, dann nach 15 oder 30 Schritten usw.

☞ **Problemhilfe 2** gegen zögerliche Annäherung beim Herankommen:
(Nutzung von Ablenkung + Bewegungsmotivation + Spiel)
Während des Herankommens dreht sich der Team-Führer um, gibt Signale der Bewegungsaufforderung und läuft mit dem Hund ein Stück (in möglichst hohem Tempo), anschließend lässt er ein *Freies Spiel* folgen. Während des Laufens kann vorübergehend das Hörzeichen <Hier> (freundlich ausgesprochen!) mehrmals wiederholt werden.

☞ **Problemhilfe** Vorsitzen bei Welpen und Junghunden:
Welpen setzen sich gerne im Abstand von einem halben Meter (oder mehr) vor, damit sie u. a. besser zum Team-Führer aufsehen können. Das lässt sich vermeiden, wenn man den Welpen beim Herankommen zwischen die Beine gehen lässt und durch ein Futter-MO belohnt. Nach einigen Wochen schließt man die Beine, und der Welpe wird sich dicht vorsetzen.

☞ **Problemhilfe** gegen schiefes Vorsitzen:
Sitzt der Hund schief vor, so sollte man ihn nicht durch Rückwärtsgehen ausrichten. Man darf nicht vergessen, dass der Hund nicht in der Lage ist, in Punkten zu denken. Auch sein Raumempfinden dürfte erheblich

Zuerst schaffen wir einmal eine gewisse Distanz, indem wir die problematische Übung (hier das <Vorsitzen>) vorübergehend weglassen. Das allein reicht jedoch oft nicht aus. Abhilfe schafft die Rückgewinnung des Vertrauens und der Neuaufbau dieses Übungsteils in Richtung positive Motivation.
Ist die »Befangenheit« des Hundes im Näherkommen stark ausgeprägt, empfiehlt sich, zuerst die Basisübung wieder ins Programm zu nehmen. Hat sich der Hund daraufhin von seinen Kontaktängsten erholt, so legen wir ihn mitten aus der Basisübung heraus ab, setzen uns in einigen Schritten Entfernung hin und rufen ihn her, um sofort wieder im Basisspiel weiterzumachen. Zeigt sich der Hund innerhalb der Basisübung nach einiger Zeit frei von »Befangenheit«, kann die Entfernung nach und nach erweitert werden.
Mit zunehmender Sicherheit des Hundes im Näherkommen stehen wir dann und wann einmal auf und spielen im Stehen mit ihm. Oder wir gehen beim Heranrufen des Hundes in die Hocke. Sollten die Angstsymptome im Stehen wieder auftreten, wird das Spiel im Sitzen oder in der Hocke (*Startstellung* [siehe Seite 105] eignet sich auch hier gut) weitergeführt.

Damit der junge (oder kleinwüchsige) Hund nicht den üblichen Abstand beim Vorsitzen wählt, lassen wir ihn von Anfang an zwischen die leicht gegrätschten Beine herankommen und absitzen.

von unseren abstrakten räumlichen Vorstellungen abweichen! Weshalb sollte aus seiner Erlebnisfähigkeit »schiefes« Vorsitzen (das aus seiner Sicht gar nicht »schief« ist!) weniger gut sein als »gerades« Vorsitzen?

Das Ausrichten durch Rückwärtsgehen wird der Hund in der Regel anders interpretieren als vom Team-Führer erhofft. Der Hund wird annehmen, dem Vorsitzen folgt ein zweites Vorsitzen. Er wird sich wahrscheinlich weiterhin beim Ankommen schief hinsetzen, um sich anschließend ausrichten zu lassen.

Das aus »Hundesicht schlüssige Verhalten« gibt nicht wenigen Team-Führern Anlass zu anschließenden Zwangsmaßnahmen. Diese rächen sich aber in vielen Fällen, indem der Hund infolgedessen zögernd näherkommt, sich in respektvollem Abstand absetzt und möglicherweise noch die Ohren anlegt, misstrauisch zur Seite oder ängstlich nach unten blickt. Vorbei ist es für lange Zeit (bei manchen Hunden für immer!) mit dem freudig-vitalen Herankommen.

Um sicherzugehen, dass der Hund zuverlässig gerade vorsitzt, nütze ich seit Jahren *Passive Einwirkungen* (etwa 2 Gerten, die beim Näherkommen aus dem Handgelenk hoch gehalten werden und einen Trichter bilden, in den der Hund einläuft und sich dabei ohne irgendeine Berührung! ausrichtet). Bevor man die Gerten, die als Leitlinien fungieren, einsetzt, muss man den Hund an die Gerten gewöhnen, indem man sie im *Freien Spiel* mit dabei hat und ihm damit sanft übers Fell streicht. Dann legt man sie wie 2 Schienen direkt vor sich auf den Boden, etwa 1,5 Meter auseinander.

Der Hund läuft beim Herankommen durch die am Boden liegenden Gerten und gleich anschließend, wie gewohnt, durch die Beine. Hat der Hund diesen Test bestanden, kann man zur eigentlichen Übung übergehen: Die Gerten werden senkrecht am Körper anliegend nach unten gehalten und beim Näherkommen des Hundes locker anfangs nur einige Zentimeter – später bis zur Waagerechten – angehoben und gleichzeitig in eine V-Form gebracht. Während des Einlaufens werden die Gerten (auf Höhe der Augen des Hundes) bis zur Parallelstellung geschlossen. Sitzt der Hund gerade vor, folgt nach Belieben ein *Freies Spiel*.

ALTERNATIVE: Aus dieser Situation macht es Sinn, das *Freie Spiel* mit einem Schritt rückwärts zu beginnen oder sogar ein paar kleine Schritte zurückzuweichen. Der Hund saß ja bereits gerade. Dieses zusätzliche Rückwärtsgehen wird das nahe und freudig-erwartungsvolle Vorsitzen verstärken, ohne eine vorausgegangene Fehlleistung zu festigen!

Kurz vor Beginn des *Freien Spiels* lässt man die Gerten unauffällig in der Hand nach unten kippen, um zusätzlich das MO ergreifen zu können, ohne dem Hund dabei mit der Gerte vor der Nase herumzufuchteln. Im geeigneten Augenblick lässt man die Gerten dann unauffällig fallen. Es empfiehlt sich, den Ablauf erst einmal ohne Hund zu üben.

ALTERNATIVE mit Leitpflöcken oder -zäunen: An Stelle der *Leitgerten* können auch *Leitpflöcke* oder *Leitzäune* (Leit-Set, Firma AGILO, siehe Seite 255) verwendet werden. Auch an diese muss man den Hund erst gewöhnen. Bei einem unbefangenen Hund reichen hierzu in der Regel 2 bis 3 Wiederholungen an 1 bis 2 Tagen aus. Man führt den Hund einige Male durch die Leitpflöcke (oder -zäune) und lenkt ihn gegebenenfalls anfangs durch Bewegung, Futter oder ein Beute-MO ab. Dann legt man ihn direkt vor der Leitpflock-Gasse ab, stellt oder hockt sich hinter die Gasse und stimuliert den Hund mittels MO und Körpersprache zum Durchlaufen. Im nächsten Schritt steckt man die Leitpflöcke in der bewährten V-Form (Trichtereffekt) und lässt den Hund nach und nach aus weiterer Entfernung durchlaufen. Da wir die Leitpflöcke bzw. Gerten auch für das Detaillernen (und für mögliche Korrekturen) anderer Übungen benötigen, lohnt sich der Aufwand. Im Idealfall wird der Hund möglichst früh mit unterschiedlichen Leit-Techniken vertraut ge-

Der Hund läuft in die trichterförmig gehaltenen Gerten ein und richtet sich nach dieser »*Passiven Einwirkung*« im Sinne der Prüfungsordnung korrekt gerade vorsitzend aus.

macht: Neben Gerten und Pflöcken eignen sich auch Campingklappstühle oder Campingliegen, Bierkisten, große Schachteln u. a. Es liegt auf der Hand, dass der Hund auf diese Weise auch allgemein an Unbefangenheit zunimmt! Der Wechsel von Gegenständen vermittelt eine zusätzliche Herausforderung. Der Hund wird belastbarer, weniger ablenkbar und anpassungsfähiger – alles Eigenschaften, die wir am Gebrauchshund schätzen.

Phase 5: Schnelles Abstoppen beim Annähern

Nachdem der Hund gelernt hat, im gestreckten Galopp und gerade heranzukommen, geht es darum, dass er im letzten Augenblick abstoppt. Die Krönung des freudigen, temperamentvollen Herankommens liegt im überzeugenden Abbremsen auf den letzten Metern vor dem Team-Führer. Erinnern wir uns an das olympische Bekenntnis zur elitären Leistung. Für den Richter wie für den Sport Ausübenden lautet die entscheidende Frage: Was ist die bessere »Leistung«? Auf unsere Übung übertragen, hieße das: Wer leistet mehr? Der Hund, der freudig galoppierend herankommt und 15 bis 10 Meter vor dem Team-Führer immer langsamer wird, das Galoppieren sozusagen auspendeln lässt, oder jener Hund, der das Herangaloppieren bis »nahe an den letztmöglichen Zeitpunkt« ausdehnt und erst kurz vor dem Team-Führer abstoppt? Die Antwort ist klar. Der zweite Hund zeigt mehr Vitalität, mehr aktivierte Freude, mehr »Körperbeherrschung«, mehr Schnelligkeit, mehr Anpassung usw. Der Leistungsunterschied müsste sich in Punkten niederschlagen. Zugegeben, diese anspruchsvolle Form des Herankommens ist nicht leicht zu erreichen. Wem ein »normales Herankommen« mit üblichem langsamer Werden genügt, der mag die folgenden Zeilen überspringen.

Besonders vitale Hunde zeigen das schnelle Abstoppen von sich aus, im Bewegungsluxus ihrer Jugend. Aber leider verliert sich dies mit der Zeit.

Zunächst muss der Team-Führer durch einige Versuche herausfinden, wie lang die Wegstrecke des Abbremsens ist.

ALTERNATIVE: Man verzichtet auf die Versuche und beobachtet, ab welchem Punkt der Hund abzubremsen beginnt. Man merkt sich die Stelle, markiert sie und schätzt ab, um wie viel der Hund schätzungsweise in der Lage wäre, die Strecke zu verkürzen. Ganz ohne Versuche kommt man natürlich auch auf diese Weise nicht aus. Die im Experiment ermittelte Strecke nennen wir den »Bremsabstand«, den Beginn der Strecke »Übergangspunkt«.

Der didaktische Aufbau zielt darauf ab, dass der Hund nie weiß, ob die Übung mit »Durch die Beine laufen« oder mit »Vorsitzen« beendet wird. Beide Situationen wurden jedoch auf hohem Motivationsniveau vermittelt. Nun kommt uns zugute, dass der Hund die ruhig stehende Haltung bereits positiv angenommen und mit einer hohen Erwartungshaltung besetzt hat. Wir legen uns am »Übergangspunkt« am Boden eine für den Hund unsichtbare Markierung ab (z. B. seitlich). In dem Augenblick, wo der Hund die Markierung passiert, spreizen wir wie gewohnt die Beine und lassen ihn durchlaufen, unterstützt durch Stimulation und das nach hinten geworfene MO.

Bis hierher bleibt für den Hund alles beim Alten. Nun kommt das Abstoppen. Es wäre riskant, den Hund gleich beim ersten Mal aus vollem Galopp abzustoppen. Er muss erst einmal vertraut werden mit dieser neuen Aufgabe und der entsprechenden Körpersprache. Deswegen legen wir den Hund nicht weiter als auf die Länge des doppelten »Bremsabstandes« ab, stimulieren ihn und rufen ihn dann in gewohnter Weise. Beim Passieren des »Übergangspunktes« machen wir mit dem gesamten Körper eine Bewegung, die das plötzliche Anhalten vermittelt (siehe Foto links).

Gleichzeitig drehen wir die Handinnenflächen nach vorn und spreizen die Finger *(Geistiger Zügel)*. Damit der Hund jedoch nah vorsitzt, sollte man die Hände nicht zu weit entgegenstrecken, sondern dicht am Körper lassen. Das Abstoppen wird nur so oft wiederholt, bis sich der Hund daran gewöhnt hat und den schnellen Stop ausführt. Ab diesem Zeitpunkt wird der schnelle Stop nur noch ab und zu (und zwar unregelmäßig!) ausgeführt: Unter zehnmal Herankommen mit Durchlaufen wird etwa ein- bis dreimal (individuell anzupassen) gestoppt.

Kurz vor dem Ankommen des Hundes wird für rechtzeitiges Abstoppen der *»Geistige Zügel«* gegeben – gleichzeitig mit beiden Händen.

Fassen wir zusammen: Der Hund weiß bis zum »Bremspunkt« nicht, ob er durchlaufen kann oder ob er stoppen soll. Weil die Übung viel öfter im Durchlaufen als mit Bremsen endet, erwartet der Hund eher das Durchlaufen und stellt sich auf Tempo ein. Das erhält den Galopp auch in der entscheidenden Strecke vom Übergangspunkt bis zum Team-Führer weiterhin schnell. Das Abstoppen selbst macht dem Hund als Geschicklichkeitsherausforderung sichtlich Spass. Zusätzlich wird das Stoppen durch anschließendes Spiel positiv bestärkt. Eine Verfeinerung besteht darin, dem Hund den »schnellen Stop« mittels Mimik anzukündigen. Nach dem Abrufen lächeln wir den Hund wie gewohnt an. Kurz vor dem Passieren des »kritischen Punktes« bringen wir erhöhte Konzentration und Spannung in den Gesichtsausdruck (anfangs übertreiben, später nur andeuten).

PHASE 6: <PLATZ AUS DER BEWEGUNG>

Bis hierher haben wir das <Herankommen aus der Bewegung> von der Paradeübung aus entwickelt. Da dem prüfungsmäßigen Herankommen jedoch das <Platz> vorausgeht, müssen wir die Übung irgendwann einmal daraufhin umgestalten. Zu welchem Zeitpunkt der Ausbildung man das <Herankommen aus Platz> in den Ausbildungsplan aufnimmt, ist individuell zu entscheiden. Wir gehen davon aus, dass der Hund die Grundhaltungen schon in TEAM-balance kennengelernt hat. Wurde <Sitz>, <Platz> und <Steh> sowie die Vorübungen der <Freifolge> parallel zum <Herankommen> geübt, so müsste der Hund spätestens in Phase 5 reif sein für ein Erfolg versprechendes Zusammenfügen der Teilübungen.

Wenn der Hund das Herankommen die ersten Male aus <Sitz> oder <Platz> ausführt, dann empfiehlt es sich, kurz nachdem der Hund sitzt oder liegt, mit 1 oder 2 »schleichenden« Schritten (wie in der Paradeübung) die positive emotionale Verknüpfung herzustellen *(Motivationsinsel)*. Wir erinnern uns an den pädagogischen Grundsatz: »Anknüpfen, wo immer möglich!«

PHASE 7: »LERNPAUSE«

Wurde die Übung <Herankommen> durch Wiederholung erfolgreich vermittelt, so können wir entweder zu den beiden letzten Lernstufen *Abwandlung* und *Festigung* übergehen oder aber auch eine »Lernpause« einlegen. Viel spricht für die »schöpferische Pause«!

Man darf nicht übersehen, dass neben dem Üben auch die Zeit für Veränderungen des bereits Gelernten sorgt. Konzertisten wissen um die ungeheure Kraft der Zeit. Das hoch virtuose Klavierstück beispielsweise braucht neben aller manueller Fertigkeit auch Zeit – Zeit um abzuliegen, um in die tieferen »Kammern« des Unterbewusstseins abzusinken, um mit den zahllosen Eindrücken, die im Gehirn gespeichert sind, verbunden zu werden. Weder das häufigste noch das längste oder beste Üben kann die ZEIT ersetzen, die zur inneren Ausreifung einer Fertigkeit erforderlich ist. Man hält also eine fast abgeschlossene Übung ganz gezielt im *Schwebezustand*. – Hören wir also damit auf, uns (und unseren Clubkameraden) Woche für Woche immer wieder beweisen zu wollen, was unser Hund alles kann! – Kurz nach Festigung einer Übung kann man diese entweder vorübergehend ganz absetzen oder nur noch sporadisch einbauen. Wurde sie ganz abgesetzt, kommt sie anschließend wieder neu, diesmal selbstverständlich im Zeitraffertempo auf den Plan.

PHASE 8: SPANNUNGSAUFBAU UND GRUNDSTELLUNG ALS ABSCHLUSS DER ÜBUNG

Die <Grundstellung aus dem Vorsitzen> kommt verhältnismäßig spät hinzu. Sowohl <Vorsitzen> als auch <Grundstellung> und <Vorsitzen aus der Grundstellung> werden in eigenen Abschnitten beschrieben. Bis das <Herankommen> auf Phase 8 steht, müsste die <Grundstellung aus dem Vorsitzen> vermittelt worden sein. Der Zusammenschluss des <Herankommens> mit dem prüfungsmäßigen Abschluss in der <Grundstellung> bereitet in der Regel kaum Probleme. Sollte der Hund infolge der Grundstellung schief sitzen, sollte man auf die bereits beschriebenen

Leitzäune, Leitpflöcke oder Leitgerten zurückgreifen (siehe Seite 136). Wichtig ist, dass der Hund nicht nur schnell ankommt, sondern auch erwartungsvoll vorsitzt. Dies erreicht man anfangs durch stimulierende Kommunikation beim Ankommen des Hundes (Mimik und falls noch erforderlich Ganzkörpersprache) und durch anschließendes Spiel, später allein durch unauffällige Gesichtsmimik. Manche Team-Führer halten ein Leckerli im Mund versteckt und spucken es dem Hund beim Vorsitzen zu. Der Hund schaut natürlich auf und steht gleichzeitig in positiver Erwartung.

Die kommunikativ gehaltene Spannung wird im Idealfall (im Turnier und in Prüfungen) zirka 3 Sekunden lang gehalten. Im Training variiert man die Dauer zwischen 1 und zirka 10 Sekunden. Das Lösen der Spannung erfolgt wie gewohnt durch ein f r e u n d l i c h e s <Fuß> und – wenn der Hund in der Grundstellung angekommen ist – anschließendes *Freies Spiel* oder Futter.

Es ist ratsam, mit Grundstellungen sparsam umzugehen! Beherrscht der Hund den Abschluss in der Grundstellung, sollte man sie eher selten fordern und lieber gleich nach dem Herankommen oder Vorsitzen zum *Freien Spiel* übergehen.

ALTERNATIVE: Futter entgegenspucken oder Bewegungsspiel.

PHASE 9: ABWANDLUNG UND ABWECHSLUNG

Leider wird die *Abwandlung*, einer der wichtigsten Punkte der klassischen Lernstufen, oft vernachlässigt. Angesichts der Vorteile, die sich mit abwandelndem Üben verbinden, ist dies unverständlich. Abwandlung ist ja kein Selbstzweck, sondern dient gleichzeitig der Festigung, Vertiefung, Absicherung und Aufrechterhaltung der Motivation. Inhalte, an denen kein Sportler vorbei kommt.

Hier einige Anregungen zur Abwandlung der Übung <Herankommen>:

▶ Die Richtungsmöglichkeiten des Übungsplatzes wechseln: rauf, runter, aber auch die kurzen Strecken nach links und rechts; später auch diagonal.
▶ Länge der Strecke wechseln: von 20 bis 100 Meter, soweit es die örtlichen Möglichkeiten erlauben.
▶ Übungsplatz wechseln, auch auf einem für den Hund unbekannten Gelände üben (nach Einholen der Erlaubnis der Eigentümer beispielsweise auch auf Wiesen, über Sand oder auf Feldern).
▶ Wechseln des Motivationsbereichs: einmal mit Futter, das andere Mal mit Spielbeute, ein drittes Mal mit Bewegungsmotivation (nach dem Herankommen und Vorsitzen mit einem Lauf- und Sozialspiel beginnen, das am Ende auch in ein Beute- oder Futterspiel übergehen kann).
▶ Wechseln des MOs: unterschiedliches Futter, unterschiedliche Spielbeute-MOs usw.
▶ Wenn der Hund schon weit fortgeschritten ist und das Bringen über die Hürde bereits gelernt hat: Aufstellen eines (niedrigen!) Hindernisses (oder eines Agility-Tunnels) an beliebigem Ort der Laufstrecke.

CHECKLISTE ABSICHERUNG

Schrittweises Steigern der Ablenkung

- ✓ Verlängern der Strecke
- ✓ Aufstellen von Hindernissen links und/oder rechts der Lauflinie
- ✓ Aufstellen von einzelnen, zunächst ruhig stehenden, später sich bewegenden Personen links und rechts der Lauflinie
- ✓ Heranrufen des Hundes durch eine Gasse aus Leitpflöcken (in Abwandlung auch durch Leitpflöcke, die auf jeder Seite mit Markierungsband verbunden wurden)
- ✓ Heranrufen des Hundes durch eine Gasse innerhalb einer Menschenmenge (schrittweise enger gestalten); Steigerung: die Menschen bewegen sich
- ✓ Heranrufen des Hundes durch links und/oder rechts der Laufstrecke ruhig stehende Team-Führer mit ihren angeleinten Hunden; Steigerung: Team-Führer und Hunde bewegen sich mehr und mehr; schließlich machen die seitlich stehenden Team-Führer ein *Freies Spiel* mit ihren (vorerst zur Sicherheit angeleinten) Hunden
- ✓ Heranrufen des Hundes durch eine Menschengruppe, in der Geräusche erzeugt werden: Schirme aufspannen, Tüten knallen, Lachen, Klatschen, Föhn oder Rasenmäher einschalten, Fahrrad schieben und Klingeln usw.

PHASE 10: ABSICHERUNG

Die Übergänge der Absicherung und Abwandlung sind fließend. Ein nicht geringer Teil der Absicherung ergibt sich aus der fortwährenden Abwandlung. Um dem Hund zu noch mehr Sicherheit zu verhelfen, steigern wir die Leistungsanforderung und/oder die Ablenkung. Vor Übertreibungen, vor allem aber vor zu früh angesetzten Überforderungen sei gewarnt! Der Hund ist in der Lage, extreme, ja geradezu unwahrscheinliche Ablenkungen fehlerfrei zu bestehen, wenn man schrittweise steigert.
Zu Vorschlägen siehe Checkliste Seite 141.
Der Fantasie sind keine Grenzen gesetzt. Abwechslungen erfrischen nicht nur den Hund, sondern bilden auch für den Team-Führer einen nicht zu unterschätzenden Reiz.

PHASE 11: AUFRECHTERHALTUNG DER MOTIVATION

Übungen, die der Hund beherrscht, dürfen nicht endlos wiederholt werden! Vorübergehende *Abstinenz* ist eine der vielversprechendsten Vorkehrungen gegen zunehmende Lustlosigkeit – gegen die gefürchtete *Versandung der Motivation*. *Abwandlung* und *Abwechslung* sind die beiden anderen Gegenmaßnahmen. Erinnern wir uns an den alten Spruch der Römer: »Variatio delectat« = Abwechslung erfreut. Abwechslung auf allen Ebenen! Auf verschiedene Möglichkeiten wurde bereits hingewiesen.
<u>Hier noch ein zusätzlicher Tipp:</u> Die meisten Hunde entwickeln (weitgehend übungsbedingt!) ein Vorliebe für einen bestimmten Motivationsbereich und bestimmte MOs. Es hat sich jedoch bewährt, dieser Vorliebe nicht pausenlos nachzugeben, sondern das Vorzugs-MO von Zeit zu Zeit vorübergehend abzusetzen bzw. durch ein anderes auszutauschen – auch wenn der Hund daraufhin nicht die gewohnte Handlungsbereitschaft zeigt! Nach einigen Wochen gestauter Lust wird der Hund mit seinem Vorzugs-MO wieder in gewohnter Frische spielen.

Abliegen unter Ablenkung

Die Lernphasen *Vermittlung* (Erste Annäherung) und *Erlernen* des <Abliegens unter Ablenkung> hat der Hund bereits bei der *Paradeübung* und im <Abliegen mit Herankommen> erworben. <Abliegen und Warten> kann er schon. Trotzdem werden wir der Übung <Abliegen unter Ablenkung> ein eigenes Kapitel widmen. Zu weit ist die heute praktizierte Ausführung dieser Übung von dem entfernt, was sie eigentlich beinhaltet. Ursprünglich war das <Abliegen unter Ablenkung> für den Gebrauchshund gedacht. An jedem x-beliebigen Ort und allen Ablenkungen zum Trotz auf Herrchen oder Frauchen zuverlässig zu warten, das war früher das Aushängeschild einer gelungenen Ausbildung. Davon sind wir heute, im Jahre 1999, weit entfernt. Abliegen unter Ablenkung wird alles andere als praxisbezogen gehandhabt.

Liegt der Hund ruhig da und verändert seine Haltung nicht erheblich, so hat er das Soll erfüllt. Es gibt keinen Punkt mehr für die aus erzieherischer wie sportlicher Sicht höhere Leistung eines aufmerksamen, erwartungsvollen und aktionsbereiten Liegens. Es ist wieder die gleiche, alte Geschichte: Der Formalismus treibt Blüten und das Wesentliche kommt zu kurz. Meiner Vorstellung nach dürfte die volle Punktzahl für diese Übung nur dann gegeben werden, wenn der Hund die gesamte Zeit des Abliegens unter Ablenkung mit gespitzten Ohren liegen würde, das Versteck nicht aus den Augen lassend, und in einer signifikanten Erwartungshaltung: aufmerksam, spannungsvoll, selbstsicher, kontrolliert und stressfrei.

Phase 1: Kurzes Warten auf variable Aktivitäten des Hundeführers

Kann der Team-Führer auf der bisher beschriebenen Team-Ausbildung aufbauen, so dürfte die hohe Anforderung auch dieser Übung greifbar nahe liegen. Auch hier kommt es darauf an, die Aufgabe lustvoll zu gestalten und durch geschickte Motivationsbalance der Einzelteile untereinander und durch Reihenfolge, Intensität und Häufigkeit der Teilübungen zielführend auf die vollständige Ausführung hinzulenken.

Wir legen den Hund in gewohnter Weise ab, entfernen uns spannungsvoll von ihm und drehen uns mitten im Weggehen um, geben einen akustischen und gestischen Auslöser und rufen ihn damit zu uns her. Beim Team-Führer angekommen, folgt Spiel und Lob. Auf diese Weise lernt der Hund das Weggehen des Team-Führers mit Aufmerksamkeit zu verfolgen. Dass der Hund auf Grund dieser Übung irgendwann einmal aus dem Abliegen von alleine aufstehen könnte, ist eine reine Hypothese, die wir in mittlerweile acht Jahren nicht ein einziges Mal

Beim <Abliegen unter Ablenkung> stellen wir uns im Idealfall einen Hund vor, der während der gesamten Zeit erwartungsvoll und freudig wartet, das Versteck (gegenüberliegende Seite) nicht aus den Augen lassend – in jedem Augenblick sprungbereit. Leider werden in dieser Übung Leistungsunterschiede von Richtern oft ignoriert oder gar nivelliert.

bestätigt fanden. Im Gegenteil! Hunde, die immerzu mit der Herausforderung, trotz hoher Erwartung warten zu müssen, konfrontiert wurden, sind in diesem Punkt zuverlässiger.
Anschließend wiederholen wir die Übung, diesmal gehen wir aber bis ins Versteck (bzw. bei SchH I bis vor das Versteck). Dort bleiben wir nur kurz, zeigen uns ab und zu seitlich oder lassen eine Hand oben darüber schauen. Auch Geräusche sind hilfreich. Es folgen Momente der Stille. Dann treten wir heraus, nähern uns dem Hund in spannungsvoller Haltung (diese intensiven Hilfen werden später abgebaut) und rufen ihn nach einigen Schritten wie gehabt ab. Dann wiederholen wir die Übung noch ein drittes Mal, diesmal jedoch rufen wir den Hund zu uns in Richtung Versteck. Dort folgt wie gewohnt eine beliebige Form der Bestärkung (variieren!).
Der Hund lernt auf diese Weise dreierlei:
➤ Das Weggehen des Team-Führers kann sich als höchst viel versprechend entpuppen.
➤ Auch das Warten hinter der Wand kann sich lohnen.
➤ Sogar beim Zurückgehen kann es Frauchen oder Herrchen einfallen, zu einer lustvollen Aktion einzuladen.

Warten hat der Hund gelernt. Das kann er. Ein im Spiel gereifter Hund wird in der Lage sein, die drei beschriebenen Aufgaben auf Anhieb zu lösen. Wenn nicht, so hat man vorher gepfuscht. In derartigen Fällen ist der beste Rat, zuerst einmal das Niveau des *Reifen Spiels*, die *Motivationsbalance* und vor allem den *Geistigen Zügel* zu erlernen. Von der oft genützten »Notlösung«, eine Hilfsperson könne beim abgelegten Hund stehenbleiben und die Leine in die Hand nehmen, um eventuelles Aufstehen zu verhindern, halten wir nicht viel. Allzu leicht rutscht man auf diese Weise wieder in das alte Fahrwasser: »Zwang, wenn die Methode (oder der Hundeführer) versagt«.

PHASE 2: VARIIEREN
Im weiteren Verlauf dehnen wir, je nach Hund, eine der Variablen aus. Beispielsweise verlängern wir die Zeit oder den Abstand zum Hund, oder wir reduzieren die Aktionen hinter dem Versteck. Außerdem ändern wir die Reihenfolge der Teilübungen. Auch der Abliegeort und das Versteck werden von Übung zu Übung gewechselt. Das dient nicht nur der Absicherung, sondern langfristig auch dem Erhalt der Moti-

vation. Bei allen Entscheidungen in Richtung Variabilität darf man jedoch den Schwierigkeitsgrad (Anspruchsniveau) nicht überziehen. Auch das Kombinieren von Veränderungen ist vor allem anfangs mit Verstand (das heißt pädagogisch vorausdenkend!) vorzunehmen. Die Wartezeit wird in der zweiten Phase bei 1 bis 2 Minuten liegen. Die volle Ausdehnung auf längere Zeiten empfiehlt sich für viele Hunde erst wesentlich später.

PHASE 3: AUSBAU DER AKTIONSLOSEN ZEITEN
Das Training sollte (das gilt auch für andere Übungen) im Hinblick auf lange Wartezeiten in aktionslosen Phasen so gestaltet werden, dass die Wartezeit selbst zur Motivation wird. Das kann natürlich nur eintreten, wenn die Länge der Wartezeit den Hund nicht überfordert und wenn nach der Wartezeit lustvolle Aktionen folgen. Wir werden daher ab und zu kurze (!) aktionslose Phasen einbauen. Das heißt Zeiten, in denen der Team-Führer nichts unternimmt, also weder optische noch akustische Signale gibt. Gleichzeitig wird in dieser Phase die Abwechslung weiter ausgebaut. Der Team-Führer verbirgt sich nicht nur im Versteck, sondern auch mal hinter einem Baum, Zaun oder hinter einer Wand. Oder er geht sogar ins Clubhaus, mischt sich unter Leute usw.
Wichtig ist auch hier: Der Hund soll lernen, Warten ist höchst interessant und wird belohnt. Mitten im Weggehen oder wenn sich der Team-Führer unter Leute gemischt hat, dreht er sich um und ruft den Hund ab, geht ihm entgegen und spielt mit ihm. So könnte das etwa aussehen. Der Fantasie sind keine Grenzen gesetzt. In jeder Situation jedoch darf sich der Hund nie verselbstständigen. Erst nach dem Auslöser darf er aufspringen und seinen Platz verlassen. Kommt er zu früh her, wird er auf den alten Platz zurückgeführt und dort wieder abgelegt.

PHASE 4: ABLENKUNGEN, ABSICHERUNG
In der vierten Phase dehnen wir die Wartezeit noch weiter aus. Das heißt jedoch nicht, dass der Hund ab jetzt 3 Minuten, eine Woche später 4 Minuten usw. abliegen soll. Wir werden den Hund weiterhin, solange wir die Übung <Abliegen unter Ablenkung> ausbauen, mehrmals hintereinander (nach Belieben auch nach zwischengeschalteten anderen Aufgaben) abliegen lassen, wobei nach wie vor die kurzen Zeiten überwiegen. Allerdings wird die durchschnittliche Wartezeit zusehends ausgedehnt.
Zeigt sich der Hund nach wie vor motiviert und kontrolliert, so kann man langsam dazu übergehen, Ablenkungen einzubauen. Etwa derart, dass einige Hilfspersonen auf- und abgehen, ihren Hund an der Leine führend immer näher am abliegenden Hund vorbeigehen usw. Hier kann allerdings eine Hilfsperson, die den abliegenden Hund mit einer Leine gegen mögliche Aggressionen absichert, durchaus sinnvoll sein. Nach wie vor gilt: Der Hund darf nicht überfordert werden. Also in kleinen Schritten steigern. Zuerst einzelne Ablenkungen, dann mehrere Ablenkungen kombinieren. Ablenkungen können akustischer, visueller, geruchlicher Natur sein und bei extremen Herausforderungen auch taktil (Berührung) eingebracht werden. Hat der Hund die Ablenkung bewältigt, folgt wie gewohnt Lob und Belohnung.
Eine weitere Möglichkeit, den Hund im Liegen abzusichern: Der Hund wird in der Nähe eines Verstecks abgelegt. Eine Hilfsperson hält ihn an einer vier-Meter-Leine. Der Team-Führer entfernt sich in einem spitzen Winkel zum Versteck, so dass er durch einen einzigen Schritt für den Hund außer Sicht kommt. Das stellt für den Hund eine starke Belastung dar. Er möchte seine Position verbessern, um Herrchen wieder zu sehen. Aber er muss liegen bleiben. Das ist jetzt das Abliegen als »Unter«-Ordnungsübung. Auch hier kann man jedoch Zwang weitestgehend umgehen, indem man die Übung erst gegen Ende der Ausbildung, wenn der Hund schon gut führig ist, einfügt und die Belastung in kleinen Schritten vermittelt: anfangs nur einen Schritt in den toten Winkel und sofort wieder zurück in den sichtbaren Bereich. Später meh-

rere Schritte oder im toten Winkel verweilen. Kurz nach dem Zurücktreten in den sichtbaren Bereich kann ein Spiel und Belohnung folgen.

PHASE 5: PRÜFUNGSMÄSSIGE AUSFÜHRUNG
Wir beginnen mit einem Richteranmarsch, der nachfolgenden Meldung und dem Ablegen des Hundes. Werden diese Elemente erst in der fünften Phase eingebaut, so empfiehlt es sich, kurz nach der Anmeldung beispielsweise eine Belohnung oder Spiel folgen zu lassen. Das kann entweder mit dem Anbiss bzw. der Futtergabe oder aber auch mit dem Vorenthalten enden.

Nach dem Abliegen wird die Übung wie eine Art Test prüfungsmäßig durchgeführt, wobei der Team-Führer den zur Verfügung stehenden Freiraum der Kommunikation über Blickkontakt nicht ungenützt lassen sollte. Je mehr die vorausgegangenen Hilfen zurücktreten, desto wichtiger werden die noch erlaubten Signale im Bereich natürlicher Haltung und Bewegung!

Die entscheidende Kunst liegt meiner Auffassung nach darin, mit dem Hund allein durch natürliche Signale ebenso gut zu kommunizieren wie durch üppige Körpersprache und andere Hilfen. Voraussetzung hierfür ist, dass wir uns stets unserer eigenen Emotionalität bewusst sind und diese immer besser steuern lernen. Allein das Weggehen vom abgelegten Hund oder das Herantreten kann entweder nichtssagend aussehen oder aber höchst motivierend wirken.

Nach dem Herantreten an den Hund nimmt man erneut Blickkontakt mit ihm auf (nach links drehen nur so weit, wie für die Wiederaufnahme des Blickkontakts erforderlich). Ein Lächeln wirkt oft Wunder! Schaut der Hund auf, so baut man mehr und mehr innere Spannung auf, wartet das O.K. des Richters ab und ruft den Hund mit einem freundlichen <Fuß> aus dem Platz in die Grundstellung. Sofort anschließend folgt ein Feuerwerk an Belohnung und/oder Spiel. Die Belohnung an dieser Stelle sollte lange Zeit nahezu jedesmal erfolgen, damit der Hund nach dem Abliegen und der

Sprünge machen Spaß. Aber Vorsicht! Sprünge beinhalten ein nicht geringes Gesundheitsrisiko. Für den einen Hund mehr, für den anderen weniger.

Grundstellung gewohnheitsmäßig in eine hohe Erwartung gerät.

Wir sehen, kein Prinzip lässt sich unter der Vorgabe lebensnaher Vorgänge ohne Ausnahme durchhalten. Auch nicht das Prinzip der Abwechslung. Es ist eben eine Frage der Intelligenz und der Kreativität, mit Abwechslung einerseits und mit Wiederholung andererseits zielführend umzugehen. In der anliegenden Situation betonen wir bewusst die Wiederholung und nicht die Abwechslung. Nur so wird es möglich sein, den Hund auf eine wenig motivierende Situation vorzubereiten. Lernt der Hund: »am Ende des Wartens und der Grundstellung kommt das Spiel«, dann wird seine Erwartung einsetzen. Lernt er, wie es üblich ist, Abliegen ist langweilig, so wird er emotional abbauen und sich höchstwahrscheinlich von Turnier zu Turnier mehr auf das konzentrieren, was sich für ein Hundeherz anbietet. Der Team-Führer gerät dabei immer mehr außerhalb des Interesses. Kommt er dann zurück, tritt neben seinen Hund und gibt diesem das strenge ‹Fußß!›, dann kann man am Ausdruck des Hundes – vermenschlicht ausgedrückt – etwa Folgendes ablesen: »Herrchen da – Übung also zu Ende – und jetzt kommt, oje, schon wieder ‹Fußß!›«.

Hürde und Kletterwand: Erste Annäherung

Hürde

Die Belastungen, die bei Sprüngen über Hürde und Steilwand von der Vorderhand aufzufangen sind, werden oft unterschätzt. Vor allem die punktuellen Kräfte, die nicht in neue Bewegung abgeleitet werden, führen oft zu Zerrungen oder nachhaltigen Überbelastungen. Wiederholen sich ähnliche Vorgänge, so sind mitunter lebenslange Schäden die Folge. Manche Rassen und Individuen eignen sich besser, andere weniger gut für Sprünge. Ungeachtet vorhandener Prädestination sind Sprünge im Rahmen ernst zu nehmender Abnützung und erheblicher Risiken zu sehen. Ähnlich wie das Pferd ist auch der Hund anfällig im Bereich der Vorderhand. Schonung und Vermeiden von Risiken heißt die Devise. In Bezug auf die Ausbildung ergeben sich daraus wichtige Erweiterungen. Beim Springen geht es daher neben didaktisch-methodischen Überlegungen vordergründig um die Gesunderhaltung. Die immer wieder anzutreffenden Fehler sind auf methodischer Seite das mehr oder minder ausgeprägte Erzwingen des Sprungs an Stelle einer freudigen Vermittlung der Aufgabe, aus anatomisch-physikalischer Sicht sind es vor allem die viel zu früh geforderten Sprunghöhen und die vielen Sprungwiederholungen sowie die physiologisch ungünstigen Ausführungstechniken, die dem Hund unnötig überdimensionierte Punkt- und Schockbelastungen abverlangen. Zudem werden die Sprungleistungen oft ohne jede Aufwärmung und Vorbereitung (Einspringen) durchgeführt.

Die negativen Folgen sind dementsprechend vielfältig und teils gravierend:
➤ Vorzeitige Verschleißerscheinungen und irreparable Gelenkschäden findet man bei relativ vielen Hunden vornehmlich jener Hundesportarten, wo Sprungleistungen im Repertoire stehen.
➤ Verhältnismäßig viele Hunde zeigen motivationale Probleme beim Springen über die Hürde. Diese Probleme sind um so unverständlicher, als Springen an sich hoch potenzierte Primärmotivation beinhaltet. Laufen und Springen macht dem Hund Freude, auch ohne MO, Futter oder sonst etwas. Hat der Hund hier Probleme, so ist er entweder krank, zu fett, erblich belastet, oder der Mensch hat ihn demotiviert. Leider trifft Letzteres immer wieder zu, indem Hunde viel zu früh und ohne vernünftigen methodischen Aufbau zum Springen v e r a n l a s s t bzw. mehr oder minder gezwungen werden. Infolgedessen treten dann Fehler auf. Der Hund läuft außen am Hindernis vorbei, streift, setzt an der Oberkante auf, kommt betont langsam zurück, setzt sich in weitem Abstand vor, lässt das Bring-Holz fallen usw.

Worauf ist also zu achten? Zunächst geht es einmal darum, Gesundheitsrisiken zu vermeiden. Daher empfiehlt sich vor dem Springen ein kurzes *warming up* und einige Sprünge auf niederer Höhe. Wiederholungen sollte man betont sparsam durchführen. Beherrscht der Hund gegen Ende der Ausbildung die Übung, so sind Wiederholungen bei risikobehafteten Rassen (und Individuen) entsprechend einzuschränken! Es gibt Ausbilder, die dazu raten, den Hund erst ab 9 bis 12 Monaten springen zu lassen. Nun, über niedere Hindernisse kann auch schon ein Welpe springen, ohne Schaden zu leiden. – Also setzen wir die Hürden anfangs betont nieder. Beherrscht der Hund alle anderen Teile des Sprungs, so ist die Höhe in der Regel nicht das Problem. Probleme bereiten mangelndes Vertrauen, Überforderung, schädlicher Stress, beeinträchtigte Selbstsicherheit, gestörte Unbe-

Der gemeinsame Sprung mit anschließendem Rücksprung macht dem Hund riesig Spaß und bereitet das prüfungsmäßige Apportieren über die Hürde vor.

fangenheit oder Demotivation. Lauter Faktoren, für die (mit Ausnahmen) der Team-Führer die Verantwortung trägt.

Es ist daher sinnvoll, die Sprungaufgaben trotz ihres hohen Anteils an Primärmotivation sorgsam und durchdacht aufzubauen.

Phase 1: Vorübung Sprung über die Hürde (Erste Annäherung und Erlernstufe)

Pädagogische Hinweise: Wir nützen Nachahmung, Sozialerlebnis, Primärmotivation und Sekundärmotivation sowie die Motivationsbereiche Bewegung und Geschicklichkeit.

Hier kurz der Aufbau der Übung: Ein ausgebildeter Hund, der beispielhaft springt, sorgt gemeinsam mit seinem Team-Führer für das Vorbild. Die Hürde wird extrem tief eingestellt (für mittelgroße Hunde reichen beispielsweise 15 bis 20 Zentimeter schon aus). Um seitliches Vorbeilaufen von vornherein auszuschließen, werden links und rechts neben der Hürde ausreichend hohe (und lange) Tabuzäune *(Passive Einwirkung)* aufgebaut.

Der junge Hund, der die Übung zum erstenmal macht, muss zuerst mit den Geräten vertraut gemacht werden. Anschließend stellt sich der Team-Führer mit dem angeleinten jungen Hund seitlich neben die Hürde. Der ausgebildete Hund läuft mit seinem Team-Führer auf den Platz. Beide springen gemeinsam über die Hürde. Und zwar hin und zurück. Beim Rücksprung wird das MO in Laufrichtung (also hinaus in Richtung Eingang) geworfen. Während das Vorbild-Team hinausläuft, ahmt das zweite Team den Vorgang nach: Nach dem Ableinen springen beide über die Hürde, hin und zurück. Beim Rücksprung wird das MO geworfen. In dieser Anordnung sind Fehler weitgehend ausgeschlossen. Aber noch viel wichtiger ist: Der Sprung wurde von Anfang an auf mehreren Ebenen positiv motivational verankert *(Integrative Motivation!)*:

➤ Vorbild stimuliert zum Nacheifern.

➤ Gemeinsam mit Frauchen oder Herrchen zu springen, macht enorm Spaß (soziale Komponente).
➤ Die Aufgabe ist leicht zu bewältigen (Anspruchsniveau).
➤ Das Umkehren nach dem ersten Sprung beinhaltet zusätzliche Stimulation.
➤ Nach dem Rücksprung fliegt das MO.

Wichtig ist, dass diese Form über Wochen hin wiederholt wird. Es empfiehlt sich, Hürde und Zäune aufgestellt zu lassen und vorübergehend bei jedem Trainingstag einige Male darüber zu springen.

Der beschriebene Aufbau lässt sich auch in der Gruppe durchführen. In diesem Fall ist es vorteilhaft, 2 oder 3 Hürden aufzubauen, so dass die Teams im Kreis laufen und darüber springen können. Das Üben in der Gruppe setzt allerdings voraus, dass die Hunde untereinander gut sozialisiert sind (hierbei hilft ein kurzes Sozialisierungsprogramm vor jeder Übungsstunde) und auf dem Niveau der TEAM-balance stehen.

Leinen sollte man beim Springen aus Sicherheitsgründen nicht verwenden. Der Team-Führer muss in der Lage sein, den Hund auch ohne Leine an sich zu »binden« – mittels Motivation oder, wenn nötig, durch Autorität.

Auch hier vermeiden wir anfangs das Hörzeichen! Nach einigen Wochen kommt das Hörzeichen <Hopp> hinzu. Inzwischen hat nicht nur der Hund, sondern auch der Team-Führer Vertrauen und Selbstsicherheit gewonnen. Herrchen weiß, er kann sich auf seinen Hund verlassen. In dieser inneren Sicherheit ist keine Veranlassung mehr gegeben, den Sprung zwanghaft zu fordern. Das Hörzeichen dient vielmehr als freundliche Einladung für ein freudiges Ereignis. Auf diesen wesentlichen Unterschied kann nicht oft genug hingewiesen werden. Man kann die ganze Übung mit einem hart ausgesprochenen Hörzeichen zerstören.

Wichtig ist außerdem, dass das Hörzeichen rechtzeitig gegeben wird! Der Hund weiß selbst, wann er abspringt. Aber er kann durch das Hörzeichen in seinem eigenen Timing erheblich beeinflusst und dabei auch gestört werden. Am besten, man beobachtet den Hund während des gemeinsamen Springens, um herauszufinden, wo er abspringt. Kurz vorher sollte das Hörzeichen erfolgen. Im Absprung oder danach ist es, wie gesagt, zu spät.

PHASE 2: ABWECHSLUNG

Wie schon erwähnt, hat man die strenge chronologische Aufeinanderfolge von Lernschritten zu Gunsten offener curricularer Modelle aufgegeben. Das heißt, Abwandlung kann beispielsweise schon in die Erlernstufe mit einfließen.

Hierzu ein Beispiel: Während der Vermittlungs- und Erlernstufe kann das Springen auch bei Spaziergängen eingesetzt werden: über Gräben, Hindernisse, Bäche oder niedere Mauern. Kurz: Es eignet sich alles, was eine ähnliche Beschaffenheit wie die Trainings-Hürde aufweist. Es liegt auf der Hand, dass in den beschriebenen Situa-

ABWANDLUNGEN EINBAUEN

Abwandlungen beim Hürdensprung

Ist der Hund noch nicht ausgewachsen, so kann man die Zeit, bis die Hürde höher gestellt werden darf, sinnvoll nützen, indem man jetzt schon Abwandlungen einbringt.

✓ Wechsel des Hürden-Standortes
✓ Verwendung einer anders geformten Hürde
✓ Verwendung von Stockhürden
✓ Wechsel der Farbe (z. B. durch Überdecken mit andersfarbigem Plastiktuch)
✓ Wechsel des MO (falls schon eines verwendet wird) usw.
✓ Variieren der Anlauflänge und/oder der Strecke von der Hürde bis zum Team-Führer (beide Distanzen können auch asymmetrisch variiert werden).

Das Spiel auf der flach gestellten A-Wand lenkt den Hund von Befangenheit ab. Wenn der Trainer geschickt vorgeht, kann er dem Hund von Anfang an spielerisch das schonende An- und Abklettern vermitteln.

tionen erheblich mehr Primärmotivationen bereitstehen als im isolierten und weitgehend gleichbleibenden Umfeld des Hundeplatzes.

Kletterwand (A-Wand)

Ähnlich wie bei der Hürde gilt auch für die A-Wand: Neben der Motivation sind auch hier Schonung und Risikovermeidung in die didaktischen Überlegungen einzubinden. Dabei ist anzumerken, dass die SchH-Kletterwand im Vergleich zur Hürde noch höhere Risiken beinhaltet. In der Agility muss der Hund die so genannten *Kontaktzonen* mit allen vier Pfoten berührt haben. Dank dieser genialen Idee kann nur bei gelenkschonender Ausführung volle Punktzahl erreicht werden. Es ist unverständlich, weshalb diese vorbildliche Regelung nicht längst von allen anderen Hundesportarten, die den Klettersprung im Programm haben, übernommen wurde.

Leider umgehen immer mehr Agility-Sportler die ursprüngliche Idee der Kontaktzonen, indem sie den Hund konditionieren, in einer Art Weitsprung aufzuspringen. Das sichert natürlich, dass der Hund mit allen vier Pfoten die Kontaktzonen berührt. Da es jedoch die schonendere und sportlich höhere Leistung darstellt, wenn der Hund ohne Unterbrechung der Laufbewegung die Wand anklettert, sollte man vom Aufspringen, in welcher Form auch immer, Abstand nehmen. Gerade in der Agility, wo die Vorderhand ohnehin schon enorm stark belastet wird, sollte man überflüssige Risiken und Abnützungsfaktoren vermeiden.

Aus Sicherheitsgründen ist es ratsam, erst einmal die technischen Voraussetzungen der Kletterwand zu prüfen: Steht sie fest am Boden? Sind Latten und Schrauben gut verankert? Weist die Kletterwand eine rutschfeste Unterlage auf? Ist die Kletterfläche frei von Verletzungsgefahren (vorstehende Metall- oder Holzteile u. Ä.)? Außerdem ist zu berücksichtigen, dass Raureif und Eis dem Hund gefährlich werden können.

Phase 1: Vorübung Kletterwand
(Erste Annäherung)
Die A-Wand wird anfangs sehr flach gestellt, etwa auf 20° bis 25° Neigung. Das Flachstellen allein reicht jedoch nicht aus. Der Hund muss von Anfang an lernen, sowohl beim *Anklettern* als auch *Abklettern* abzubremsen und trotzdem die Übung als Ganzes selbstsicher, vital und zügig zu zeigen. Hat der Hund gelernt, die Kletterwand anspringend und abspringend zu bewältigen, wird es enorm schwierig, die gefestigte Gewohnheit später abzulegen.
Auch hier gilt: Am Anfang geht es vor allem um Vertrauen! Wir nähern uns, aus einer arglosen spielerischen Stimmung heraus, der Kletterwand, klettern möglicherweise selbst hinauf (wenn sie das aushält!) und setzen uns etwa ins erste Drittel. Währenddessen beobachten wir den Hund. Zeigt er sich unbefangen oder ängstlich?
Im weiteren Verlauf lassen wir etwa einen Ball (oder Schleuderball bzw. andere MOs) hinunter rollen. Der Hund wird mit dem am Boden aufkommenden Ball spielen. Nach einigen Wiederholungen lassen wir den Ball nicht mehr hinunter rollen, sondern stimulieren den Hund, zu uns hinaufzuklettern, um sich das MO zu holen. Hierzu setzen wir uns so weit nach oben, wie es uns für den Hund zumutbar scheint. Bei uns angekommen, spielen wir mit ihm auf der Kletterwand.
Vorsicht! Der Hund darf in der Lernstufe der *Ersten Annäherung* (Vermittlungsstufe) nicht überfordert werden. Im Vordergrund steht das Lernziel der Vertrauensbildung!

U-Bögen oder auch der Tunnel stellen weitere Möglichkeiten dar, das korrekte An- und Abklettern der Kontaktzonen (Agility) zu üben.

Es gibt sicher zahlreiche Team-Führer, die meinen, derartige »kindische« Vorübungen seien unnötig und nur für »schwache Hunde« oder für ihrer Meinung nach »minderwertige Rassen« erforderlich. Sie selbst könnten sich derartige »Umwege« sparen und gleich »zur Sache« gehen. Es sind dies aber dieselben Leute, die immer wieder selbst gravierende Probleme verursachen. Der scheinbare Mehraufwand, am Anfang einer jeden Übung ein solides Fundament aus Vertrauen und Unbefangenheit zu bilden, lohnt sich im weiteren Verlauf und hilft, den Ausbildungsweg weitgehend störungsfrei, angenehm und ökonomisch zu gestalten. Langfristig gesehen ist dies nicht nur der Erfolg versprechendere, sondern auch der kürzere Weg.
Die *Erste Annäherung* behutsam anzugehen hat aber noch weitere Vorteile:
▶ Der Ausbilder kann während des Übens den Hund genau beobachten und dabei abschätzen, wie die Bewältigungs-Chancen der nächst geplanten methodischen Schritte liegen.
▶ Das Beobachten bietet sich an, um die individuelle Methodik bis ins Detail gedanklich zu optimieren (*mental-methodische* Vorgehensweise).

PHASE 2: SCHONENDES UND FEHLERFREIES ANKLETTERN (ERLERNSTUFE)

Die Wand steht immer noch auf 20° bis 25° (oder ein wenig steiler).

Hat der Hund die *Erste Annäherung* bewältigt, so bauen wir das schonende Anklettern ein. An Stelle von Zwang vertrauen wir auch hier den bewährten Wegen der *positiven Motivation*, der *Passiven Einwirkung* oder einer Kombination aus beidem.

☞ **Problemhilfe 1** gegen Überspringen der Kontaktzonen:

Wir legen den Hund unmittelbar vor der Kletterwand ab, und zwar so, dass die Vorderpfoten auf der Höhe der Kante liegen. Nach vorausgegangenem Spannungsaufbau wird der Hund mit <Bring> (SchH), <Los> oder einem anderen Hörzeichen zum Starten freigegeben. Das MO wird jedoch im unmittelbaren Bereich des Ankletterns gehalten, und eben dort wird ein kurzes *Freies Spiel* durchgeführt. Das Spiel endet damit, dass der Hund dem MO, das sich jetzt nach oben bewegt, nachklettern muss. Wie immer, so ist auch hier die Wahl des Motivationsbereichs und des MOs wohl zu überlegen. Man darf jedoch nicht erwarten, dass der Hund nach 10 Wiederholungen gegen das Aufspringen gefeit ist! Wochen und Monate wird es dauern, bis sich das gewünschte *Anklettern* gefestigt hat. Und oft kommt man ohne zusätzliche *Passive Einwirkungen* nicht aus.

<u>Klettern über den Kamm der A-Wand</u>

Der Hund wird vor der Wand abgelegt, der Team-Führer steigt von der gegenüberliegenden Seite nach oben, so dass Blickkontakt entstehen kann. Mittels Körpersprache, gegebenenfalls verstärkt mit Futter- oder Beute-Animation und in Verbindung mit dem Hörzeichen <Bring> (oder <Los>) wird der Hund zum Anklettern veranlasst. Erfahrungsgemäß bildet der Sichtkontakt die oft entscheidende Hilfe. Der Hund wird mittels MO über die Kletterwand geführt, beispielsweise mit der schon erwähnten *Futter-Faust*, wobei man die Faust beim Abwärtsklet-

Auch beim Anklettern läßt sich der *»Geistige Zügel«* (hier als b e w e g t führende Hand) einsetzen.

tern und vor allem kurz vor dem Ende so hält, dass der Hund lernt, mit allen vier Läufen entgegenzustemmen (bremsen). Bei der flach gestellten Wand fällt dies verhältnismäßig leicht. Der Hund soll jedoch nicht aus Angst entgegenstemmen, sondern in der Absicht, nah am MO zu bleiben. Zur Absicherung lassen viele Agility-Sportler den Hund am Ende der Kletterwand absitzen (oder auch abliegen), und zwar so, dass die Vorderpfoten auf der Wiese, die Hinterpfoten auf dem Holz stehen.

Das gleiche lässt sich dann einige Zeit später mittels Ball oder Beißwurst im höheren Motivationsniveau wiederholen.

☞ **Problemhilfe 2** gegen Überspringen der Kontaktzonen:

Kann der Hund beispielsweise schon durch einen Tunnel laufen, kann man den Tunnel etwa 1 bis 2 Schritte vor der Kletterwand aufstellen und auf diese Weise das Anspringen vermeiden.

Auch gegen den stark belastenden Absprung auf der anderen Seite lässt sich der Tunnel einsetzen.

Was sich ebenfalls bewährt hat, ist der Wechsel unterschiedlicher Methoden gegen das Anspringen. Das fehlerfreie Bewältigen der Kontaktzonen ist in der Agility von ausschlaggebender Bedeutung. Fehlerfreiheit zählt mehr als Geschwindigkeit. Daher spricht viel für eine mehrfache Absicherung in diesem Punkt.

☞ **Problemhilfe 3** gegen Überspringen der Kontaktzonen:
Alternative mittels einiger Rundbügel (andere Bezeichnungen: »under«, »Bögen«, »Bügel« etc.). Zuerst muss man den Hund, wie bei allen *Passiven Einwirkungen*, an den neuen Gegenstand gewöhnen. Manche Hunde benötigen hierzu lediglich einen einzigen Test. Bei anderen ist eine behutsame, schrittweise Annäherung nötig. Wir haben die Rundbügel-Methode technisch und methodisch weiterentwickelt, indem wir 3 Rundbügel hintereinander stellen. Die Rundbügel weisen unterschiedliche Höhen und Tiefen auf. Sie bilden in ihrer Gesamtheit eine Art Trichter (»Trichter-Bügel«).

Weitere methodische Bereicherungen: Bügel werden nicht nur vor und hinter Hindernissen aufgestellt, sondern ähnlich wie Hürden mitten in den Parcours, und das unten Durchlaufen wird mit dem Hörzeichen <Tief> verbunden. Damit der Hund auch sicher durchläuft, legen wir ihn unmittelbar vor dem ersten Bügel ab und zeigen das MO dicht hinter dem Bügel. Wer noch wenig Erfahrung hat, sollte vielleicht den Hund erst einmal auf ebener Erde durch Trichter-Bügel laufen lassen. Im Augenblick, wo der Hund sich tief macht, um durchzulaufen, geben wir das Hörzeichen <Tief>, und nach dem Durchlaufen fliegt der Ball oder es folgt ein *Freies Spiel*. Nach einigen Wiederholungen wird das Hörzeichen entsprechend früher gegeben.

Zugegeben, es dauert lange (Monate!), bis der Hund allein auf die *Passive Einwirkung* und das Hörzeichen <Tief> schonend und fehlerfrei anklettert. Doch der Aufwand lohnt sich. Die *Tief-Methode* sorgt für ein betont schnelles Anklettern und Abklettern in fließendem Bewegungsablauf. Hinzu kommt, dass sich der Hund selbst die motorisch optimale Technik sucht. Er hat gelernt, die Kontaktzonen auch ohne Hilfe des Team-Führers korrekt zu bewältigen. Der größte Vorteil besteht jedoch darin, dass der Hund aus der Entfernung geführt werden kann.

☞ **Problemhilfe 4** gegen Überspringen der Kontaktzonen:
Hat der Hund den *Geistigen Zügel* gelernt, so lässt sich das Einhalten der Kontaktzonen auch damit absichern. Die gespreizte Hand bleibt in diesem Fall nicht (wie beim <Steh>) stehen, sondern fährt in der Bewegung mit. Gleichzeitig wird das Hörzeichen <Laangsam> oder noch besser <Tiief> gegeben. Anzustreben ist, dass der Hund die Kontaktzonen bewältigt und dabei die Geschwindigkeit nicht oder kaum reduziert. Ich habe aus dieser Sicht mit speziellen Tunnels, die vor und hinter jedem Kontaktzonengerät aufgebaut wurden, experimentiert. Gut bewährt haben sich durchsichtige Halb-Tunnels (Querschnitt wie bei den oben beschriebenen Bügeln). Um Verletzungen auszuschließen, wurden anfangs an den Rändern farbige Plastikbänder aufgeklebt. Nach kurzer Zeit waren sie entbehrlich. Im Sonderfall der Wippe wurden die durchsichtigen Tunnels fest angeschraubt. Abstandsstücke sorgten für eine ausreichende Breite. Mit der Zeit gewöhnte sich Banja an die durchsichtigen Tunnels und lief in nahezu vollem Tempo fehlerfrei über die Kontaktzonengeräte, auch wenn die Tunnels entfernt wurden. Der *Geistige Zügel* aus Distanz in Verbindung mit dem Hörzeichen <Tief> rundete diese Methode ab.

PHASE 3: AN- UND ABKLETTERN IM TEMPO
In der nächsten Phase soll der Hund lernen, auch bei schneller Annäherung die Schrägwand ohne Sprung anzuklettern. Eine darauf abzielende Methode haben wir soeben beschrieben. Hier noch andere Vorschläge:
Wir legen den Hund wie bei der *Paradeübung* anfangs 2 oder 3 Schritte von der Schrägwand

Durch Mitführen der »Zügelhand« steuert der Team-Führer das Tempo. Gibt man den Hund zu früh frei oder hält man die Zügelhand zu hoch, so überspringt der Hund (wie hier) die Kontaktzone, was mit drastischem Punktverlust verbunden ist. Fehlerfreiheit steht in der Agility vor Geschwindigkeit.

entfernt ab, schicken ihn entweder durch die Tiefs, durch einen Tunnel oder wir nützen die Futter-Faust (oder einen Ball). Wichtig ist, dass wir uns anfangs nah beim Hund befinden. Wird der Abstand anfangs zu groß gewählt, kann es vorkommen, dass der Hund trotz gediegener Vorbereitung nun doch beginnt, die Schrägwand anzuspringen.

Der Abstand wird im weiteren Verlauf nach und nach vergrößert, und an Stelle der »Trichter-Bügel« können einzelne Bügel verwendet werden. Das Tief kann dann abwechselnd (in vertretbarem Rahmen) weiter weg oder nah am Aufgang platziert werden.

Eine Verstärkung des Tief-Effekts lässt sich einbringen, indem man zirka 5 bis 8 Meter vor der A-Wand einen Bügel setzt und direkt vor der Wand keinen mehr. Bei der A-Wand angekommen, hat der Hund das Hörzeichen und die Bewegung noch im Kurzzeitgedächtnis. Setzt der Team-Führer jetzt das Hörzeichen <Tief> kurz vor der Wand nochmals ein, so ist die Ausführung viel wahrscheinlicher, als wenn der beschriebene Effekt nicht vorausgegangen wäre. Für das fehlerfreie Abklettern empfiehlt sich, dicht hinter dem Rundbogen ein MO abzulegen. Findet der Hund nach dem Abklettern direkt hinter dem Tief regelmäßig ein MO, so wird er lernen, rechtzeitig abzubremsen. Auf diese Weise verbinden wir die Methode *Motivation* mit der *Passiven Einwirkung*.

Mit der Zeit lässt sich die Distanz erweitern. Zusätzlich kann man die vorher beschriebenen Rundbögen in den Parcours setzen.

Wann die A-Wand steiler gestellt wird, muss für den jeweiligen Hund entschieden werden. Überforderung ist zu vermeiden. Viel wichtiger als die Höhe sind die Lernziele des korrekten und schonenden An- und Abkletterns. Selbst wenn der Hund gelernt hat, über die steile Wand zu klettern, sollte man die Wand ab und zu wieder flacher stellen (variabel), etwa zur Temposteigerung oder, bei entsprechendem methodischem Vorgehen, auch gegen Kontaktzonenfehler.

Andere Hindernisse

Es ist hier nicht genügend Raum, um alle Hindernisse zu beschreiben. Am Beispiel der Hürde und Kletterwand wurden jedoch einige bewährte und viel versprechende didaktisch-methodische Alternativen aufgezeigt.

Vorübungen zur Freifolge

In keiner anderen Übung steht die Mensch-Hund-Harmonie derart auf dem Prüfstand wie bei der Freifolge. Nirgendwo anders zeigen sich die Team-Qualitäten derart offen wie hier. Die zentrale Aufgabe der Freifolge liegt nicht im Bewältigen irgendwelcher athletischer Leistungen, sondern in der Demonstration all dessen, was geglückte Team-Vorführung im Idealfall ausmacht: uneingeschränktes Vertrauen, intakte Rangordnung bei gleichzeitig ausgeprägter Selbstsicherheit beider Partner, beständige Aufmerksamkeit, hochgradige Motivation bei gleichzeitiger Führigkeit, Zuverlässigkeit, Anpassungsbereitschaft, Empfänglichkeit, temperamentvolle Vitalität, hohe Erwartungshaltung sowie innere Ungezwungenheit (sprich Freiheit). Insgesamt also der Ausdruck einer freudigen, positiven Einstellung zum Leben, zum Team-Partner und zur gemeinsamen Bewältigung der Aufgaben.

In der Freifolge werden die Hauptkriterien des Teams sozusagen um ihrer selbst willen demonstriert, und nicht im Dienste einer athletischen oder Geschicklichkeitsleistung. Das Team selbst wird zur »Leistungs«-Forderung. Es liegt auf der Hand, dass wir hier von einem Niveau sprechen, das am Ende, und nicht am Anfang der Ausbildung zu erwarten ist. Um die *Mensch-Hund-Harmonie* in eine gefestigte, abrufbereite Vorführung zu bringen, werden Jahre des liebevollen, gediegenen, geduldigen, konsequenten Umgangs mit dem Hund erforderlich sein.

Die traditionelle Unter-Ordnung fordert zwar den »freudigen« Hund. Bei näherer Betrachtung ist jedoch die volle Reichweite dieser Forderung weder erkannt noch formuliert, und die pädagogischen Konsequenzen wurden bislang ebenfalls nicht gesehen. Auch die richterliche Beurteilung steht oft noch weit hinter den Anforderungen einer zeitgemäßen Bewertung zurück. Im Hinblick auf die richterliche Beurteilung müsste den eingangs erwähnten qualitativen Kriterien mindestens ebenso viel Bedeutung beigemessen werden wie den äußeren formalen Kriterien. Die Folgen dieser widersprüchlichen Gegebenheiten sind verheerend. Auf der einen Seite wird die Meinung aufrechterhalten, es sei alles in Ordnung, auf der anderen Seite haben sich Ausbildungspraktiken etabliert, die zugegebenermaßen die »Vortäuschung« des freudigen Hundes zum Ziel haben. Sie gelten als erfolgreich und legitim, solange der Richter nichts merkt. Ein auf Betrug basierender sportlicher Geist jedoch ist über kurz oder lang zum Scheitern verurteilt.

Es ist hier nicht die Rede von den »kleinen« Betrügereien, etwa den versteckten Hilfen in einer Prüfung oder einem Turnier. Diese Unkorrektheiten werden aus dem Affekt geboren und schaden dem Hund nicht. Die Rede ist aber von jenen Leuten, die vorsätzlich und von langer Hand sowohl Schmerz als auch artwidrige Manipulationen methodisch einsetzen – mit den Zielen der Täuschung und Übervorteilung.

Ethische Ideale der Freifolge
In jedem Zeitalter reinkarniert das biblische »non servam« (»Ich will nicht dienen!«). Den »freudigen Hund« ernst zu nehmen aber hieße, bereit zu sein, den ethischen, sportlichen und individuellen Idealen zu folgen, und das wiederum bedeutet u. a.: Dienen! Auch wenn dieses Wort im Vokabular des modernen Menschen immer seltener vorzukommen scheint. Dienen, indem man die eigenen Ziele zumindest abwägt im Vergleich zur Würde und Arteigenheit des Hundes. Dienen, indem man bereit ist, die Zeit des Reifens und der Entwicklung abzuwarten. Dienen, indem man wachsen lässt, anstatt dies oder jenes zu erzwingen. Und nun kommt das Paradoxe: In diesem Dienen tut sich eine neue Unabhängigkeit, eine neue Freiheit auf. Mit dem Hund liebevoll umzugehen, auch wenn, ja g e r a d e wenn man etwas von ihm will, das befreit von den Fesseln der Gewalt, des Zorns und anderer Unzulänglichkeiten. Es befreit von Egozentrik und von der Einsamkeit, die sowohl der Hundeführer als auch der nicht verstandene Hund erleiden.

Es liegt auf der Hand, dass dies alles nicht von Anfang an, nicht in wenigen Übungsstunden und auch nicht mit einigen Tricks zu gewinnen

Der Teamführer nützt für die Freifolge Zuneigung als nahe liegendste Motivationsebene (Kraulen). Beide Team-Partner gehen nicht nur formal fehlerfrei. Alle Ausdrucksmomente des Hundes zeigen Harmonie, Vitalität, Aufmerksamkeit, Freudigkeit, Freiwilligkeit, Geschmeidigkeit und die vielen anderen Kriterien einer überzeugenden Gehweise im Team.

ist. Da uns ‹Freifolge› nicht reine »Unter«-Ordnung bedeutet, sondern das freiwillige, freudige miteinander Gehen, werden wir daher auch die »Leinenführigkeit« nicht mittels Halskette und Leine, sondern mit Hilfe unserer geistigen Verbindungen aufbauen. (Nicht wenigen Team-Führern bringt die Leine übrigens mehr Probleme als Nutzen.) Und wir werden die Freifolge nicht an den Anfang der Ausbildung stellen, sondern sie durch mehrere Vorübungsphasen behutsam vorbereiten. Die stoffliche Leine verwenden wir, wenn überhaupt, erst gegen Ende der Ausbildung.

PHASE 1: VORÜBUNGEN ZUR FREIFOLGE –
VERTRAUEN UND POSITIVE ERSTERFAHRUNGEN
Um von Anfang an zu vermeiden, dass der Hund die Freifolge mit Unlustgefühlen verbindet, verzichten wir auf Leine oder andere *aktive Einwirkungen*. Außerdem trennen wir das eher legere ‹bei Fuß Gehen› auf der Straße von der Prüfungs- und Turnier-Freifolge durch unterschiedliche Hörzeichen: beispielsweise ‹Leine› oder ‹Bein› im normalen Umgang zum Unterschied vom turniermäßigen ‹Fuß›.
Mit spielerischen, aber zielführenden Vorübungen haben wir dem Hund unsere Nähe bereits als etwas Lustvolles vermittelt. Durch zahllose Spiele um die Beine sowie durch die vielen Berührungen in der Basisübung wurden auch die Beine vertrauensvoll angenommen. Auf diesem kostbaren Fundament lässt sich Erfolg versprechend aufbauen.

Motivation durch Sozialkontakt
Etwa derart: Beim Spaziergang oder auch auf dem Übungsplatz, wenn sich der Hund ohnehin gerade an unserer linken Seite befindet, gehen wir mit dem Hund wie gewohnt einen Teilkreis (Radius zirka 4 Schritte). Gleichzeitig geben wir wiederholt das freundliche Hörzeichen ‹Fuß› und kraulen ihn auf seiner rechten, also innen liegenden Backenseite, indem wir unsere Handinnenfläche nach außen drehen. Diese Handstellung ist ein wenig gewöhnungsbedürftig – und bei kleinen Hunderassen lässt sich diese Übung nicht ausführen.
Es ist besser, den Hund innen zu kraulen, weil wir auf diese Weise von Anfang an unserem Credo treu bleiben, die Freiwilligkeit des Hundes zu entwickeln. Manche Hunde sprechen darauf hervorragend an. Sie zeigen dies mit erhobenem Kopf, entspannt geöffnetem Fang und hängender Zunge, einem erhabenen, freien, federnden Trab, wie er überzeugender kaum vorstellbar ist.

Motivation mit Futter- oder Spielbeute
Für Hunde, die weniger gut auf Sozialakte ansprechen, nützen wir die Futter- oder Spielbeute. Man muss sich aber darüber im Klaren sein, dass Futter und Beute beim einfachen Geradeausgehen stark in Richtung Sekundärmotivation tendieren. In der Freifolge ist weder ein Sprung noch ein Bring-Gegenstand vorhanden, der motiviert. Die Motivation lastet ganz auf den Schultern des Team-Führers. Aber dieser präsentiert sich oft nicht sonderlich motivierend. Allein schon sein Gehtempo wirkt sich für den Hund eher demotivierend aus. Der Hund würde viel lieber traben. (Die Durchschnittsgeschwindigkeit eines mittelgroßen Hundes im Trab beträgt immerhin zirka 14 bis 18 Stundenkilometer, also ein Tempo, das dreimal schneller ist als das Gehtempo des Menschen.)
Es liegt nahe, dass der Hund bei MO-Methoden in der Freifolge zum großen Teil deswegen mitgeht, weil er anschließend Futter oder Beute erhält. Der Team-Führer bleibt ihm dabei oft gleichgültig. Die Gefahr ist groß, dass damit das Ziel, die Freifolge selbst als Erlebnis zu gestalten, entgleitet. Das vorhin beschriebene Kraulen hingegen vermittelt primäre Motivationsanteile für das gemeinsame Gehen, denn es handelt sich hier um einen Sozialakt, um eine betont gemeinschaftliche Handlung.

Mehrere Motivationsbereiche einsetzen
Die Motivationsbereiche lassen sich auch abwechselnd einsetzen oder mischen. Man beginnt beispielsweise mittels Körpersprache und Hör-

zeichen <Fuß> einen großen Teilkreis einzuleiten und zeigt das MO. Dann folgt einige (wenige!) Schritte lang das tangentiale Geradeausgehen bei intensiver mimischer Kommunikation (Spannungsaufbau). Anschließend wird das MO nicht gleich gegeben, sondern ein Bewegungsspiel in Verbindung des vorenthaltenen MOs eingeleitet. Das Bewegungsspiel bindet den Hund oft mehr an den Team-Führer (und an das vorausgegangene gemeinsame Gehen!) als ein weggeworfener Schleuderball oder die Beißwurst! Die andere Alternative, den Hund mittels Futter zur Freifolge zu stimulieren, hat sich ebenfalls bei vielen Hunden als erfolgreich erwiesen. Gottfried Dildei hat dieser Methode eine entscheidend neue Richtung gegeben, indem er den Hund nicht füttert, sondern ihn durch geschickte Herausforderung und nachfolgende Belohnung dazu bringt, selbst aktiv zu werden, um das Futter zu bekommen.

PHASE 2: VORÜBUNGEN ZUR FREIFOLGE – »AUSSENSPIRALE« UND »INNENSPIRALE«

Einer der Gründe, weshalb so viele Hunde eine eher lustlose Freifolge zeigen, liegt in der Überforderung, der sie beim Erlernen dieser Übung ausgesetzt wurden. Der Hund soll dicht beim Team-Führer gehen, nach ganz bestimmten Vorgaben, nämlich Schulter an Knie, er soll nie abweichen, darf weder vordrängen noch zurückbleiben, und er muss oft gleich von Anfang an die gesamte Länge des Übungsplatzes mehrmals hintereinander mitgehen, vielleicht sogar noch Links-, Rechts- und Kehrtwenden mitmachen. Und Anhalten und Angehen soll er natürlich auch schon können. Wer auch nur etwas pädagogisches Denken mitbringt, müsste erkennen, dass der Hund angesichts der Vielzahl von erwarteten Einzelleistungen, aber auch im Hinblick auf den hohen Anteil formeller Ansprüche, maßlos überfordert wird. Und das bei einer Übung, die dem Hund eine eher unnatürliche Bewegungsform abverlangt und motivational ungleich weniger bietet als jede andere Übung des Programms!

Wir erinnern uns: Bereits beim *Freien Spiel* haben wir die Lust des Hundes, sich nah am Knie zu halten, vorbereitet.

Überforderung vermeiden

Wir lassen anfangs alles weg, was nicht unmittelbar mit der Freifolge zu tun hat. Anhalten, Angehen, Seit- und Kehrtwenden werden später behandelt, eigens geübt und erst gegen Ende der Ausbildung zusammengefügt.

Das Gehen <bei Fuß> führen wir außerdem anfangs über eine Länge von lediglich 4 bis 8 Schritten aus. Nicht mehr! Der Hund braucht in keiner anderen Übung so viel Zeit für eine gefestigte positive Motivation. Die Gründe hierfür haben wir aufgeführt. Also lassen wir ihm die nötige Zeit und gehen in der Freifolge in kleinen und kleinsten Schritten vor. Im Alter von 1,5 bis 2 Jahren wird der Hund dann die ausgereifte Freifolge zeigen können.

Um den Hund langsam auf das gemeinsame Gehen vorzubereiten, vergrößern wir alsbald den Radius des eingeleiteten Vollkreises, so dass der Bogen immer flacher wird und sich einer Geraden nähert. Damit keine Missverständnisse auftreten! Es geht hier um Teilkreise, nicht um Vollkreise! Und es werden anfangs nicht mehr als 4 bis 8 Schritte gegangen! Wenn der Hund freudig und engagiert außen mitgeht, lassen wir den Bogen in eine Tangente auslaufen. Umgekehrt kann man auch mit der Tangente beginnen und anschließend einen immer enger werdenden Kreis einleiten.

Aufbau der Spirale
Die Spirale lässt sich als Außenspirale oder als Innenspirale üben. Im ersten Fall geht der Hund außen, wobei er den längeren Weg hat. Im zweiten Fall geht er innen und muss dann aber erheblich langsamer gehen als der außen gehende Team-Führer.
Der Hund soll für die Freifolge anfangs in eine eher gemäßigte Aktionsbereitschaft gebracht werden. Also nicht zu hoch motivieren! Das MO (falls eines verwendet wird) soll in der linken Hand gehalten werden. In der rechten würde der Hund höchstwahrscheinlich schief gehen und zudem bedrängen. Eine andere Möglichkeit ist, das MO an der MO-Krawatte oder an der Schulter zu befestigen. Es hat sich bewährt, temperamentvolle Hunde vorher gut auslaufen zu lassen und vor den Freifolgevorübungen eher zu beruhigen (z. B. durch ein Zuneigungsspiel mittels Berührung) oder die Freifolge an das Ende der Trainingseinheit zu setzen.

Das Angehen vermitteln
Das Angehen soll ruhig, auf keinen Fall sprunghaft vermittelt werden. Dies erreichen wir durch eine eher gedämpfte Körpersprache. Auf diese Weise beugen wir unerwünschten Verhaltensweisen wie Hochspringen, Bedrängen oder Kneifen vor.
Neigt der Hund immer noch zum Hochspringen, so ist es ratsam, entweder auf einen schwächeren Motivationsbereich überzuwechseln, die Motivation zu reduzieren oder den Hund vorher unter Umständen bis zur leichten Ermüdung auslaufen zu lassen. Hat der Hund den *Geistigen Zügel* gelernt, so wird man überrascht sein, wie einfach sich das Problem durch den Einsatz der gespreizten Hand lösen lässt. Vorpreschen oder Zurückhängen kann man ähnlich wie bei der Paradeübung durch die Regulatoren *Motivation* und *Geistiger Zügel* steuern. Die eine Hand stimuliert, die andere bremst. Die entscheidenden Motivationsimpulse liegen jedoch auf sozialer Ebene. Diese werden zum Großteil mimisch und durch »Stimmungsübertragung« vermittelt.
Ist der Hund nach einigen Schritten auf der gedachten Tangente in einer aufnahmebereiten, lerngünstigen Stimmungslage, dann beginnen wir, die Kommunikation zu intensivieren und Spannung aufzubauen. Wenn nötig, in Verbindung mit Verstärkern wie Geräuschen, Gesten

VORÜBUNGEN ZUR FREIFOLGE

oder Bewegungen. Gleichzeitig drehen wir in Form einer *Spirale* mehr und mehr nach innen. Anfangs kann die Wirkung der Spirale mittels MO noch intensiviert werden. Später sollte die Kommunikation allein ausreichen. Im Mittelpunkt der Spirale sollte die Motivation ihr höchstes Niveau erreicht haben. Dort wird dann das MO tangential weggeschleudert oder innerhalb eines *Freien Spiels* der Anbiss ermöglicht. In ähnlicher Weise lässt sich die Spirale auch mit Futter-MO gestalten.

Der Hund lernt hierbei folgendes:
➤ Er muss aufmerksam sein, um die Richtungsänderung des Team-Führers nicht zu versäumen.
➤ Er wird bemüht sein, in der Spirale nahe am Team-Führer zu bleiben.
➤ Die Aktionsbereitschaft wird innerhalb der Spirale zunehmen.

Mit der Spirale erreichen wir, dass der Hund aufmerksam, freiwillig und freudig Richtungsänderungen folgt. Und zwar dicht am Team-Führer. Die Spirale dient also nicht nur der Freifolge, sondern sie bereitet gleichzeitig Seitwende, Kehre und die Acht (Gruppe) vor.

PHASE 3: KURZE FREIFOLGEN UND MOTIVATIONSINSELN

Nach einigen Wochen wird der Hund äußerst konzentriert zum Team-Führer aufsehen, und er wird die Spirale bereits beim Spannungsaufbau erwarten. Jetzt können wir die Übung ausbauen, indem wir nach einer Spirale einige Schritte geradeaus gehen, um dann die nächste Spirale folgen zu lassen. Wir hangeln uns sozusagen von *Motivationsinsel* zu *Motivationsinsel*. Auf diese Weise werden auch die ursprünglich wenig motivierenden Strecken (Keile) des Geradeausgehens lustvoll gefärbt.

PHASE 4: ABBAU DER MOTIVATIONSINSELN

In der weiteren Folge werden die *Motivationsinseln* in der bereits beschriebenen Art und Weise abgebaut. Und es werden die Gehstrecken ausgedehnt. Der Hund gibt den Maßstab an. Wir erinnern uns in diesem Zusammenhang an den pädagogischen Grundsatz, das

Bei der Spirale geht der Team-Führer einige Schritte geradeaus, dreht dann nach innen (später auch nach außen) ein –, intensiviert die Stimulation und wirft das MO im Zentrum der Spirale tangential weg. Der Hund lernt auf diese Weise jede Bewegung am Bein mitzumachen, sei es das langsamer Werden bei einer Links-Wende oder das schneller Werden bei Rechts-Wenden und 180°-Kehren.

Verschiedene Einsatzmöglichkeiten *»Passiver Einwirkung«* in der Freifolge: (links) Fliegenklatsche (ohne Berührung eingesetzt!) und (Mitte) *»Geistiger Zügel«* gegen Vordrängen. Wie bei den vorangegangenen Beispielen wirkt auch der Leitzaun (rechts) zusätzlich gegen seitliches Abweichen oder schiefes Mitgehen. Damit der Hund nicht vordrängt, setzt der Team-Führer Körpersprache ein (sanftes Zurücklehnen).

Anspruchsniveau (Schwierigkeitsgrad) so nieder zu halten, dass keine *Überforderung* eintritt, und gleichzeitig so hoch, dass genügend *Herausforderungsreize* gegeben sind. Auch die Tagesverfassung des Hundes gilt es in diesem Zusammenhang zu berücksichtigen. Was am letzten Mittwoch noch genau richtig war, kann eine Woche später zu viel oder zu wenig sein.

Es sei nochmals gesagt: Die Freifolge ist auf lange Sicht zu planen. Lassen Sie sich bei dieser Aufgabenstellung genügend Zeit. Man darf nie vergessen. Auch zwischen den Unterordnungs-Übungen steht das Team auf dem Prüfstand, und dort begegnet uns wiederum: die Freifolge.

☞ **Problemhilfe** zur Freifolge:
<u>Dem Vordrängen des Hundes</u> kann man durch Einsatz des *Geistigen Zügels* oder durch das Werfen des MOs nach hinten erfolgreich begegnen. Oder wir verwenden eine Fliegenklatsche als *Geistigen Zügel*. Halten Sie sich einmal die Fliegenklatsche dicht vor die Augen, um die bremsende Wirkungsweise nachzuempfinden. Um Missverständnisse auszuschließen: Fliegenklatsche (oder Gerten) sind nicht dazu da, dem Hund weh zu tun. Die *richtungsleitende* oder *bewegungsbremsende* Funktion reicht völlig aus. Selbst der Einsatz von nur »wenig« Gewalt hat sich erfahrungsgemäß nicht bewährt. Wie soll der Hund verstehen, dass seine hohe emotionale Beteiligung, die bisher bei der Freifolge immer belohnt wurde, auf einmal unerwünscht ist?

Aktive Einwirkungen sind also zu vermeiden. Besser ist es, das für diese Übung angebrachte Motivationsniveau von Anfang an richtig anzusetzen und durch ständiges Ausbalancieren im idealen Bereich zu halten. *Passive Einwirkungen* dienen als zusätzliche Hilfe (und ebenso wirkungsvoll als Prophylaxe oder zur Korrektur).

<u>Hängt der Hund zurück,</u> so wirft man das MO nach vorne und verstärkt sowohl die Kommunikation als auch die anschließende Sekundärmotivation. In diesem Fall würde man auch die Vorbereitungen entsprechend ändern.

Bei schnellen Stimmungswechseln: Mit Hunden, die sehr schnell von einem Extrem ins andere wechseln, sollte man nur so lange üben, wie sie eine Stimmungslage halten können. Das ist bei manchen Hunden nicht länger als 10 Sekunden! Danach hinaus ins Auto. Nach 5 Minuten wieder herein für weitere 10 Sekunden.
Geht der Hund schief, überprüfen wir als erstes die Position des MOs. Ist dort keine Korrektur erforderlich, so setzen wir *Passive Einwirkungen* ein (mobiler Leitzaun, siehe Leit-Set, Seite 136).
Bei Problemen mit dem nahen Mitgehen: In diesem Fall helfen wir uns mit der Spirale in Verbindung gesteigerter Motivation.
Bedrängt der Hund, hilft die Innenspirale oder der *Leitzaun* (der Hund geht auf der linken Seite des Leitzauns, der Team-Führer rechts).
Doch bei intakter TEAM-balance und gründlichem Aufbau treten diese Fehler nicht auf.

Zur *Passiven Einwirkung* eignen sich außerdem: Bretterwand, Hauswand, Mauer, Holzstoß, Hecke sowie die bereits erwähnten Leitpflöcke. Zuerst gewöhnt man den Hund an das Objekt, dann folgt ein *Freies Spiel* (in der Nähe des Objekts) und das gemeinsame Vorbeigehen. Zeigt sich der Hund unbefangen, kann man die *Passive Einwirkung* in das Übungsprogramm einbauen. Aus dem *Teilkreis* oder der *Spirale* treffen wir tangential auf den Zaun, an dem wir einige Schritte entlanggehen. Der Hund wird sich auf Grund der *Passiven Einwirkung* parallel zum Team-Führer ausrichten. Es folgt ein *Freies Spiel*, einmal mit, ein andermal ohne Bestätigung. Dann gehen wir auf der anderen Seite in die entgegengesetzte Richtung, so dass sich der Hund weiterhin links neben uns befindet.
Der mobile Leitzaun hat den Vorteil, dass man auf beiden Seiten üben kann. Wer übrigens seinem Hund die Freifolge links u n d rechts gehend beibringen möchte (Agility sowie die von mir entwickelten Sportarten TEAM-sport und TEAM-dance), der sollte damit nicht zu lange warten. In TEAM-dance und TEAM-sport heißen die Hörzeichen dafür <Li> und <Re>.

Vorübungen
<Teilkreis>, <Umkreisen>, <Sitzen>, <Liegen>, <Stehen>

Der Hund hat in der *Basisübung* die Grobformen des Sitzens, Liegens und Stehens bereits gelernt, im Idealfall schon als Welpe. Nun geht es darum, das Gelernte nicht nur im *abgeschirmten Milieu* zu Hause, sondern auch im Freien, etwa auf dem Übungsplatz durchzuführen und der prüfungsmäßigen Form schrittweise näher zu bringen. Nach wie vor muss der Team-Führer für ein *Entspanntes Feld* sorgen und die methodische Vorgehensweise so gestalten, dass sich der Hund unbefangen zeigt und in gelöster Gestimmtheit befindet. Diese Forderungen gelten nicht nur im *Freien Spiel*, son-

Leitzaun und das Nach-hinten-Werfen des MOs verhindern Vordrängen (oben) sowie Bedrängen (unten).

dern auch in den eingeflochtenen *Zielspielen*. Wir können jetzt dazu übergehen, im *Freien Spiel*, etwa nach dem <Abliegen und Herankommen>, die Vorübungen für <Sitzen>, <Liegen>, <Stehen> und <Vorsitzen> einzubauen.

Welchen Motivationsbereich man wählt, welches Motivationsniveau anzustreben ist und welches MO sich am besten eignet, all dies muss auf den jeweiligen Hund zugeschnitten werden. Futter beinhaltet in der Regel weniger Risiken, weil es nicht so leicht Übermotivationen auslöst. Futter taugt daher sowohl für wenig erfahrene Team-Führer, für bestimmt veranlagte Hunde als auch für bestimmte Übungen oft besser. Mit welcher der vier Vorübungen man am besten beginnt, zeigt uns der Hund selbst. Wurde die Basisübung jedoch gewissenhaft geübt, so spielt die Reihenfolge eine untergeordnete Rolle.
Die Frage, w i e das methodische Vorgehen aussehen soll, beantworten wir uns wie gewohnt durch kreatives Suchen nach Möglichkeiten, Aufgaben lustvoll zu gestalten *(didaktische Transformation)*. Und dies gilt für jede noch so kleine Teilaufgabe!

Vorübung <Teilkreis>
Parallelübung: <Sitzen>, Vorübungen Hürde und Kletterwand (+ steht für Uhrzeigersinn; – für Gegenuhrzeigersinn)
Mitten im *Freien Spiel* stimulieren wir den Hund mittels Körpersprache (wenn erforderlich, zusätzlich durch Futter- bzw. Beute-MO), an unserer linken Seite einige Schritte im Uhrzeigersinn mitzugehen. Der Radius des gedachten Kreises beträgt je nach Größe und Ausbildungsstand des Hundes zwischen 3 und 4 Schritte. Anfangs reicht es völlig aus, wenn der Hund ein Segment von 20° bis 40° des gedachten Kreises (dicht am Team-Führer) mitgeht. Das sind 2 bis 3 Schritte. Geht man zu lange weiter, muss man damit rechnen, dass der Hund anfängt, ungeduldig am Team-Führer oder zum MO hochzuspringen oder sich ablenken zu lassen. Zeigt der Hund anhaltende Aufmerksamkeit, ohne zu überdrehen, kann man bereits hier den Vollkreis einbringen.
Anschließend wird das MO entweder tangential oder zentripetal (in Richtung des gedachten Mittelpunktes) geworfen oder auch der Anbiss angeboten (Schleuderball oder Beißwurst). Nützt man Futter, so wird das Futter freigegeben. Der Hund lernt auf diese Weise, sich eng am Team-Führer zu halten, einige Meter freifolgend mitzugehen und sich beim Beschleunigen eng am Team-Führer vorbei zu bewegen. Damit der Hund auch in dieser Situation nicht nur dem Ball nachjagt, sondern den Team-Führer ansieht, empfiehlt sich, das MO unterschiedlich anzubieten: Einmal in die Luft werfen, das nächste Mal in beiden Händen haltend anbeißen lassen, ein andermal auf den Boden schleudern oder kurz vor dem Werfen mit dem MO noch einige »Haken« schlagen. Zusätzlich kann man den Zeitpunkt des Werfens variieren. Der Hund wird versuchen, dem Team-Führer den Fortgang der Dinge aus der Physiognomie abzulesen, vor allem dann, wenn das Spiel mit viel Mimik, Körpersprache und Stimme bereichert wird.

Vorübung <Umkreisen>
Unter der Voraussetzung, dass der Hund die Vorübung <Vollkreis> bewältigt, können wir bereits hier das <Umkreisen> üben, um damit die klassische 180°-Kehre oder verschiedene Aufgaben in den Sportarten TEAM-sport und TEAM-dance vorzubereiten. Hierzu geht man ein wenig in die Hocke, führt das MO oder Futter um die Beine und stimuliert den Hund, um die Beine zu kreisen, und zwar einmal im Uhrzeigersinn, das andere Mal gegen den Uhrzeigersinn. In der ersten Phase wird das Futter bzw. MO wie eine Stafette von einer Hand in die andere abgegeben. In der zweiten Phase dreht sich der Team-Führer gleichzeitig gegen den Hund. Bewegung und Handling sind nicht ganz einfach. Es ist ratsam, beides zunächst ohne Hund zu üben.

Vorübung <Sitzen>
PHASE 1: <SITZEN>
Im Augenblick des Absitzens geben wir das Hörzeichen <Sitt> (Hörzeichen dem Ausführungstempo angleichen). Nach etwa 1 bis 2 Wochen ändern wir das *Signal-Timing*, indem wir mit dem Hörzeichen beginnen und kurz darauf die Körpersprache folgen lassen. Kurz heißt in diesem Zusammenhang: Weniger als 1 Sekunde.
Ab und zu geben wir dann das Hörzeichen mitten im *Freien Spiel*, ohne vorausgegangene Warte- oder Spannungsphase. Jetzt wird sich zeigen, wie aufmerksam und erwartungsvoll der Hund uns begleitet. Der hoch motivierte Hund wird sich auf unser Hörzeichen schnell hinsetzen und lauern. Auch das Lauern soll anfangs höchstens 1 Sekunde. Sofort danach geht man in ein *Freies Spiel* über oder bietet das MO zum Anbeißen an. Die Dauer des Lauerns wird nach und nach verlängert. Zur Verstärkung kann das Hörzeichen über die gesamte Dauer des Absitzens wiederholt und durch verbales Lob ergänzt werden. Auch die Wiederholungs-Hörzeichen freundlich sprechen!

Eine der wichtigsten Vorübungen für freudige, exakte und schnelle Wenden und Kehren ist mehrfaches 360°-Umrunden mit anschließendem *Freiem Spiel*.

☞ **Problemehilfe** gegen unvollständiges Absitzen:
Das <Sitt> aus dem *Freien Spiel* heraus einzubringen, birgt die Gefahr, dass sich der Hund infolge der hoch motivierten Erwartungshaltung und der damit verbundenen Muskelspannung nicht ganz absetzt. Hinzu kommt, dass das *unvollständige Absitzen* für den Team-Führer nicht leicht zu erkennen ist. Daher fällt dieser weit verbreitete Fehler oft gar nicht oder erst spät auf. Das fehlerhafte Absitzen hat sich durch Wiederholung dann oft schon gefestigt. Zur Vermeidung dieses Fehlers muss der Team-Führer gut abschätzen, wie hoch er den Hund im *Freien Spiel* motiviert.
Hat sich das unvollständige Absitzen schon gefestigt, hilft oft nur der vorübergehende Wechsel zu einem schwächeren Motivationsbereich. Trotzdem dauert es oft Monate, bis sich der Hund dann vollständig setzt.

Hier wurden die Leitpflöcke *(Passive Einwirkungen)* im Kreis (Durchmesser zirka 5 bis 6 Schritte) aufgestellt. Den idealen Halteort zu finden, stellt allerdings auch für den Team-Führer keine leichte Aufgabe dar. Für den Anfang eignen sich daher 4 oder 5 aufgestellte Leitzäune (1 Meter Länge reicht) besser. Der Hund kann auf diese Weise in wenigen Sekunden viermal hintereinander die gleiche Übung ausführen oder aber zwischen den verschiedenen Grundhaltungen wechseln.

Leider gestaltet sich dieses korrigierte vollständige Absitzen oft betont langsam, was wiederum so manchen Team-Führer veranlasst, mittels Druck und Zwang die Übung schneller machen zu wollen. Als Ergebnis wird der Hund in dieser Situation nicht schneller, sondern entweder noch langsamer, er beginnt, die Übung zu meiden oder versucht, die verloren gegangene Harmonie durch Übersprungshandlungen, etwa Ausweichen in das <Liegen> oder <Stehen> (selten), zu kompensieren.

In dieser Situation muss man Ruhe bewahren und sich frei von Ungeduld oder gar Zorn halten. Die Übung sollte neu aufgebaut werden, ganz von Anfang. Die besten Erfahrungen haben wir beim Neuaufbau mit Hilfe der *Basisübung* gemacht. Die veränderte Körperhaltung, das *Entspannte Feld* und das abgeschirmte Milieu werden ihre Wirkung nicht verfehlen.

<u>Abschließend noch ein Wort an die Richter.</u>
Unvollständiges Absitzen wird oft übermäßig stark abgewertet. Tritt das unvollständige Absitzen in Verbindung einer allgemein schwachen Vorführung auf, ist die Abwertung sicher gerechtfertigt. Oft jedoch sind es gerade die hoch motivierten, freudigen und aufmerksamen Hunde, die nicht ganz absitzen. Hier müsste man relativieren. Die Grundfrage im Sinne der sportlichen Idee lautet: Was ist die höhere Leistung: unvollständiges, aber hoch motiviertes Absitzen oder vollständiges Absitzen eines gelangweilten, nach allen Seiten sich umsehenden Hundes? Man darf nie vergessen, dass die höhere Motivation sowie die höhere Erwartungshaltung immer auch das höhere Risiko beinhalten. Fehler, die also auf das Konto einer im Grunde genommen hoch zu bewertenden Grundleistung gehen, dürfen im Hinblick auf damit verbundene Begleiterscheinungen nicht unrelati-

viert negativ beurteilt werden. »Freudigkeit« und darauf zurückzuführende Fehler müssten innerhalb einer gerechten Bewertung gegeneinander abgewogen werden!

Wird die Übung am Anfang der Ausbildung im *Freien Spiel* eingesetzt, so kommt es noch nicht darauf an, dass der Hund bei Fuß sitzt, sondern dass er sich sofort auf das Hörzeichen freudig, vital und schnell hinsetzt und erwartungsvoll sitzen bleibt. Wer jedoch gut mit *Passiven Einwirkungen* (Leitzaun, Pflöcken oder anderen Gegenständen, die sich anbieten) umgehen kann, sollte diese möglichst früh einsetzen. Der Hund lernt so von Anfang an auch den formalen Teil der Übungen richtig auszuführen.

☞ **Problemhilfe** gegen schiefes Absitzen:
Zuerst muss man den Hund an Leitpflöcke gewöhnen. Zeigt sich der Hund unbefangen, kann man mit der Übung beginnen. Der Team-Führer geht mit seinem Hund in einen Teilkreis, wobei er auf der Höhe des Leitpflocks das Hörzeichen <Sitt> gibt. Der Abstand zwischen Leitpflock und Team-Führer muss ausreichend bemessen werden, so dass sich der Hund nicht hindurchzwängen muss, aber auch nicht zu viel Platz hat.
VARIANTE, ebenfalls mittels *Passiver Einwirkung*: Eine Gerte oder ein Stock wird kurz vor dem Absitzen seitlich senkrecht neben den Hund gestellt, so dass dieser bei eventuellem Ausweichen die Gerte berühren würde. Die Gerte hat den Vorteil, dass die Übung nicht nur auf vorprogrammierte Punkte, nämlich dort wo Pflöcke oder Zäune aufgestellt wurden, beschränkt bleibt. Zäune und Leitpflöcke, ersatzweise auch andere Gegenstände bieten wiederum den Vorteil, dass man beide Hände frei hat und in keiner direkten Verbindung zur *Passiven Einwirkung* steht.
Für welche Form man sich auch entscheidet, wichtig ist, dass die *Passive Einwirkung* konsequent Wochen und Monate hindurch ausnahmslos eingesetzt wird. Als vorteilhaft hat sich erwiesen, mit dem Zaun zu beginnen, dann auf Pflöcke überzugehen und zuletzt die Gerte zu verwenden.

PHASE 2: <SITZEN> – ABBAU DER HILFEN
Kurz nach der erfolgreichen Vermittlung des korrekten <Absitzens bei Fuß> (mittels *Passiver Einwirkung*) kann man dazu übergehen, die Körpersprache nach und nach zu reduzieren,

==Später kann== für die korrekte Ausführung der Grundhaltungen an Stelle der stationären Leitpflöcke eine mitgeführte Gerte (oder ein Stock) am Boden abgestellt werden.

bis schließlich nur noch das Hörzeichen gegeben wird. Nach dem Absitzen und anschließenden Lauern folgt ab jetzt nicht immer ein neues Spiel, sondern etwa eine andere Übung (Abliegen mit Heranrufen, Vorübung über die flach gestellte Kletterwand, Abliegen unter Ablenkung usw.). Es sei nochmals betont, dass es hier um die V o r ü b u n g des Sitzens geht. Die vollständige Prüfungs- und Turnierübung kommt erst später dran.

Hat der Hund das <Sitzen> gelernt, setzen wir die Übung ab und gehen zum <Liegen> über (bzw. umgekehrt, wenn man mit dem <Liegen> begonnen hat).

Vorübung <Liegen>

Parallelübung: Teilkreise +; Vorübung Kletterwand oder Hürde sowie die bereits beschriebenen Übungen

PHASE 1: AUSBAU DER VORÜBUNG <LIEGEN>

Beispiel: Für den auszubildenden Hund hat sich in der Übung <Liegen> Futter als geeignet herausgestellt.

Hier ein entsprechender Vorschlag in Stichworten: Futter zeigen, damit imponieren, laufen, verstecken, das Futter zur Beute werden lassen, Stimme einsetzen usw. Zeigt der Hund genügend Aufmerksamkeit und Handlungsbereitschaft, wird das Futter in der Faust versteckt. Um uns interessant zu machen, bringen wir die Faust in die gedachte Verbindungslinie der beiden Augenpaare. Wenn sich die Augen von Mensch und Hund begegnen, beginnen wir mittels Mimik (evtl. auch in Verbindung mit Lauten oder den Hund ansprechend) zu kommunizieren. Kurz vor dem Hörzeichen atmen wir ein, bringen Spannung in den gesamten Körper und in die Mimik. Mitten in das Aussprechen des Hörzeichens lassen wir die Faust auf den Boden fallen. Im Sinne *des Signal-Timings* darf die Bewegung erst kurz nach dem Hörzeichen einsetzen.

ALTERNATIVE: Man lässt den Hund zuschauen, wie ein anderer (fortgeschrittener) Hund die Übung vormacht (Lernen durch Nachahmung). Nach einigen Wiederholungen wird der demonstrierende Hund außer Sichtweite gebracht und der beobachtende Hund kommt an die Reihe.

PHASE 2: VORÜBUNG <LIEGEN> BZW. <PLATZ> IN DER ERLERNSTUFE

Je nach Alter, Reife und Trainingsstand kann man alsbald damit beginnen, das <Liegen> durch entsprechende Veränderung der Körpersprache vitaler und schneller zu gestalten. Doch Vorsicht! Wenn der Hund noch nicht darauf reagiert, sollte man damit unbedingt warten. Geduld bei jungen Hunden! Die Schnelligkeit kommt schon noch. Bei manchen Hunden tritt erst zwischen 9 oder 10 Monaten eine deutliche Zunahme der Schnelligkeit ein. Reifungsprozesse folgen eigenen Regulatoren und brauchen Zeit. Eine weitere Möglichkeit, die Vitalität zu steigern, liegt im Wechsel des MOs. Viele Hunde (teils rassebedingt) zeigen auf Spielbeute ungleich höhere Handlungsbereitschaft als auf Futter. Was liegt näher, als den Motivationsbereich zu wechseln. Die Übung bleibt allerdings nahezu unverändert (siehe Seite 167).

Hat der Hund bereits im Basisspiel die Vorübung <Liegen> gelernt, so kann man auf üppige MO-Hilfen verzichten. In diesem Fall reicht es aus, den Hund mittels Körperspannung, Mimik und Hörzeichen ins <Platz> zu stimulieren. (Hier dürfte die schnelle Ausführung des <Platz> schon zu erwarten sein.) Erst anschließend folgt dann Lob und Spiel.

VORÜBUNGEN <LIEGEN> UND <STEHEN>

ÜBUNG LIEGEN

ALTERNATIVE: Vorübung <Liegen> mittels Spielbeute
Die Hand hält beispielsweise einen Schleuderball. Vorsicht! Während der Bewegung in Richtung Boden das MO nicht vom Hund wegziehen, da er sonst dem MO nachfolgt und vorspringt oder vorrobbt. (Wer Angst vor den Pfoten oder Krallen hat, kann einen Handschuh verwenden.) Wir schleudern also die Hand senkrecht nach unten, wobei der Handrücken nach oben zeigt. Das MO muss gut festgehalten werden, und es dürfen keine Anbissstellen freiliegen (beispielsweise die Schleuderleine). Wirft sich der Hund auf den Boden, wird die Hand gedreht, geöffnet und das MO freigegeben – möglicherweise schließt sich ein *Freies Spiel* an. Die gespielte »fliehende Beute« stimuliert natürlich mehr als die sich öffnende Hand.

Vorübungen <Liegen> und <Sitzen> im Wechsel
Kann der Hund die Übung <Liegen>, so testen wir, ob er das inzwischen ausgesetzte <Sitzen> noch beherrscht. Sollten hier wider Erwarten Schwierigkeiten auftreten, so muss das <Sitzen> nochmals im Zeitraffer von vorn aufgebaut werden. Anschließend werden die beiden Übungen <Sitzen> und <Liegen> im Wechsel geübt. Wichtig ist, dass der Team-Führer nicht eine der beiden Übungen motivational bevorzugt! Der Hund ist während der ersten Wechsel genau zu beobachten. Zeigt er beide Übungen gleichermaßen motiviert und gekonnt, ist dies ein untrügliches Zeichen für einen ausgezeichneten zurückliegenden methodischen Aufbau.

Lässt der Hund bei einer der beiden Übungen Schwächen erkennen, so ist diese Übung nochmals vorzunehmen, gegebenenfalls in methodischer Abwandlung oder durch Nützen eines alternativen Wegs.

Vorübung <Stehen> (Anhalten)
Vorbemerkung: Streng genommen gibt es nicht nur das »Stehen aus dem Gehen oder Laufen«. Das »Aufstehen aus dem Sitzen oder Liegen« ist eine ebenso natürliche und unentbehrliche Verhaltensweise. Für das Fehlen dieser Aufgabe in den klassischen Hundesport-Unterordnungen gibt es keinen vernünftigen Grund. In den Sportarten TEAM-sport und TEAM-dance wurde das »Aufstehen aus dem Sitzen oder Liegen« aufgenommen, neben zahlreichen anderen neuen Aufgaben. Und es wurde in jahrelanger Entwicklungsarbeit ein völlig überarbeitetes und erweitertes *Hörzeichenkompendium* geschaffen.

Die Vorüberlegungen hinsichtlich Motivationsbereich und Wahl des MOs gelten weiterhin. Kann der Hund <Sitzen> und <Liegen> bzw. <Sitz> und <Platz> einzeln und im Wechsel ausführen, setzen wir beide Übungen vorübergehend ab und gehen zum <Stehen> über (bzw. <Steh>). Inzwischen hat der Hund in der *Parallelübung* gelernt, *Teilkreise* zu gehen und den Team-Führer einige Schritte in der Freifolge zu begleiten.

PHASE 1: VORÜBUNG <STEHEN> –
ERSTE ANNÄHERUNG
Auch die Vorübung <Stehen> wird mit Hilfe der Körpersprache vermittelt. Wir achten darauf, das *Motivationsniveau* in der *Vermittlungsstufe* nicht zu hoch anzusetzen. Für das Erlernen reicht auch hier die konzentrierte Aufmerksamkeit und eine mittlere *Aktionsbereitschaft* aus. Der Team-Führer stimuliert seinen Hund mittels Körpersprache und Futter- bzw. Beute-MO, bis der Hund die nötige Aufmerksamkeit zeigt. Anschließend folgt entweder ein *Freies Spiel* oder, falls dieses für den Hund nicht angebracht

ist, das Locken des Hundes in den *Teilkreis*. Der Team-Führer bereitet das eigene Stehenbleiben gedanklich gut vor, wartet einen geeigneten Augenblick ab und gibt das (freundliche) Hörzeichen <Stehen> bzw. <Steeh>.

Hat der Hund das <Stehen> noch nicht gelernt, sollte die Ausführung zunächst ohne Hörzeichen erfolgen. Kommt es dann hinzu, so ist es anfangs kurz nach der einsetzenden Körpersprache zu geben. Nach einigen Wiederholungen sollte das Hörzeichen jedoch vor der Körperhilfe gegeben werden *(Signal-Timing!)*. Genau genommen setzt dann die Körpersprache w ä h r e n d des Wortes <Stehen> ein. Als Hilfe mag sich der Team-Führer merken: Gemeinsam mit dem »e« von <Stehen> kommt die Körperbewegung. Während des Abbaus der Hilfen wird die (reduzierte) Körpersprache dann noch etwas später gegeben.

Die Körperhilfe kann sehr unterschiedlich ausfallen, je nach Naturell der beiden Team-Partner. Sie soll anfangs nicht zu abrupt erfolgen, sondern dem Ausführungstempo angepasst werden. Wir simulieren einen Körperausdruck, der dem bereits beschriebenen *Achtung-Signal* ähnelt. Das heißt, wir bleiben »wie angewurzelt« stehen, als hätten wir etwas besonders Interessantes bemerkt. Wir halten die Luft an und verharren einen Augenblick in dieser erstarrten Haltung. Wird das eigene Stehenbleiben überzeugend gespielt, so ahmen die meisten Hunde die Haltung erstaunlich gut nach. Manche Hunde stehen dann in Vorsteherhaltung. (Für dieses natürliche, arteigene Verhalten würde ich als Richter keinen Punktabzug geben.) Wird die beschriebene Kommunikationsgeste überzeugend gegeben, reagieren die meisten Hunde, indem sie ebenfalls wie angewurzelt stehenbleiben.

Dass sich manche Hunde dann schließlich doch setzen, liegt oft daran, dass man den Hund überforderte. Man hätte nicht warten dürfen, bis sich der Hund nach kurzem Stehen unterbewusst an die ähnliche Situation des <Sitzen> erinnert und sich dann prompt mit dem Ziel hinsetzt, auf diese Weise in den Genuss des Futters oder der Beute zu kommen. Die Bestätigung des gewünschten Verhaltens muss die ersten Male im Ansatz des Stehenbleibens gegeben werden. Nach wenigen Wiederholungen ist der Hund dann in der Lage, das Stehen auch etwas länger zu halten. Längeres motiviertes Stehen lernt der Hund erst mit der Zeit sicher auszuführen.

☞ **Problemhilfe** gegen fälschliches <Sitzen>:

Sind *Timing-Fehler* schon gemacht worden, so kommt man an leichten Hilfen oft nicht vorbei.

Passive Einwirkung Hand: Eine ebenso einfache wie wirksame Hilfe besteht darin, dem Hund beim <Stehen> die linke Hand unter die Hüfte zu halten (später reicht die Berührung an der

Gegen fälschliches Absitzen an Stelle des Stehens beim Anhalten (oft anzutreffender Aufbaufehler) hilft allein schon das Berühren an der Flanke.

Flanke). Will sich der Hund trotzdem noch hinsetzen, sollten wir der Versuchung widerstehen, ihn ärgerlich oder durch schmerzhaftes Hochziehen daran zu hindern. Es reicht aus, die unerwünschte Aktion durch *Passive Einwirkung* zu vereiteln. Man drückt also nicht mit der Hand hoch, sondern der Hund spürt selbst, dass er im Hinsetzen an einen Widerstand gerät.

Ein flaches Band, das dem Hund unter den Hüften durchgeführt wird und das Absitzen verhindern hilft, ist eine andere Möglichkeit gegen das Verwechseln von <Stehen> und <Sitzen>. Das Band hat den Vorteil, dass der Team-Führer deutlich weniger Körperbewegungen für die Korrektur benötigt und seine aufrechte Haltung weitgehend beibehalten kann.

Auch die Gerte kann eingesetzt werden. Diesmal nicht im Sinne der *Impulsiven Berührung*, sondern als Bewegungsbegrenzung. Band oder Gerte lassen sich auch von einer Hilfsperson führen.

Wichtig ist, dass man bei allen Hilfestellungen sachlich bleibt und negativen Emotionen keinen Raum gibt. Eine wichtige Erkenntnis moderner Erziehung, auch der Kindererziehung (!), liegt darin, bei notwendigen Korrekturen die positive Grundstimmung des Lernenden nicht zu beeinträchtigen oder gar zu zerstören. Dem Selbstwertgefühl entgegenzuarbeiten rächt sich. Besser wäre es, die positiven Kräfte des Individuums zu aktivieren. Wer weiß es nicht, dass sich Vorbild und Einsicht langfristig ergiebiger erweisen als Zynismus oder Gewalt! In unserem Beispiel hieße das: Wir hindern den Hund wie beschrieben auf weitgehend p a s s i v e Art am unerwünschten Verhalten. Bleibt der Hund auf Grund unserer Hilfestellung stehen, lösen wir die *Passive Einwirkung* möglichst unauffällig auf. Gleichzeitig lenken wir den Hund mittels Körpersprache ab. Es folgt Lob und/ oder Spiel.

PHASE 2: <STEHEN> AUS UNTERSCHIEDLICHEN BEWEGUNGEN
Hat der Hund das <Stehen> in der Vermittlungs- und Erlernstufe gut angenommen, folgt das <Stehen> in unterschiedlichen Situationen: aus dem gemeinsamen Gehen im *Teilkreis* oder mitten im *Freien Spiel*. Weiterhin ist darauf zu achten, dass das Hörzeichen kurz vor Einsetzen der Körpersprache gegeben wird *(Signal-Timing!)*. Diese wird nach und nach abgebaut.

Wechsel <Sitzen> – <Stehen>
Nach erfolgreichem Abschluss der Vermittlungs- und Erlernstufe im <Stehen> werden <Sitzen> und <Stehen> im Wechsel geübt. Anschließend folgt der Wechsel <Stehen> und <Liegen>. Es ist darauf zu achten, dass keine Bevorzugung einer der beiden Übungen eintritt. Einer eventuell eingetretenen Bevorzugung kann man durch verstärkte Motivation der schwächeren Übung entgegentreten. Wir achten in der Phase des Wechsels noch mehr als sonst darauf, dem Hund sehr viel Freude zu vermitteln. Je entspannter die Atmosphäre, desto leichter lernt der Hund. Wenn der Hund bisher keine schlechten Erfahrungen gemacht hat, kann der soeben beschriebene Zweier-Wechsel möglicherweise übersprungen werden.

Spannungen, Irritationen, schädlicher Stress, Angst, Frustration, Misstrauen und andere problematische Gefühlslagen können sich bei Unterscheidungs-Aufgaben besonders stark auswirken.

WECHSEL GRUNDHALTUNGEN

Wechsel <Sitzen>, <Stehen> und <Liegen>
Tage vor dem ersten Wechsel aller drei Aufgaben testet der Team-Führer seinen Hund nochmals in den einzelnen Aufgaben <Sitzen>, <Stehen> und <Liegen>, indem er nach jeder Übung eine kleine Pause einfügt oder indem er sie zwischen andere Übungen schiebt. Verlief der Test positiv, werden alle drei Vorübungen in unterschiedlicher Reihenfolge gewechselt. Erweist sich der Hund bei einer Übung etwas untermotiviert, so kann dies durch entsprechende Verstärkung ausgeglichen werden.

Vorübung
<Vorsitzen>

PHASE 1: VORÜBUNG <VORSITZEN> –
ERSTE ANNÄHERUNG
(Der Hundeführer sitzt am Boden.)
Im <Abliegen und Herankommen> hat der Hund schon gelernt, durch die Beine zu laufen. Auch in der Vorübung <Vorsitzen> werden wir anfangs ganz besonders darauf achten, das volle Vertrauen in Körpernähe und bei Körperkontakt zu gewinnen und zu festigen. Dieser Punkt wird oft unterschätzt, leider auch von erfahrenen Hundeführern und Ausbildern. Den Hund stimulierend heranzulocken, reicht nicht aus! Für das freudige und vitale Vorsitzen ist nicht nur die Motivation ausschlaggebend, sondern auch das Maß des Vertrauens und der positiven Gestimmtheit in der Nähe des Team-Führers.

Übungsaufbau
Wir legen den Hund in unserer Nähe ab und entfernen uns wie bei der *Paradeübung*. Nach zirka 3 Schritten drehen wir uns in Front zum Hund und setzen uns wie bei der Basisübung auf den Boden.
Wir stimulieren den Hund (mittels Futter- oder Beute-MO oder mit Zuneigungsgesten) zu uns zu kommen. Dazu umschließen wir das MO mit der Faust, animieren das Futter sicht- und hörbar, legen die Faust vor uns auf den Boden und rufen den Hund nach einigen spannungsvollen Sekunden zu uns heran. Damit der Hund nicht zu schnell wird, haben wir die Entfernung auf 3 Schritte Abstand beschränkt. Kommt der Hund näher, so bewegen wir das MO am Körper entlang nach oben und lehnen uns gleichzeitig zurück.
Ein unbefangener Hund wird mit den Vorderpfoten auf uns klettern, um näherzukommen. Zeigt er Berührungsängste, so sind diese im Sinne der Basisübung zuerst abzubauen.
Zeigt sich der Hund kontaktfreudig und unbefangen, so gehen wir dazu über, uns nicht mehr nach hinten zu lehnen, sondern den Oberkörper aufrecht zu halten. Gleichzeitig setzen wir die freie Hand ein, um dem Hund mittels Gesten beim Vorsitzen zu helfen.
Sitzt der Hund vor oder zeigt er auch nur den Ansatz hierzu, folgt Lob und Spiel, wobei der Team-Führer sitzen bleibt. (Die Übung setzt intakte Rangordnung voraus! Ist diese nicht gegeben, so muss zuerst die beschriebene TEAM-balance hergestellt werden.)
Mit der Zeit werden dann auch die Hörzeichen <Hier> und <Sitt> eingebracht.

PHASE 2: VORÜBUNG <VORSITZEN>
(Der Team-Führer steht.)
Nach 1 bis 3 Wochen wird ein normal veranlagter Hund Freude an der Übung zeigen, die Körpernähe des Menschen wirkt sich eher als zusätzliche Motivation denn als Hindernis aus. Auch das <Sitzen> dicht vor dem Team-Führer dürfte in annähernd der gleichen Zeit zur Verfügung stehen.
Nun kann man dazu übergehen, das <Vorsitzen> im Stehen auszuführen. Bei Welpen oder eher kleinwüchsigen Hunden muss jetzt aber berücksichtigt werden, dass sie sich oft im Abstand zum Team-Führer hinsetzen – nicht aus Scheu oder Angst, sondern um entweder besser Blickkontakt aufnehmen zu können und/oder um sich im Abstand einen Vorteil für das erwartete Spiel zu verschaffen.
Hat sich der Hund an den weiten Abstand gewöhnt, ist es oft schwierig, auf das nahe Vorsitzen umzustellen. Daher sollte man von Anfang an das dichte Vorsitzen einbringen (siehe Seite 133 bis 135).
Um auch kleinwüchsigen Hunden und Welpen ein nahes Vorsitzen zu vermitteln, stehen wir mit gegrätschten Beinen, führen das Futter durch die Beine nach hinten und lassen den Hund zwischen unseren Beinen absitzen. Nach einigen Wochen schließen wir die Beine (Phase 3) – und man wird sehen: der Hund sitzt dicht vor. Zur Aufrechterhaltung empfiehlt sich, die Beingrätsche sporadisch weiterhin beizubehalten

und den Hund, solange er noch wächst, nicht zu oft bei geschlossenen Beinen vorsitzen zu lassen. (Wer diese Übung mit seinem großen Hund durchführen möchte, kann sich auf zwei Erhöhungen stellen.)

☞ **Problemhilfe** gegen schiefes Vorsitzen: Hierzu eignen sich die bereits erwähnten *Passiven Einwirkungen* aller Art.

<Sitz>, <Platz>, <Steh>

<Sitz>
Während der Vorübungen hatten sich zahlreiche Gelegenheiten geboten, den Hund genau zu beobachten. Und man konnte sich die ständig präsenten didaktischen Fragen aktuell und zuverlässig beantworten.

Aus diesem Grund testen wir den Hund, bevor wir die Vorübungen beenden und zur Prüfungsform übergehen. Sitzt er ganz ab? Kann er warten? Bleibt er erwartungsvoll und gleichermaßen gezügelt sitzen? Hält er die Konzentration? Beantwortet er den Auslöser zum Herankommen oder Abliegen ebenso selbstsicher wie explosiv?

Wurden die Vorübungen gewissenhaft durchgeführt, so müsste sich der Team-Führer all diese Fragen mit einem zweifelsfreien JA beantworten können. Auf dieser Basis ist das »vorzügliche« <Sitz> bereits in greifbarer Nähe.

Aufstellen eines individuellen methodischen Konzeptes
Hierzu die üblichen einkreisenden Fragen:
➤ Welcher methodische Weg scheint für den betreffenden Hund am vielversprechendsten?
➤ Welcher Motivationsbereich und welches MO empfehlen sich für die jeweils anliegende Übung?
➤ Wie hoch ist das *Anspruchsniveau* (Schwierigkeitsgrad) zu setzen?
➤ Zeigt der Hund Fehlverknüpfungen, oder verspricht der eingeschlagene Weg, direkt zum Ziel zu führen?
➤ Wie hoch soll man den Hund motivieren? Bei Übermotivation müsste man mit Hochspringen, mit unvollständigem Absitzen oder anderen Fehlern rechnen. Untermotivation hingegen würde die Übung langsam machen und zu Unaufmerksamkeit führen.
➤ Was lässt man vorausgehen? Ein *Freies Spiel*, *Beutestreiten* oder Futter?

Bevor man zur **Prüfungsform übergeht, sollte man testen, wo der Hund »steht«. Braucht er für das seitliche Mitgehen dicht am Bein noch den** *Freifolge-Zaun*, **so darf dieser nicht zu früh abgebaut werden.**

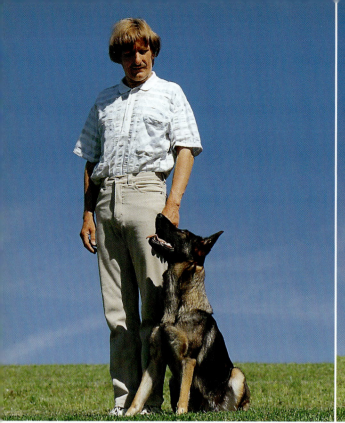 

Nach dem ‹Sitz› (links) dreht sich der Team-Führer spannungsvoll in Front (Mitte). Anschließend setzt er den »Geistigen Zügel« ein (rechts), damit der Hund nicht vorgeht. Man sieht deutlich, dass der Hund den Blickkontakt zum Team-Führer aufrechterhält und dass die freudige, positive Stimmungslage nicht beeinträchtigt wurde.

- Wie weit kann der Hund schon ‹bei Fuß› gehen?
- An welchem Punkt der Freifolge ist das Sitzen angeraten?
- Benötigt man für das parallele, seitliche Mitgehen dicht am Bein etwa noch den *Freifolge-Zaun* oder andere *Passive Einwirkungen*?

Ist man sich in groben Zügen über das didaktisch-methodische Vorgehen im Klaren, so sollte man nicht versäumen, besondere Aktivitäten des Team-Führers, wie etwa das Aussprechen des Hörzeichens, die zur Kommunikation und als Hilfe einzusetzende Körpersprache oder auch die Nutzung irgendwelcher Hilfsmittel, zu prüfen und zu üben.

Das Hörzeichen richtig geben

Auf dem inzwischen erreichten Niveau werden geringe Unterschiede in Haltung, Bewegung und Sprache immer wichtiger. Man geniere sich nicht, das Hörzeichen ‹Sitt› in einer ruhigen Stunde einmal wirklich auf Herz und Nieren zu prüfen. Wie lange soll das »s«, das »i« und das »t« klingen? Wie stark will man das »t«, wie scharf das »s« sprechen? Welchen Charakter will man dem Hörzeichen geben? Rein freundlich? Oder mit ein wenig Unterordnungsanteil? Betont auf Erwartung oder eher beruhigend, dämpfend? Oft werden Hörzeichen entweder zu sehr befehlend, überpowert oder aber auch zu lässig gegeben. Meistens jedoch unreflektiert. Die Folgen gestalten sich dementsprechend.

Es hat sich bewährt, das Hörzeichen in der Oberstufe anfangs nicht zu explosiv zu geben. Das Hörzeichen sollte also genauso gegeben werden, wie es der erwarteten Ausführung der Übung entspricht. Hat der Hund gelernt, auf die Signale des Team-Führers vertrauensvoll einzugehen, dann hat man alle Trümpfe in der Hand – auch für außergewöhnliche Situatio-

<SITZ>, <PLATZ>, <STEH>

PHASE 1: <SITZ>
Wir beginnen wie gewohnt mit dem individuellen Einstimmen. Anschließend gehen wir einige Schritte in der Freifolge, bereiten uns selbst und den Hund mittels Körpersprache auf das Sitzen vor, steigern kurz vor dem Hörzeichen die Gesamtspannung und geben dann im richtigen Augenblick das Hörzeichen <Sitt>. Unmittelbar danach *(Signal-Timing!)* folgt die Körperhilfe, falls sie noch erforderlich ist.
Sitzt der Hund vollständig, verharren wir zirka 2 bis 3 Sekunden wie erstarrt neben dem Hund und halten den Atem an. Anschließend lösen wir die Übung in geeigneter, dem Hund individuell angepasster Form auf (Lob und Spiel).
War die Motivation zu hoch und sitzt der Hund infolgedessen nicht ganz ab, reduzieren wir die Stimulation bei der Wiederholung. Sitzt der Hund dann immer noch nicht ganz ab, helfen wir ihm mittels Körpersprache und warten, bis er sitzt. Hat er sich vollständig abgesetzt, folgt Lob und Spiel. Für die Zukunft nehmen wir uns vor, diesen Hund vorher erst ausgiebig auslaufen oder sich im Spiel abreagieren zu lassen.

PHASE 2: NACH <SITZ> IN FRONT DREHEN
Bis zum Erstarren bleibt die Übung unverändert wie in Phase 1. Jetzt soll der Hund jedoch kurz nach dem Erstarren weiterhin sitzen bleiben, während sich der Team-Führer langsam in Front zum Hund dreht. Sitzen zu bleiben, während der Team-Partner eine Bewegung fortsetzt oder einleitet, bedeutet für den Hund, der im Rudel der Bewegung der Meute folgt, eine beachtliche Anforderung. Hier kommt uns wieder die *Paradeübung* und der *Geistige Zügel* zugute. Wird beides richtig eingesetzt, dürfte das In-Front-Drehen (in schleichender Weise!) keine Schwierigkeiten bereiten. Hat sich der Team-Führer vor den Hund gestellt, bleibt er wiederum 1 bis 3 Sekunden erstarrt in aktiver Haltung stehen, um dann wie gewohnt akustische und visuelle Auslöser folgen zu lassen. (Bei überaktiven Hunden kann anschließend Lob und Sozialkontakt zur Entspannung beitragen.)

nen. Ein Hund, der volles Vertrauen zu seinem Team-Partner mitbringt, verträgt auch einmal ein betont strenges Hörzeichen, ohne seine Selbstsicherheit zu verlieren.
Das gleiche gilt für die Körpersprache. Wir raten dem ambitionierten Hundesportler daher immer wieder, sich Haltung, Bewegung und Sprache bewusst zu machen und, wo nötig, gezielt zu üben. Es lohnt sich, von Zeit zu Zeit alle Übungen mental an seinem geistigen Auge (und Ohr!) vorbeiziehen zu lassen (ohne Hund!), die wichtigsten Handgriffe und Körperaktionen ebenso wie die Aussprache der Hörzeichen zu überprüfen und zu vervollkommnen. Die *Team-Vorführung* wird davon erheblich profitieren.

Nun zur Übung <Sitz> mit dem Hund: Der Hund hat die Grobform der Übung inzwischen gelernt. Jetzt geht es darum, die äußere Form zu üben und die Team-Vorführung zu perfektionieren. Gegebenenfalls ist auch die Intensität und Schnelligkeit der Ausführung noch zu verbessern.

Phase 3: Nach dem <Sitz>
kurzes Entfernen
An Stelle des In-Front-Drehens geht der Team-Führer nach dem Hörzeichen <Sitt> geradeaus weiter. Während des Weitergehens lassen wir den Hund keine Sekunde aus den Augen. Anfangs sollte zur Sicherheit noch kurz nach dem Hörzeichen der *Geistige Zügel* gegeben werden, ohne jedoch dadurch die Bewegung des Weitergehens wesentlich zu verändern. Nach einigen Schritten folgt das gewohnte Erstarren, Warten, neuerliches Aufbauen der Spannung und das Auslösen.

Sollte der Hund Anzeichen zum Vorgehen zeigen, hilft man sich mit dem Entgegenstellen des gesamten Körpergewichts – zusätzlich zum *Geistigen Zügel*.

Phase 4: Vergrössern der Entfernung
Das Entfernen wird weiter ausgebaut. Waren es bis hierher nur einige Schritte, so entfernt sich der Team-Führer jetzt bis auf 20, 40 (ab und zu noch mehr) Schritte vom Hund. Neu kommt hinzu, dass der Hund aus dem Weitergehen heraus belohnt wird. Das Belohnen mitten aus dem Weitergehen bewirkt, dass der Hund auch während des Weggehens konzentriert und motiviert bleibt.

Damit der Hund die Sitzposition nicht unaufgefordert verlässt, verbinden wir das Auslösen aus der Bewegung immer mit einem aufmunternden Hörsignal. Das MO (Futter oder Beute) wird unregelmäßig von Mal zu Mal in anderer Entfernung und unterschiedlicher Art und Weise geworfen. Einmal nach links, dann nach rechts, vorne oder hinten, einmal hoch, dann auf den Boden, und wieder ein andermal lassen wir den Hund zu uns herlaufen und das MO am Team-Führer anbeißen.

Phase 5: Abbau der Körperhilfen
Die Körperhilfen werden nun sukzessive abgebaut. Übrig bleibt der natürliche Spannungsaufbau, der mit der Vorbereitung zur Ausführung verbunden ist.

Ab und zu wird nun die Übung in vollem Umfang durchgeführt: Der Team-Führer setzt den Hund ab, geht die vorgeschriebene Zahl an Schritten weiter, dreht sich um, bleibt kurz stehen, geht zum Hund zurück und stellt sich an dessen rechte Seite. Dann folgen einige Sekunden erneuten Spannungsaufbaus für das kommende Angehen. Auch hier kann eine (vertrauenswürdige!) Hilfsperson wertvolle Dienste leisten, indem sie den Hund genau beobachtet und etwaige Fehler oder Stimmungsveränderungen sofort mitteilt.

Phase 6: Automatisieren des Absitzens
Nach angemessener Zeit lässt sich das prüfungsmäßig vorgeschriebene, automatisierte Sitzen (ohne Hörzeichen) entwickeln, oder, wenn es der Hund schon kann, verbessern und absichern.

Phase 7: Abwandlung und Festigung
Anschließend wird die Übung abgewandelt und gefestigt. Damit der Hund in jeder Lage flexibel bleibt, gehen wir nicht immer zum Hund zurück, sondern rufen ihn hin und wieder auch zu uns, um ihn zu einem *Freien Spiel* einzuladen oder um in eine andere Übung überzuleiten.

»Altgediente« Hundesportler haben vielfach Angst vor variablen Aufgabenstellungen. Die Automation ist ihnen derart in Fleisch und Blut übergegangen, dass sie sich nicht vorstellen können, dass ein Hund Übungen zuverlässig ausführt, auch wenn sie in anderer Reihenfolge oder gar abgewandelt trainiert werden. Aber sie vergessen, dass der rein auf Automation aufgebaute Sport eine Erfindung des Menschen ist, nicht der Natur! Daher sollten wir wenigstens im Training für Abwandlung und Abwechslung sorgen! Eben diese Abwandlungen dienen der Festigung und gleichzeitig der Erhaltung der Motivation. Zur Festigung eignen sich darüber hinaus neue, noch stärkere und unvorhersehbare Ablenkungen. Der Fantasie sind keine Grenzen gesetzt.

☞ **Problemhilfe** gegen Verwechslung:
Hat der Hund Sitzen, Liegen und Stehen richtig gelernt, wird er die Übungen nicht verwechseln. Müssen jedoch vorausgegangene Ausbildungsfehler korrigiert werden, so empfiehlt sich, zunächst einmal alle drei Übungen auf ein annähernd ausgeglichenes, positiv besetztes Emotionsniveau zu bringen! Während dieser Zeit stellt man formale Leistungsforderungen tunlichst in den Hintergrund. Der Hund soll wieder Freude haben an der Ausführung der problematischen Übung, und der Team-Führer hilft ihm dabei, indem er das Vertrauen wieder aufbaut und für die Rückgewinnung der Selbstsicherheit seines Hundes sorgt. Erst wenn die Übung auf diese Weise besser zu werden beginnt, sind formale Forderungen wieder angebracht. Wir warnen ausdrücklich und wiederholt vor Hau-Ruck-Korrekturen, denn diese lassen das Problem in der Regel nur noch stärker hervortreten.

Bei Haltungs-»Verwechslung« sollte man vorübergehend nur die problematische Haltung üben. Diese jedoch ist neu aufzubauen – von den ersten Schritten an: Basisspiel, Vorübung usw. Gelingt es, die Übung wieder positiv zu besetzen, ist in der Regel das Problem gelöst. In gravierenden Korrekturfällen empfiehlt sich, die problematische Übung vorübergehend abzusetzen und den Neuaufbau wie bereits beschrieben auszudehnen (Umfeld, Hörzeichen, Ort, Stimmung usw.).

☞ **Problemhilfe** gegen Folgen von Zwangseinwirkungen:
Leider kommt es immer wieder vor, dass Hundeführer meinen, sie könnten das Sitzen mittels Zwang schneller machen. Ihr Hund setzt sich zwar, aber ihrer Meinung nach nicht schnell genug. Oft wird er dann angeschrien oder mittels starker Leinenrucke zu schnellerem Absitzen gezwungen. Die meisten Hunde reagieren auf diese Form der Einwirkung genau entgegengesetzt. Anstatt sich schneller zu setzen, werden sie noch langsamer. Der Hund büßt seine ge-

PROBLEME BEIM SITZEN

☞ **Problemhilfe gegen schiefes <Sitz>:**
Gegen schiefes Sitzen hat sich der Einsatz von Leitpflöcken oder Leitzäunen bewährt. Es werden einige Pflöcke in einem Kreis von 6 bis 8 Metern aufgestellt. Das Team geht innerhalb der Hindernisse im Kreis, wobei jeweils auf der Höhe eines Pflocks ein <Sitt> erfolgt. Es empfiehlt sich, das Gehen im Kreis sowie das Anhalten zuerst einmal ohne Hund zu üben.
Geht der Hund ständig schief, ist nach den Ursachen zu fragen, z. B., in welcher Hand das MO gehalten wird. Bei ständigem Schiefgehen ist die *Passive Einwirkung* des Leitzauns angesagt.

☞ **Problemhilfe <Sitz> in seitlichem Abstand:**
Dieselbe Anordnung hilft auch gegen seitliches Ausweichen. Hier gilt es jedoch zusätzlich zu prüfen, ob das Ausweichen nicht tiefer liegende Ursachen hat. In diesem Fall kommt man an einem Wiederaufbau unter entsprechend neuer Ausrichtung nicht vorbei (TEAM-balance von Anfang an!)

wohnte Selbstsicherheit ein. Zögern ist oft die Folge. Hört der Team-Führer dann immer noch nicht auf, den Hund sinnlos zu drangsalieren, folgt als nächste Reaktion das Ausweichen, Verweigern oder die Flucht des Hundes. Entweder legt er sich hin statt zu sitzen, oder er bleibt stehen und macht gar nichts mehr, oder er sucht sein Heil in der Flucht.
Diesem Hundeführer ist es tatsächlich gelungen, alle Warnzeichen zu übersehen und dem Hund ebenso wie sich selbst ein ernsthaftes Problem zu schaffen. Denn aus diesem Stadium hilft in der Regel nur ein langer, geduldig aufgenommener Weg in die entgegengesetzte Richtung. Und dieser besteht in der Rückgewinnung des Vertrauens, der Selbstsicherheit, der Motivation und der Freude. Warum nicht gleich so?

<Platz>, durch Körpersprache vermittelt: freudig, spannungsvoll und schnell (siehe auch Foto Seite 177).

Es gibt andere Möglichkeiten, Übungen schneller zu gestalten. Wir werden im weiteren Verlauf einige kennen lernen.

<Platz>

Die Vorüberlegungen zu den Übungen <Sitz>, <Platz> und <Steh> sind annähernd die gleichen. Umso mehr, als alle drei auf den Vorübungen aufbauen. Die entsprechenden Fragen können in den ersten Abschnitten der Übung <Sitz> nachgelesen werden (siehe Seite 171). Auch beim <Platz> sollte der Team-Führer erst einmal ohne Hund üben und auf die Einzelheiten des Hörzeichens und der Körpersprache achten. Beim gemeinsamen Üben ist man viel zu sehr mit dem Hund beschäftigt. Darunter leidet natürlich das Prüfen der eigenen Verhaltensweisen.

Sind die Trockenübungen abgeschlossen, so folgt wie gewohnt der Test im *Freien Spiel* oder auch in der *Einstimmung*. Wie weit ist der Hund in der Übung <Platz> schon fortgeschritten? Benötigen wir den Freifolge-Zaun? Was ist zu erwarten? Wie aktiv, wie freudig, schnell und exakt zeigt sich der Hund? Stimmt die *Motivationsbalance*? Die Beantwortung dieser immer wieder zu stellenden Fragen ist bereits ein Teil der sich anschließenden Didaktik und Methodik.

PHASE 1: <PLATZ>

Wir beginnen wie gewohnt mit Einstimmen, Angehen, Vorbereiten der Übung und dem Aufbau der gesteigerten Konzentration und inneren Spannung. Dann folgt das Hörzeichen <Platz>. Unmittelbar danach *(Signal-Timing!)* folgen die Körpersignale: Abstoppen der Schritte; Drehen des Oberkörpers nach links; gleichzeitig geht man ein wenig in die Hocke und gibt die entsprechenden Körperhilfen. Auch hier folgt wieder am Ende der Bewegung das Erstarren und das spannungsvolle Verharren in dieser Position – etwa 2 bis 3 Sekunden lang. Währenddessen halten wir den Atem an und suchen den Blickkontakt zum Hund. Dann folgt das Auflösen mittels Spiel und/oder Lob.

Beim <Platz> ist darauf zu achten, dass das Aussprechen des Hörzeichens ebenso wie die nachfolgende Körpersprache annähernd auf dem Niveau der zu erwartenden Ausführung stehen. Es bringt nichts, wenn der Team-Führer in euphorischer Erwartung ein explosives Hörzeichen gibt und blitzschnelle Körperbewegungen zeigt, während die Ausführung des Hundes ein ganz anderes, viel langsameres Erscheinungsbild gibt. Damit die Körpersprache wirksam werden kann, sollte sie zunächst das Erscheinungsbild der Übung möglichst real widerspiegeln. Erst nach und nach geht man dazu über, durch gezielte Veränderung der Körpersprache und des Hörzeichens das Verhalten zu beeinflussen. Je besser diese Abstimmung gelingt, desto direkter wird der Hund die Signale umsetzen lernen. Auch das nachfolgende Spiel ist in diesem Sinne individuell und situativ (auf die Situation bezogen) zu gestalten.

Erst wenn alle Komponenten der Kommunikation pädagogisch sinnvoll eingebracht werden, wird der Hund seinem Partner buchstäblich von den Augen ablesen, was dieser von ihm will. Und bei motivationalem Aufbau wird der Hund das letzte geben, um das umzusetzen, was er gelernt hat.

Hat sich der Hund auf den Boden geworfen (wohlgemerkt aus Freude und nicht aus Angst), so wird das MO nicht nach vorn, sondern nach hinten geworfen. Auf diese Weise erreichen wir, dass der Hund noch schneller abstoppt, denn er erwartet die Belohnung in der entgegengesetzten Richtung. Um schiefes Abliegen zu vermeiden, werfen wir das MO einmal links, das andere Mal rechts neben dem Hund nach hinten. Die Übung kann einige Male wiederholt werden, wobei man beim ersten Mal die Erwartungen nicht zu hoch ansetzen darf. Das Werfen in die entgegengesetzte Richtung wirkt außerdem dem Vordrängen entgegen.

WEITERE PHASEN:
Die weiteren Phasen können in Anlehnung an den beschriebenen Aufbau beim <Sitz> (siehe Seite 173) durchgeführt werden (In-Front-Drehen – einige Schritte weitergehen – *Geistiger Zügel* – beim Entfernen unregelmäßiges Auslösen – Hilfen abbauen – möglicherweise Hilfsperson mit einbeziehen usw.).

<Steh>

Wir beschreiben zunächst kurz die Nachteile von einigen traditionellen Methoden:
<u>Leinenrucke:</u> Vielfach versucht man heute noch, den Hund mittels Leinenruck zum Stehen zu bringen. Dies hat aber den Nachteil, dass damit – physikalisch gesehen – nicht nur ein Zug nach hinten, sondern ein Drehmoment um die Querachse entsteht, was den Hund zum Absitzen veranlasst.

Nicht alle Team-Führer geraten gleich in Zorn. Aber die Selbstbeherrschung nützt nur zum Teil, wenn der Betreffende meint, durch Wiederholung des beschriebenen Übungsaufbaues würde der Hund schon mit der Zeit lernen, was von ihm gefordert wird. Ignoriert der Hundeführer das Fehlverhalten und lässt er das Sitzen wiederholt zu, wird sich das Fehlverhalten mit jeder Wiederholung mehr und mehr stabilisieren. Stärkere Rucke bewirken dann keineswegs den gewünschten Erfolg, sondern sie verstärken

lediglich das Drehmoment und die damit verbundene Information für den Hund, sich zu setzen. Er weiß ja nichts vom geplanten Stehen, das er bei dieser Ausbildungsmethode ja noch nicht kennen gelernt hat.

Selbst wenn der Hund nach einiger Zeit über weitere Zwangsmaßnahmen zeigt, was von ihm erwartet wird, erfährt er doch die neue Übung <Stehen> von Anfang an in negativer emotionaler Besetzung. Und dann wundern sich Hundeführer, wenn der Hund bei der geringsten Abweichung der Umwelteinflüsse das Stehen verweigert oder sich an Stelle des Stehens setzt, zögernd stehen bleibt oder einige Schritte nachgeht.

Man müsste einsehen, dass der Hund menschliche Wertmaßstäbe nicht nachvollziehen kann. Wenn sich für ihn das Stehen mit Unlust verbindet, dann wird er sich dieser Unlust durch eine Aktion zu entziehen suchen. Die nächstliegende Aktion aber ist für viele Hunde das Sitzen. Im Sitzen haben sie oft schon als Welpen gute Erfahrungen gemacht – haben Futter erhalten und sind gelobt worden. In Konfliktsituationen flüchten sich Hunde oft in ihrer Hilflosigkeit in tief verankerte, mit positiven Emotionen besetzte Verhaltensweisen.

<u>Tragegriff:</u> Er entsteht, indem man dem Hund die normale Führerleine als Schlinge um die Hüfte bindet und den Karabiner vorne am Halsband einhakt. (Diese Methode ist im deutschsprachigen Raum schon seit mehr als 20 Jahren bekannt.) Der Hund soll nun während der Freifolge hochgehoben und mit dem Hörzeichen <Steh> sofort wieder abgesetzt werden. Der Hund streckt in der Luft die Beine und bleibt beim Wiederaufsetzen auch prompt stehen. Sehr praktisch gedacht. Aber leider birgt auch diese Methode mehrere Nachteile in sich:

▶ Das Hochheben eines mittelschweren oder gar schweren Hundes ist für Frauen, Jugendliche, ältere oder auch nicht besonders kräftige Männer kaum durchführbar.
▶ Die Körperbewegung des Nach-unten-Greifens und Hochhebens ist relativ aufwendig.

Lange bevor das Hörzeichen folgt, liest der Hund an der Körpersprache ab, was folgt.
▶ Der Hund wird diese Prozedur nicht gerade als angenehm empfinden.

<u>Zwangsmethoden:</u> Dann gibt es natürlich noch die Zwangs-Profis, die genau wissen, wie man vorgehen muss, um Fehlverknüpfungen auszuschließen. Der Hund wird mit einem starken Ruck am Stachelhalsband zum abrupten Stehen veranlasst, gleichzeitig wird er durch die Hüftschlinge, die eine Hilfsperson führt, am Absitzen gehindert.

Technisch gesehen führt diese Vorgehensweise zweifellos zum Ziel. Aber zu welchem Ziel? Glaubt jemand allen Ernstes, dass der Hund bei dieser Methode Freude erlebt? – Anschließend wird dann oft der Ball geworfen, damit der Hund doch noch eine positive Erfahrung machen kann. Und viele meinen, weil der Hund anschließend dem Ball nachjagt, die Übung sei »spielerisch« vermittelt worden – nur mit ein wenig »Ernst« dabei. Hier wird übersehen, dass durch den Ball ein Instinkt ausgelöst wurde. Das reaktive Nachjagen ist daher kein Gradmesser für die vorausgegangene Befindlichkeit des Hundes!

<u>Auch Stromanhänger</u> haben ihre ganz bestimmten Techniken für das <Steh>.

Zwangsfreie Methoden

Was wir von all diesen Zwangsmethoden halten, dürfte inzwischen klar geworden sein. Eine deutlich humanere Methode besteht darin, wenigstens in der *Ersten Annäherung* (Vermittlungsstufe) auf jeden Zwang zu verzichten und das <Stehen> mittels Futter oder in unserem Sinne auf integrale, ganzheitliche Art und Weise zu vermitteln; der Leinenruck wird erst eingesetzt, wenn der Hund das Stehen beherrscht und bisher Freude an der Übung hatte. Aber selbst damit ist man noch deutlich von den Möglichkeiten einer konsequenten, Lust vermittelnden Ausbildung entfernt.

Zugegeben, es ist nicht leicht, für das <Steh> einen zwangsfreien Weg zu finden. Vor allem, wenn die Übung attraktiv in Form eines eng begrenzten Stoppens (so ähnlich wie der Stopp der Westernreiter) angestrebt wird. Wir beschreiben hier zwei von mir entwickelte Methoden. Bei der ersten kommt die *Passive Einwirkung* zum Einsatz, bei der zweiten nützen wir *Nachahmung* und *Resonanz-Szenario*. Wir haben *Resonanz-Szenarien* schon mehrfach kennen gelernt, z. B. bei den Kommunikationsgesten und bei der Vermittlung des <Liegen> (vor der Höhle auf die Lauer legen).

Als *Passive Einwirkung* dient uns entweder der unmittelbar nach dem Hörzeichen vor die Nase gehaltene *Geistige Zügel* (Hand mit gespreizten Fingern) oder ein Netz, das an eine Leine angenäht wurde und von zwei Hilfspersonen bedient wird.

Das Netz liegt zuerst am Boden und die Hilfspersonen halten die beiden Enden der Leinen. Zuerst muss der Hund mit dem Netz vertraut gemacht werden. Team-Führer und Hund gehen auf das Netz zu, sehen es an, berühren und beschnuppern es. Dann wird das Netz von den Hilfspersonen einmal langsam und ruhig in der Nähe des Hundes nach oben gezogen. Dieser Vorgang wird gegebenenfalls einige Male wiederholt. Zeigt sich der Hund unbefangen, kann die Übung beginnen.

Das Team geht auf das Netz zu. Kurz vor dem Netz, genauer gesagt unmittelbar davor, gibt der Team-Führer das Hörzeichen und bleibt abrupt stehen. In diesem Augenblick wird das Netz (möglichst unauffällig und nicht zu schnell) hochgezogen und gespannt. Anschließend folgt Lob und/oder Spiel. Zeigt sich der Hund dennoch verunsichert, ist es in der Regel besser, eine andere Methode vorzuziehen. Hat der Hund jedoch die sich aufrichtende Barriere unbefangen angenommen, indem er stehen blieb, so kann man schrittweise dazu übergehen, zusätzlich die Körpersprache für ein schnelles Stopen einzusetzen und das Netz schneller hochzuziehen. In der ausgeprägten Form steht der Team-Führer wie bereits bei Sitz und Platz wie versteinert still, fixiert den Hund oder sieht konzentriert und regungslos am Hund vorbei in die Ferne. Nach einigen Wiederholungen kommt das Hörzeichen hinzu. Hierbei ist das *Signal-Timing* nicht zu vergessen: Zuerst <Steh>, dann die Hilfen.

Der folgenden Resonanz-Motivation liegt die Beobachtung zu Grunde, dass Hunde in einer Art Meute-Effekt Bewegungen eines Einzelnen unter bestimmten Bedingungen nachahmen. Wir haben in diesem Zusammenhang bereits die Aufbruch-Gesten erwähnt. Etwas Ähnliches lässt sich beim plötzlichen Abstoppen im Spiel eines Hunderudels beobachten. Stoppt einer abrupt und stellt sich im Stop in die Achtung-

Mitten aus der Freifolge dreht sich der Team-Führer in Front und setzt gleichzeitig den *»Geistigen Zügel«* ein.

Position, so bleiben vielfach auch andere Rudelmitglieder mitten im Lauf stehen.

Der Team-Führer wartet einen Sprung des Hundes ab (es reicht ein kleiner Hüpfer), springt mit, so dass Hund und Team-Führer etwa gleichzeitig am Boden aufkommen. Im Sprung wird das Hörzeichen <Steh> gegeben. Beim Aufkommen geht der Team-Führer in die *Achtung-Position* (etwas in die Knie), hält den Atem an, erstarrt, bleibt stehen wie in einer Momentaufnahme, fixiert den Hund oder sieht in die Ferne. Das Erstarren wird etwa 1 bis 2 Sekunden gehalten, und in diesem Augenblick soll der Hund den Eindruck gewinnen: »Die ganze Welt steht still.« (Zitat Alois Prünster, SVÖ Bundesausbildungswart 1997)

Der Hund wird diese Körperbewegung in Verbindung des bereits bekannten Hörzeichens nachahmen. Anschließend folgt der Auslöser und wie gewohnt Lob und/oder Spiel. Nach einiger Zeit, wenn der Hund das attraktive, plötzlich stoppende Stehen aus dem Sprung zeigt, kann man dazu übergehen, das <Steh> auch aus der Freifolge heraus, ohne Sprung, einzuleiten. Wichtig ist, dass nun die *Vorbereitung*, sozusagen als mentaler Ersatz zum Sprung, dem Hörzeichen vorausgeht. Im Idealfall wird das Hörzeichen so gegeben, dass der Hund genügend Zeit hat, aus der Bewegung heraus das Anhalten einzuleiten. Diesen Zeitpunkt muss der Team-Führer, je nach Schrittweite und -frequenz seines Hundes, herausfinden. Bei vielen Hunden liegt der ideale Zeitpunkt im Ansatz eines soeben aufgehobenen Vorderlaufes. Die Optimierung des Zeitpunkts (ebenfalls eine Perspektive des *Signal-Timings!*) verspricht in der Regel eine Verbesserung der Motorik und Ästhetik. Als Ergänzung kann auch im Augenblick des Stopens oder noch besser kurz danach der *Geistige Zügel* eingesetzt werden.

Der Übergang zum Stehen des Hundes in Entfernung wird ähnlich wie beim <Platz> aufgebaut. Zuerst entfernt sich der Team-Führer nur 1 oder 2 Schritte vom stehenden Hund. Auch hier kann das Mitgehen des Hundes durch Einsatz des *Geistigen Zügels* vereitelt werden. Dann wird der Abstand nach und nach erweitert und die Hilfen abgebaut. Während sich der Team-Führer entfernt, wirft er jeweils an anderer Stelle und in anderer Form das MO (*variable Belohnung* – in Verbindung eines akustischen Auslösers).

Es empfiehlt sich, das Stehen noch lange in der beschriebenen Form mit dem Hund mitzumachen und zwischendurch immer wieder das Stehen aus dem Sprung zu üben. Während der gesamten Ausbildung des <Steh> benötigt der

HÖRZEICHEN DIFFERENZIEREN

Hörzeichen differenziert einsetzen
Je nachdem, ob das <Steh> aus dem Laufschritt oder aus dem Gehen gezeigt wird, muss das Hörzeichen entsprechend anders gesprochen werden.

✓ In der Regel ist man gut beraten, das Hörzeichen aus dem »normalen Schritt« (besser: aus dem »Gehen«) dem Tempo angepasst eher ruhig zu sprechen.

✓ Wird es unangemessen schnell ausgesprochen, so hat der Hund oft Mühe, das Signal in eine ausgeglichene Bewegung umzusetzen. Es entsteht dann ein unschöner Ruck, der weder motorisch noch ästhetisch überzeugt.

Im Hinblick auf die Leistungsbeurteilung wäre auch hier ein Umdenken angebracht: Nach sportlicher Auffassung müsste die bessere Leistung in jedem Fall auch besser benotet werden. Die Nivellierung von Leistungsunterschieden widerspricht dem Elitebekenntnis. Sie ist ebenso unsportlich wie ungerecht.

Team-Führer weder eine Berührung des Hundes noch einen einzigen Ruck oder irgendeine andere Art schmerzhafter Einwirkung. Das <Steh> wurde, wie alle anderen Übungen, allein auf *positiver Resonanz-Motivation* aufgebaut, durch die Bindeglieder *Vertrauen, Autorität* und *Respons-Kommunikation*. Als Folge dieser ganzheitlichen Ausbildung wird sich der Team-Führer lange Jahre an einem aufmerksamen, vitalen, schnellen und zuverlässigen <Steh> seines Hundes erfreuen.

<Steh> aus dem <Normalen Schritt> und aus dem <Laufschritt>
Die ideale Ausführung des <Steh> aus dem Gehen müsste anders aussehen als das Stehen aus dem Laufschritt.
Ein abruptes Anhalten aus dem *normalen Schritt*, dem Gehen, sieht unnatürlich und unbeholfen aus. Umgekehrt erweckt ein <Steh> aus dem Laufschritt, das erst nach einigen Schrittfolgen zum Stillstand kommt, den Eindruck einer stümperhaften, unbeherrschten Ausführung. Beim <Steh> aus dem Laufschritt hingegen ist das explosiv ausgesprochene Hörzeichen überzeugender, denn der Hund hat nur sehr wenig Zeit, das Signal innerhalb 1 oder höchstens 2 Schrittfolgen umzusetzen. Braucht er zu viele Schritte und zu lange zur Umsetzung, so ist dies aus sportlicher Sicht zweifellos die minderwertige Ausführung, die Abzug verdient.
Das <Steh> aus dem *normalen Schritt* sollte harmonisch und dem Gangrhythmus angepasst aussehen. Der Hund dürfte nicht zwischen zwei Schritten zum Stehen kommen, sondern beide Vorderbeine sollten auf gleicher Höhe stehen. Beim <Steh> aus dem Laufschritt kommt das Stehen zwischen zwei Schritten kaum vor. Aber beim <Steh> aus dem Gehen wird ein aufmerksamer, gut führiger Hund fehlerhaft stehen, wenn der Team-Führer das Hörzeichen zu spät oder zu früh gibt oder wenn er es zu schnell oder zu vehement ausspricht. Ein Hörzeichen in zwingender Aussprache wird bei führigen Hunden bewirken, dass der auf gleiche Höhe nachzustellende Vorderlauf wieder zurückgestellt wird oder aber gar nicht erst abgehoben wird. Beide Varianten sind Ausdruck mangelhafter Team-Führung.
Wie wir den Hund im <Platz> oder <Steh> aufmerksam halten, wurde bereits im Abschnitt <Ablegen und Herankommen> ausführlich beschrieben (siehe Seite 129).
Wie man die Übungen <Sitz>, <Platz> und <Steh> noch schneller und überzeugender üben kann, darüber ist im folgenden Abschnitt »*Impulsive Berührung*« zu lesen.

Methode der »Impulsiven Berührung«
Eine weitere von mir entwickelte Methode, um einzelne Übungen vitaler, schneller, formal besser und insgesamt überzeugender zu gestalten, ist die *Impulsive Berührung*. Im Sinne der *Reizsummation* kommt zur Körpersprache und zum Hörzeichen noch die Berührung hinzu. Berührung jedoch nicht mit dem Ziel der Schmerzübertragung oder eines stellvertretenden Signals für Zwang oder Appell, sondern Berührung in rein anregender Wirkung. Die Berührung besteht in einem extrem kurzen, man könnte sagen, blitzartigen Touch, welcher mittels einer Gerte übertragen wird.
Um es nochmals zu betonen: Der Hund wird nicht mit der Gerte geschlagen, sondern lediglich impulsiv berührt – weit unterhalb jeglicher Schmerzgrenze! Auch das gesamte Umfeld dieser *aktiven Einwirkung* hat nichts mit Zwang oder Appell zu tun. Die freundliche und einladende Stimmung wird durch die Methode der *Impulsiven Berührung* nicht untergraben, sondern unterstützt. Der Hund führt die Übung unter *Impulsiver Berührung* nicht schneller und früher aus, um physischem oder psychischem Schmerz zu entgehen, sondern auf Grund der stimulierenden Botschaft, die in der explosionsartigen, kurzzeitigen Berührung liegt.
Das in ähnlichen Lernsituationen immer wieder angeführte Argument, der Hund würde in der Prüfung, wo diese oder jene Hilfe dann wegfällt, versagen, zeigt nur, wie wenig von den

Lerngesetzen begriffen wurde. Ein Hund, der infolge *Impulsiver Berührung* im Training ein verändertes Verhalten (verändertes Verhalten = Lernen) zeigt, hat längst die vorausgehenden Ereignisse als *stellvertretende Signale* angenommen. Er wird dann, wenn der ursprüngliche Auslöser für ein Verhaltensdetail wegfällt, genau das gleiche Verhalten zeigen. So, als hätte die spezifische Auslösung stattgefunden. Allerdings muss man dem Hund zusätzliche, eindeutige und zuverlässig eintretende Auslöser anbieten. Am besten haben sich Auslöser bewährt, die unmittelbar vor dem ursprünglichen Detail-Signal platziert werden *(Signal-Timing!)*. Finden diese Zusammenhänge in der Methodik keinen Niederschlag, so wird genau das eintreten, was man vermeiden möchte. Der Hund versagt, wenn man die Hilfe absetzt.

In unserem Fall: Berührt man den Hund vor dem Aussprechen des Hörzeichens, so wird er auf Grund der zeitlichen Abfolge zuerst die Berührung erwarten. Fällt die Berührung in der Prüfung weg, so erlebt der Hund als erstes die Entbehrung (!) eines vertrauten Ablaufs, was ihn möglicherweise verunsichert. In der Folge kann es dann vorkommen, dass er das folgende Hörzeichen zwar mit den Ohren, nicht aber mit dem Gehör (dem damit verbundenen zelebralen Gehirnzentrum) wahrnimmt. Fehlverhalten, Übersprungshandlungen oder auch nur das reine Ausbleiben der erwarteten Übung ist in dieser Situation das Naheliegendste, was man erwarten muss.

Leider wird die hier beschriebene, häufig vorkommende Situation im Hundesport immer noch dahingehend interpretiert, der Hund würde den Team-Führer »reinlegen«, »austricksen« oder gar »sich auflehnen« wollen, oder der Hund sei dumm. In Wirklichkeit hat der Ausbilder in Unwissenheit oder Ignoranz ein Eigentor geschossen. Um im Bild zu bleiben: Was kann der Ball dafür? – Echte Verweigerungen kommen selten vor, das sollte man sich merken. Wir hatten beim <Sitz> ein Beispiel beschrieben (siehe Seite 175).

Vom <Steh> zum <Sitz>
(*Impulsive Berührung* – Ausführung durch Team-Führer)
Bei allen Veränderungen, neu hinzutretenden Ereignissen oder einzuführenden Gegenständen gilt der Grundsatz: Zuerst muss man den Hund mit der neuen Situation vertraut machen. So sollte man den Hund auch vor dem Einsatz der *Impulsiven Berührung* 1 bis 2 Wochen lang an die Gerte gewöhnen. Nebenbei lernt der Team-Führer damit umzugehen. Die Gerte wird je nach Situation rechts oder links gehalten – und zwar so, dass sie möglichst wenig auffällt. Man hält sie locker in der Hand, das Ende zeigt senkrecht nach oben und die gesamte Gerte liegt an der hinteren Innenseite des Armes an. So fällt sie am wenigsten auf, gleichzeitig erlaubt diese Haltung, dass beide Arme im Gehen weiterhin locker herunterhängen und im Rhythmus des Gehens gegengleich schwingen. Ab und zu lässt man die Gerte dann aus dem Handgelenk heraus nach unten schwingen und streicht dem Hund sanft über Rist oder Flanken. Der Fantasie sind auch hier keine Grenzen gesetzt.

Wegen des leichteren Handlings und wegen der unauffälligeren Einwirkung empfiehlt sich, das <Sitz> zuerst aus dem Stand zu üben: Der Hund steht neben dem Team-Führer. Letzterer hält die Gerte mit der rechten Hand hinter seinem Rücken zirka 10 bis 20 Zentimeter über der Kruppe. Es folgt wie gewohnt das Vorbereiten, in Spannung bringen und schließlich das Hörzeichen <Sitt>. Unmittelbar n a c h dem Hörzeichen – nicht gleichzeitig! – folgt die *Impulsive Berührung*, wobei die Gerte kurz auf die Kruppe federt und sofort wieder angehoben wird. Sitzt der Hund, folgt Lob und Spiel, wobei auch die Gerte streichelnd mit eingebunden werden kann.

Man sollte nicht dem Irrtum verfallen, in »kräftigeren« Berührungen, die dann einen ganz anderen Charakter bekommen, eine »Leistungssteigerung« zu erwarten. *Vorbereitung, In-Span-*

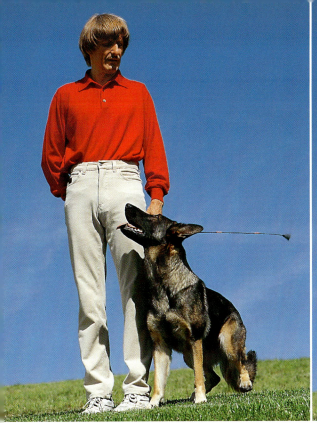
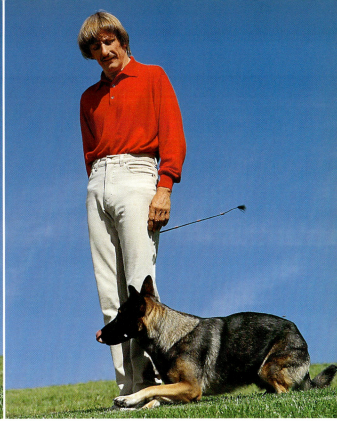

Impulsive Berührung im Einsatz bei ‹Sitz› aus ‹Steh› (links). *Impulsive Berührung* im Einsatz bei ‹Platz› aus ‹Sitz› bzw. aus ‹Steh› (rechts).

nung-Bringen (mittels Körpersprache, Mimik und Atmung), *Hörzeichen* und *Impulsive Berührung* bilden eine Einheit, die als Reizsummation nach der alten Einsicht von Aristoteles wirkt: Das Ganze ist mehr als die Summe seiner Einzelteile.

Man kann die *Impulsive Berührung* noch verstärken (für sensible Individuen nicht geeignet), indem man die Gerte mit der linken Hand ein wenig vorspannt und nach dem Hörzeichen wie eine Feder auf die Kruppe prallen lässt. Diese Ausführung hat leider den Nachteil, dass sie deutlich auffälliger ist. Man sollte beide Techniken beherrschen und gegebenenfalls damit abwechseln.

Vom ‹Platz› zum ‹Sitz›
(*Impulsive Berührung* – Ausführung durch Team-Führer)

Der Hund liegt am Boden und schaut erwartungsvoll zum Team-Führer auf. Nach erfolgter Vorbereitung baut der Team-Führer wie gewohnt die Spannung auf und gibt das kontrollierte Hörzeichen ‹Sitt› (oder ‹Fuß›). Unmittelbar danach folgt eine *Impulsive Berührung* mit der Gerte auf die Brust, und zwar von schräg unten nach oben.

‹Sitz›
(*Impulsive Berührung* – Ausführung durch Hilfsperson)

Ist man in der glücklichen Lage, mit einer zuverlässigen Hilfsperson üben zu können, so lässt sich die *Impulsive Berührung* auch von der Hilfsperson ausführen. Es dürfte klar sein, dass sich der Hund erst einmal an das Hinterhergehen einer Hilfsperson gewöhnen muss. Im Dreier-Team ist es wichtig, dass der Hund zu beiden Personen Vertrauen hat. (Für manche Hunde ist das Hinzutreten einer Hilfsperson nicht anzuraten.)

Ist das Dreier-Team eingespielt, so bieten sich einige unverkennbare Vorteile: Der Team-Führer kann ohne die geringste Körperhilfe, genau wie in der Prüfung, mit seinem Hund die Freifolge gehen, und unmittelbar nach dem <Sitt> führt dann die Hilfsperson die *Impulsive Berührung* aus.

<Platz>
(*Impulsive Berührung* – Ausführung durch Team-Führer)
Da sich die *Impulsive Berührung* beim <Platz> und <Steh> nur im Hinblick auf die Haltung und Führung der Gerte unterscheidet, beschränken wir die Beschreibung auf diesen Unterschied. Der übrige Aufbau ist ähnlich.
Die Gerte wird hinter dem Rücken gehalten, etwa 20 bis 35 Zentimeter über dem Rist. Die Vorspannung durch die linke Hand ist ebenfalls möglich. Wie beschrieben, erfolgt der Touch kurz nach dem erfolgten Hörzeichen. Auch hier kann die *Impulsive Berührung* durch eine Hilfsperson gegeben werden.

<Steh> aus dem <Laufschritt> und aus dem <Gehen>
(*Impulsive Berührung* – Ausführung durch Team-Führer)
Die Gerte wird in der rechten Hand gehalten, der Touch erfolgt unmittelbar nach dem Hörzeichen <Steh> auf die Brust.

<Steh> aus dem <Platz>
(*Impulsive Berührung* – Ausführung durch Team-Führer)
Die Gerte wird hinter dem Körper gehalten, nach dem Hörzeichen <Steh> erfolgt die *Impulsive Berührung* von unten nach oben gegen die Hüften. In dieser Phase ist vorausgesetzt, dass der Hund beim Aufstehen weder seitlich noch nach vorn abweicht.

<Sitz>, <Platz>, <Steh> aus der Entfernung
In einigen Hundesportarten (Obedience, Agility, TEAM-sport sowie TEAM-dance) werden die Übungen <Sitz>, <Platz> und <Steh> auch aus der Entfernung verlangt, was in sportlicher Hinsicht die höhere Leistung darstellt und auch im Hinblick auf zeitgemäße Gebrauchshundeigenschaften zweifellos Vorteile bringt. Wer diese Übungen für Prüfungen benötigt oder sie einfach aus Freude lernen möchte, der sollte mit dem Aufbau aus der Entfernung nicht zu lange warten *(Sättigungsdistanz!)*. SchH-Hunde haben erfahrungsgemäß große Probleme mit Abänderungen von Übungen. Man denke

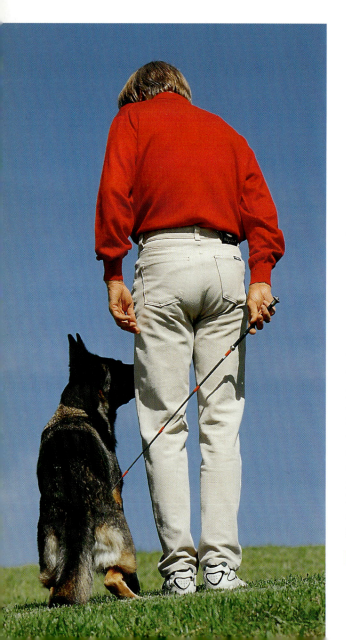

Impulsive Berührung im Einsatz bei <Steh> aus <Sitz>. Der Hund wird dabei mit der Gerte nur ganz leicht berührt.

nur an das beidseitige Gehen und Laufen in der Agility oder in TEAM-sport und TEAM-dance oder an die bereits erwähnten Stockhürden, die SchH-Hunde gewöhnlich unterlaufen.

Da sich die Ausführung des <Sitz>, <Platz> und <Steh> aus der Entfernung für alle drei Übungen in ähnlicher Weise stellt, reicht es aus, wenn wir die Beschreibung auf eine der drei Übungen beschränken. Das Problem besteht darin, dem Hund zu vermitteln, dass er die Übungen genau dort, wo er sich befindet, ausführen soll und sich nicht während der Ausführung zum Team-Führer begeben darf. Das ist nicht ganz leicht für den Hund, war er bisher doch immer gewohnt, die Übungen in unmittelbarer Nähe des Team-Führers auszuführen.

Bei fortgeschrittenen Team-Aufgaben in anderen Bereichen als im Hundesport erwartet man jedoch, dass jeder Team-Teilnehmer vorübergehend auch eigenständig Aktionen bewältigt. In der modernen Gruppenpädagogik nützt man alle Möglichkeiten, die sich in der Gruppe bieten. Man nennt das *Binnen-Differenzierung*. Selbstständiges Agieren ist also keineswegs auf Solisten beschränkt, sondern bedeutet auch im Team eine der fest etablierten Möglichkeiten. Übungen in Entfernung zum Team-Führer auszuführen, stellt eine Art Bindeglied von *Team-Aufgaben* zu *Solo-Aufgaben* dar. Bevor der Hund selbstständige Aktionsketten ausführen kann, muss er ja zuerst einmal lernen, bereits Bekanntes nicht nur direkt beim Team-Führer, sondern auch in beliebiger Entfernung, unter Ablenkung und auch dann, wenn sich der Team-Führer entfernt, zuverlässig auszuführen.

Um die Grundübungen <Sitz>, <Platz> und <Steh> aus der Entfernung zu üben, nützen wir *Körpersprache*, *Passive Einwirkungen* und den *Geistigen Zügel*, möglicherweise auch eine Hilfsperson. Wichtig ist, dass von Anfang an Fehler vermieden werden.

ZWANG ALS AUSNAHME?

Gewalteinwirkung im Training

✓ Unterläuft dem Team-Führer einmal, entgegen ursprünglicher Absicht, eine Grobheit (was je nach Naturell nicht auszuschließen ist), so wird ein Hund, der zu 99 Prozent freundlich ausgebildet wurde, seltene Ausrutscher normalerweise kompensieren (sofern sie nicht jedes Maß übersteigen).

✓ Außerdem kann man beobachten, dass das Ausmaß schmerzhafter (physischer und psychischer) Einwirkung bei sonst freundlichem Umgang meist um vieles harmloser ausfällt als bei jenen Team-Führern, die Zwang ohne ethische Reflexion einsetzen oder als festen Bestandteil der Ausbildung gebrauchen.

✓ Andererseits darf man nicht vergessen, dass ein Hund, der in der Ausbildung 99 Prozent Freundlichkeit erlebt, auf Grobheit, Zorn und Zwang um vieles sensibler reagiert als ein durch permanente Gewalteinwirkung abgestumpfter Hund.

PHASE 1: <SITZ> AUS DER ENTFERNUNG –
DIREKT VOR DEM BARRIERE-ZAUN
(PASSIVE EINWIRKUNG)

Der Hund wurde wie immer gewissenhaft (!) auf die *Passive Einwirkung* vorbereitet, bevor sie innerhalb einer Übung zum Einsatz kommt. Je mehr man mit dieser Methode umgeht, desto schneller und effektiver gestaltet sich mit der Zeit das Vertrautmachen mit neuen und andersartigen *Passiven Einwirkungen*.

Wir verwenden beispielsweise den bereits erwähnten Zaun. Sowohl der Zaun als auch die Leitpflöcke haben gegenüber festen Gegenständen den Vorteil, dass der Hund einerseits zum Team-Führer durchsehen kann, gleichzeitig aber den Effekt der Barriere erlebt. Damit der Hund nicht aufsteht und außen um die Barrie-

Bei Übungen aus der Distanz eignet sich der Einsatz »Passiver Einwirkungen«, wie der Zaun, besonders gut.

re läuft, darf diese nicht zu kurz sein. 5 bis 8 Meter reichen in der Regel aus.

Zuerst wird die Übung <Sitz> aus dem <Platz> ausgeführt – wie gewohnt: Der Team-Führer steht direkt vor dem Hund. Einziger Unterschied: Team-Führer und Hund sind durch den Zaun getrennt. Nach dem Hörzeichen <Sitt> ist der Hund genau zu beobachten. Wie reagiert er auf die Barriere? Bei der Tendenz vorzugehen, wird der *Geistige Zügel* eingesetzt.

Zeigt der Hund in dieser Anordnung keine Probleme, so werden in gleicher Anordnung auch die Übungen <Platz> und <Steh> geübt, und zwar in jeder Konstellation, also auch das <Steh> aus dem <Platz> oder umgekehrt das <Platz> aus dem <Steh>. Im weiteren Verlauf vergrößert man den Abstand zum Hund, aber schrittweise und ohne den Hund zu überfordern.

ALTERNATIVE: Barriere-Korridor

Manche Hund drehen sich bei Verwendung des Barriere-Zauns beim Haltungswechsel zur Seite. Hier empfiehlt sich, links und rechts zusätzlich entweder einen Pflock oder weitere Zäune aufzustellen, oder aber von Anfang an den Zaun in U-Form aufzustellen.

PHASE 2: ENTFERNUNG ZUM
BARRIERE-ZAUN AUSDEHNEN

Der Hund wird nicht mehr direkt am Zaun abgelegt, sondern in einer Entfernung von einigen Metern. Bewältigt der Hund auch diese Aufgabe, so ist man von der Ausführung ohne Hilfen nicht mehr weit entfernt. Wenn die Übung allerdings das erste Mal ohne Zaun ausgeführt wird, sollte man sich nicht allzu weit vom Hund entfernen und zuerst testen, wie er sich in einem Abstand von 2 Metern verhält. Geht alles gut, so können wiederum alle Konstellationen aus <Sitz>, <Platz> und <Steh> geübt werden, abwechselnd und in unregelmäßiger Reihenfolge. Auch das Anbinden des Hundes (Fährtengeschirr) an einen Pflock hatten wir vorübergehend im Programm. Es hat sich allerdings gezeigt, dass der Hund, wenn er die gespannte Leine spürt, oft seitlich ausweicht. Außerdem sind

Methoden, die die Freiwilligkeit des Hundes ansprechen, vorzuziehen.

ALTERNATIVE: <Sitz>, <Platz> und <Steh> aus der Entfernung am Beispiel des <Sitz> mittels Körpersprache oder Gerte
Diese Alternative bietet sich vor allem für Team-Führer an, die einerseits keine Hilfsperson hinzuziehen wollen oder können und die andererseits ungern mit Zäunen und anderen Geräten hantieren. Ohne zusätzliche Personen und ohne Geräte auszukommen, macht den Team-Führer unabhängig, was sich in vielen Situationen natürlich als vorteilhaft erweist.
Der Team-Führer legt den Hund etwa 1 bis 2 Meter vor sich ab und gibt das Hörzeichen <Sitt>. Unmittelbar nach dem Hörzeichen, nicht gleichzeitig *(Signal-Timing!)*, streckt er dem Hund ein Bein entgegen (siehe Foto rechts unten). Der Hund wird jedoch nicht berührt! Das Bein wirkt ähnlich wie der Zaun. Da die Einwirkung nicht von außen, sondern für den Hund sichtbar vom Team-Führer ausgeht, ist sie nicht mehr als *Passive Einwirkung* einzustufen. Wichtig ist, dass *die optisch-psychische Einwirkung* im *Signal-Timing* erfolgt, also kurz nach dem Hörzeichen und nicht gleichzeitig!

Beherrscht der Hund die drei Übungen nach einiger Zeit in jeder Konstellation (nach etwa 1 bis 2 Monaten), so kann man dazu übergehen, den Abstand vorsichtig zu vergrößern. Zwischendurch jedoch empfiehlt sich, immer wieder in unmittelbarer Nähe zu üben. An Stelle des Beins oder als Abwechslung dazu kann die bereits bekannte Gerte eingesetzt werden. Sie wird sozusagen als verlängerter Arm dem Hund direkt vor die Nase gestreckt. Es sei aber nochmals betont: Die Einwirkung auf der Ebene des *Barriere-Signals* reicht völlig aus (Voraussetzung: die Rangordnung des Teams ist in Ordnung). Bevor man Gewalt einsetzt (siehe Seite 185), sollte man alle anderen Mittel auskosten.

Hier drei methodische Varianten für die Übung <Platz> (aus <Steh> oder <Sitz>): *Geistiger Zügel* (oben), *Passive Einwirkung* mittels überkreuzter Gerten (Mitte), Bein als *Geistiger Zügel* eingesetzt (unten).

<Grundstellung aus dem Vorsitzen> – (zwei Varianten)

Grundstellung durch Umkreisen

Es gibt bekanntlich zwei Varianten, die <Grundstellung aus dem Vorsitzen> auszuführen:

➤ Der Hund umkreist den stehenden Team-Führer von vorn kommend, um sich anschließend links daneben zu setzen.

➤ Der Hund dreht sich von vorn kommend gegen den Uhrzeiger, wobei er ebenfalls auf der linken Seite des Team-Führers ankommt.

Beide Varianten haben Vor- und Nachteile. Der Bewegungsablauf verläuft beim Umkreisen in der Regel harmonischer, allerdings ist der Hund

für einen Augenblick nicht mehr im Sichtfeld des Team-Führers.
Dass wir diese wichtige Übung nicht gleich in den Anfang des Programms aufnehmen, hat gute Gründe:
➤ Die *Grundstellung* stellt eine äußerst komplexe Übung dar, die aus vier schnell aufeinander folgenden Einzelaufgaben besteht: Herankommen, Vorsitzen, Drehung (bzw. dem Umrunden) und seitlichem Sitzen. Aus methodischer Sicht spricht einiges dafür, mit der Grundstellung so lange zu warten, bis die vier Einzelaufgaben auf einem brauchbaren Niveau stehen. Unter dieser Voraussetzung ist der Zusammenschluss der Teilübungen erfolgversprechend.
➤ Die *Grundstellung* ist die Übung, die bei weitem am häufigsten vorkommt. Jede Übung beginnt und endet mit der Grundstellung. Die damit verbundene Fülle an Wiederholungen macht sich zwar anfangs noch nicht bemerkbar, aber mit den Jahren wirkt sie sich aus. Der Hund muss im Verlauf seiner Sportkarriere Tausende von stereotypen Grundstellungen absolvieren. Im Hinblick auf Motivation – zu viele. Daher empfiehlt es sich auch, die komplette *Grundstellung* nicht zu oft zu wiederholen.
➤ Der Hund lernt die *Grundstellung* in einem Bruchteil an Aufwand, wenn er die Einzelübungen *Herankommen*, *Vorsitzen*, *Teilkreise* und *Sitzen* schon beherrscht.

Aber auch der andere methodische Ansatz, der auf ganzheitliche Aufgabenvermittlung abzielt, führt zum Erfolg. Allerdings ist für diesen Weg viel Erfahrung und Detailwissen erforderlich (*Resonanz-Szenario* in Verbindung mit *Passiven Einwirkungen*).

»Mental-Pädagogik« am Beispiel der Grundstellung

Ein erfolgreicher Pädagoge ist ständig bemüht, Vorgänge gedanklich durchzuspielen. Er kreiert mental allerlei Blickwinkel und stellt daraufhin Fragen, immer wieder Fragen. Gestatten Sie also bitte für einen Abschnitt lang lautes Denken, teils im Telegrammstil. Dies soll den Leser dazu inspirieren, selbst kreativ vorzugehen.

Hat man sich im Fall der Grundstellung beispielsweise einmal gefragt, aus welchen Einzelteilen sie besteht oder welcher Motivationsbereich und welches MO sich für diese Übung besonders eignen? Die Antwort dieser simplen, nahe liegenden Fragen zeitigt möglicherweise auf Anhieb wichtige Konsequenzen.

Herankommen, Vorsitzen und der Abschluss der Übung sind klar. Der neuralgische Teil besteht zweifellos in der Drehung bzw. im Umrunden. Aha! Dann wird man tunlichst den Motivationsbereich und das MO daraufhin abstimmen. (Das war bereits ein ergiebiger Blickwinkel, der sofort neue Fragen aufwirft.)

»*Aus welchen Einzelkomponenten besteht das Umrunden?*« – »Klar: 180°-Wende; eng an den Beinen; nicht hochspringen; vital und schnell;

trotz Tempo harmonischer Bewegungsablauf (keine Ecken oder Ruck); im Scheitelpunkt des Umrundens wieder Blickkontakt zum Team-Führer; Tempo weich auffangen; schnell und erwartungsvoll sitzen; formal fehlerfrei sitzen (parallel und vollständig absitzen); hoch konzentriert und erwartungsvoll 3 Sekunden verharren.« – »Oh! Das ist viel! Wird nur möglich sein bei überdurchschnittlich hoher Motivation. Für meinen Hund ist da das Beißleder angesagt.« – »Oder doch nicht?« – »Nein, das Beißleder kann man nicht so gut werfen.« – »Welches andere MO? Worum geht es eigentlich?: Vital, schnell! – Also brauche ich anfangs erst einmal das Element des Nachjagens.« – »Das heißt Tempo. Welches MO bringt das am besten rüber?« – »Klar! Ball, Schleuderball.« – »Was noch? Ja! Wie wär's mit dem asymmetrischen Ball?« – »Ein wie ein Hase davon hüpfendes MO wäre wirklich nicht schlecht. Man könnte also den asymmetrischen Ball auf den Boden werfen. Das würde den Hund sicherlich zum schnellen Umkreisen stimulieren. Aber da schaut der Hund vor lauter Nachjagen nach vorn und nicht zum Team-Führer auf.« – »Schlimm? Nein! Zuerst mal die 180°-Wende auf Motivation und Tempo, und ein wenig später dann erweitern, zum Hochsehen motivieren und <Sitz> einbringen …«

Nach diesem kurzen Exkurs in mentales Formen wieder zum Programm. Sie haben es erraten, »Trockentraining« ist angesagt. Keine Angst, Trockentraining macht Spaß. Und die Früchte zu ernten, macht nochmals Spaß und gibt gleichzeitig die Bestätigung dafür, dass man auf dem richtigen Weg ist.

Inzwischen haben uns Blickwinkel, Fragen und Antworten zu einer relativ klaren inneren Vorstellung vom Übungsverlauf verholfen. Die Entscheidung ist auf einen bestimmten Motivationsbereich und auf ein ausgewähltes MO gefallen.

Solo-Training (ohne Hund) zur Übung <Grundstellung aus dem Vorsitzen>
Zum Aufwärmen spielen wir zunächst einmal ganz zwanglos mit dem MO. Auf dem Programm stehen: Handling – Verschiedenes ausprobieren, verfeinern – und: spielen. Dann vergegenwärtigen wir uns den Übungsablauf: Der Hund läuft vor unserem geistigen Auge auf uns zu, wir lächeln ihm entgegen, er sitzt vor, wir bauen einige Sekunden Spannung auf (Mimik) und beobachten ihn. Im Spannungshöhepunkt kommt das Hörzeichen <Fuß>.

Da fällt einem möglicherweise noch ein wichtiger Punkt ein, den man vergessen hat: *Primärmotivation!* Der Hund soll sich so viel wie möglich auf den Team-Führer konzentrieren und nicht nur das MO anvisieren. Also: MO einmal hinter dem Rücken vorschauen lassen oder aus der Tasche holen (oder das an der MO-Krawatte hängende MO kurz sichtbar machen), dann in die Augen-MO-Linie bringen, Mimik »sprechen« lassen, und zwar so, dass die Mimik-Sprache den kleinen Bewegungen des MO mitunter vorausgeht. Hund beobachten! Wenn der Hund abwechselnd zum Team-Führer und zum MO schaut, dann ist die *Integrative Motivation* gelungen: Primär- und Sekundärmotivation wurden zu einer Einheit verschmolzen. Hochachtung!

Vorsicht! Mit der steigenden Spannung wird auch die Aktionsbereitschaft zunehmen. Nicht überziehen! Rechtzeitig aufhören. Wenn der Zeitpunkt günstig ist, Spannungshöhepunkt bewusst dem Auslöser vorausgehen lassen. Die rechte Hand hält das MO fest und lässt es rechts neben dem Knie vorschauen – rechts vom rechten Knie – (zusätzliche Animationen möglich). Die linke Hand hält die Schleuderleine links vom linken Knie. Nach dem Hörzeichen <Fuß> wird das MO hinter den Knien nach links und vorn gezogen und auf den Boden geworfen. Die ersten Male nicht zu schnell.

Zusätzlich entwickeln wir noch eine zweite Grundtechnik. Hier wird das MO nicht mehr weggeworfen, sondern der Hund darf gleich nach dem Umkreisen anbeißen. Aus dieser Form lässt sich dann nahtlos das Umkreisen mit abschließendem Vorsitzen aufbauen.

Für den folgenden Abschnitt ist wieder »lautes Denken« innerhalb des *mentalen Formens* angesagt.

»Mensch, wenn der so richtig in Fahrt ist und dem Ding nachjagt, wohlgemerkt hinten herum, dann könnte natürlich die Hand in Gefahr sein.« – »Was tun?« – »Ich suche nach einer Technik, die mir die Hand absichert.« – »Wie?« – (Nachdenken … – keine Antwort.) – Neue Frage: »Wie müsste denn die Hand ankommen?« – »So, dass sie irgendwie geschützt wird.« – »O.K., aber wie? – Oder wodurch?« – »Zusatzgerät?« – »Nein, zu umständlich.« – »Was kommt noch in Frage?« (Nachdenken …) – »Beine! – Oberschenkel! – Knie.« – »Klar, die beiden Knie könnten Deckung bieten.« – »Die Hand müsste so ankommen, dass sie beim Anbiss in Deckung der Knie ist.« – »Ausprobieren!!«

Es folgt das Experimentieren: Zuerst mit zwei Händen, wobei sich herausstellt, dass der Wechsel zu viel Zeit in Anspruch nimmt, zu unsicher abläuft und Risiken aufweist.

==So hält man das== MO hinter den Knien (Bild links oben). Und so kommt man nach der Bewegung an (im sicheren Schatten der Knie). Der Hund kann anbeißen, ohne die Hand zu gefährden (rechts oben). Stimulation und *Geistiger Zügel* in Balance (Bild links außen), Auslöser (links Mitte), MO um die Beine bewegen (links innen), Hand bleibt innen, MO außen (rechts innen) und Anbiss anbieten (rechts Mitte), *Freies Spiel* und *Beutestreiten* (rechts außen). Oder alternativ MO tangential wegwerfen (anfangs).

Die Experimente ergeben: Die Drehung des MOs müsste mit e i n e r Hand ausgeführt werden. Im weiteren Verlauf zeigt sich: Wegen der besseren Führung eignen sich Beißwurst oder »Langes MO« (Firma Agilo, siehe Seite 255) besser als Bälle oder Schleuderbälle, und es kristallisiert sich folgende Technik heraus.

VARIANTE 1: Anbiss aus der Hand
Man beugt die Knie (wenig), fasst das MO mit der linken Hand an einem Ende und bringt es hinter die Knie. Dabei berührt die Handinnenfläche die Kniekehlen. Auf der rechten Seite schaut das MO ein wenig hervor. Die rechte Hand wird als *Geistiger Zügel* eingesetzt. Kurz nach dem Hörzeichen <Fuß> wird die Hand am linken Knie entlang nach vorn bewegt, wo-

< GRUNDSTELLUNG AUS DEM VORSITZEN >

bei die Handinnenfläche ständig in Berührung des Beins bleibt. Die Hand wird so weit nach vorn geführt, bis der Daumen das rechte Knie berührt. Anders gesagt: Die linke Hand geht so weit vor, dass sie in Deckung der Knie gelangt. Der Hund bekommt nach dem Hörzeichen <Fuß> Gelegenheit, dem um die Knie kreisenden MO nachzujagen und anzubeißen. Die Hand ist jedoch auf Grund der günstigeren, innen gelegenen Bahngeschwindigkeit schneller und bereits zu Beginn der Bewegung stets in Deckung des linken Beins.

Diese Technik ist höchst effizient, und selbst die schnellsten Hunde sind bei dieser Anordnung nicht mehr überlegen. Aber die Technik muss zuerst ohne Hund geübt werden. Für die anschließende Ausführung mit Hund ist zu berücksichtigen: Je nach Temperament des Hundes ist sie anfangs langsamer oder schneller auszuführen. Man wird überrascht sein, Folgendes zu beobachten. War man in herkömmlichen Methoden oft zu langsam oder an der Grenze, so bietet die hier beschriebene Anordnung eher die Gefahr, dass man die Bewegung für den Hund viel zu schnell ausführt.

VARIANTE 2: Anbiss aus der Hand
Hier die in der Ausführung einfachere Variante, bei der die Handaußenfläche die Kniekehlen berührt.
Sie hat leider folgende Nachteile:
➤ Das MO zeigt für einen Augenblick nach vorn, vom Hund weg (ungünstige Voraussetzung für den Anbiss).

Um dem Auspendeln während des Umkreisens entgegenzuwirken, kann man den Barrierezaun aufbauen (in U-Form).

▶ Die Hand wird für einen Augenblick durch das MO vom Bein weg nach außen abgedrängt (Risiko: Der Hund erwischt die Hand an Stelle des MO).
(Ende der Solo-Trainings-Beschreibung)
Zeigt der Hund bereits in den Teilaufgaben <Herankommen> und <Vorsitzen> Fehler, so sollte man zuerst diese Fehler beheben, bevor man das Umkreisen dazunimmt.

☞ **Problemhilfe** (vorbeugend) gegen schiefes Herankommen und <Sitzen>:
Gegen das schiefe Sitzen bauen wir als vorbeugende Maßnahme den Barriere-Zaun auf (ersatzweise auch Leitpflöcke).

☞ **Problemhilfe** (vorbeugend) gegen Auspendeln während des Umkreisens:
Wir bauen mittels Barriere-Zäunen ein »U«.

PHASE 1: <GRUNDSTELLUNG AUS DEM VORSITZEN> – MOTIVATION, ERSTE ANNÄHERUNG, GROBFORM
Jetzt kommt der Hund ins Spiel. Die Ausführung lehnt sich an das vorher beschriebene Solo-Training an: Herankommen, Vorsitzen, Vorbereiten, Spannungsaufbau, Auslösen (zunächst ohne Hörzeichen), Umkreisen, MO auf den Boden schleudern, Lob und Spiel. Nach einigen Wiederholungen kommt das Hörzeichen hinzu.

Außerdem muss man darauf achten, sowohl die innere Vorstellung als auch die (»solo« vorher geübte) Motorik nicht um jeden Preis realisieren zu wollen. Wir erinnern uns an den Vorsatz der »konzeptiv-flexiblen Entscheidung«. – Flexibel bleiben bei der Verwirklichung des vorgefassten Ablaufs! Im Umgang mit dem Hund gilt es, sich auf jede Situation neu einzustellen und blitzschnell Entscheidungen zu treffen. Je unvoreingenommener man neuen Situationen innerlich gegenübertritt, desto besser sind die Chancen für eine optimale Wertung der Gegebenheiten und für die jeweils anliegende Entscheidung. (Man stößt immer wieder auf die Vorteile des vorausgegangenen Solo-Trainings.)

Ausführung
Vorsitzen und Spannungsaufbau gehen voraus. Damit der Hund nicht zu früh startet, setzen wir den *Geistigen Zügel* ein. Dann folgt der Auslöser durch die Bewegung oder auch bereits in Verbindung mit dem Hörzeichen <Fuß>. Während der Drehung bücken wir uns aus dem Stehen tiefer und führen das MO kurz vor dem Fang, unterstützt durch stimulierende Laute und Körpersprache. Der Team-Führer dreht sich um die eigene Achse und stimuliert den Hund zum Mitlaufen. Je nachdem, wie gut der Hund darauf anspricht, können mehrere Vollkreise ausgeführt werden. Das Aneinanderreihen mehrerer Vollkreise hat einige Vorteile:
▶ Es gibt uns Gelegenheit, den Hund länger und abwechslungsreicher zu motivieren.
▶ Es macht die Übung interessanter und lustvoller.

➤ Es beugt dem zu frühen Langsamer-Werden im Umkreisen vor.

Am Ende werfen wir das MO nach vorn auf den Boden (bei Futter-MO entsprechend abzuändern). Sollte der Hund seitlich ausweichen, wird der Leitzaun eingesetzt.

PHASE 2: UMKREISEN UND ANBISS

Bisher hat der Hund nach der 180°-Drehung oder den Vollkreisen immer dem MO nachjagen dürfen. Diese kostbare Erwartungshaltung würde möglicherweise beeinträchtigt, würde man die komplette Übung jetzt schon mit seitlicher Grundstellung abschließen. Es empfiehlt sich folgende Zwischenstufe: Wir nützen eine der beiden, weiter oben beschriebenen Techniken des direkten Anbeißens (aus der Hand, siehe Seite 190): Beißwurst oder *Langes MO* wird in der linken Hand hinter dem Knie gehalten. Ablauf wie gehabt: Das freie Ende schaut rechts neben dem Knie vor. Die rechte Hand wird als *Geistiger Zügel* eingesetzt. Spannungsaufbau, Auslöser (evtl. in Verbindung mit dem Hörzeichen <Fuß>), MO nach vorn bewegen, Anbiss aus der Hand, Lob und Spiel. (Es empfiehlt sich, die Übung auch weiterhin dann und wann mit dem Wegwerfen des MOs zu beenden.)

PHASE 3: UMKREISEN UND ANSCHLIESSENDE GRUNDSTELLUNG

Hat der Hund Phase 2 mit Bravour bestanden, so sind im nächsten Schritt kaum noch Probleme zu erwarten. An Stelle des Anbeißens nach dem Umkreisen folgt das Sitzen links neben dem Team-Führer. Da der Hund mit hoher Erwartungshaltung nach vorn kommt, müssen wir ihn abstoppen. Hier können wir auf das in TEAM-balance erlernte *Spiel und Stop* zurückgreifen. Das MO wird nach dem Umkreisen vorenthalten, an Stelle dessen kommt das Hörzeichen <Sitt> in Verbindung entsprechender Körperhilfen. (Springt der Hund hoch, wird der *Geistige Zügel* eingesetzt.) In dem Augenblick, wo der Hund ruhig und korrekt sitzt, folgt der Anbiss sowie Lob und Spiel.

PHASE 4: HILFEN ABBAUEN

Nach und nach reduzieren wir die Hilfen, lassen immer häufiger das Hörzeichen weg und belohnen nicht jedesmal sofort nach dem abschließenden Sitzen, sondern erst nach einem anschließenden *Freien Spiel* oder einer angeschlossenen *Spirale*.

PHASE 5: ABWANDLUNG, FESTIGUNG UND ABSICHERUNG

Die Übung wird nach den inzwischen bekannten Modellen abgewandelt, gefestigt und abge-

Seitstellen des Hundes mittels Körpersprache: Team-Führer und Hund stehen parallel (oben). Aus dieser Position muss sich der Hund etwa 45° bis zur Grundstellung drehen (Mitte). Aus dieser Position dreht sich der Hund 90° zur Grundstellung (unten).

sichert. Hierzu gehört auch, dass man nicht nur auf dem Hundeplatz übt, sondern überall und in abgeänderter Form. Auch die variable Belohnung ist hierbei einzubringen.

Grundstellung durch Seitstellen

PHASE 1: PARALLEL SEITLICHES NACHRÜCKEN

Wie bei vielen Übungen, so ist auch hier in der Vergangenheit viel Gewalt eingesetzt worden – unnötigerweise, denn auch die Grundstellung durch Seitstellen ist bei entsprechender Methodik nicht schwieriger einzuüben als andere Übungen.

Leider wird jedoch vielfach der Fehler gemacht, die Übung in einem einzigen Lernschritt aufbauen zu wollen. Einmal mehr empfiehlt sich auch hier das Prinzip der kleinen und kleinsten Lernschritte.

Der Hund sitzt links neben dem Team-Führer in <Grundstellung>. Nach einigen Sekunden spannungsvollen Wartens tritt der Team-Führer einen kleinen Schritt rechts zur Seite. Damit der Hund nicht vorzeitig mitgeht, kann der *Geistige Zügel* eingesetzt werden.

Nach erneutem Spannungsaufbau folgen Körperhilfen, um den Hund zum Nachkommen anzuregen. Das Hörzeichen lassen wir in dieser Phase noch weg. Es würde uns vom pädagogischen Ziel der freiwilligen, lustvollen Ausführung ablenken. Auch mittels Gestik und Mimik kann man dem Hund während der Ausführung helfen.

Selbst wenn sich der Hund schief daneben setzt, sollte man den Standort trotzdem nicht verlassen und so lange Körpersprache und Stimme einsetzen, bis sich der Hund korrekt gesetzt hat. Gleich anschließend folgt Lob und Belohnung.

PHASE 2: NACHRÜCKEN UND DREHEN

(Position des Team-Führers: spitzer Winkel zum Hund)

Hat der Hund die Phase 1 erfolgreich abgeschlossen, gehen wir dazu über, uns in einen spitzen Winkel seitlich zu stellen. Jetzt muss der Hund nicht nur parallel nachrücken, sondern er muss sich zusätzlich noch nach links drehen (um die Hochachse). Auch hier helfen wir während der gesamten Ausführung mittels Körpersprache.

PHASE 3 UND 4: NACHRÜCKEN UND DREHEN

(Position des Team-Führers: 90°, später 180° zum Hund)

Der spitze Winkel wird im weiteren Verlauf auf 90° und später auf 180° erweitert. Der Vorteil dieses Aufbaus liegt darin, dass der Hund immer aus der gleichen Position startet. Es ist der Team-Führer, der seine Stellung verändert. Auf diese Weise lernt der Hund in kleinen Lernschritten die Drehung sowie das seitliche Nachrücken.

<GRUNDSTELLUNG AUS DEM VORSITZEN>

PHASE 5: GRUNDSTELLUNG AUS DEM VORSITZEN (DURCH SEITSTELLEN)
Zeigt sich der Hund in Phase 3 und 4 zuverlässig, so kann der Team-Führer direkt in Front vor den Hund treten und die Ausführung einleiten. Oder aber er lässt den Hund zu sich herankommen und fährt dann fort. Die Grundstellung ist natürlich auch aus der stehenden Haltung des Hundes möglich.
Abwandlung, Festigung und Absicherung werden in gewohnter Weise ausgeführt. (Dann und wann auch einmal mit Bring-Holz im Fang üben!)

Wechsel des Motivationsbereichs und/oder des MOs

Auf die Bedeutung einer abwechslungsreichen Pädagogik wurde mehrfach hingewiesen. Abwechslung lässt sich auf mannigfache Art und Weise einbringen. Unter anderem auch durch den Wechsel des Motivationsbereichs und des MOs. Ob gleich von Anfang an in verschiedenen Motivationsbereichen und mit unterschiedlichen MOs umgegangen werden kann, muss von Hund zu Hund entschieden werden. Hunde brauchen eine gewisse Zeit, um Motivationen derart zu vertiefen, dass diese zu Appetenzen werden. Bei manchen Hunden wirkt

Die Grundstellung des herankommenden Hundes durch seitliches Eindrehen (im Gegensatz zur klassischen Variante des Umrundens) vermitteln wir mittels Körpersprache.

sich das parallele Vorgehen in unterschiedlichen Bereichen für die Ausprägung der Spielappetenz störend und verzögernd aus. In diesen Fällen sollte man daher nicht zu früh wechseln. Zeigt der Hund beim Auftreten der Reizsituation eine gefestigte, intensive Handlungsbereitschaft, kann man dazu übergehen, entweder das MO, den Motivationsbereich oder beides zu wechseln.

Auch gegen die *Versandung der Motivation*, sprich Abstumpfung, ist Abwechslung im Motivationsbereich und im MO ein ebenso einfaches wie wirksames Mittel.

Wechsel des Motivationsbereichs

Manche Hunde vermögen von Anfang an auf verschiedenen Motivationsbereichen zu spielen, andere bevorzugen sehr stark einen bestimmten Bereich, etwa Futter, Spielbeute, Bewegung oder Sozialumgang. Vor allem auf lange Sicht gesehen bringt eine Ausbildung, die möglichst viele Motivationsbereiche einschließt, erhebliche Vorteile. Je vielfältiger die Spielappetenzen ausgeprägt sind, desto mehr didaktische Wege bieten sich an, und die methodischen Möglichkeiten sind dann nahezu unbegrenzt.

Ausbilder sollten sich selbstverständlich in a l l e n Motivationsbereichen gleich gut auskennen. Nur so sind sie in der Lage, dem breiten Spektrum individueller Hundenaturells gerecht zu werden. Leider findet man im Zusammenhang mit Motivationsbereichen immer noch viel zu viel Vorurteile und Einseitigkeiten. Grundsätzlich gibt es keine »besseren« oder »schlechteren« Motivationsbereiche! Derartige Denkweisen sind lebensfremd. Beute- und Futter-Gurus hat es schon immer gegeben. Ihre einseitigen Methoden halten sich jedoch nicht lange. Bedauerlich ist jedoch, dass Tausende von Hunden an den Folgen kontra-individueller Pädagogik leiden. Hunde, die dann oft aufgegeben oder durch »neue« ersetzt werden. Tierschicksale.

Zugegeben, wenn man viele Jahre einen bevorzugten Motivationsbereich genutzt hat, fällt der Wechsel nicht leicht. Der Mensch liebt seine ausgetretenen Spuren, je älter er ist, um so mehr! Wir möchten jene Leser, die sich angesprochen fühlen, ermuntern, versuchsweise auch einmal neue Wege zu beschreiten. Leider sind sich viele gar nicht bewusst, dass sie jahraus, jahrein dieselbe Belohnung offerieren. Die Abstumpfung ist damit natürlich vorprogrammiert. Das Fatale daran ist jedoch, dass die Quittung nicht sofort auf dem Fuß folgt. Deshalb sieht der Team-Führer auch keine Veranlassung, etwas zu ändern. Der junge Hund zeigt sich noch lange Zeit vital. Nach Jahren aber wird das Ausmaß des Schadens doch unübersehbar. Und dann ist ein Teil des Schadens irreparabel.

Richtig belohnen

Daher sollte man sich von Zeit zu Zeit eine ehrliche Antwort auf die Frage geben, wie man den Hund belohnt. Viele haben sich auf den Schleuderball, die Beißwurst, die Belohnungshappen, den Tennisball oder das Quietschy eingeschworen und nützen jahraus, jahrein das gleiche. Sie machen sich wenig Gedanken darüber, wie man den Hund am Ende der Übung b e s t m ö g l i c h belohnen könnte. Man versetze sich nur einmal in die Lage des Hundes! Der weiß doch schon beim Griff nach dem MO, was kommt. Sind das die Reize des Lebens?

Der Vorsatz zur Abwechslung reicht in der Regel jedoch nicht aus. Abwechslungen muss man finden und erfinden und man muss sie konkret planen.

Hier einige Vorschläge:
➤ Man könnte beispielsweise die »Belohnung« nach einer Übung weder mit Futter noch mit Beute, sondern in Form eines Bewegungsspiels gestalten: dem Hund davonlaufen, Haken schlagen, Geschicklichkeits-Herausforderungen einbauen (Agility-Geräte und alles, was sich in der Umgebung hierfür anbietet) oder mit ihm balgen.
➤ Oder wer es weniger aktiv möchte: Hunde lieben Zuneigungs- und Berührungsspiele.

➤ Oder man könnte die Ereignisse und Gegenstände eines Spaziergangs nützen. Alles was in der freien Natur abläuft, bietet eine Fülle von zusätzlichen Stimulatoren, die in der »motivationsmageren« Hundeplatzumgebung fehlen.

Wechsel des MOs

Für die Wahl des Motivationsobjekts (MOs) gelten ähnliche Überlegungen. Die unterschiedlichen Motivationsbereiche sowie die verschiedenen MOs beinhalten nicht nur aus verhaltenspsychologischer, sondern auch aus pädagogischer Sicht jeweils bestimmte Vorgaben *(Determinationen)*.
Die »klassischen vier Spielbeuten« sind Ball, Beißwurst, Schleuderball und Quietschi. Jede spricht verschiedene spezifische Beutefangelemente an. Je nachdem, ob sich innerhalb einer bestimmten Übung mehr das Beutefangelement »Nachjagen«, »Tragen« oder »Überwältigen« anbietet, wird man das entsprechende MO auswählen (vorausgesetzt, der Hund hat gelernt, verschiedene MOs anzunehmen).

Viele Gründe sprechen dafür, den Motivationsbereich und/oder das MO von Aufgabe zu Aufgabe (sowie von Zeit zu Zeit) zu wechseln.

Aus pädagogischer Sicht sprechen aber auch praktische Überlegungen für den Wechsel des MOs. Denken wir nur an das *Apportieren*. Ursprünglich war ja das *Apportieren* eine der klassischen Aufgaben der Gebrauchshunde-Ausbildung. Der Hund sollte lernen, allerlei Dinge zu bringen, nicht nur ein Bring-Holz, sondern Gegenstände aller Art. Im Mondioring-Sport wird die (nachahmenswerte!) Variabilität der Aufgabenstellung bewusst erhalten. In jeder Prüfung, in jedem Turnier legt man den Bring-Gegenstand neu fest. Auf Wechsel der Form, der Konsistenz, der Temperatur usw. wird besonderer Wert gelegt. In den Prüfungsordnungen der Begleit- und Schutzhunde-Ausbildung ist das Apportieren hingegen auf einen immer gleichen Gegenstand, nämlich das Bring-Holz, reduziert. Das sollte den Team-Führer nicht davon abhalten, zumindest im Training von der starren Form abzugehen und das *Apportieren* mit allerlei Gegenständen zu üben. Dies im Sinne einer abwechslungsreichen und an der Praxis orientierten Ausbildung!

In den Bereichen Futter und Spielbeute, also dort, wo wir (im Gegensatz zu *Bewegung* und *Zuneigung*) Gegenstände einsetzen, bieten sich zahllose unterschiedliche Objekte an. Wenn man »normalerweise« mit dem Schleuderball übt, kann man zur Abwechslung einmal eine Beißwurst, ein Leder, einen Jutesack oder ein Quietschy verwenden.

Vollkreise, Schlangenlinien und Acht

Vollkreis rechts (360° +)

Der *360°-Kreis*, auch *Vollkreis* genannt, baut auf dem bereits behandelten *Teilkreis* auf. Das Vertrautmachen ist daher nicht mehr erforderlich. Wir bezwecken mit dem relativ früh im Ausbildungsprogramm stehenden Vollkreis, Wenden und Kehren in freudiger und schneller Ausführung aufzubauen. Das Problem der Aufgabe liegt auf der Hand. Verlässt der Team-Führer die Geradeaus-Richtung, so muss sich der Hund entsprechend anpassen. Geht der Hund innen, muss er langsamer werden, läuft er außen, muss er das Tempo steigern, um auf gleicher Höhe und dicht beim Team-Führer zu bleiben.

Mangelnde Konzentration und Motivation fallen in Wenden besonders stark auf. Abhilfe schafft die Methode, den Hund beim Vollkreis höher zu motivieren als beim Geradeausgehen. Die Temposteigerung mitzumachen, bedeutet dem Hund gesteigerte Stimulation (vorausgesetzt, er hat dabei bisher lustvolle Erfahrungen gemacht).

Erfährt der Hund die Richtungsänderung als Lustgewinn und erfährt er anschließend, dass nach jedem *Teilkreis* oder *Vollkreis* ein motivierendes Spiel folgt, wird er schon auf die ersten »Vorboten« des erwarteten Lustereignisses mit gesteigerter Aufmerksamkeit und Aktionsbereitschaft antworten. Wir sagen, der Hund »*antizipiert das Ereignis*«. Das heißt, er nimmt das Ereignis vorweg.

Bereits im Ansatz einer Rechtsdrehung steht der Hund schon in einer gesteigerten, positiven Erwartungshaltung. Man sollte jedoch nicht über das Ziel hinaus schießen. Die Drehung darf aus ästhetisch-physiologischen Gründen nicht zum Selbstzweck werden. Schnell ja, aber nicht schnell auf Kosten der harmonischen Ge-

Lustvoll und vital ausgeführte Vollkreise – sowohl im Uhrzeigersinn als auch im Gegenuhrzeigersinn – sind der Schlüssel für alle Wenden und Kehren!

samtbewegung! Mit anderen Worten: Keine abrupten Tempo- oder Richtungswechsel, kein Bruch in den Bewegungen! Die höhere sportliche Leistung liegt nicht in der (nur!) schnelleren Bewegung, sondern in der »natürlichen, anmutigen und schnellen Bewegung«. Harmonie soll uns zur Verpflichtung und zum Maßstab werden, auch im Hinblick auf Bewegungsabläufe. Damit sind wir eigentlich schon mitten in der Praxis.

PHASE 1: VOLLKREIS RECHTS – ERLERNSTUFE
Wir beginnen mit einem *Freien Spiel*, bringen den Hund dann in die Grundhaltung <Sitz>, bauen Spannung auf, kommunizieren mit dem Hund, geben den einladend freundlichen Auslöser <Fuß> und leiten daraufhin den Vollkreis nach rechts ein. Hier gilt es, die Reihenfolge der Aktionen nicht wahllos zu vermischen. Im Idealfall wird zuerst das Hörsignal gegeben, unmittelbar gefolgt von den natürlichen Körpersignalen der entsprechenden Bewegung. Damit der Hund den Blick sowie den Kopf in die neue Richtung bringt, kann man (anfangs) zusätzlich das MO in die Bewegungsrichtung führen. Beim Hineinführen in den Vollkreis wird der Hund weiterhin mittels Körpersprache und MO stimuliert. Geht er temperamentvoll und korrekt mit, folgt gelegentlich Lob und Spiel.

PHASE 2: LERNSTUFEN, WIEDERHOLUNG UND ABWANDLUNG
Nach einiger Zeit wird der Team-Führer bemerken, dass allein schon die Körpersignale, die beim Richtungswechsel in natürlicher Weise gegeben werden, für den Hund ausreichen, seine Bewegung anzupassen. Ab diesem Augenblick ist es nicht mehr notwendig, innerhalb jeder Drehung zu motivieren. Es reicht dann aus, abwechselnd auch erst am Ende des Kreises das MO zu zeigen bzw. anzubieten.
Mit der Zeit gehen wir dazu über, den Kreis zu variieren, indem wir Radius und/oder Tempo verändern. Oft lassen wir den Hund auch mehrere Vollkreise hintereinander mitlaufen. Den Radius dehnen wir bis auf etwa 4 Schritte aus. Die Körpersprache wird nach und nach abgebaut mit dem Ziel, die ursprünglich üppigen Signale mehr und mehr auf Mimik und Atmung zu konzentrieren.
Dies war eine Beschreibung des Aufbaus in »groben Zügen«.

Vollkreis links (360° -)
Der Vollkreis im Gegenuhrzeigersinn wird zwar nicht direkt gefordert, wir brauchen jedoch den Effekt des Links-Kreises für die Links-Wende und für die Acht (Freifolge durch die Gruppe). Der Aufbau ist ähnlich wie beim 360°-Kreis +: MO in der linken Hand halten, kurz nach Einleiten der Linksdrehung MO nach links in Richtung Mitte bewegen. Der Hund folgt mit dem Kopf, und der übrige Körper wird die Drehrichtung mitmachen.

Auch hier gilt:
➤ MO-Hilfe baldmöglichst abbauen.
➤ Bei auftretenden Problemen auf Teilkreise reduzieren und unmittelbar danach bestärken.
➤ Radius zunächst 2 bis 4 Schritte, anschließend weniger.
➤ Den Hund nicht verängstigen oder zu sehr bedrängen.
➤ Keine Gewalt.
➤ Fehler ignorieren. Sofort belohnen, wenn nach vorausgegangenen Fehlern das richtige Verhalten gezeigt wird.
Ziel: Variabler Radius und variables Tempo.

Schlangenlinien
Schlangenlinien (oder S-Linien) sind im Pferdesport seit langem fester Bestandteil der Ausbildung. Sie stellen das Bindeglied zwischen Vollkreis und Acht dar und sind daher aus methodischer wie praktischer und sportlicher Sicht sinnvoll und wichtig. Es ist unverständlich, weshalb man diese wichtige Übung in der heute praktizierten Hundesport-Unterordnung immer noch ausklammert.

Aufbau der Übung
Der Aufbau gestaltet sich ähnlich wie beim *Vollkreis*. Nach dem Hörsignal folgt (im Sinne des *Signal-Timing*) die Ganzkörperbewegung mit einzuleitender Innenlage (»in die Kurve legen«) und anschließend die Bewegung des MOs in die gewünschte neue Richtung.

Das Ziel der S-Linien liegt in einer harmonischen Anpassung der Gehweisen beider Team-Partner, wobei die Übergänge fließend erfolgen müssen. Ruckartige Bewegungen sind fast immer ein Zeichen für Unvermögen. Dies gilt auch in anderen Sportarten. Wir werden auf diesen Punkt noch zurückkommen.

Mit der Zeit werden dann die Hilfen sukzessiv abgebaut, bis schließlich die natürlichen Körpersignale übrigbleiben. Diese reichen für den Hund völlig aus.

Die S-Linien sind in ihrem Schwierigkeitsgrad nicht zu unterschätzen, vor allem, wenn sie in Tempo, Amplitude und Frequenz variabel vorgezeigt werden. Wir raten jedem Hundesportler, Schlangenlinien zu üben, auch wenn sie momentan (1999) noch nicht im Prüfungsprogramm stehen.

Acht
Die Acht verbindet die drei vorausgegangenen Elemente: Vollkreis rechts, Schlangenlinie und Vollkreis links. Die Übung begegnet uns innerhalb der Freifolge beim Gang durch die Gruppe. Wurden die vorausgegangenen Übungen Vollkreis und Schlangenlinie gewissenhaft geübt, so bildet die Acht in der Regel kaum noch Schwierigkeiten. Am Ende der Acht sollte ab und zu die Grundstellung eingebaut werden. Spätestens danach jedoch ist die Acht nahezu ausnahmslos mit Belohnung und/oder Spiel zu beenden. Gerade in der Acht kann sich das Team bei erheblicher Ablenkung wirkungsvoll präsentieren. Wichtig ist bei dieser Übung, dass der Hund echt Spaß hat am schnellen und körpernahen Mitlaufen. Wenn der Team-Führer selbst nicht mehr empfindet als nur eine Pflichtübung, woher soll dann der Hund die Freude nehmen? Für mich ist die Acht durch die Gruppe eine der schönsten Übungen in der gesamten Unterordnung. Bei hohem Anspruch (physiologisch-ästhetischer Bewegungsablauf beider Team-Partner, Ausstrahlung, Harmonie und Vitalität) ist sie sicherlich auch eine der schwierigsten Übungen.

Phase 1: <Acht durch die Gruppe>
Der Team-Führer sollte für die <Acht> ein gutes Raumvorstellungsvermögen mitbringen und daran arbeiten, die <Acht> selbst fehlerfrei gehen zu lernen. Auch diese Übung ist vor allem anfangs und in Abständen »solo« zu üben.

Es empfiehlt sich, vor Beginn einen Peilpunkt zu wählen. Außerdem kann man mit Hilfe von zwei Punktmarkierungen am Boden (oder Leitpflöcken) die beiden Mittelpunkte markieren. Man wird sehen, es ist nicht einfach, eine in jeder Hinsicht einwandfreie Acht zu gehen: Geringfügige Blick-, Kopf- und Schulterbewegung beim Einleiten des ersten Vollkreises, gleichzeitig die zentripetale Gewichtsverlagerung, harmonische, natürliche Schrittfolge, locker schwingende Arme, aufrechte Körperhaltung, elastisches Gehen, Durchlässigkeit der Schwingung vom Fuß bis zum Scheitel, Gleichförmigkeit der zurückgelegten Ganglinie (einwandfreier Kreis, weder in Form eines »Eies« noch einer »Kartoffel«), harmonischer Wechsel im Schnittpunkt, usw. Ein Kenner würde die Fehler sofort sehen.

Ist man in der Lage, die Acht selbst im beschriebenen Umfang fehlerfrei zu gehen, kommt der Hund ins Spiel. Nun werden viele eine große Überraschung erleben: Hat man die Acht im Team, also mit Hund, vorübergehend abgesetzt und an der eigenen Gehweise und Haltung gearbeitet, so geht der Hund bei Wiederaufnahme des Team-Trainings oft auf Anhieb in nicht mehr wieder zu erkennender Weise besser als vorher. Dies ist ein schlagender Beweis dafür, dass es leider immer wieder der Team-Führer selbst ist, der minderwertige Übungsausführungen des Hundes zu verantworten hat.

Und noch eines wird man bemerken: Man geht anders, wenn man eine klare Vorstellung der eigenen Haltung und Bewegung erarbeitet hat. Ausstrahlung und Selbstbewusstsein nehmen zu, die Vorführung bekommt Profil und Aussagekraft. Es steht nicht mehr nur der folgsame Hund im Vordergrund, sondern die »Team-Vorführung«. Und damit wären wir wieder im Kern unserer Thematik: Team-Vorführung als Ergebnis der Mensch-Hund-Harmonie.

PHASE 2: <GANG DURCH DIE GRUPPE> – ABWANDLUNG UND ABSICHERUNG
Tempo wechseln innerhalb der Acht: In der Gruppe (an gehenden Personen vorbei) kann es schon vorkommen, dass die geometrische Acht nicht durchführbar ist. Das schadet jedoch nichts, weil auch der Betrachter den Sachzwang wahrnimmt und die Anpassung der Form an die Gegebenheiten akzeptiert.
Wichtig beim Gang durch die Gruppe: im Training immer und immer wieder belohnen! Nur selten wird die Belohnung ausgesetzt, sozusagen als Test. Aber selbst beim Aussetzen folgt sie dann mitunter etwas später – etwa nach der Grundstellung oder einige Schritte danach.

Apportieren

Wegen der starken Verbreitung meines Fachartikels »*Bringen – freudig, schnell, exakt*« beschränken wir uns hier auf eine straffe Zusammenfassung. Wer mehr über das Apportieren erfahren möchte, der sei auf die Zeitschriften verwiesen, in denen der Fachbericht abgedruckt wurde: SVÖ (Österreich), SC (Schweiz), DHV und »Der Hund« (Deutschland).
Das <Bringen> nimmt in den Prüfungsordnungen (PO) verschiedener Hundesportrichtungen eine zentrale Stellung ein. In der Schutzhund-PO kommt das Apportieren in variierter Form dreimal vor. Keiner anderen Leistung wird derart viel Bedeutung zugemessen. Ob das gerechtfertigt ist, steht auf einem anderen Blatt. Von insgesamt 100 Punkten entfallen 40 Punkte auf die drei Bring-Varianten (10 Punkte für <Bringen auf ebener Erde>, 15 Punkte für <Bringen über die Hürde> und weitere 15 Punkte für <Bringen über die Schrägwand>). Zweifellos zählen die drei Bring-Varianten zu den komplexesten und gleichzeitig dekorativsten Übungen der PO-Programme. Hier zeigt sich, ähnlich wie bei der Freifolge, das Team-Niveau.
Keine andere Übung hat den Erfindergeist der Hundesportler mehr herausgefordert als das <Bringen>. Das Repertoire reicht von eingesetzten Motorwinden über Strom-Methodik bis hin zu Starkzwang mittels geschliffenem Stachelhalsband und weniger drakonischen Mitteln. Angesichts dieses vielfältigen Angebots von Möglichkeiten, die vom Starkzwang bis zum Spiel alles zu bieten scheinen, wundert es, dass Bring-Übungen trotzdem für zahlreiche Team-Führer ein Dauerproblem bedeuten.

Die Ursachen hierfür sind vielfältig:
- ➤ Manche Team-Führer setzen offensichtlich von vornherein auf den für ihren Hund ungeeigneten Zwang.
- ➤ Andere verlieren bei spielerischem Ansatz vorzeitig die Geduld.
- ➤ Wieder andere springen konzeptionslos von einer Heil versprechenden Lösung zur anderen (ähnlich wie im Schutzdienst).

Kern der Aufgabenstellung

Das Problem ist bekannt: Der Hund läuft lieber dem geworfenen Bring-Gegenstand nach, als dass er ihn freudig zurückbringt. Warum sollte er auch? Im Welpenalter hat er gelernt, Spielbeute in Sicherheit zu bringen. Und wenn man von den Geschwistern aufgespürt wird, dann gilt es, die Beute mit allen Mitteln zu verteidigen. Und jetzt soll der Hund auf einmal freudig wedelnd die Beute zurück zu Herrchen oder Frauchen bringen?

Um zu einem für Team-Führer und Hund zufrieden stellenden Übungsaufbau zu kommen, muss man sich immer wieder Zusammenhänge aus der Verhaltensbiologie vergegenwärtigen. Hundliches Verhalten kann (vereinfacht ausgedrückt) rein reflexgesteuert sein, instinktiv erfolgen oder auf Anpassungsprozesse (z. B. Appetenzverhalten) zurückgeführt werden. Auf das Ineinandergreifen aller Erscheinungsformen haben wir bereits hingewiesen.

Für die anliegende Aufgabe ergibt sich daraus: Das Weglaufen als stilisiertes Beutemachen zu gestalten, stellt in der Regel keine Schwierigkeit dar. Der domestizierte Wolf, der uns im fetalisiert (auf kindlicher Stufe) gehaltenen Hund begegnet, akzeptiert auch noch im Erwachsenenalter den Apportier-Gegenstand als Beuteersatz. Hier wird, wie gesagt, eine weitgehend instinktgesteuerte Handlung ausgelöst. Für das Zurückbringen jedoch muss die Motivation, auf der sich das gewünschte Verhalten aufbauen kann, erst gefunden und vermittelt werden. Überlassen wir den Hund sich selbst, so macht er sich entweder mit der Beute davon, oder aber er läuft im Imponiergehabe um den Team-Führer herum (in Sicherheitsabstand), wobei er zum Spielmacher avanciert.

Die Lösung liegt darin, den Anfang der Übung, also das Nachjagen und Fassen der Beute, anfangs betont auszuklammern und erst einmal eine Aktions-Routine zu bilden, die das freudige Heranbringen der Beute zum Lernziel hat. Obwohl die Übung laut Prüfungsordnung mit dem Hörzeichen <Bring> eingeleitet wird, macht es aus methodischer Sicht wenig Sinn, das einzige und daher kostbare Signal – in seiner Funktion als *stellvertretender Reiz* – für einen Vorgang zu verschwenden, der, wie gesagt, ohnehin instinktgesteuert ist. Hinzu kommt, dass ausgerechnet für das Zurückkommen als den problematischeren Teil kein stimulierendes Signal mehr zum Einsatz kommt.

Zusammenfassung des Übungsaufbaus
<Apportieren>

- ➤ Die wichtigste Änderung besteht darin, den Bring-Gegenstand (Bringsel bzw. MO) lange Zeit nie wegzuwerfen. Der Hund lernt die Situation des Wegschickens in Verbindung mit dem Hörzeichen <Bring> erst nach frühestens 2 Monaten zum ersten Mal kennen!
- ➤ Zuerst soll der Hund erfahren, dass es Spaß macht, zum MO hinzulaufen, dass er beim Ankommen um die Beute streiten und dabei gewinnen kann, wenn er sich tüchtig zeigt. Nach seinem »Sieg« soll er erleben, dass ihm die erbeutete Spielbeute weder zwanghaft noch hinterlistig abgenommen wird. Er darf sie behalten.
- ➤ Damit das Spiel weitergeht, ohne die soeben vermittelte Selbstsicherheit aufs Spiel zu setzen, nützen wir für das <Aus> eine der beschriebenen, möglichst stressfreien Methoden. Im Idealfall hat der Hund bereits in der *Paradeübung* und im *Freien Spiel* das angstfreie, freiwillige <Aus> gelernt!
- ➤ Nach einiger Zeit wird der Hund auf das Hörzeichen <Bring> im Galopp zum Team-Führer laufen, den Bring-Gegenstand auf-

Lange bevor wir mit der Apportierübung beginnen, bauen wir die Appetenz zum Bring-Gegenstand auf. Hier das vom Autor entwickelte, inzwischen vielfach imitierte Motivations-Bringholz.

nehmen und mit dem Team-Führer *Beutestreiten*.
- Bald darauf lernt der Hund das MO zu tragen und längere Zeit zu halten.
- Jetzt kann man dazu übergehen, den Bring-Gegenstand ab und zu nicht mehr direkt vor dem Team-Führer, sondern in die Mitte zwischen Hund und Team-Führer oder auch direkt vor dem Hund abzulegen. Man wird sehen, der Hund nimmt das MO wie gewohnt auf und läuft zum Team-Führer.

Parallel zu diesem Aufbau lernt der Hund Herankommen und Vorsitzen sowie die Grundstellung nach vorausgegangenem Vorsitzen. Erst gegen Ende des Apportier-Programms folgt das Zusammenfügen der einzelnen Teilaufgaben.

PHASE 1: ERSTE ANNÄHERUNG – APPETENZ AUF BRING-GEGENSTAND AUFBAUEN
Parallelübung: ‹Herankommen und Vorsitzen›, ‹Aus›, ‹Grundstellung aus Vorsitzen› sowie andere Übungen

Die Lernstufe der *Ersten Annäherung* (Vermittlungsstufe – Vertrauensbildung) erübrigt sich, wenn der Bring-Gegenstand schon vorher im *Freien Spiel* zum Einsatz kam. Welches MO als Bring-Gegenstand verwendet werden soll, ist individuell zu entscheiden. Im Idealfall ist es ein Gegenstand, mit dem der Hund ausgesprochen gerne spielt. Die üblichen Bring-Hölzer aus Hartholz haben sich für den Apportier-Aufbau nicht bewährt. Das Holz ist viel zu hart, vorstehende Splitter können den Hund verletzen, und auch das Beißgefühl ist bei Hartholz eher demotivierend.

Aus diesen Gründen empfiehlt sich das Bring-Holz mit (austauschbarem) Gummikern, in das der Hund ohne Hemmungen beißen kann und das sich wegen der beiden Halteleinen hervorragend zum *Beutestreiten* eignet (bei »Agilo« erhältlich, siehe Seite 255).

Der Hund hat gelernt, »unter Spannung zu lauern« und er kann bereits auf Hörzeichen *He-*

rankommen. Damit sind bereits wichtige Grundlagen für das *Apportieren* vorhanden. Nun geht es darum, diese geschickt zu nützen.
Zuerst aber muss die Appetenz auf den Bring-Gegenstand aufgebaut werden. Dies erreichen wir, indem wir das Bring-Holz kurz zeigen, wieder verstecken, damit angeben, vorenthalten, selbst damit spielen und auf allerlei Art und Weise die Neugier und Spiellust des Hundes wecken.

☞ **Problemhilfe** bei mangelnder Appetenz auf das Bring-Holz:
Es hat keinen Sinn, die anschließenden Phasen zu üben, solange der Hund zu wenig Interesse und Lust am Apportier-Gegenstand zeigt.

Abhilfe schafft entweder der Wechsel auf einen anderen Apportier-Gegenstand. Möglicherweise wählt man vorübergehend das Vorzugs-MO. Oder aber man baut das Bring-Holz auseinander und reduziert es vorerst auf den Gummikern.
Wir führen in diesen Fällen ein Seil oder Tuch durch den Gummikern, um beim *Beutestreiten* rechts und links anfassen zu können.
Eine dritte Variante kommt aus dem Schutzdienst: Der Hund wird von einer Hilfsperson an der Leine gehalten (unter Verwendung eines Brustgeschirrs), während der Team-Führer das Bring-Holz an einer 2 Meter langen Leine (ohne Metallteile! – Palstek(knoten als Verbindung!) am Boden hin- und herschleudert, zwischendurch wieder in die Hand nimmt und vielerlei Reize bietet. Und zwar so, dass der Hund nicht gleich zum Zug kommt. Spricht der Hund gut darauf an, folgt Anbiss und *Beutestreiten*, wobei die Hilfsperson gegenhält. Der Team-Führer zeigt im Kontern Schwächen und lässt den Hund in einer tüchtigen Aktion gewinnen. Anschließend folgt Laufen und Tragen.

Anmerkung zur Wahl des Bring-Holzes: Für viele Hunde hat sich bewährt, ein eher schweres Bring-Holz zu verwenden. Dies fördert einen festen Griff und wirkt dem Punkte zehrenden »Knautschen« von Anfang an entgegen.

PHASE 2: NEUGIER UND BEUTESTREITEN
(Wer immer noch Probleme mit dem <Aus> hat, sollte für den Beutetausch vorsichtshalber das Vorzugs-MO in der Tasche mitführen.)
Das Neugierig-Machen aus Phase 1 führen wir in modifizierter Form während des gesamten Übungsaufbaus weiter! Mit dem Ziel, dass der Hund eines Tages allein schon durch das gemeinsame Gehen zum Bring-Holz-Ständer in eine lust- und erwartungsvolle Stimmung gerät.

Der Team-Führer schleicht sich vom abgelegten Hund weg (wie bei der *Paradeübung*). Dann legt er das Bringholz direkt vor sich auf den Boden (oben). Es folgt der Auslöser <Bring>, anfangs noch mit unterstützender Körpersprache (Mitte). Beim Ankommen des Hundes geht man nahtlos in das *Freie Spiel* über (unten).

*Erweitertes Neugierig-Machen
(aus Phase 1)*
Der Team-Führer legt den Hund ab und geht zum Bring-Holz-Ständer (Wegschleichen wie bei der Paradeübung). Dort dreht er sich um, so dass der Hund nicht sehen kann, was er vom Ständer nimmt. Darauf folgt das Neugierig-Machen aus Phase 1. Anschließend ruft er den Hund mittels Hörzeichen <Bring> ab. Das Einbringen des Hörzeichens <Bring> hat den Vorteil, dass es sich von Anfang an mit schnellem Herankommen verbindet. Dem herankommenden Hund verwehren wir zunächst das Holz, indem wir einige Schritte im Kreis gehen und den Apportier-Gegenstand immer wieder verstecken (unter der Jacke, hinterm Rücken usw.). Es folgt entweder das *Freie Spiel* mit anschließendem *Beutestreiten* oder auch der nahtlose Übergang zu Phase 2.

Der eigentliche neue Teil der Phase 2
Nach *Beutestreiten* und <Aus> (evtl. mittels Beutetausch) legen wir den Hund wie bei der *Paradeübung* ab, bewegen uns von ihm weg, zeigen ab und zu das versteckte Bring-Holz und entfernen uns, rückwärts schleichend, auf eine Distanz von 5 bis 10 Schritten. Dort legen wir das Bring-Holz auf den Boden, bauen Spannung auf und rufen den Hund mit dem Hörzeichen <Bring> zu uns heran. Der Hund wird herangaloppieren und das Holz aufnehmen. In diesem Augenblick greifen wir in die seitlichen Leinen des Bringholzes und beginnen das *Beutestreiten*. Es gelten die bereits erwähnten Forderungen: Tief spielen, glaubwürdig Schwächen zeigen, nicht übermächtig gegenhalten, jedem Gewichtseinsatz des Hundes muss ein mehr oder minder ausgeprägtes Nachgeben folgen, usw. Auch Körpersprache und Stimme werden eingesetzt. Zeigt sich der Hund tüchtig, geben wir nach und lassen schließlich los.
Im Idealfall schließt sich in nahtlosem Übergang ein Bewegungsspiel an: Der Hund trägt die Beute, der Team-Führer zeigt seine Anerkennung für die erbrachte Tüchtigkeit und muntert den Hund zu einem Laufspiel auf. Aber nicht derart, dass der Hund argwöhnen muss, man will ihm nachlaufen, um ihm die Beute abzunehmen. Der Team-Führer läuft also eher in die entgegengesetzte Richtung und muntert den Hund auf, mitzulaufen. Auf diese Weise lenken wir den Hund auch vom Imponieren ab. Das Imponieren ist nämlich oft Ursache fürs Knautschen oder dafür, dass sich der Hund zum Spielführer machen möchte. Ablenkung durch Bewegung wirkt beidem entgegen. Das Tragen des Bring-Gegenstands hat außerdem den Vorteil, dass der Hund lernt, das MO lange fest und ruhig zu halten. (Im Laufen muss er es fester halten als im Stehen oder Vorsitzen!)
Nach einigen Trainingseinheiten kann man Phase 2 bereits auf niedere Hürden und die flach gestellte Kletterwand übertragen, was in der Regel mit einem sichtbaren Motivationsgewinn für die Übung verbunden ist. Wir erinnern uns: Laufen und Springen, aber auch das Bewältigen von Hindernissen beinhaltet hohe Anteile an Primärmotivation. Voraussetzung ist natürlich, dass die entsprechenden Vorübungen (Hürde und Kletterwand) geübt wurden.

PHASE 3: TEST – TRAGEN UND LANGSAMER WERDEN
Das Vorspiel des Neugierig-Machens wird weiterhin praktiziert – mit Variationen. Es folgt wie in Phase 2 das Abrufen mit <Bring>.
Zeigt der Hund mittlerweile ein schnelles Herankommen, nimmt er das MO gut auf und erwartet er anschließend das *Beutestreiten*, so gehen wir dazu über, das MO nicht immer direkt vor uns auf den Boden abzulegen, sondern auch abwechselnd nach hinten durch die Beine zu werfen. Das kennt der Hund schon.
Mit dieser Übung verfolgen wir zwei Ziele:
➤ Zum einen dient die Übung als Test, ob der Hund das MO bereits zurückbringt, wenn es nicht dicht beim Team-Führer lag.
➤ Zweitens wird der Hund motiviert, auch in der Annäherungsphase schnell zu bleiben und in gerader Richtung heranzukommen.

Aufbau der Übungen

Nach dem *Beutestreiten* muss der Hund nicht abgeben, sondern man läuft mit ihm (Bild links außen). Im Laufen wird man immer wieder mal langsamer, greift an das Holz, ohne es jedoch wegzunehmen – Vorbeugen möglicher späterer Konkurrenzsituation (links Mitte). Aus dem langsamer Werden geht man nahtlos wieder ins Laufen über (links innen). In weitere Schritten folgen das Anhalten (rechts innen) mit sofortigem Weiterlaufen (rechts Mitte) und das seitliche Absitzen (rechts außen).

Anschließend trägt der Hund das MO unter viel Beifall und Lob. Das gemeinsame Laufen braucht sich übrigens nicht auf monotone Kreise beschränken. Wer es vermag, soll Stops, Wenden und alles andere, was der Abwechslung dient, einbringen. Vor allem aber langsamer werden, sich dem Hund nähern, Blickkontakt aufnehmen, und immer wieder vermitteln, dass man ihm das MO n i c h t abnimmt. Trägt der Hund auch im langsamer Werden ruhig und fest, kann man zum nächsten Schritt übergehen.

Wichtig: Ob der Hund das Bring-Holz auch annimmt und herbringt, wenn wir es einige Schritte von uns entfernt ablegen, testen wir nur selten!

Phase 4: Langsamer werden bis zum kurzen Stehenbleiben

Der Aufbau bleibt wie beschrieben erhalten. Der Team-Führer greift während des Mitlaufens ab und zu an das Bring-Holz, ohne es jedoch dem Hund zu nehmen. Auf diese Weise bereiten wir das spätere (stressfreie!) Abgeben vor. Indem wir langsamer werden, versuchen wir gleichzeitig, den Hund mittels Körpersprache auf uns zu konzentrieren, um ihn anschließend wieder zum Weiterlaufen zu bewegen. Dem gemeinsamen Laufen (mit Tempowechsel) folgt Stehenbleiben und kurzes Warten. Während der gesamten Zeit sollte der Hund das MO ruhig und fest tragen.

Phase 5: <Sitzen> und Tragen

Im nächsten Schritt hält das Team nach mehreren Tempowechseln an und der Hund wird zum <Sitzen> aufgefordert. Es handelt sich hier um das seitliche <Sitzen>, nicht um das <Vorsitzen>! Die Aufforderung muss behutsam erfolgen, möglicherweise mittels wohl dosierter Körpersprache, damit der Hund das Holz auch in dieser Phase ruhig und fest hält. (Auch hier kann man das »feste« Halten verbessern, indem man ab und zu das Holz anfasst, kurz zieht und wieder loslässt.)

Hat der Hund die Aufgabe bewältigt, folgt wiederum Spannungsaufbau und das gemeinsame Weiterlaufen.

Phase 6: Vom »indirekten« zum »direkten« <Vorsitzen>

Jetzt können wir dazu übergehen, uns nach dem seitlichen <Sitzen> vor den Hund zu stellen. Hat der Hund bisher alle Aufgaben erfüllt, so wird er auch in dieser Situation das Bring-Holz stressfrei, fest und ruhig halten. Zusätzlich werden wir erleben, dass der Hund gespannt und erwartungsvoll auf die Laufaufforderung wartet. Wir haben uns dem Vorsitzen auf indirektem

Wege genähert. Nicht der Hund, sondern der Team-Führer hat sich vor den Hund gestellt. Von hier aus ist nur noch ein kleiner Schritt zum »direkten« <Vorsitzen>, das der Hund ausführt.

Phase 7: Wegschicken mittels <Bring>
Bisher haben wir den Hund noch nie mit <Bring> weggeschickt. Nun kommt der große Augenblick. Wer noch nie einen Hund in dieser Methode ausgebildet hat, der zweifelt möglicherweise am Erfolg. Das ist verständlich. Aber wir haben auf feststehenden Verhaltensweisen aufgebaut und im neuralgischen Bereich des Zurückbringens, Vorsitzens und Abgebens eine zuverlässige, durch und durch positive Motivation entwickelt! Wenn wir uns nach Monaten hinstellen, den Hund neben uns <bei Fuß>, das Bring-Holz in der Hand und das erste Mal <Bring> fürs Entfernen verwenden, so wird der Hund dem Apportier-Gegenstand nachjagen, als hätte er die Übung nie anders ausgeführt.
Aber jetzt kommt das Entscheidende: Er wird auch, zum großen Erstaunen des Team-Führers, ebenso schnell und sicher herankommen – wie immer.
In seltenen Fällen kam es vor, dass sich ein Hund beim allerersten Wegschicken mitten im Laufen umdrehte, um sich zu vergewissern: »Darf ich?« Diese Unsicherheit legt sich jedoch binnen weniger Wiederholungen.

Nun darf man nicht den Fehler machen, die Übung weiterhin in vollständiger Form zu trainieren. Hat uns der Hund gezeigt, dass er die Übung ausführen kann, gehen wir wieder zurück zu einer der früheren Phasen und rufen den Hund mit <Bring> zu uns. Nur ab und zu testen wir die vollständige Ausführung, vor allem kurz vor Prüfungen oder Turnieren.

Phase 8: Warten vor dem Starten
Was jetzt noch fehlt, ist das Absitzen vor dem Werfen und das Warten auf den Start (nach Hörzeichen). Da der Hund jedoch von Anfang an gelernt hat, lauernd zu warten, benötigen wir auch hier weder Leine noch andere Zwangsmittel! Die ersten Male legen wir den Hund ab, erst später folgt die Teilübung im Sitzen.
Wir nehmen das Bring-Holz spannungsvoll in die Hand, schleichen uns wie in der Paradeübung einige Meter vom Hund weg, legen das MO ab, kommen zurück, bauen Spannung auf, kommunizieren mit dem Hund und geben mit dem Hörzeichen <Bring> den Start frei. Nach einigen Wiederholungen führen wir diese Detailübung aus der sitzenden Position des Hundes durch. Anschließend werfen wir dann das Holz. Hier kann es nötig sein, dass wir die ersten Male entweder den *Geistigen Zügel* einsetzen oder weich unter den Hals greifen, um das Starten zu verhindern. Hat der Hund jedoch begriffen, was wir von ihm wollen, wird er mit dem Starten kein Problem mehr haben, denn spannungsvoll zu Warten hat er bis zur Perfektion gelernt. Damit ist das Apportieren nun fast vollständig.

PHASE 9: ZUSAMMENSTELLEN DER
NOCH FEHLENDEN TEILE
Gegen Ende werden die fehlenden Einzelteile <Abgeben> und <Grundstellung aus dem Vorsitzen> hinzugefügt. Es dürfte inzwischen klar geworden sein, dass wir die Teile <Vorsitzen>, <Abgeben> und <Grundstellung aus dem Vorsitzen> nur ab und zu verlangen. In der Regel endet das Apportieren mit Herankommen und anschließendem Spiel.

PHASE 10: ABWANDLUNG UND ABSICHERUNG
Nahezu alle Teile und Phasen des Apportierens bieten reichhaltige Möglichkeiten zur Abwandlung.
Was man bei vielen Hunden schon ab Phase 3 einbringen kann, ist das variable Ablegen des Apportier-Gegenstandes. Haben wir es anfangs lange Zeit immer direkt vor uns gelegt, so gehen wir mit zunehmender Sicherheit dazu über, die Lage des MOs zu verändern: Einmal 2 Meter vor uns, dann 3 Meter hinter uns (Hund durch die Beine laufen lassen), dann mitten zwischen Hund und Team-Führer, oder auch einmal 1 Meter vor den Hund usw. Man wird erstaunt sein, dass der Hund binnen Kürze das MO von jedem beliebigen Ort aus schnell und freudig zum Team-Führer bringt.

Auf zahlreichen Seminaren und Turnieren ist die Sicherheit meiner Hunde beim Apportieren selbst von Gegnern respektvoll anerkannt worden. Oft habe ich Quirin das Bring-Holz irgendwo wahllos hingeworfen, beispielsweise 15 Meter hinter ihn. Auf das Hörzeichen springt er heute noch auf, dreht sich im Aufsprung in die Richtung des MOs, fasst es dort schnell und sicher und galoppiert damit auf kürzestem Weg zu mir. Und das macht er nicht ab und zu oder mit diesem oder jenem Fehler, sondern x-mal vor Hunderten von Leuten in der gleichen, überzeugenden Vitalität und Freude. Absolut zuverlässig. Die Behauptung, dass ein zuverlässiges Apportieren nur unter Zwang erreichbar wäre, ist einfach falsch. Man sollte eher der Frage nachgehen, weshalb man unter den zwangsausgebildeten Hunden so wenig ältere Hunde sieht.

<u>Absicherung der Übung:</u> An Stelle von Zwangseinwirkungen nützen: die bereits beschriebenen Möglichkeiten: Steigerung der Motivation auf ein extrem hohes Niveau, Ausführung der Übung ohne jegliche Stimulation, Absetzen des Apportierens über einen längeren Zeitraum und dann die Übung ohne Vorbereitung prüfungsmäßig abrufen, Hinzufügen von Ablenkungen sowie Konfrontation mit Grenzsituationen. Kurz vor dem Werfen des Bring-Holzes etwa beleben wir das Holz, holen weit aus, täuschen das Wegwerfen vor und starten plötzlich mit dem Holz weg. Der Hund muss lernen, auch unter diesen Herausforderungen sitzen zu bleiben und zu lauern. Will er aufstehen, setzen wir den *Geistigen Zügel* ein.

Ablenkungen können eingebaut werden, indem man während des Apportierens andere Hunde (angeleint) auf den Hundeplatz führt, möglicherweise sogar in die Nähe des Geschehens. Oder es gehen oder laufen mehrere Personen über den Platz. Oder es üben mehrere Hunde gleichzeitig andere Aufgaben. Es dürfte klar sein, dass derlei Ablenkungen nur von fortgeschrittenen Teams zu bewältigen sind.

Wegschleichen wie bei der Paradeübung: – so bauen wir das Apportieren auf.

Eine weitere, nicht leicht zu bewältigende Herausforderung ließe sich etwa durch das Ablegen des Bring-Gegenstandes auf einen Tisch, durch Vergraben des Bringsels oder durch Ablegen mitten in einem Agility-Tunnel herstellen. Derartige Herausforderungen liebt der Hund. Sie dienen also nicht nur der Absicherung, sondern dem Aufrechterhalten der Appetenz. Sie sichern ab und wirken gleichzeitig der gefürchteten Motivations-Versandung entgegen. Und sie sind viel, viel natürlicher und wirksamer als so manches, was heute noch im Hundesport in puncto Absicherung als unersetzlich angesehen wird.

Phase 11: Steigerung der Motivation im Herankommen

Eine zusätzliche Steigerung im Hinblick auf vital-schnelles Herankommen wird erzielt, indem wir außer dem Bring-Gegenstand noch ein zweites MO einsetzen. Zum Beispiel das Vorzugs-MO:

Um der Gefahr entgegenzuwirken, dass der Hund den Bring-Gegenstand fallen lässt, wenn er das Vorzugs-MO sieht, müssen wir den Hund erst einmal mit der Situation des »Lauerns und gleichzeitigen Haltens« vertraut machen. Es ist schwierig, hier konkrete Vorschläge zu machen. Jeder Hund reagiert anders. Wichtig ist, dass man das Motivationsniveau anfangs nicht zu hoch ansetzt. Denn mit Zunahme der Aktionsbereitschaft erhöht sich natürlich auch die Gefahr, dass sich der Hund der »alten, leblosen« und uninteressant gewordenen Beute entledigen will und diese fallen lässt. Wir haben gute Erfahrungen damit gemacht, den Hund im gemeinsamen Bewegungsspiel den Bring-Gegenstand tragen zu lassen, gleichzeitig wird das Vorzugs-MO sichtbar an der MO-Krawatte getragen.

Der Hund wird zum Sitzen stimuliert, und wir bücken uns zu ihm hinunter, so dass das Vorzugs-MO in seine Nähe kommt, gleichzeitig wird der *Geistige Zügel* gezeigt und Spannung aufgebaut. In dieser Kombination steht die gewohnte, erwartungsvolle Spannung im Vordergrund, und der Hund lässt den Bring-Gegenstand in der Regel nicht fallen. Hat er einige Sekunden sitzend und lauernd das Bring-Holz gehalten, greifen wir mit einer Hand zum Holz, geben das Hörzeichen <Aus> und greifen kurz danach zum Vorzugs-MO, um es dem Hund entweder zum Anbiss anzubieten oder es wegzuschleudern. Es gehört Fingerspitzengefühl und eine gute Beobachtungsgabe dazu, um diese Übung erfolgreich durchzuführen.

Hat der Hund die Übung angenommen, so wird das Vorzugs-MO in den Übungsablauf des *Apportierens* eingebaut. Nach jahrelangen Tests mit dieser Methode wurde klar, dass es nicht ideal ist, wenn der Hund nur wegen des Vorzugs-MOs herankommt. Die Übung sieht überzeugender aus, wenn der Hund etwa ein Verhältnis von 60 Prozent für das Vorzugs-MO und 40 Prozent für den Bring-Gegenstand mitbringt *(Appetenz-Hierarchie)*. Dieses Verhältnis lässt sich über die Gestaltung des Spiels steuern (und kann individuell ein wenig schwanken).

Zur praktischen Ausführung

Dabei ist auf optimales *Signal-Timing* zu achten. Das heißt, der Hund sieht erst auf den letzten Metern des Herankommens (also im Bereich des Abstoppens), ob das Vorzugs-MO zum Einsatz kommt oder nicht. Wird dieser kleine, aber enorm wichtige Punkt vernachlässigt, fängt der Hund schon bei der zweiten oder dritten Wiederholung an, sich danach auszurichten, ob das Vorzugs-MO beim Herankommen zu sehen ist oder nicht. Wenn nicht, wird seine Aktionsbereitschaft sichtbar reduziert.

Konnte das *Apportieren* bis hierher positiv vermittelt werden, dann kann man dem Team-Führer – und seinem Partner – gratulieren. Ein freudig-vitales, schnelles und exaktes *Apportieren* ohne jeden Druck und Zwang umzusetzen, stellt eine pädagogisch hochstehende Leistung dar. Jetzt gilt es nur noch, die *Appetenz* in der beschriebenen Hierarchie aufrechtzuerhalten und die Übung eher selten zu fordern. Einzelteile daraus ja, dann aber in Abwandlung (üben im Wald, am Wasser, auf dem Berg, in einem Steinbruch, Wechsel des Bring-Gegenstandes, Einbinden kleiner Hindernisse oder Geschicklichkeitsübungen usw.). Zwei Wochen vor einem Turnier wird das Apportieren wieder ganz von vorn in Phase 1 aufgebaut, natürlich im Zeitraffertempo. Auf diese Weise lässt sich die Qualität der Vorführung bis ins weit fortgeschrittene Alter des Hundes erhalten.

Parallelübung: Apportieren beim Spazierengehen
Als Parallelübung, zum Beispiel als Steigerung der Primärmotivation, kann man Spaziergänge dazu nützen, das Apportieren noch interessanter als auf dem Hundeplatz zu gestalten. Hierzu bietet sich vor allem abwechslungsreiches Gelände an. Anfangs sollte man jedoch ein anderes Apportier-MO verwenden als im Sport-Training, z. B. einen Socken oder ein (ungefährliches!) Holzstück.
Der Aufbau ist ähnlich wie oben beschrieben: Nachdem man den Hund ins Platz geschickt hat, schleicht man sich von der Stelle weg. Im Gelände nützen wir jedoch die Möglichkeiten vor Ort, um das Spiel attraktiver zu gestalten. Ein Maisfeld bietet beispielsweise hervorragende Möglichkeiten, sich zu verstecken. Auf einem Waldweg lädt vielleicht eine Wegkrümmung oder ein Holzstoß dazu ein, sich außer Sicht zu bringen. Im Augenblick des Auslösens (<Bring>) kann man dann zusätzlich noch davonlaufen. Kommt der Hund in die Nähe, wirft man den Apportier-Gegenstand auf den Boden. Es folgt wie gewohnt *Beutestreiten* und Tragen.
Dann und wann kann man das Apportier-MO auch von einem Weg aus ins Gebüsch werfen. Dem MO nicht nur nachzulaufen, sondern es zu suchen, bietet vielen Hunden einen gesteigerten Reiz. Außerdem wird sich der Hund bemühen, möglichst schnell zu sein, um das im Dickicht verschwindende MO nicht zu verlieren. Dickicht und anschließendes Weglaufen und Verstecken des Team-Führers lassen sich bei entsprechenden Bedingungen auch kombinieren. Wegen des im Gras oder Dickicht verschwindenden MOs läuft der Hund in gesteigerter Motivation hinaus, und wegen des sich entziehenden Team-Führers bringt er das MO schneller als sonst zurück.

☞ **Problemhilfe** bei aufbaugeschädigten Hunden:
Obwohl das Hinauslaufen in der Regel kein Problem darstellen dürfte, kommt es doch mitunter vor, dass manche Hundeführer ihrem Hund das Apportieren durch allerlei Unangenehmes derart vermiest haben, dass sich das Hinauslaufen in der Folge zögernd und unsicher gestaltet. Hier hilft oft nur ein völliger Neuaufbau in anderer Umgebung. Die soeben beschriebenen Apportier-Spiele in freier Natur haben sich auch zur Desensibilisierung apportiergeschädigter Hunde bewährt. Wir wählen eine möglichst abwechslungsreiche Umgebung, beispielsweise einen Waldweg. Auf dem Waldweg gehend, stimmen wir den Hund gut ein (anderes MO als im Training). Anschließend werfen wir das MO seitlich in den Wald oder ins Gebüsch. Das Suchen nach dem MO lässt den Hund vorausgegangene schlechte Erfahrungen vergessen. Er wird aufmerksam suchen. Der Team-Führer hilft ihm dabei durch aufmunterndes Zusprechen und, wenn nötig, durch Zeigen. Beides trägt dazu bei, dass das angeschlagene Vertrauen wieder zunimmt und der Hund Freude am Teamwork zeigt. Anschließend folgt *Beutestreiten*, Loslassen und Tragen. Zeigt sich der Hund nach einiger Zeit frei und unbefangen, so kann man dazu übergehen, sich in kleinen Schritten der Trainingssituation wieder zu nähern: Trainings-Bring-Gegenstand auf dem Spaziergang verwenden, usw.

☞ **Problemhilfe** gegen Fallenlassen beim <Vorsitzen>:
Gegen Fallenlassen hilft die eingeschobene Übung <Sitzen – Fest>. Während der Hund ankommt und vorsitzt, greift man in die seitlichen Konter-Leinen des (Motivations!-)Bring-Holzes und beginnt, maßvoll beutezustreiten. Lockert der Hund darauf den Fang anstatt fester zu halten, kann man zusätzlich versuchen, sich wegzubewegen. Die Bewegung wirkt oft als ablenkendes Moment gegen die Ursachen des Fallenlassens. Diese sind in der Regel zurückliegende schlechte Erfahrungen im Übungsteil <Vorsitzen> und/oder anschließenden <Aus>. Hält der Hund fester, so kann man das wohl dosierte Kontern zeitlich ausdehnen und den Hund währenddessen die verlorengegangene Selbstsicherheit wieder gewinnen lassen. Zum Schluss bekommt der Hund das MO. Anschließend folgt Beutetausch, Laufen oder <Aus>.
Nach einigen Wiederholungen kommt das Hörzeichen <Sitzen – Fest> hinzu. Das Hörzeichen wird während des <Sitzens> und während des Konterns wiederholt gesprochen. Nach dem <Sitzen> bietet sich an, das Hörzeichen <Fest> variabel und wiederholt auszusprechen. Zeigt sich der Hund freier und selbstsicherer, so kann man auf das Kontern verzichten und an Stelle dessen auf das Hörzeichen <Sitzen – Fest> zurückgreifen.

☞ **Problemhilfe** gegen »Knautschen«:
Gegen Knautschen gibt es fast so viele Ratschläge wie Hundeschulen: Auf die Nase oder von unten an den Unterkiefer klopfen. Andere raten zum seitlichen Klopfen an das Bring-Holz. Wieder andere halten den gesamten Fang umschlossen usw. Leider versprechen alle diese Zwangseinwirkungen wenig Erfolg, wenn sie nicht gar den Fehler vertiefen. Der Grund hierfür liegt darin, dass man versäumt hat, nach den Ursachen des Knautschens zu fragen. Man ist bemüht, das Knautschen, wie viele (viel sagend!) sagen, »abzustellen«, weil es Punktabzug bringt, aber man bemüht sich einen Pfifferling darum, die dafür verantwortlichen Ursachen dingfest zu machen. Eine auf Punktemaßstäben basierende Korrektur ist jedoch nicht ausreichend, um tief liegende psychische Störungen zu beheben oder Konflikte zu lösen.
Das beste, was wir zu diesem Problem raten können, ist »Beruhigen«, »Selbstsicherheit zu-

Nichts hilft gegen »Knautschen« besser als das Ablenken! Ein Hund, der seine Aufmerksamkeit auf das (wenig) bewegte MO lenkt, knautscht nicht mehr. Voraussetzung für diese Korrekturmethode ist allerdings, dass der Hund ruhig Tragen gelernt hat (Lauf- und Trageübungen).

rückgeben« und vor allem: »Ablenken!« Ein Hund, der voll auf ein neues Lusterlebnis gespannt ist, knautscht nicht mehr, sondern hält den Fang ruhig. Ablenkungstechniken haben leider den Nachteil, dass viele Hunde sich wohl neu orientieren, sich aber vorher des leidigen Bring-Holzes entledigen – durch Ausspucken bzw. Fallenlassen.

Hat der Hund, frei von negativem Stress, tragen und ruhig halten gelernt (am besten im Laufen), so stehen die Chancen gut für das »knautschfreie« Vorsitzen: Im Ankommen (gegebenenfalls auch schon vorher) zeigen wir Futter oder eine Spielbeute. Die Ablenkung wird jedoch sanft und weich vermittelt. Die Körper- und MO-Bewegungen dürfen keinen Auslösecharakter annehmen (Gefahr des Abrufens einer jagdlichen Instinkthandlung, was wahrscheinlich das Fallenlassen des Bring-Holzes zur Folge hätte). Im Näherkommen und Sitzen des Hundes fahren wir mit dem MO am Oberkörper entlang nach oben. Diese Bewegung ist von Mal zu Mal variabel abzuändern, so dass sie interessant bleibt. Der Hund verfolgt diese Bewegung und gerät dabei in eine neue, veränderte Stimmungslage. Mit dem Wechsel der Stimmungslage tritt in den meisten Fällen die vorher aufgetretene, negativ besetzte Befindlichkeit in den Hintergrund. Der Hund verfolgt das MO und hört infolgedessen auf zu knautschen. Die unterbewusst wirksamen negativen Erfahrungen, die sich im Knautschen zeigten, wurden vorübergehend vom aktuellen Gegenwartsbewusstsein abgekoppelt.

Wird das »Ablenken« zum festen Bestandteil der Übung, so kann man damit die Ursachen des Knautschens mit der Zeit wirksam umgehen. Die Ablenkungsvorgänge werden im weiteren Verlauf mehr und mehr abgebaut. Das MO wird erst nach kurzem Vorsitzen aus der Tasche oder von der MO-Krawatte geholt usw.

Voraus-Senden

Voraus und Hinlegen

Leider gibt es auch heute noch Leute, die für jede Aufgabe, auch für das <Voraus>, mit Zwangs-Zugmaschinen und Strom arbeiten. Erst kürzlich erfuhr ich von folgendem Übungsaufbau: Ein Hundeführer führte vom Stromhalsband eine zusätzliche Leitung an den After des Hundes und klebte sie dort fest in der Meinung, der Hund würde auf Knopfdruck »wie mit Düsentrieb« voranlaufen. Angesichts derartiger Exzesse fragt man sich, wer einem mehr Leid tun soll: der Hund oder der Mensch.

In der Regel verwendet man in der traditionellen Ausbildung für das Vorauslaufen Futter- oder Beute-Motivation. Dass sich der motivationale Aufbau in der Regel gut bewährt, gründet unter anderem auch darauf, dass das Vorauslaufen auf ein Ziel hin von vorn herein stark primärmotiviert ausgerichtet ist. Probleme stellen sich für gewöhnlich bei Hunden ein, die sich schwer vom Menschen lösen. Angst, mangelnde Selbstsicherheit, aber auch Krankheit können die Ursachen sein.

Parallelübung: Beispielsweise <Sitz>, <Platz> und <Steh>, <Tempowechsel> und alle vorangegangenen Übungen

PHASE 1: UMGESTALTUNG AUS DER PARADEÜBUNG – AUFBAU MIT HILFSPERSON
Auch das <Voraus> (bzw. <Voran>) leiten wir aus der *Paradeübung* ab. Zu Beginn des <Voraus> hat der Hund schon lange gelernt, spannungsvoll zu lauern, zu warten und auf den *Auslöser* hin aufzuspringen und heranzukommen.

Der Team-Führer legt den Hund neben der bekannten und vertrauten Hilfsperson ab und entfernt sich wie bei der *Paradeübung* zirka 10 bis 20 Schritte vom Hund. Dort richtet er sich auf, sucht Blickkontakt zum Hund und beginnt plötzlich und engagiert mit dem MO am Boden zu spielen. Der Hund wird zum Team-

Führer galoppieren und das Spiel mitmachen. Die Hilfsperson hat innerhalb der anliegenden Aufgabe zwar keine aktive Funktion. Trotzdem ist sie insofern nützlich, als der Hund bereits den Abschluss der Übung lernt: nämlich das Zurücklaufen von der Hilfsperson zum Team-Führer (Lernen »en passant«: – *verstecktes Lernen*). Auf das Einbringen einer Hilfsperson im Anfangsstadium des ‹Voraus› bin ich relativ spät gekommen, und zugegebenermaßen nur durch Konfrontation mit Problemhunden. Die spätere Übertragung auf alle Hunde hat dann überraschender Weise gezeigt, dass auch sie vom *versteckten Lernen* deutlich profitierten. Die einzelnen Phasen greifen seither besser ineinander, und das Lernen gestaltet sich schneller und risikoärmer. Man sollte also die Reichweite behutsamer Vorgehensweisen wie etwa *des versteckten Lernens* nicht unterschätzen!

Phase 2: Lauern und Warten aus vergrössertem Abstand

Nach einigen Trainingseinheiten wird die Distanz vergrößert, während der Hund lauert.

Phase 3: Nach vorne gehende Person zuerst inaktiv, dann in Aktion tretend

Der Team-Führer legt den Hund wie gewohnt neben der Hilfsperson ab und schleicht sich nach vorn. Er dreht sich zur Seite (Schultern in Laufrichtung) und streckt Arm und Hand (die das MO hält) quer zur Laufrichtung.

Nach einigen Sekunden (anfangs nur e i n e Sekunde lang!) wird das Hörzeichen gegeben. Ob von vorn (Team-Führer) oder von hinten (Hilfsperson), sollte gut überlegt sein. Bei eher ängstlichen Hunden ist es besser, der Team-Führer gibt anfangs den Auslöser. Im Normalfall kann das Hörzeichen von der Position des Hundes aus gegeben werden. Also von der Hilfsperson. Beim Erklingen des Hörzeichens wird die vorn stehende Person aktiv: Sie setzt (laut) Stimme ein, bückt sich und bewegt das MO gut sichtbar am Boden. Es ist dringend zu empfehlen, diesen Vorgang zuerst einmal ohne Hund zu üben.

Hat man sich dafür entschieden, dass nicht der Team-Führer, sondern die Hilfsperson nach vorn geht, und zeigt sich der Hund jedoch durch die Aktionen der Hilfsperson verunsichert, so soll-

Wir vermitteln das ‹Voraus-Senden› nicht als trockene Aufgabe, sondern als *Resonanz-Szenario* (oben von links nach rechts): Mensch und MO bilden die Motivation nach vorne, der Team-Führer lenkt mittels Körpersprache, Gestik und Stimme die Aufmerksamkeit nach vorn. Denn kommt, anfangs wiederum mit üppiger Körpersprache, der Auslöser für den Start nach vorn. Wir »schicken« den Hund nicht, sondern wir »lassen die gespannte Sehne los«. Bis zum Ertönen des Hörzeichens ‹Voraus› bleibt die Hilfsperson (unten) absolut ruhig stehen ...

te die Übung neu aufgebaut werden: Andere Hilfsperson wählen, außerdem geht der Team-Führer nach vorn. (Wir erinnern uns an den Vorsatz der *konzeptiv-flexiblen Entscheidung*!)

Nach einigen geglückten Wiederholungen kann das übliche Sichtzeichen (nach vorn zeigende Hand) eingebracht werden. In manchen Fällen hat sich bewährt, das Sichtzeichen für den Hund gut ausgeprägt zu geben, indem man etwas in die Hocke geht und die Hand in Augenhöhe des Hundes nach vorn führt. Kommt der Hund galoppierend in die Nähe der vorn stehenden Person, wird das MO tief am Boden in einer flachen Flugbahn genau in Laufrichtung geworfen. Die Erfahrung hat gezeigt, dass es hier wirklich darauf ankommt, dass keine Fehler gemacht werden! Der gesamte Vorgang sollte optimal ablaufen.

➤ Zu frühes Werfen hat zur Folge, dass der Hund entweder seitlich ausbricht oder aber das MO nicht findet.
➤ Zu spätes Werfen führt zum Abbremsen.
➤ Seitliche Wurfrichtungen verleiten den Hund zu Bögen.
➤ Zu hohe Flugbahn führt zum Abstoppen und Springen (später soll er Liegen!).
➤ Der zu kurze Wurf führt ebenfalls zum Abstoppen.
➤ Fliegt das MO zu weit, so findet es der Hund womöglich nicht oder es landet irgendwo unerreichbar in einem Gebüsch oder Baum.

Dies ist alles schon vorgekommen! Je nach Gestalt und Kontrastwirkung des MOs zum Untergrund hat sich eine Wurfweite von zirka 7 bis 10 Schritten bewährt. Was den Zeitpunkt betrifft, so sollte man erst werfen, wenn der Hund (je nach Tempo) noch zirka 10 bis 15 Schritte vom Team-Führer entfernt ist. Die Flugbahn sollte, wie gesagt, möglichst flach ausfallen. Unter diesen Voraussetzungen wird der Hund dicht am Team-Führer vorbei laufen, ohne das Tempo oder die Richtung zu ändern. Er wird sich an das liegende oder noch hüpfende MO bewegungsmäßig erst anpassen, wenn er schon am Team-Führer vorbei ist.

VARIANTE: An Stelle des seitlichen Vorbeilaufens kann man auch den Hund wie beim *Herankommen* durch die Beine laufen lassen.

VARIANTE Futter-Motivation: An Stelle der Spielbeute lässt sich auch Futter einsetzen. Das Futterstück darf aber nicht zu klein sein. Ganz hervorragend eignet sich ein Stück Kuttel, Fisch oder ein anderes auffälliges und hoch motivierendes Futter-MO.

VARIANTE Sozial-Motivation: Hunde, die sehr gut auf Körpernähe, Berührung und Zuwendung ansprechen, reagieren darauf mitunter besser als auf Futter oder Spielbeute. In diesem Fall empfiehlt sich, mit dem herankommenden Hund ein Zuwendungsspiel (ohne MOs) einzuleiten, vielleicht in Verbindung mit anschließendem Futter- oder Beute-MO.

VARIANTE Bewegungs-Motivation: Betont bewegungsorientierte Hunde belohnt man beim Herankommen mit einem Lauf- und Geschicklichkeitsspiel. (Auf die Möglichkeit, Motivationsbereiche zu mischen oder damit abzuwechseln, wurde hingewiesen.)

Hat der Hund die Übung gut angenommen, so sollte man möglichst bald mit dem Rollentausch beginnen. (Bei betont gutem Ablauf kann man bereits gegen Ende Phase 1 damit beginnen.) Ab und zu bleibt jetzt der Team-Führer beim Hund und die Hilfsperson geht nach vorn. Vorher muss natürlich einwandfrei fest stehen, dass der Hund die Hilfsperson als Spielpartner annimmt.

Eingeschobener Test gegen Ende dieser Phase (gegebenenfalls schon früher):
Bevor der Team-Führer den Hund <Voraus> schickt, geht er mit ihm einige Vollkreise mit großem Radius. Der Hund wird in der gewohnten Erwartung nach vorn drängen. Hier wird sich nun zeigen, wie gut man bisher aufgebaut hat. Der Hund sollte das Bremsen ohne Leineneinwirkung akzeptieren. Warten hat er inzwischen x-mal gelernt. Es müsste ihm in Fleisch und Blut übergegangen sein, versammelt und gleichzeitig höchst gespannt den Auslöser abzuwarten. So auch hier. In vielen Fällen hat sich bewährt, betont langsam zu gehen, anzuhalten, dann nochmals einige Schritte langsam vorzugehen und dann erst den Auslöser in Verbindung mit <Voraus> zu geben.

... Beim Anklingen des Hörzeichens beginnt sie mit üppiger Stimulation (oben). Kommt der Hund näher, wird das MO in Laufrichtung nach vor geworten (unten).

PHASE 4: STIMULATION FOLGT ERST
NACH DEM HÖRZEICHEN

Hat der Hund die Übung bis dahin angenommen, so gilt es jetzt, den zeitlichen Abstand vom gegebenen Hörzeichen <Voraus> bis zum Zeitpunkt, wenn die vorn stehende Person in Aktion tritt, schrittweise zu verlängern. Anfangs jedoch nur um 1, höchstens 2 Sekunden. Der Hund lernt, dass die erwarteten Reize mitunter erst nach dem Hörzeichen eintreten.

PHASE 5: DIE NACH VORN GEHENDE
PERSON VERSTECKT SICH (ANFANGS FÜR
DEN HUND SICHTBAR)

Der Team-Führer (bzw. die Hilfsperson) entfernt sich vom abgelegten Hund (inzwischen sollte man weitgehend in normaler Gehweise vorangehen und mit wenigen, nur noch sporadischen »*Motivationsinseln*« auskommen). Diesmal bleibt die Person aber nicht stehen, sondern sie versteckt sich (wieder eine *Resonanz-Situation*!).

Als Deckung bieten sich verschiedene Möglichkeiten an:

➤ Gras, etwa am Rand eines Hundeplatzes, das so hoch steht, dass eine liegende Person nicht mehr gesehen wird.
➤ Ein vorher an kurzen Pflöcken aufgestellter, etwa 3 Meter breiter und 30 bis 40 Zentimeter hoher Deckungszaun.
➤ Eine grüne Plane, unter die man sich legt. Gegen Nässe, Schmutz oder Kälte hilft beispielsweise eine Gymnastikmatte als Unterlage.
➤ Mulden oder die Deckung hinter einem Hang.

Achtung: Vom Verstecken hinter der Schutzwand, hinter Bäumen oder in Büschen am Rand des Hundeplatzes raten wir ab. Dies könnte zu Fehlverknüpfungen führen.

Während sich die nach vorn gehende Person in Deckung bringt, darf der Hund das erste Mal dabei zusehen. Der weitere Verlauf ist wieder für jeden Hund individuell zu entscheiden. Soll der Auslöser von der Person, die beim Hund steht, oder von vorn gegeben werden?

Nehmen wir an, wir haben uns dafür entschieden, dass der Team-Führer vorn steht und dass er das Hörzeichen <Voraus> gibt:

Nach einigen Sekunden der Spannung ruft die vorn stehende Person das Hörzeichen <Voraus>, springt auf und stimuliert den Hund wie gehabt (MO am Boden animieren und die Stimme einsetzen). Kommt der Hund in die Nähe der vorn stehenden Person, so wird das MO (wie in den vorausgegangenen Phasen) geworfen. Gegebenenfalls kann auch ersatzweise ein *Freies Spiel* geboten werden. Zeigt sich der Hund frei und unbefangen, so können die Rollen getauscht

Die Hilfsperson versteckt sich unter einer Plane (oben), duckt sich ab (Mitte), bis man sie nicht mehr sieht (unten). Beim Ertönen des Hörzeichens <Voraus> springt sie auf und leitet ein Feuerwerk an Stimulation ein (rechte Seite).

werden. Die Hilfsperson steht vorn und der Team-Führer bleibt beim Hund.

In manchen Fällen, wenn etwa die Führer-Partner-Beziehung nicht stimmt, kann es vorteilhaft sein, wenn man die Reihenfolge umdreht: Es steht dann die Hilfsperson vorn und gibt auch den Auslöser.

PHASE 6: AUSLÖSER NICHT MEHR VON VORN, SONDERN BEIM HUND

Zeigt sich der Hund frei und unbefangen, kann das Hörzeichen im weiteren Verlauf von hinten gegeben werden und/oder der bislang zurückgehaltene Rollentausch stattfinden.

Team-Führer, Hilfsperson und Hund gehen gemeinsam auf den Platz. Die Hilfsperson schleicht sich vom abgelegten, lauernden Hund weg und begibt sich in Deckung. Ist das Hörzeichen <Voraus> schon gut konditioniert, so gibt diesmal nicht die versteckte Person, sondern derjenige, der beim Hund blieb, den (stellvertretenden) Auslöser <Voraus>. Sobald die versteckte Person das Hörzeichen wahrnimmt, springt sie auf, motiviert den Hund und wirft das MO wie gewohnt.

Ab und zu wird das MO dem vorn ankommenden Hund nicht gegeben, sondern zurückgeworfen zum Ausgangspunkt. Die dort stehende Person nimmt es auf und spielt mit dem ankommenden Hund. Auf diese Weise bauen wir für eine spätere Phase vor.

PHASE 7: STIMULATION ERFOLGT NACH DEM HÖRZEICHEN

Hat der Hund die Übung bis dahin angenommen, so gilt es jetzt, den zeitlichen Abstand vom gegebenen Hörzeichen <Voraus> bis zum Aufspringen der versteckten Person zu verlängern. Anfangs jedoch nur um 1, höchstens 2 Sekunden. Der Hund lernt: Die Motivation tritt immer in Erscheinung, bisher zeitgleich mit dem Hörzeichen <Voraus>, jetzt ab und zu etwas später.

Damit sich die versteckte Person rechtzeitig auf das Aufspringen einstellen kann, empfiehlt sich, die Sekunden zu zählen, die der Hund bis zum Ankommen beim Team-Führer in etwa benötigt. Nach ausreichenden Wiederholungen (an verschiedenen Trainingstagen) kann die Zeit vom Hörzeichen <Voraus> bis zum Aufspringen sukzessiv ausgedehnt werden. Zwischendurch sollte das Aufspringen aber immer wieder unmittelbar nach dem Hörzeichen erfolgen!

Richtungs-Sicherheit

Hier ein für den weiteren Verlauf wichtiger didaktischer Punkt. *Der Hund soll die vielen Male, die er vorausläuft, lernen, dass das Lustereignis zuverlässig genau in jener Richtung zu erwarten ist, in der er steht bzw. läuft* (wir nützen *verstecktes Lernen*).

Viele Hunde sind nicht in der Lage, an einem fremden Ort oder auf einer Wiese das <Voraus> auszuführen. Damit verliert die Übung ihren Gebrauchswert. Sie wird für den täglichen Umgang mit dem Hund buchstäblich wertlos. Und aus sportlicher Sicht steht die Übung auf einem niederen Niveau. Wollen wir das? Um ein zuverlässiges <Voraus> aufzubauen – in jeder Lage –, ist es wenig sinnvoll, ja sogar kontraproduktiv, den Hund immer auf die gleiche Strecke zu schicken und an immer dem gleichen Ort zu belohnen.

Wir gehen daher den entgegengesetzten Weg: Das <Voraus> wird von Anfang an in unterschiedlichem Gelände und von Wiederholung zu Wiederholung in verschiedene Richtung und Länge gegeben. Da wir den Hund bei jeder Aktion nach vorn binden, bringt das bis zur Phase 4 nicht die geringsten Schwierigkeiten. Wer nur auf dem Hundeplatz üben kann, der soll wenigstens die dort vorhandenen Möglichkeiten nützen. Rauf und runter, links und rechts, diagonal in beide Ecken, halbe Strecke usw. Der Hund wird in einigen Monaten an jedem Ort, auch in unbekanntem Gelände, die Übung sicher ausführen. Dies wäre auch aus sportlicher Sicht die höher zu bewertende Leistung. Darüber hinaus würde man der *Appetenz-Versandung* entgegenwirken. Triftige Argumente, die einen wundern lassen, wie es überhaupt zu einer derartigen Schrumpfung der Gebrauchshund-Werte und der bestehenden Einschränkung und Lebensentfremdung kommen konnte.

PHASE 8: AUFBAU DER ENTWICKLUNG – ÜBERGABE DES MOs

Die vorgeschriebene Freifolge-Strecke bis zum Hörzeichen <Voraus> nennt man *Entwicklung*. Leider werden im methodischen Aufbau der *Entwicklung* immer wieder folgenschwere Fehler gemacht. Endlich hat man es mit viel Mühe geschafft, dass der Hund wie eine Rakete vorausläuft. Aber nun kommt uns das vorschriftsmäßige <Fuß> in der Entwicklung in die Quere. Ein Alptraum für viele Hunde: Rucke bis zum Überschlagen des Hundes sowie Anschreien und andere Unannehmlichkeiten sollen dem Hund verständlich machen, dass er in der *Entwicklung* nicht Vorstürmen darf. Wenn ein Hund auf diese Form von Einwirkungen lernt, dass er nur einige Schritte bei Fuß gehen soll und anschließend starten darf, so ist das reine Glückssache und der bei weitem unwahrscheinlichere Verlauf.

Viel wahrscheinlicher ist, dass der Hund die Einwirkung mit seiner im Augenblick erlebten Stimmungslage verknüpft. Und diese ist gekennzeichnet von dem erwarteten Nach-vorn-Laufen. Wird er in dieser Phase negativ motiviert, so überträgt sich dies nicht auf den Detailbereich der Entwicklung, sondern auf die gesamte Übung. Die so behandelten Hunde reagieren natürlich verunsichert, verstehen nicht, weshalb sie gebremst werden, trauen sich nicht mehr wie gewohnt zu starten, sehen sich womöglich verunsichert um, legen sich vorzeitig ab und die Ohren viel sagend an.

Mancher Hundeführer verliert in dieser Situation die Nerven, fühlt sich »reingelegt« oder meint, der Hund »verweigere den Gehorsam«. In der Folge betont er dann den Appell, und entfernt sich dabei von dem, was nötig wäre, noch weiter. Bleibt der Vorgang auf der Ebene der Schuldzuweisung stehen, so hat sein Hund nichts zu lachen. Zwang ist angesagt. »Wollen doch mal sehen …« Und einmal mehr spielt sich die uralte Tragödie des unverstandenen Hundes und der nicht begriffenen pädagogischen Grundregeln ab.

Wie die Tragödie endet, wissen wir: Dieser Hundeführer ist in wenigen Augenblicken die gesamte, mühsam bewältigte didaktische Treppe wieder hinuntergepurzelt. Unten angekommen, bleibt im besten Fall die peinliche Einsicht: »Nochmals von vorn, diesmal anders.« Ob der Hund allerdings die Erinnerungen vergessen wird, ist nicht sicher.

<u>Dieses Beispiel lehrt Folgendes:</u> Für den Hund sind alle Übungen, alle Anforderungen und Teilaufgaben zunächst einmal w e r t n e u t r a l . Er kann nicht und er wird nie wie ein Mensch in Punkten denken. Aus seiner Sicht gestaltet

sich die *Entwicklung* völlig anders als aus der Sicht des soeben beschriebenen Hundeführers: Warum sollte der Hund »langsam«, also in einer zum Triebziel völlig konträren Form neben Herrchen oder Frauchen hergehen, wenn doch da draußen die Hilfsperson mit dem MO auf ihn wartet? Ist Zwang die Lösung dieses Konflikts? Bei Verhaltensweisen, die sich gegenseitig ausschließen oder zumindest einschränken, wird man sich immer einen Motivations- und Vertrauensverlust einhandeln, wenn man Zwang einsetzt! Alles, was wir inzwischen in der Pädagogik wissen, unterstreicht die aus Erfahrung gewonnene Erkenntnis: Der bessere Lernerfolg ist unter Nutzung positiver Motivation zu erwarten. Das heißt, wir müssen eine Möglichkeit finden, um nicht nur das Vorauslaufen, sondern auch die *Entwicklung* für den Hund lustvoll zu gestalten. Genau das werden wir gleich im Anschluss beschreiben.

Beispiel Banja
Als ich mir bei der Ausbildung meiner Hündin Banja vom Ratsfels vornahm, das Einbremsen in der *Entwicklung* zum <Voraus> erstmals ohne jeden Druck, ohne Leine und ohne den Hund zu berühren einzubringen, war ich mir ganz und gar nicht sicher, ob das überhaupt möglich ist. Um so überraschender gestaltete sich das Training. Von Anfang an zeigten sich die Früchte der Team-balance: Das Austarieren von Motivation und *Geistigem Zügel*. Die Hündin hatte schon in der Prägungsphase gelernt, in einer ruhenden Haltung zu warten – und zwar spannungsgeladen und frei von negativem Stress. Daher war sie bereits beim ersten Versuch der kontrollierten *Entwicklung* in der Lage, stehend, sitzend oder auch liegend so lange zu warten, bis ich ihr das Hörzeichen zum Vorauslaufen gab. Sie war in der Lage, das, was sie in der *Paradeübung* gelernt hatte, auf die neue Situation zu übertragen. Die *Entwicklung*, das heißt in unserem Fall »Warten im Gehen«, bedurfte allerdings einiger methodischer Vorübungen. Genau diese wollen wir jetzt beschreiben.

Der Hund soll lernen, seine Aufmerksamkeit im ersten Teil der Übung, also vor und während der *Entwicklung*, dem Team-Führer zu widmen und sich erst auf dessen Hörzeichen hin sprunghaft nach vorn zu orientieren. Das ist nicht ganz einfach für den Hund, denn seine Erwartungshaltung ist in dieser Situation in der Regel stärker nach vorn gerichtet als zum Team-Führer. Aber sowohl aus praktischer als auch aus sportlicher Sicht ist es die höhere Leistung, wenn der Hund so lange wie möglich auf den Team-Führer motiviert ist und erst auf das Hörzeichen hin seine Aktionsbereitschaft entsprechend nach vorn umorientiert.

Aufbau der Entwicklung
Wir setzen voraus, der Hund hat den Rollentausch angenommen und läuft zuverlässig und temperamentvoll zur Hilfsperson hinaus. Zunächst geht es darum, den Motivationswechsel zu vermitteln. Der Hund soll lernen, im richtigen Augenblick das Interesse nach vorn auszurichten.
Anfangs steht die Hilfsperson nicht vorne, sondern gemeinsam mit dem Team-Führer beim Hund. Der Team-Führer zaubert ein MO aus der Tasche und beginnt ein *Freies Spiel*. Währenddessen schaut die Hilfsperson zu. Am Ende, nach dem <Aus>, wird der Hund in eine der Grundhaltungen gerufen (anfangs ist für viele Hunde das <Platz> zu bevorzugen). Der Team-Führer kniet oder stellt sich neben den Hund, hält die Spannung aufrecht und gibt das MO (keine ungewollten Auslöser!) behutsam an die Hilfsperson. Diese schleicht sich ähnlich wie in der Paradeübung einige Schritte nach vorn. Wenn die Hilfsperson vorn angekommen ist und ruhig steht, gibt der Team-Führer das bekannte Hörzeichen <Voraus>. In diesem Augenblick wird die Hilfsperson in gewohnter Weise aktiv. Sollte der Hund die Grundhaltung vorzeitig verlassen wollen, hindert ihn der Team-Führer mittels Körpersprache daran, indem er ihn anspricht, vor allem aber durch den *Geistigen Zügel*.

Nach einigen Wiederholungen geht die Hilfsperson nach der Übergabe des MOs die gesamte Strecke nach vorn, wobei je nach individuellen Bedürfnissen auch einige *Motivationsinseln* (kurzes, spannungsvolles Stehenbleiben oder Drehen in Richtung Hund) eingebracht werden können. Nach dem Aufrichten und unmittelbar nach dem Hörzeichen <Voraus> folgt das bekannte Szenario.

Phase 9: Entwicklung –
»Anschleichen, Lauern, <Voraus>«
Der Team-Führer spielt wie gewohnt zuerst allein mit seinem Hund. Anschließend folgt die theatralisch gestaltete Übergabe. Der Hund wird (ins Lauern) abgelegt und die Hilfsperson geht nach vorn. (Zeigt sich der Hund gut führig, kann man den Hund im Stehen lauern lassen. Das Ablegen entfällt. Ist das Ablegen angezeigt, so sollte es nach einigen Wiederholungen durch das stehende Lauern abgelöst werden.)
Nachdem sich die Hilfsperson vorn aufgestellt hat, sucht der Team-Führer den Blickkontakt zu seinem Hund und nimmt die Kommunikation auf. Er schleicht, gemeinsam mit dem Hund, 1 oder 2 vorsichtige Schritte voran, bleibt stehen, duckt sich und legt den Hund ins Lauern. Währenddessen kann sich der Team-Führer (in Startstellung) neben den Hund knien. Wenn der Hund wie gebannt nach vorn starrt, ist das o.k. Nur zwischendurch, ab und zu, holt sich der Team-Führer durch viel sagende, das vorsichtige Anschleichen bekundende Kommunikationsgesten die Aufmerksamkeit des Hundes. Der Vorgang wird einige Male wiederholt: Anschleichen, Lauern, Anschleichen, Lauern. Also: 2 Schritte nähern, lauern (liegen), usw. Dann wird der Hund mit entsprechenden Kommunikationsgesten und dem Hörzeichen <Voraus> nach vorn geschickt. Manche Hunde sprechen so gut auf diese *Resonanz-Situation* (Anschleichen, Lauern, Jagd aufnehmen) an, dass man sie bereits nach wenigen Wiederholungen aus dem vorsichtigen Vorwärtsgehen vorausschicken kann – ohne zwischengeschaltetes Ablegen.

Phase 10: MO-Übergabe entfällt
Hat der Hund die MO-Übergabe angenommen, so können wir mit dem Abbau der Hilfen beginnen.
Hier bieten sich mehrere Varianten an:
▶ Der Team-Führer kann das Werfen des MOs vortäuschen.
▶ Man verzichtet auf Täuschungs-Tricks und zeigt dem Hund, dass beide Personen ein MO dabei haben.

Jetzt kann auch die Hilfsperson wieder von Anfang an vorn stehen bzw. das Versteck aufsuchen.

Phase 11: Ausgedehnte Entwicklung
Die *Entwicklung* wird ausgedehnt, indem der Team-Führer vor der Grundstellung zum <Voraus> einige *Teil-* oder *Vollkreise* geht, wobei er den Hund maßvoll stimuliert. Begleitet ihn der Hund aufmerksam und erwartungsvoll, so schwenkt der Team-Führer in die Richtung der geplanten Voraus-Strecke und hält an, wobei sich der Hund wie gewohnt setzt. Ab hier läuft alles wie gehabt: Angehen mittels <Fuß>, *Entwicklung* und <Voraus>. Die stereotype Reihenfolge kann aufgelockert werden, sobald der Hund in der *Entwicklung* aufmerksam und gezügelt mitgeht.
Damit der Hund die Übung überzeugend ausführt, hat sich bewährt, die *Entwicklung* eher länger als vorgeschrieben auszuführen, denn die zurückgelegte Strecke wirkt richtungsweisend und hilft damit gegen schiefes Vorlaufen. Insgesamt gilt auch für die *Entwicklung*: Variabilität baut der *Motivations-Versandung* vor. Außerdem sollte der Hund in der Lage sein, nach 2 Schritten ebenso zuverlässig vorauszulaufen wie nach 20 Schritten.

<u>Hinweis zum Timing</u>: Wenn der Hund das erste Mal aus der *Entwicklung* vorausgeschickt wird, darf die Hilfsperson nicht mit dem Aufspringen auf sich warten lassen (Prinzip der *Risiko-Minimierung* = im Erlernstadium sollte man immer nur e i n e Herausforderung vorgeben).

Auslöser im *Freien Spiel*. Auch hier ist deutlich zu sehen, nicht nur das MO wirkt stimulierend! Die Körpersprache des Team-Führers – nicht nur Ursache für die Belebung des MOs, sondern TEIL desselben – macht das Wesentliche Ekard Linds »art« zu spielen aus: *Integrative Motivation* an Stelle maschineller Auslöser, an Stelle von Druck und Zwang, aber auch an Stelle von nur schwach wirksamen Sekundärmotivationen.

PHASE 12: ‹VORAUS› MIT ‹PLATZ›

‹Platz› hat der Hund inzwischen schon lange gelernt. Nun binden wir das ‹Platz› vorsichtig in den Ablauf des Voraussendens ein, indem der Hund in der Vorbereitung zur *Entwicklung*, also während der Teil- und Vollkreise, ab und zu in ‹Platz› gerufen wird. Dem ‹Platz› sollte anfangs ein *Freies Spiel* folgen, um die positive Verknüpfung ins Gegenwartsbewusstsein zu bringen. Danach wird der Hund das Hörzeichen ‹Platz› innerhalb des folgenden Übungsablaufs mit größerer Wahrscheinlichkeit annehmen. Vor allem dann, wenn das ‹Platz› wie in unserem Fall in einer neuen Gesamtsituation erwartet wird. (Bisher durfte der Hund nach dem Vorauslaufen immer spielen.)

Die Übung wird wie gewohnt aufgebaut, allerdings bei relativ kurzer Distanz von zirka 10 Schritten. Einiges spricht dafür, beim ersten ‹Platz› auf die ‹Entwicklung› zu verzichten. Nachdem der Hund nach vorn geschickt wurde, ruft der Team-Führer ‹Platz›. Unmittelbar nach der Ausführung wird der Hund von der vorn stehenden Hilfsperson mit engagiertem *Freiem Spiel* und viel Lob bestätigt. Wohlgemerkt, der Hund liegt nach dem Ausklingen des Hörzeichens ‹Platz› anfangs kaum 1 Sekunde lang. Dann tritt sofort die Belohnung ein. Wir nennen das »*Platz und Spiel*«. (Wenn es sich anbietet, kann der Hund bereits in dieser Phase nach dem ‹Platz› vom Team-Führer wieder zurückgerufen werden. In diesem Fall folgt das anschließende Spiel am Ausgangspunkt.)

Mit zunehmender Sicherheit wird die Zeit des Liegens im ‹Platz› ausgedehnt und anschließend in gewohnter Weise variiert. Es dürfte inzwischen klar sein, dass wir auch hier von einem emotional positiv besetzten, lauernden und erwartungsvollen ‹Platz› sprechen. Warum sollte der Hund nicht freudig warten? Er hat bisher nichts anderes erfahren, als dass Warten ebenso spannungsvoll wie viel versprechend ist, und dass sein Warten sich lustvoll auflöst. Bei entsprechendem Aufbau lässt sich auch erreichen, dass der Hund in Laufrichtung liegt und sich nicht zum Team-Führer hin ablegt. Wird diese Ausführung beabsichtigt, so lässt man den Hund mehrmals hintereinander abliegen und bestätigt ihn jeweils nach vorn. Die Gesamtstrecke wird dadurch natürlich wesentlich länger, denn die erste Etappe sollte annähernd die Länge der Prüfungsstrecke ausmachen.

Als Vorbereitung für die letzten Ausbildungsstufen gehen wir dazu über, den Hund, wie schon erwähnt, nicht immer vorn zu belohnen, sondern auch dann und wann sofort nach dem Liegen zurückzurufen. Diese Ausführungen sind relativ selten einzubauen, und wenn man sich dafür entscheidet, dann muss anschließend ein Feuerwerk an Spiel folgen (Steigerung durch erhöhtes Engagement, Körpersprache, Lob, Wahl des Vorzugs-MOs usw.).

Phase 13: <Voraus> »ins Leere schicken«
Inzwischen wurde der Hund mit allen Teilaufgaben der Übung <Voraus> vertraut gemacht. Bis hierher sind einige Monate vergangen. Die Sekundärmotivation ist das Letzte, was wir absetzen.
Wenn wir nun den Hund das erste Mal ins Leere schicken – ohne die gewohnte Motivation von vorn –, so machen wir nichts anderes, als den gesamten Vorgang um noch einen Baustein zu erweitern. Die Belohnung kommt jetzt eben nicht unmittelbar nach dem lauernden Warten, sondern erst nach dem Herankommen zum Team-Führer.
Nach einiger Zeit kann der Hund auch darauf verzichten und liegend warten, bis der Team-Führer bei ihm angekommen ist, die Grundstellung einleitet und ein *Freies Spiel*, Lob oder Futter folgen lässt. In der Prüfung fällt auch das weg, und der Hund wird nach Abschluss der Vorführung belohnt.

Phase 14: Festigung und Absicherung
Das <Voraus> ist geradezu prädestiniert für Abwandlungen. Zur Vervollkommnung der Übung schicken wir den Hund nicht nur in freiem Feld voraus, sondern auch über Brücken, Gräben, durch eine Baum- oder Buschgruppe, an Personen vorbei.
Auf dem Hundeplatz bauen wir die unterschiedlichsten Ablenkungen ein: <Voraus> durch eine enge, von Menschen gebildete Gasse, durch Leitlinien und später sogar an (angeleinten) Hunden vorbei. Zusätzlich setzen wir den Hund Geräuschablenkungen aus: Lautsprecher, Klatschen, Feuerzeug, Stimmen, Lachen, Musik usw. Und auch diverse Gerüche dürfen nicht fehlen: Käse, Wurst, Rauch u. a.

Schlussbemerkungen
Wer einen vor Vitalität strotzenden Hund besitzt, der mag überlegen, ob er nicht doch die Übung mit einem nach vorn zu legenden MO aufbaut. Er könnte sich die hier beschriebene, höher motivierende Methode (aktive Hilfsperson) aufheben für die irgendwann einmal zu erwartende gewöhnungs- und altersbedingte *Motivations-Versandung*.
Mancher mag die Stirn runzeln, wenn er an 14 Ausbildungsphasen denkt. Zu viel? Zu lange? Zu schwierig? – Keinesfalls! In der Praxis stellen sich diese vielen Schritte eher als erfrischend und abwechslungsreich heraus! Und sie ergeben sich logisch – einer aus dem anderen. Erfrischend und abwechslungsreich übrigens nicht nur für den Hund! – Jeder einzelne erfolgreich abgeschlossene Lernschritt bedeutet auch für den Team-Führer und die Hilfsperson ein wirklich aufbauendes Erlebnis. Das <Voraus> in jeder einzelnen Phase lustvoll zu vermitteln und auch beim neunjährigen Hund noch den gestreckten Galopp zu sehen, dafür lohnt es sich, in den Jahren der Ausbildung Kopf und Herz einzusetzen.

Angehen und Anhalten

Angehen aus dem Stehen
Wenn wir unserer Maxime der Mensch-Hund-Harmonie treu bleiben, dann gewinnen auch die Grundhaltungen und -bewegungen an Bedeutung. Man könnte einwerfen, die Grundhaltungen seien etwas derart elementar Natürliches, dass man sie nicht eigens beachten müsse. Jeder könne doch gehen oder stehen. Leider stimmt diese Ansicht nur zum Teil. Der moderne Mensch hat sich in vieler Hinsicht von der Natürlichkeit der einfachsten Bewegungen und Haltungen entfernt. Funktionell richtige Bewegungen finden wir nur noch bei einigen Naturvölkern. Aber hören wir zuerst einige grundsätzliche Zusammenhänge aus der Physiologie.

Zuerst zum Stehen: Stehen kann entweder Endphase oder Ausgangspunkt darstellen. Stehen ist also das Resultat einer Handlung, ist gefärbt von dem, was entweder vorausging und/oder was folgen soll.
Darüber hinaus drückt das Stehen die individuelle Befindlichkeit, Gestimmtheit oder Gemütsbewegung aus. Das Stehen aus Ehrfurcht zeigt sich anders als ein Stehen aus Höflichkeit, das Aufspringen aus Wut oder das Stillstehen zum Lauschen. Man unterscheidet gelangweiltes, nervöses, ängstliches, müdes, gespanntes oder erwartungsvolles Stehen. Im Stehen spiegeln sich Temperament, Individualität und das momentane innere Erleben wider. Ähnlich wie in der Mimik.
Daraus folgt: Auch im Sport müssten Haltung und Bewegung als Teil der einzelnen Aufgaben verstanden werden. Man kann nicht erwarten, dass der Hund höchst aufmerksam, höchst motiviert und aktionsbereit ist, wenn nicht auch der Team-Führer dieselben Qualitäten verkörpert. Körpersprache und Stimmungsübertragung gelingen bekanntlich am besten, wenn sie auf echter innerer Übereinstimmung gründen.

VORÜBUNG: Angehen aus dem Stand und Anhalten
Die folgenden Übungen sind anfangs ohne Hund auszuführen.

Die geistig-emotional-körperliche Vorbereitung (psychosomatischer, ganzheitlicher Vorgang) jeder Übung ist ein wesentliches Merkmal in der »Unterordnung auf neue Art«. An Stelle amorpher, formalistischer Übungen treten vitale, lebensnahe Team-Aufgaben. Man sieht es: Der Hund freut sich auf das Angehen – spannungsvoll, konzentriert und frei! Der Freiheitsgrad einer Haltung und Bewegung ist in der Physiologie ein Wertkriterium!

Stehen

Stellen Sie sich aufrecht. Aufrichten ist übrigens etwas anderes als »gerade« stehen. »Gerade« ist ein Stock. Die Wirbelsäule hingegen weist eine Doppel-S-Form auf. Aufrichten lässt sich am besten mit dem Wort »sich groß machen« umschreiben. So, als ob man am Scheitel wie eine Marionette in die Höhe gezogen würde. Die Füße sollten im Abstand der Hüftgelenke stehen und nur wenig nach außen gewinkelt sein. Das Becken ist leicht nach vorn gekippt, aber nicht so stark, dass ein Hohlkreuz entsteht. Der Rumpf ist hoch aufgerichtet, die Arme hängen locker herunter, der Kopf wird frei schwebend gehalten. Diese Haltung ist nicht nur optimal zuträglich, wir sagen »gesund« oder »hygienisch« (Hygiene ist das, was der Gesundheit dient). Diese Haltung charakterisiert gleichzeitig Selbstwertgefühl, Freiheit, Schönheit und Offenheit. Es ist genau die Haltung, in der die ägyptischen Pharaonen und die Idole anderer Epochen und Kulturen abgebildet sind.

Natürlich ist die äußere Form einer Haltung noch kein Garant für deren inneres Ebenbild. Aber die Wechselbeziehungen sind unumstritten! Äußere Haltung wirkt bis ins Innerste des Menschen und umgekehrt.

Angehen

Die optimierte Grundhaltung bietet gute Voraussetzungen für jedwede folgende Bewegung. Also auch für das in unserem Fall folgende Angehen. Schon das Angehen sollte *Zielstrebigkeit* erkennen lassen. Selbstsicher, offen, frei von Angst, gelassen, aber kraftvoll sollte der »Sieger« auf ein Ziel zugehen, wobei er zeitweise den Blickkontakt zum Hund sucht. Dies jedoch nicht übertrieben, sondern mit einem Minimum an Aufwand.

Technisch gesehen ist das Angehen durch eine vorausgehende Anspannung der Muskulatur sowie eine leichte Gewichtsverlagerung nach vorn gekennzeichnet. Was die Wahl des Beins betrifft, mit dem der erste Schritt einzuleiten ist, so teile ich die Meinung vieler Ausbilder, dass sich der Hund besser auf das auf seiner Seite stehende Bein einstellen kann. Wir beginnen das Angehen daher mit dem linken Bein (zumindest anfangs).

Im Gehen ist auf folgende Dinge zu achten: Gleichmäßiger Rhythmus, Schrittweite, Schrittfrequenz, Auftrittstärke, Abrollen der Füße beim Auftreten usw. Die individuelle Gehweise muss dem Hund angeglichen werden. Die Arme schwingen alternierend, wobei das Schwingen weder zu schwach noch zu stark ausgeprägt sein sollte.

Anhalten

Auch ein überzeugendes Anhalten ist nicht einfach. Wie viele Schritte benötigt man für das Verlangsamen? Mit welchem Bein beginnt man die Einleitung und welches Bein stellt man zuletzt nach? Vieles spricht dafür, auch das Anhalten mit dem linken Bein einzuleiten. Das rechte Bein wird, während der Hund sich beim Anhalten setzt, nachgestellt. Auf diese Weise wird der Bewegungsablauf von Team-Führer und Hund etwa gleichzeitig abgeschlossen. Während des Anhaltens wird das Gewicht des gesamten aufrechten Körpers leicht nach hinten gelegt und am Ende des Anhaltens in der Mitte ausbalanciert.

Will man Angehen und Anhalten optimieren, kommt man am Experimentieren und Üben ohne Hund nicht vorbei. Team-Führer, die über ihre Haltung und Bewegung zu reflektieren beginnen, berichten immer wieder, dass sie sich ihre eigenen Bewegungen eigentlich ganz anders vorgestellt haben, als sie tatsächlich sind. Die Wenigsten waren mit der gewohnten Haltung und Bewegung zufrieden.

Praktische Hinweise zum Angehen, Gehen und Anhalten

Beim Angehen nach der Richteranmeldung beginnt das Team bekanntlich die Freifolge aus einer stehenden Haltung. Wir brauchen uns nur zu fragen: »Was sollte im Idealfall in diesem Augenblick im Team-Führer und im Hund innerlich vorgehen?«

Nun, wir kennen die Kriterien:
- Team-Führer und Hund sollten »Freude« an den vorzuführenden Aufgaben ausstrahlen.
- Beide sollten sich hoch konzentriert, gegenseitig aufmerksam, in hoher Erwartung und dementsprechender Spannung, aber nicht überspannt, verspannt oder verkrampft zeigen.
- Der Ausdruck in Haltung, Mimik und später beim Angehen sollte (ungezwungene) Selbstsicherheit, Gelassenheit, Vitalität und Freude widerspiegeln.

Das alles lässt sich wachrufen, lässt sich üben, ausbauen und verbessern. Nach und nach wird dieser äußere und innere Zustand wie bei einem Schauspieler abrufbereit, und in der Verschmelzung von Willen und Vorstellungskraft auch glaubwürdig und überzeugend. Er wird zu einer inneren, eigenen geistig-körperlichen Realität. So wie mir einmal ein Schauspieler, den ich in Konzerten mit meiner Gitarre begleitete, den denkwürdigen Satz äußerte: »Was wir produzieren, ist eine Welt der Fantasie und der Gefühle. Aber auch dieses geistige Sein, die Welt der Bühne, i s t e i n e R e a l i t ä t .«

Damit die Haltung überhaupt zum Ausdruck kommen kann, bedarf sie aber einer gewissen

Der TEAM-Führer motiviert den Hund mittels Körpersprache und Stimmungsübertragung zur Übung <Angehen>. Am besten beginnt man mit dem linken (dem Hund näheren) Bein.

Zeit. 2 bis 4 Sekunden scheinen angemessen. In dieser Zeit baut der Team-Führer all das innerlich auf, was wir eben zusammengefasst haben. Der Hund sollte währenddessen eine ähnliche Veränderung mitmachen, die sich an sichtbaren Charakteristika ablesen lässt. (Wir haben mehrfach darauf hingewiesen.)

Der Start selbst wird dann durch den Atem sowie die Verlagerung des Gewichts (nach vorn) und durch die einsetzende Motorik eingeleitet. Das Angehen sollte *deutlich* und *entschieden* demonstriert werden. Zaghaftes, ruckartiges oder schleppendes Angehen sind fehlerhaft und müssten gerechterweise mit Punktabzug versehen werden.

Natürliche Signale einsetzen

Eine meiner größten Überraschungen im Hundesport war die: Hunde sind imstande, Bewegungsdetails in einer Weise aufzunehmen, wie ich es nie für möglich gehalten hätte. Infolge dieser Beobachtung begann ich, die Vorführung völlig neu aufzubauen und zu kultivieren. Im Zentrum standen jetzt natürliche Signale von Haltung, Bewegung und Ausdruck. Mit den natürlichen Signalen umzugehen, setzt allerdings voraus, dass man sie kennt. Hier kam mir die jahrelange Lehrtätigkeit im Fach »Haltungsphysiologie des Instrumentalisten« an der Hochschule »Mozarteum« in Salzburg zugute. Ich begann, Haltung und Bewegung sowohl im täglichen Leben als auch im Hundesport kritisch zu prüfen und zu verbessern. Die Erfolge waren verblüffend. »Akela« ging in der Unterordnung schon bald um vieles aufmerksamer, engagierter und sicherer mit mir. Es zeigte sich, dass die natürlichen Signale völlig ausreichen, um dem Hund die erforderlichen Informationen zu vermitteln.

Außerdem wurde mir klar, was »Hilfe« eigentlich bedeutet. In den Prüfungsordnungen ist an keiner Stelle definiert, was unter »Körperhilfe« zu verstehen ist. Dabei ließe sich die Definition in einem Satz ausdrücken. Aber auf diesen Satz kommt man erst, wenn man die Bedeutung der natürlichen Signale begriffen hat. Hier die Definition: »*Unerlaubte Körperhilfe ist alles, was über die natürlichen Signale hinausgeht.*« Und zur Bekräftigung dessen, was erlaubt ist: »*Die natürlichen Signale der Haltung und Bewegung, des Atmens und der Mimik sind erlaubt.*« Dass man beim Angehen beispielsweise etwas tiefer Luft holt als während des Gehens, ist natürlich. Und dass man in der engagierten, freudigen Freifolge leicht lächelt und den Hund ansieht, ist ebenfalls natürlich. Ebenso unnatürlich wie unästhetisch hingegen sind ruckartige und unrhythmische Schritte innerhalb einer Seit-Wende oder 180°-Kehre.

Die Beschäftigung mit diesem Themenkomplex brachte mir zahlreiche neue Einblicke und Denkanstöße. Perspektiven, die wesentlich zur Entwicklung der beiden Sportarten TEAM-sport und TEAM-dance beigetragen haben.

Bewusstmachen von Haltung und Bewegung

Mit den Jahren wurde immer klarer: Wenn man es vermag, Spannung, Freude und all die anderen Qualitäten in sich lebendig werden zu lassen und sie auch darzustellen, so kann man sich der entsprechenden inneren und äußeren Einstimmung seines Hundes sicher sein. Auch das Hörzeichen zum Angehen spielt dabei eine wichtige Rolle. Es muss genau das wiedergeben, was in uns vorgeht. Im Idealfall ist dies eine freundliche, vitale Einladung. Viele Hunde versagen in der Prüfung oder im Turnier aus einem einfachen Grunde: Die innere Gestimmtheit des Team-Führers ist vom »Unbedingt-bestehen-Wollen (bzw. Müssen)« beherrscht. Der Hund

Im Idealfall strahlt die Vorführung Spannung und Freude beider Team-Partner aus.

soll jetzt gefälligst zeigen, was er gelernt hat. Und genau das bringt der Team-Führer in das Hörzeichen und in seine Körpersprache ein. Unbewusst, versteht sich.

Man sieht, auch aus dieser Sicht kommt man an den aufgeführten Forderungen, sich Haltung und Bewegung bewusst zu machen, nicht vorbei. Werden die akustischen und visuellen Signale jedoch freundlich und motivierend, aber gleichzeitig überzeugend gegeben, dann erübrigen sich auch immer mehr die vielen (Punkte fressenden) Hilfen, denn natürliche Signale sind aussagekräftig genug (vorausgesetzt, man hat etwas zu sagen).

Aus dieser Sicht geht es im fortgeschrittenen Stadium also nicht nur darum, Hilfen abzubauen, sondern *Haltung und Bewegung* zu kultivieren. Man denkt dann weniger daran, diese oder jene Hilfe wegzulassen, sondern daran, qualitative Werte lebendig werden zu lassen.

Wovon wir hier sprechen, ist höchste geistige Konzentration und Imagination. Vielleicht fällt uns an dieser Stelle wieder ein, was wir im Zusammenhang mit der Auftritts-Spannung gesagt haben: Der erfahrene Virtuose gibt auch zu Hause das Letzte.

Stimmungsübertragung auf dem beschriebenen Niveau setzt natürlich voraus, dass der Hund die Sprossen der Motivations-Leiter schon hinaufsteigen durfte und dass er in der Lage ist, nicht nur natürliche, sondern auch stilisierte Signale aufzunehmen.

Anhalten aus dem Gehen

Beim Anhalten aus der Freifolge gehen wir ähnlich vor. Wir fragen uns einfach: »Worauf kommt es an beim Anhalten?«

Zunächst ist Anhalten ebenfalls ein Vorgang, der Zeit benötigt. Aber weder zu viel noch zu wenig, sonst leiden die Qualitäten der Selbstsicherheit, der Bewegungs-Ästhetik und des Ausdrucks. Das Anhalten wird durch eine vorausgehende geistige Vorbereitung eingeleitet. Wir fassen den festen Entschluss, ohne Zögern und Unsicherheit anzuhalten. Atmung, Gewichts-

Dass das MO noch zusätzlich an der MO-Krawatte hängt, tut keinen Abbruch, solange der Hund *integrativ motiviert* ist und nicht nur das MO allein im Kopf hat. Wenn der Hund zwischendurch oder am Ende (Spiel-)Jäger sein darf, so kommen wir hier seinen arteigenen Bedürfnissen entgegen.

verlagerung und das Auffangen der Bewegungsenergie müssen gut aufeinander abgestimmt werden, damit das Anhalten wirklich überzeugt (siehe Foto oben).

Diese Art des Anhaltens enthält, so wie alle gekonnten Haltungen und Bewegungen, derart viele Körpersignale, dass der Hund darüber hinaus nichts mehr benötigt.

Auch das Anhalten sollte immer wieder ohne Hund geübt und vervollkommnet werden. Im Experiment wird man feststellen, dass die letzten Schritte vor dem Anhalten geringfügig kürzer werden, dass man im Anhalten beispielsweise kurz den Atem anhält, um ihn im Stehen wieder pendelartig strömen zu lassen. Das anschließende Stehen erhält dann seine eigene Prägung im Hinblick auf die kommende, neu zu bewältigende Aufgabe.

Gehweise und Tempowechsel

Auf die Bedeutung der Freifolge wurde schon hingewiesen. Nimmt man den elitären Anspruch der olympischen Idee und der daraus abgeleiteten Bewertung sportlicher Leistungen ernst, so darf man sich Leistungsunterschieden nicht verschließen. Von dieser Warte aus gesehen sollte der Hund dem Team-Führer freudig und nah am Knie folgen. Ohne Vordrängen, Zurückbleiben, seitliches Abweichen oder Bedrängen. So ausgeführt, würde ein Team heute volle Punktzahl erhalten.

Analysiert man jedoch die Inhalte dieser in den Prüfungsordnungen vorgegebenen Ziele, so wird klar, dass es sich mit Ausnahme des Kriteriums der »Freudigkeit« samt und sonders um Forderungen zur Aufrechterhaltung einer ganz bestimmten äußeren Form handelt. Es ist also nur ein eng begrenztes Spektrum der Bewegung angesprochen. Gehen aber beinhaltet neben Positionskriterien die viel wichtigeren Komponenten Rhythmus, Schrittfrequenz, Schrittweite, Auftrittstärke, Bewegungsablauf beim Gehen (Timing), Geschmeidigkeit der Bewegung, Körperspannung sowie Elastizität in den Wendepunkten der Gelenkbewegungen, darüber hinaus auch die qualitativen Inhalte wie Freiheit, Ungezwungenheit, Schönheit und Ausdruck der Bewegung. Und schließlich demonstriert die Freifolge das »Gehen im Team«, also eine wie auch immer zu bewertende »wechselseitige« Anpassung. Auch der Mensch steht hier auf dem Prüfstand.

Um das Mensch-Hund-Team auf dieser Anspruchsebene zu verkörpern und darzustellen, kommt man nicht umhin, Bewegungsvorgänge bewusst zu machen und zu optimieren; was natürlich einschließt, Fehler zu korrigieren. Mit der stagnativen Einstellung: »So wie ich bin, so bin ich, so wie ich gehe, so gehe ich« wird man den Anforderungen einer »physiologischen, ästhetischen und individuell ausdrucksvollen Haltung und Bewegung« nicht gerecht werden. Zu weit hat sich der Mensch von der paradiesischen, natürlichen Bewegungsvollkommenheit entfernt. Wir wollen daher im Folgenden die wesentlichen Erfordernisse herausstellen und auch einige methodische Hilfen geben. Wenigstens in groben Zügen.

VORÜBUNG 1: Bewusstmachen der wichtigsten Komponenten
Beantworten wir uns erst einmal die Fragen: »Was bedeutet ‹Normaler Schritt› und was ist mein ‹Individuell normaler Schritt›?« Experimentieren Sie mit Ihrer eigenen Gehweise. Gehen Sie einmal auf und ab und konzentrieren Sie sich abwechselnd auf Atmung, Rhythmus, Schrittweite, seitlichen Fußabstand, Auftrittstärke, Abrollen, Hüfte, Wirbelsäule, Schulter-, Arm-, Hand- und Kopfhaltung, Blickrichtung, Gesichtsausdruck, Ausstrahlung. Anfangs sollte man allein und unbeobachtet üben. Mit zunehmender Sicherheit werden jedoch äußere Kontrolle und Publikum immer wichtiger.

VORÜBUNG 2: Auffinden der individuell optimalen Gehweise
Sind einem die wesentlichen Komponenten deutlich geworden, so gilt es als nächstes, die individuell optimale Gehweise zu finden. Das ist schwieriger, als man annehmen möchte. Leider aber ist der Zivilisationsmensch weit von optimalen Haltungen und Bewegungen entfernt. Der bekannte Haltungsphysiologe Beujtendieck schreibt beispielsweise zum Stehen: *»Je mehr unsere Kenntnisse über das Stehen durch die Untersuchungen von Psychologen, Arbeitsphysiologen und Orthopäden gewachsen sind, desto mehr wächst auch unsere Überzeugung von der geringen »instinktiven« Sicherheit des Menschen selbst für die gewöhnlichste Körperhaltung.«*
Das Auffinden der optimal zuträglichen Haltung und Bewegung wird daher immer mit Korrekturen und Modifikationen verbunden sein, also ein aktiver Eingriff in die bestehende eigene Haltung und Bewegung. Wird aber dadurch

die persönliche Gehweise nicht unnatürlich? Nun, anfangs muten Veränderungen an Haltung und Bewegung tatsächlich unnatürlich und gekünstelt an. Diesen Beigeschmack verlieren sie jedoch bald, wenn sie durch ständiges Üben zur »zweiten Natur« werden. Die Physiologen weisen in diesem Zusammenhang daraufhin, dass bei näherer Betrachtung nur sehr wenig von dem übrig bleibt, was am Menschen wirklich »primärer Natur« ist. Den überwiegenden Teil unserer Haltungen und Bewegungen erwerben wir im Laufe unseres Lebens. Also keine Angst vor dem kritischen Reflektieren und Verbessern unserer Gehweise!

Worauf sollte man achten? – Der Gang sollte elastisch, aber kraftvoll sein, der Oberkörper gut aufgerichtet, Blick geradeaus, Schultern breit gehalten, die Arme locker schwingend, das Auftreten weder zaghaft noch hart, das Abrollen des Fußes geschmeidig, wobei die Kräfte über die Beine und über die gesamte Wirbelsäule aufgefangen werden. Dieses Auffangen ist mit am Wichtigsten. Im Idealfall entsteht durch die delfinartige Schwingung der Wirbelsäule bei jedem Schritt ein Kippen des Beckens. Wir meinen damit das Mitbewegen der Hüfte nach vorn und hinten (genau genommen dreidimensional!). Auf diese Weise erhält der Oberkörper im Gehen eine Art »getragene Haltung«, die relativ wenig vertikale Ausschwingungen aufweist. Urvölker und noch vielfach Schwarze, aber auch Marathonläufer, Schauspieler und Tänzer bewegen sich so. Frauen gehen übrigens in der Regel besser als Männer. (Interessant ist auch, dass das Schwingen der Arme, lässt man sie wirklich locker herabhängen, unterhalb eines bestimmten Gehtempos nicht mehr alternierend abläuft, sondern parallel.)

VORÜBUNG 3: Wechsel der Gangart vom mittleren Tempo zum langsamen Schritt und zurück
Es ist merkwürdig, dass sich der Mensch um seine eigene Fortbewegung offensichtlich weniger Gedanken gemacht hat als um die von Pferden und anderen Tieren. Das geht allein schon

INDIVIDUELLE GEHWEISE

Das richtige Gehen finden

Versuchen Sie zuerst, Ihr individuelles Gehen in mittlerem Tempo zu finden, mit anderen Worten, auszubalancieren. Anschließend leiten Sie in den <Langsamen Schritt> über. Wohlgemerkt, wir sprechen vom Überleiten. Natürliche Bewegungswechsel bedürfen der fließenden Anpassung der Übergänge. Ruckhafte Bewegungen stören den Ablauf und vermitteln den Eindruck des Stümperhaften, Ungekonnten. Der Übergang selbst darf nicht zu sehr in den Vordergrund treten. Bei idealer Ausführung wird er kaum wahrgenommen. Man wird feststellen, dass weder der Übergang zum neuen Tempo noch das Auffinden des optimalen, mit dem neuen Tempo verbundenen Bewegungsgefühls leicht zu erreichen sind. Aber das lässt sich üben. Wichtiger als das absolute Tempo ist das Verhältnis zum vorausgegangenen Gehen. Der Unterschied sollte weder übertrieben groß noch zu gering ausfallen. Nachdem Sie einige Schritte im neuen Tempo gegangen sind, leiten Sie wieder in das erste Tempo zurück.

aus dem Sprachschatz hervor. Wir unterscheiden wohl beim Pferd den Schritt, Trab und Galopp, jeweils mit Unterteilungen, beim Menschen hingegen spricht man lediglich vom langsamen oder schnellen Gehen bzw. vom Laufen. Langsames Laufen bezeichnen wir als »Laufschritt« oder »Dauerlauf«.

Vor dem Hintergrund dieser Begriffsarmut waren verständlicherweise auch die Formulierungen in den Prüfungsordnungen problematisch. Den Begriff des »gewöhnlichen Schritts« in Zusammenhang mit einer Tempo- oder auch Ausführungsangabe zu kreieren, so wie dies in der IPO vorliegt, scheint nicht ganz geglückt. Die Unsicherheit der Urheber wird allein schon dadurch offenbar, dass die Begriffe alle paar Jahre wieder ausgetauscht wurden. Aus dem ursprünglichen Begriff »natürlich« wird »gewöhnlich« oder auch »normal«. Was aber ist »gewöhnlich« oder »normal«? Richtig müsste es heißen: »*In natürlichem Gang (bzw. Schritt oder Gehweise) und mittlerem Tempo*«. Damit wäre einerseits die geforderte natürliche Gehweise und andererseits das vorgeschriebene Tempo formuliert.

VORÜBUNG 4: Wechsel vom langsamen Schritt zum Laufschritt und zurück
In ähnlicher Weise, wie auf Seite 229 beschrieben, leiten wir aus dem mittleren Tempo den Laufschritt ein und führen ihn wieder zurück in das Ausgangstempo.
Es lohnt sich, diese Grundübungen von Zeit zu Zeit durchzuspielen.

VORÜBUNG 5: Jetzt mit Hund
In dieser Übung wollen wir herausfinden, wie das Gehen unseres Hundes zu unserer eigenen Gehweise passt. In vielen Fällen wird man sehen, dass ein optimales »Gehen im Team« nicht ohne (maßvolles) Angleichen zur Gehweise des Hundes zu erreichen ist. Hier gilt es nun, Verschiedenes auszuprobieren, und zwar in allen drei Tempi (langsamer Schritt, normaler Schritt und Laufschritt).
Wir kommen nun zur Gangart des Hundes. Im Hinblick auf die Motivations-Gestaltung vergegenwärtigen wir uns, dass der Hund im langsamen Schritt das Problem des nachlassenden Interesses hat, während er beim Laufschritt eher zu Übermotivation neigt. Methodisch begegnen wir beiden Situationen durch Motivationsbalance.

PHASE 1: MITTLERES SCHRITT-TEMPO
Nachdem wir die Aufmerksamkeit des Hundes gewonnen haben, beginnen wir mit dem gemeinsamen Gehen in mittlerem Schritt-Tempo. In vielen Fällen wird sich die Verwendung des bereits bekannten Leitzauns empfehlen (*Passive Einwirkung*).
Geht der Hund einige Schritte freudig und annähernd korrekt mit, so leiten wir den Tempowechsel ein, anfangs in Verbindung mit ausdrucksstarken Kommunikationsgesten. Gesten, die ein spannendes Ereignis ankündigen: laufen, Haken schlagen, Fangen spielen, *Freies Spiel* u. a. Wichtig ist, dass die Belohnung bereits im Stadium des Ü b e r g a n g s eintritt. So lernt der Hund, den Übergang zu erwarten und auf die feinen Ankündigungen der natürlichen Körpersignale des Team-Führers zu achten.
Ob man aus dem normalen Schritt-Tempo zuerst den Übergang in den langsamen Schritt oder in den Laufschritt einplant, zeigt uns der Hund selbst an. Wir entscheiden uns für die risikoärmere Lösung. Ob man sich in der Ausbildung dem angestrebten Tempo schrittweise annähert, hängt vom jeweiligen Naturell des Hundes ab. Mögliche Fehler versuchen wir mittels Körpersprache und Motivationsbalance zu korrigieren.

PHASE 2: STUFENWEISER TEMPOWECHSEL
Jetzt gilt es, beide Wechsel zunächst einzeln zu vermitteln und auszubauen. Noch immer wird der Hund (nahezu jedes Mal) bereits im Übergang belohnt. Nach der Belohnung folgt das Üben des eingeschlagenen Tempos, und anschließend ein neuer Übergang.

PHASE 3: SPRUNGHAFTER TEMPOWECHSEL
Beherrscht der Hund die Übergänge in den Laufschritt und in den langsamen Schritt, so soll er anschließend mit allen möglichen Konstellationen vertraut gemacht werden. Also auch vom langsamen Schritt zum Laufschritt und umgekehrt. Aber selbst beim Wechsel vom Laufschritt in den langsamen Schritt bemühen wir uns um einen fließenden Übergang. Gerade dieser Wechsel wird ja in der Prüfungsordnung verlangt und ist zugegebenermaßen nicht leicht. Die Gehzeiten sind in dieser Ausbildungsphase

immer noch betont kurz zu gestalten. Man wird sehen, allein durch das Wirken der Zeit wird sich der Hund immer länger konzentrieren können.

Hürde und Kletterwand

Hürde
Je weiter man in den einzelnen Vor- und Teilübungen fortgeschritten ist, desto leichter fällt der Anschluss an die prüfungs- und turniermäßige Ausführung. Beim Sprung über die Hürde und Kletterwand kommen uns jetzt sämtliche vorausgegangenen Vorübungen sowie das stufenweise aufgebaute *Apportieren* zugute.

Richtiges Werfen des Bring-Gegenstands
(Trockenübung für den Team-Führer)
Wurf, Flugbahn und Bewegung des Bring-Gegenstands enthalten zahlreiche Informationen für den Hund. Allein schon durch das Ausholen und die damit verbundenen Körpersignale nimmt man (oft unbewusst) Einfluss auf das folgende Verhalten des Hundes. Auch die Flugbahn wirkt sich aus. Ein flach über die Hürdenoberkante geworfenes MO bedingt nicht selten auch einen flachen Sprung, ein hoch geworfenes dagegen regt manche Hunde an, der Flugbahn entsprechend höher zu springen. Und es ist durchaus nicht einerlei, ob der Bring-Gegenstand wie ein nasser Sack rüberfliegt oder sich dreht, also bewegt. Das MO im Wurf zum Drehen um die Querachse zu veranlassen, wird ja von zahlreichen Hundesportlern seit eh und je eingesetzt, um das Vorrollen nach dem Aufprall einzuschränken. Nicht immer, aber doch meistens mit Erfolg. Allein schon diese knappe Aufstellung legt nahe, dass das Werfen zahlreiche Möglichkeiten bietet, auf den individuellen Hund ebenso wie auf die augenblickliche Situation Einfluss zu nehmen.

Von »Sprunghilfen« wie Bürsten, aber auch Sägeblättern, gespannten Drähten oder Blechkanten sollte man Abstand nehmen. Es wäre besser, darüber nachzudenken, wie man die natürliche Lust des Hundes am Springen durch artgerechte Methoden fördert.

Es kann daher nur von Vorteil sein, das Werfen zu üben. Nicht nur im Sinne einer individuellen Optimierung, sondern auch mit dem Ziel der variablen Ausführung.

Auch die Körpersprache ist hierbei zu berücksichtigen. Wir erinnern uns: Nicht nur das, was uns selbst bewusst wird, ist Körpersprache. Also achten wir beim Werfen auch auf diesen Bereich. Wie wird das Werfen eingeleitet? Sind wir gewohnt, fest zu stehen oder federn wir beim Ausholen leicht in den Knien? Wer gewöhnlich mitfedert und in einer Prüfung vor lauter Anspannung steif stehen bleibt, der braucht sich nicht zu wundern, wenn der überraschte Hund seinerseits mit neuen Verhaltensweisen überrascht.

Das Wurf-Trockentraining ließe sich im Anschluss an das gemeinsame Training mit dem Hund oder aber vor Beginn desselben einplanen. Oder, wenn die Ausbildung schon weiter fortgeschritten ist, könnte man auch das Abliegen unter Ablenkung dazu verwenden, um einerseits das Werfen zu üben und gleichzeitig den abgelegten Hund einer enormen Verleitung auszusetzen. Herausforderungen dieser Art sind jedoch nicht unproblematisch und sollten daher nur von erfahrenen Team-Führern oder unter Aufsicht durchgeführt werden. Und selbst dann sollten derart stark herausfordernde Aufgaben nicht zu oft eingesetzt werden. Vor allem nicht immer die gleichen! Dies könnte nämlich mit der Zeit zu einer Abstumpfung des Hundes führen.

Einige Worte zur Distanz

Manche Ausbilder bevorzugen betont kurze Distanzen. Dem steht entgegen, dass das häufige Anlaufen aus kurzer Entfernung das Lauftempo drosselt (Motivations-Versandung), in manchen Fällen sogar zum Wechsel der Gangart führt, also vom Galopp in den Trab. Wer sich einen temperamentvollen, kraftvollen und souveränen Sprung wünscht, der sollte den Hund oft aus mittlerer und auch dann und wann aus großer Distanz springen lassen. Allerdings sollte dann aus Gründen der Schonung und des Risikos die Höhe (bis auf wenige Ausnahmen) entsprechend reduziert werden.

Hunde sind ausgesprochene Lauf- und Sprungtalente. Wenngleich Sprünge in freier Wildbahn nicht annähernd die Bedeutung haben wie beispielsweise das Laufen, so ist doch auch der Jagderfolg in hohem Maße vom gekonnten Anspringen der Beute abhängig. Außerdem weiß man, dass Hunde nicht lange fackeln, wenn es gilt, ein Hindernis im Sprung zu überwinden, und sich dadurch ein Vorteil ergibt. Das gilt für Rüden ebenso wie für Hündinnen und Junghunde. Und nicht selten sieht man Sprünge, die einfach nur aus Freude am Springen, an der Bewältigung der Herausforderung motiviert wurden (manche Rassen natürlich mehr, andere weniger). Daher spricht einiges dafür, die sportlichen Anforderungen den Verhältnissen der Natur anzugleichen. Mit anderen Worten, die Distanz ist ebenso wie die Höhe und Breite der Hürde, deren Beschaffenheit und letztlich auch der Bring-Gegenstand variabel zu gestalten. Wenigstens im Training.

Phase 1: Sprung über die Hürde in Richtung Team-Führer

Wir stellen die Hürde auf eine mittlere, eher niedere Höhe. Die seitlichen Zäune werden vorsichtshalber wieder aufgebaut. Die Distanz soll eher groß ausfallen, insgesamt etwa 20 bis 30 Schritte.

Auf das wichtige Aufwärmen und Einspringen haben wir schon hingewiesen (siehe Seite 146). Zum Einspringen stellt man die Hürde betont nieder ein. Man könnte beispielsweise gemeinsam über die Hürde springen (oder auch nacheinander). Dies stimuliert den Hund und macht beiden Spaß. Zudem dient es auch der Gesundheit des Team-Führers. Die niedere Höhe gibt dem Hund Selbstsicherheit und wirkt möglichen (vorausgegangenen methodisch bedingten) negativen Stressfolgen entgegen. Der Hund soll sich beim Hürdensprung frei und ungezwungen fühlen, nur so wird er die Schönheit

Das Springen über die Hürde wird auf diese Weise zum sozialen und damit gesteigerten Erlebnis für den Hund (und auch für Frauchen!). Auch hier bauen wir auf der *Paradeübung* auf.

des Sprungs und des Fliegens in voller Ausprägung zeigen können. Überforderung führt bekanntlich zu Verspannungen und zu mentaler Einschränkung.

Nach dem Aufwärmen und Einspringen legen wir den Hund etwa 20 Schritte vom Bring-Gegenstand entfernt ab. Dies mit der Absicht, bereits die Annäherung zum Apport-Ständer für den Hund erwartungsvoll zu gestalten. Wo der Hund abgelegt wird, spielt keine Rolle. Am besten jedes Mal irgendwo anders. Wir entfernen uns vom Hund, indem wir uns interessant machen (die Paradeübung stellt eine der Möglichkeiten dar). Dann gehen wir in Richtung Bring-Gegenstand, heben diesen viel sagend auf (evtl. auch in Verbindung mit Geräuschen) und rufen den Hund von einem Augenblick auf den anderen zu uns. Bei uns angekommen, leiten wir einen Teil- oder Vollkreis ein, gehen einige Schritte in der Freifolge, lassen unter Umständen noch ein <Sitt> oder <Platz> folgen, bis wir uns dann harmonisch in die Anlaufstrecke einschleifen. Dort legen wir den Hund wieder ab. Anschließend schreiten wir selbst über die Hürde. (Dies stellt wegen der geringen Höhe kein Problem dar! – Wenn der Hund im Sprung gefestigt ist, kann man auch seitlich vorbeigehen. Auf den hier störenden Effekt der Nachahmung sei jedoch hingewiesen!). Während des Entfernens lassen wir den Hund jedoch keinen Augenblick aus den Augen (später kann eine Hilfsperson diese Aufgabe übernehmen). Wir stellen uns auf der gegenüberliegenden Seite hin, legen den Bring-Gegenstand vor uns auf den Boden, richten den Oberkörper ein wenig auf, atmen ein und rufen aus innerer Spannung den Hund mit <Bring> zu uns. Ist der Hund bei uns angekommen und hat er den Bring-Gegenstand gefasst, leiten wir das anschließende *Beutestreiten* (oder auch ein gemeinsames Laufspiel) ein.

Die übrigen Phasen sind analog dem bereits beschriebenen Apportieren zu üben. Man sollte nicht nur flächige Hindernisse, sondern auch

Stockhürden verwenden. SchH-Hunde laufen in der Regel unter einer Stockhürde (z. B. Agility) durch ...

Phase 2: Höhe steigern und variieren
Wenn nötig, *Passive Einwirkungen* wieder aufstellen. Aufwärmen und einspringen. Paradeübung und sonst wie bei Phase 1. Möglicherweise schon hier mehrere Hürden hintereinander aufbauen (Hürde variieren, auch Agility-Hürden einbauen).

Phase 3: Distanz verlängern und verkürzen bei gleicher Höhe (mittlere Höhe)

Phase 4: Alles variieren
Distanz und Höhe variieren, Hürde und Bring-Gegenstand, Wurfweise variieren.

Phase 5: Eine zweite und dritte Hürde aufbauen
Mehrere Hürden in verschiedenen Höhen aufbauen, Abstand nicht zu eng, sonst wird der Hund langsam. Am Ende Lob und/oder Spiel (variieren). Die Hürdenoberkante nicht immer gerade, sondern auch mal schräg stellen!

Phase 6: Vollständige Übung
Ebenso wie beim Apportieren auf ebener Erde ist auch das Apportieren über die Hürde erst gegen Ende der Ausbildung in vollem Umfange zu fordern. Da werden dann alle Teile zusammengeführt. Erst nach Monaten wird man das MO hinüberwerfen und den Hund zurückkommen lassen. Selbst wenn der Hund die Übung kann, sollte man die vollständige Ausführung nur gelegentlich üben. Und auch mit der abschließenden Grundstellung ist sparsam umzugehen.

Phase 7: Absicherung
Wer die vielfältigen Möglichkeiten bis hierher genützt hat, hat schon einen Großteil an Absicherung eingebracht. Darüber hinaus bietet sich an, vor Turnieren den Hund auch sporadisch höher als gefordert springen zu lassen. Nicht übertreiben, aber doch deutlich.

Hier noch eine neue, von mir entwickelte Absicherung im Hürdensprung: Die Breite der Hürde wird bis auf 40 cm verkürzt. Die meisten Hürden, die man auf Hundesportplätzen findet, lassen dies aus technischen Gründen nicht zu. Selbst bei mobilen Hürden sind einige Modifikationen nötig, um die Breite zu verringern. Wem das zu viel Aufwand ist, der kann »breiten- und höhenvariable Hürden« im Baukastensystem einsetzen. Zum Beispiel Pappschachteln oder hochkant aufgestellte Bierkisten. Drei Stück, später zwei nebeneinander und zum Schluss nur noch eine (je nach Hundegröße mehrere Reihen aufeinander gestellt). Man wird sehen: Viele Hunde laufen an der Hürde vorbei, wenn sie eine bestimmte Breite unterschreitet.

☞ **Problemhilfe** gegen »Frühstart«:
- Einsatz von *Passiven Einwirkungen;* Einsatz des *Geistigen Zügels;* vorübergehendes, tiefer angesetztes Motivationsniveau.
- Zur Absicherung des Wartens bieten sich allerlei Steigerungen an: Länger als erforderlich warten lassen; besonders eindrucksvoll ausholen vor dem Werfen; Werfen vortäuschen; weggehen mit dem Bring-Holz u. a.

Von Anfang an Hin- und Rücksprung. Und beim Rücksprung fliegt die Beute ...

Kletterwand

Auch das Werfen des Bring-Gegenstandes über die Kletterwand sollte man ab und zu üben – ohne Hund! Und zwar mit verschiedenen MOs und in variabler Technik. Wie der Hund die Kletterwand an- und abklettern soll, hängt von der betriebenen Sportart, den dort gültigen Regeln, aber auch von der Rasse, dem Reifestand und Alter des Hundes sowie von der individuellen Belastbarkeit ab.

Der methodische Aufbau ist ähnlich wie bei der Hürde. Da es jedoch schwierig ist, selbst über die Kletterwand zu steigen, gehen wir außen vorbei. Wenn es jedoch die Stabilität der Wand erlaubt, steigen wir auf der dem Hund gegenüberliegenden Seite so weit hinauf, dass wir Sichtkontakt aufnehmen können. Aus dieser Position zeigt man den Bring-Gegenstand und ruft den Hund mit <Bring> über die Wand. Während der Hund startet, oder gegebenenfalls kurz danach, kann man absteigen. Damit der Hund nicht zu weit abspringt, legt man den Bring-Gegenstand dicht am Fuß der Wand ab. Das stimuliert den Hund zum Gegenstemmen und vorsichtigen Absteigen.

Dieser Vorgang lässt sich noch perfektionieren, indem man Futter oder das MO in der Hand hält, sich seitlich stellt und den Hund abwärts führt. Kurz vor dem Ende lässt man den Hund absitzen (nur bei einigermaßen flach gestellter Kletterwand möglich). Auf den Einsatz der Trichter-Bügel haben wir schon hingewiesen (siehe Seite 152).

Hier noch ein interessantes methodisches Detail, das die Agility-Meisterin Rose-Maria Förster beschreibt. Sie lässt den Hund so absitzen, dass die Vorderpfoten im Gras, die Hinterpfoten noch auf der Kletterwand stehen.

Auf die Möglichkeiten der Abwechslung wurde schon hingewiesen. Eine einfache Variante, die sich auch SchH-Sportlern anbietet, besteht in der Aneinanderreihung mindestens zweier Hindernisse, also der Hürde und der Kletterwand.

VERALTET: SCHMERZMETHODEN

Die Sprunghöhe steigern
Manche meinen heute noch, mit Hilfe von Schmerz-Methoden soll das Streifen beim Hürdensprung unterbunden werden, der Hund soll höher springen, um dem Schmerz auszuweichen. Da und dort sieht man dann Metalloberkanten, Sägeblätter oder Drahtspannung.
Der Einsatz derartiger Mittel verstößt nicht nur gegen das Tierschutzgesetz. Er ist darüber hinaus das Eingeständnis pädagogischen Versagens. Man hat offensichtlich vor lauter Denken in Punkten vergessen: Der Hund springt von Natur aus gerne! Trotzdem gelingt es immer wieder einigen Hundesportlern, dem Hund das Springen buchstäblich zu vermiesen. Der Zwang soll dann die Korrektur bewirken.

Links- und Rechts-Wenden; 180°-Kehre

Links- und Rechts-Wenden

Ein Wort zur Terminologie: Wir sprechen zur besseren Unterscheidung von Links- und Rechts-*Wenden* und von der 180°-Kehre (bzw. vereinfacht nur von »Kehre«). »Kreis«, »Bogen« und andere Worte sind in diesem Zusammenhang nicht zutreffend. Laut Duden wäre allerdings der Begriff »Wendung« der »Wende« vorzuziehen (Wendung = Änderung einer Richtung). »Wende« lässt sich jedoch leichter aussprechen, vor allem im Plural: »Wenden« an Stelle von »Wendungen«.

Inzwischen müssten die weiter oben beschriebenen Übungen *Vollkreis*, *Schlangenlinie* und *Acht* zur Verfügung stehen. Darauf nun die *Seit-Wenden und Kehren* aufzubauen, stellt eher für den Team-Führer als für den Hund eine Herausforderung dar. Nach den vorausgegangenen Trockenübungen <Gehen>, <Angehen> und <Anhalten> müsste der Team-Führer in-

Zur formal perfekten Ausführung, aber auch zur Absicherung setzen wir bei Links-und Rechts-Wenden den Leitzaun in L-Form als »Passive Einwirkung« ein.

zwischen jedoch ein sensibilisiertes Haltungs- und Bewegungs-Bewusstsein entwickelt haben.

Welche Ziele, Aufgaben und Zusammenhänge beinhaltet die Seit-Wende?
Im Hundesport werden diese Bewegungen ja meist nur aus geometrischer Sicht betrachtet. In Wirklichkeit aber sind Wenden sehr viel mehr. Sie sind Ausdruck einer *vorausgegangenen Neu-Orientierung*. Man sollte also das Pferd nicht vom Schwanz her aufzäumen. Ändert ein Mensch seine Gehrichtung, so ging dieser *Neu-Orientierung* entweder eine *äußere Veranlassung* oder eine *innere Zielsetzung* in Verbindung mit einem *Willensakt* voraus. Der Mensch wollte etwa einer Gefahr ausweichen, einen Weg abkürzen, einem sich verändernden Ziel nachgehen (etwa auf der Jagd) usw. Äußere Veranlassung und/oder innere Zielbildung bestimmen in den meisten Fällen die neu eingeschlagene Richtung. Es geht also um einen ganzheitlichen Vorgang, der von geistigen und emotionalen Inhalten bestimmt wird, lange bevor die Motorik mit der Ausführung beginnt. Sollen unsere Wenden lebensnahen und praxisbezogenen Charakter annehmen, dann dürfen wir die Ausführung nicht länger auf die geometrische Ebene beschränken. Ja, Sie haben es erraten. »Solo-Training« ist angesagt.

VORÜBUNG: <Geradeaus-Gehen> mit anschließender <Seit-Wende> (ohne Hund)
Ein in den Boden gesteckter Pflock (z. B. ein Leitpflock) schafft uns eine praxisnahe Situation für eine 90°-Wende entweder nach links oder rechts. Wir gehen zunächst einmal in unserer Vorstellung geradeaus, sehen links ein neues Ziel, auf das wir zugehen wollen. Die Geländeverhältnisse aber lassen die Richtungsänderung erst am Pflock zu. Diese (oder eine andere) realbezogene Vorstellung hilft uns, den realitätsfremden, prüfungsmäßigen Ablauf einer Seit-Wende zu beleben und geistig sowie emotional lebensnah auszufüllen.

Zum Gesamtausdruck
Damit auch die Seit-Wenden den physiologischen, funktionellen und ästhetischen Anforderungen genügen, müssten auch hier die bereits bekannten Kriterien zu sehen sein: Konzentration, Aufmerksamkeit, hohe Erwartung und dementsprechende Spannung (aber nicht Verspannung, Verkrampfung oder Überspannung!). Team-Führer und Hund sollten auch, oder sagen wir besser, b e s o n d e r s im <Geradeaus-Gehen> und in den <Seit-Wenden> »Freude« an den vorzuführenden Aufgaben demonstrieren. Je mehr der Gesamtausdruck (ungezwungene) Selbstsicherheit, Gelassenheit, Vitalität und Freude ausstrahlt, desto gelungener würden Choreographen oder Physiologen die Vorführung beurteilen. Die erwähnten Qualitäten lassen sich wachrufen, lassen sich üben.

Zur Motorik
Auch auf diese müssen wir uns vorübergehend isoliert konzentrieren. Wir gehen also zunächst einmal geradeaus und suchen das individuell zuträglichste Körpergefühl herzustellen – durch Optimieren von Haltung und Bewegung. Ist das erreicht, visieren wir einen Peilpunkt querab vom Pflock an, stellen uns innerlich auf den kommenden Ablauf ein, gehen tangential auf den Pflock zu und leiten auf seiner Höhe die <Seit-Wende> ein. Den Ablauf wiederholen wir mehrmals, wobei wir uns jedesmal auf eine andere Ausführungskomponente konzentrieren:
➤ Der Blick wechselt rechtzeitig in die neue Richtung.
➤ Wir drehen gleichzeitig leicht den Kopf in die neue Richtung.
➤ Die Drehung selbst wird von der Hüfte als Basis der unteren Extremitäten aus eingeleitet.
➤ Die Drehung wird unterstützt durch eine entsprechende Gewichtsverlagerung in Richtung des gedachten Mittelpunktes.
➤ Auch die Schultern drehen sich mit in die neue Richtung.
➤ Keine der Bewegungen darf jedoch übertrieben ausfallen.
➤ Die Arme hängen locker herunter und schwingen alternierend.

Manche Ausbilder betonen die Schulterbewegung, was aus physiologischer und physikalischer Sicht falsch ist. Die Schultern sind zwar in der Seit-Wende ebenfalls aktiv beteiligt, aber deutlich schwächer als die Hüfte. Die Betonung der Schulterbewegung würde zu einer Reduzierung der Bewegungsstabilität und damit zu einer funktionellen und ästhetischen Wertminderung führen.

Ist uns die Schwerpunktverlagerung und der richtige Einsatz der Hüfte gelungen, so können wir uns dem nächsten Punkt zuwenden: Am schwierigsten ist es, die in der Seit-Wende bestmögliche Schrittführung zu finden. Hier kommt

Hier das perfekte Einleiten der Rechts-Wende: Blickkontakt in ununterbrochen aufrechterhaltener, freudig-vitaler Stimmungslage. Der Hund folgt dem einleitenden Schritt.

es darauf an, weder den Rhythmus noch die Bewegung zu unterbrechen. Alles sollte im Fluss bleiben. Der Bogen darf weder zu eckig noch zu weit ausfallen. Eckige Bewegungen wirken nicht nur unschön, sie bergen mitunter erhebliche Gesundheitsrisiken. Der gesamte Bewegungsapparat ist auf weiche, fließende Bewegungen ausgelegt.

Um das Gefühl fließender Bewegung aufzufinden, muss man viel ausprobieren und üben. Das Auffinden der individuellen Schrittführung in mittlerem Gehtempo kann Monate dauern. Aber man sollte das nicht als lästige »Arbeit« ansehen. Diese Form der Selbstbeschäftigung ist nicht nur gesundheitsfördernd, sondern höchst interessant.

Ausführung einer idealen Seit-Wende
Für eine optimale Seit-Wende gelten die gleichen Anforderungen, wie sie im Abschnitt »Gehweise und Tempowechsel« beschrieben wurden (siehe Seite 228).
Wir teilen die Ausführung einer Seit-Wende in einzelne Ebenen auf: in Schritte, Atmung, Gewichtsverlagerung, Team-Kommunikation und sportlichen Ausdruck. Neben den allgemeinen Anforderungen an Haltung und Bewegung sind noch die für Seit-Wenden spezifisch gültigen, folgenden Anforderungen zu erfüllen.

Sportlicher Ausdruck
➤ *Richtungs-Zielstrebigkeit* vor, in und nach der Wende

Schritt
➤ Die *Schrittfrequenz* (Rhythmus) bleibt auch im Bereich der Wende erhalten. Das heißt, der Schritt-Rhythmus vor der Wende, in der Wende und danach ist immer derselbe.
➤ Die *Schrittzahl* im Bereich der Wende beträgt im Idealfall 2 Schritte.
➤ Die Wende wird mittels *einleitendem* und *ausleitendem Schritt* realisiert
➤ Der *Schrittwinkel* des ersten (einleitenden) und zweiten (ausleitenden) Schrittes beträgt jeweils etwa 45°.
➤ Die *Schrittweite* des ein- und ausleitenden Schrittes wird im Vergleich zu den vorausgegangenen Schritten etwa auf die Hälfte verkürzt.
➤ Die *Links-Wende* wird mit dem linken, die *Rechts-Wende* mit dem rechten Bein eingeleitet (auf die Variante wurde hingewiesen).

Atmung
➤ Entweder durchgehende gleichmäßige *Pendelatmung*
➤ oder *Einatmung* einen Schritt vor dem einleitenden Schritt und *Ausatmen* während der Wende.

Gewichtsverlagerung
➤ Beginn der Gewichtsverlagerung zentripetal kurz vor dem *einleitenden Schritt* (zentripetal = in Richtung Kreismitte).

Team-Kommunikation
➤ Blickkontakt und dezente mimische Vorbereitung (Spannungsaufbau plus Ausdrucksmomente) etwa 2 Schritte vor dem einleitenden Schritt.
➤ In der Wende kommen allein die natürlichen Körpersignale zum Tragen. Zusätzliche Hilfen sind unnötig.
➤ Nach dem *ausleitenden Schritt Blickbelohnung*.

Der hier geschilderte Bewegungsablauf der Seit-Wende hat Vorbild-Charakter und stellt aus ästhetischer, physiologischer, funktioneller und hygienischer Sicht eine in sich geschlossene, vollkommene Bewegung dar. Im Rahmen der beschriebenen Ausführung lassen sich zahllose individuelle Ausgestaltungen einfügen.

Zugegeben, der hier vorgetragene Anspruch liegt hoch. Aber genau darin erfüllt er mehrere Kardinalpunkte der sportlichen Idee – *Elitegedanke*, *Höchstleistung* und *gerechte Bewertung*.

Es dauert lange, bis man Seit-Wenden souverän beherrscht und unterbewusst ausführen kann. Mit der Zeit allerdings wird die Ausführung zur zweiten Natur und steht dann zur freien Verfügung. Der anfänglich typisch »gekünstelte« Charakter verliert sich. Man wird staunen, wie vorteilhaft sich Verbesserungen der eigenen Bewe-

WENDEN UND KEHREN

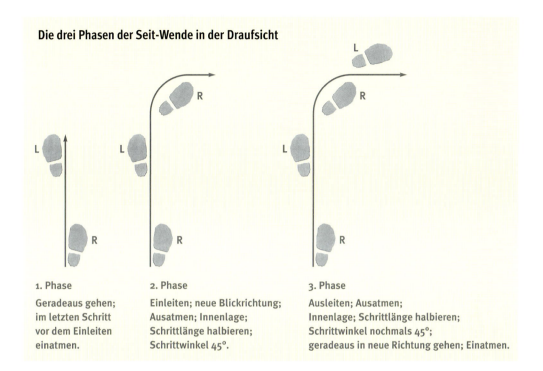

Die drei Phasen der Seit-Wende in der Draufsicht

1. Phase

Geradeaus gehen; im letzten Schritt vor dem Einleiten einatmen.

2. Phase

Einleiten; neue Blickrichtung; Ausatmen; Innenlage; Schrittlänge halbieren; Schrittwinkel 45°.

3. Phase

Ausleiten; Ausatmen; Innenlage; Schrittlänge halbieren; Schrittwinkel nochmals 45°; geradeaus in neue Richtung gehen; Einatmen.

gungskultur auf den Hund und die Team-Vorführung auswirken. Der Hund kann sich fortan auf die Schrittführung seines Team-Führers verlassen, auch in außergewöhnlichen Situationen einer Prüfung oder eines Turniers.

Seit-Wende nach links

Auch bei der Seit-Wende in die andere Richtung beginnt man mit der innerlichen Neu-Orientierung, der *Vorbereitung*. Für die geplante Links-Wende bedeutet das: Im rechten Schritt einatmen und mit der anschließenden Ausatmung die *Einleitung* folgen lassen. Mit linkem Schritt (45° plus halbe Schrittlänge) einleiten, neue Blickrichtung (eventuell in Verbindung einer marginalen Kopfdrehung in Zielrichtung), zentripetale Gewichtsverlagerung, Aktivierung der Hüfte und Schultern. Es folgt der zweite ausleitende Schritt mit nochmals 45° und halber Schrittlänge – und schon ist die Links-Wende abgeschlossen. Der folgende Schritt weist wieder die volle Schrittlänge auf und zeigt bereits in Zielrichtung.

Übung mit Hund

Die Ausführung der <Seit-Wende> im Mensch-Hund-Team gestaltet sich in der Regel einfach, denn der Hund wird in Kürze lernen, sich auf die natürlichen Körpersignale einzustellen. Erstaunt stellt man fest, um wie viel besser der Hund unter der Voraussetzung kultivierter Bewegungen des Team-Führers mitgeht. Nach der Seit-Wende im Team folgt wie gewohnt (unregelmäßig) Lob und die (variable) Belohnung. Erfahrene Team-Führer entscheiden im letzten Augenblick, ob es vorteilhafter ist, in der anliegenden Situation zu bestärken oder die Belohnung vorzuenthalten. Der erfahrene Team-Führer hat die gesamte Technik des Spiels und der eigenen Haltung und Bewegung zur Verfügung und kann sich daher voll auf den Hund konzentrieren.

AUFBAU DER ÜBUNGEN

☞ **Problemhilfe** gegen Vordrängen und Zurückfallen:
Wurden die vorbereitenden Übungen gewissenhaft durchgeführt, so dürfte der Hund in der Freifolge weder vordrängen noch zurückfallen. Sollten dahingehend Mängel beobachtet werden, helfen Motivationsbalance und das vorübergehende Wiederholen vorausgegangener Vorübungen (Vollkreise etc. sowie Vorübungen Freifolge). Die traditionellen Einwirkungen (rechtes Knie gegen den Kopf des Hundes stoßen bei Links-Wenden, Leinenrucke bei Rechts-Wenden) sind nicht im Sinne motivationaler Ausbildung.
Gegen Abweichen des Hundes in der Rechts-Wende nach außen setzen wir in einigen Fällen neben der Motivationsbalance die bewährte *Passive Einwirkung* ein (Leitzaun in L-Form).

180°-Kehre

Mehr noch als die <Seit-Wenden> geben die <Kehren> vieler Team-Führer Anlass zur Kritik. Immer wieder sieht man mehr oder minder ausgeprägtes Drehen auf dem Absatz, das aus hygienischer, funktioneller und ästhetischer Sicht erhebliche Nachteile beinhaltet.
Die ideale Ausführung einer <Kehre> dürfte weder den vorausgegangenen Gehrhythmus noch den Bewegungsfluss stören, gleichzeitig müsste ein Maximum an Ökonomie und funktioneller Effizienz zu erkennen sein.

VORÜBUNG: <180°-Kehre> – ohne Hund
Die 180°-Kehre wird bekanntlich vom Team-Führer als 180°-links-Kehre und vom Hund als 180°-rechts-Kehre gezeigt.
Als erstes versucht man, den Rhythmus des vorausgegangenen Gehens in der <Kehre> nicht zu verlieren, sondern im gleichen Rhythmus weiterzugehen, sozusagen auf der Stelle. Man achte jedoch gleich von Anfang an darauf, während der eigenen Drehung die Beine nicht unnötig nach außen schwingen zu lassen, da

Der Ablauf der Links-Kehre in Stichworten:

1. Phase
Innere Vorbereitung: einige Schritte vor der Kehre; Einatmen im letzten Schritt (rechts).

2. Phase
Einleitung – linkes Bein wird auf die Höhe des rechten herangezogen, tritt auf gleicher Höhe auf der Stelle einen Schrittwinkel von 80° bis 100°. Währenddessen ausatmen.

3. Phase
Rechtes Bein tritt auf der Stelle einen Schrittwinkel von 80° bis 100°.

4. Phase
Die Kehre ist beendet. Der nächstfolgende Schritt geht bereits in die neue Richtung.

180°-Kehre: Während des Einleitens und in der Drehung darf man den Hund nicht behindern (links). So bald wie möglich wird der Blickkontakt wieder aufgenommen (Mitte). Es folgt der ausleitende Schritt mit dem linken Führungsbein (rechts).

dies den Hund beim Umrunden des Team-Führers stören würde (Folge: seitliches Abweichen). Auch bei der Kehre kommt man mit 2 Schritten aus. Im Gegensatz zur Vorbereitung für die <Seit-Wende> wird jedoch das Gehen kurz vor einer <Kehre> etwas langsamer. Für diese natürliche, kaum wahrnehmbare Verlangsamung reicht ein einziger Schritt. Wir könnten also wieder einen Schritt zur motorischen *Vorbereitung* einplanen, nachdem (wie gehabt) die innere Absicht (und damit verbundene Veränderung) vergegenwärtigt wurde.

Auch die Gewichtsverlagerung unterscheidet sich. Wird der Schwerpunkt bei den Seit-Wenden zentripetal verlagert, so gilt es bei der Kehre, das Gewicht kurz vor dem Wendepunkt zur Verlangsamung ein wenig nach hinten, nach erfolgter Kehre wieder nach vorn zu richten.

Wie bei den vorangegangenen Übungen machen wir den Hund während unserer eigenen inneren Vorbereitung durch Körpersprache (anfangs möglicherweise etwas überzeichnet) auf die zu erwartende <Kehre> aufmerksam. Während dessen nimmt die gesamte Körperspannung zu. Das motiviert den Hund, macht ihn aufmerksam und erwartungsvoll. Wer will, kann auch vorübergehend kurz vor der <Kehre> mit dem Hund Blickkontakt aufnehmen, ihn beispielsweise anlachen, ohne jedoch Haltung und Bewegung zu verändern. All das sollte betont dezent und unaufdringlich geschehen!

Während der Kehre verlassen wir uns auf die Details der natürlichen Körpersignale, die bei weitem ausreichen, um dem Hund die Unterscheidung zu den <Seit-Wenden> zu sichern. Unmittelbar nach der Kehre, gegebenenfalls sogar noch innerhalb derselben, leiten wir Lob und/oder Belohnung ein (anfangs immer, mit der Zeit immer unregelmäßiger und seltener!).

☞ **Problemhilfe** gegen seitliches Ausweichen: Gegen seitliches Ausweichen kann man sich bereits in der Drehung tief machen und ein Spiel einleiten. Eine weitere Möglichkeit gegen seitliches Abweichen besteht in der Reduzierung des eigenen Radius auf die Hälfte, also auf zirka 90°, so dass der Hund 90° plus 180° bewältigen muss.

Geht man nach einiger Zeit wieder auf 180°, so tritt das ursprüngliche Ausweichen in der Regel nicht mehr auf.

Beherrscht der Hund die <Kehre>, so bringt man immer häufiger auch andere Radien ein. Eine hervorragende Ergänzung zu Seit-Wenden und Kehren sind <Vollkreise> und <Achten>. Es lohnt sich, immer wieder vorübergehend den gesamten Komplex der Vollkreise, Schlangenlinien, Achten sowie der Wenden und Kehren zu üben.

Freifolge

Laufen, Springen, Durchkriechen, Balancieren oder Beißen sind Aktivitäten, die den Hund normalerweise stark motivieren. Neben Herrchen oder Frauchen die Sportplatzlänge rauf- und runtergehen, in einem Tempo, das für den Hund viel zu langsam ist, kann da natürlich nicht mithalten. In der Freifolge stehen daher Sozialmotivationen wie in keiner anderen Übung auf dem Prüfstand. Was tun angesichts der langweiligen Freifolge?

In der traditionellen Ausbildung gibt man dem Hund bei jeder Unaufmerksamkeit einen spürbaren Ruck. Man bringt sogar gezielt Ablenkungen ein, um den Hund reinzulegen. Der abgelenkte Hund wird dann mittels Ruck bestraft, was die gewünschte Meidemotivation hervorruft und zur Steigerung der Aufmerksamkeit führt.

Auf diese Weise ausgebildete Hunde schauen tatsächlich höchst aufmerksam nach oben und weichen dem Team-Führer keinen Zentimeter von der Seite, wofür sie dann auch prompt von vielen Richtern volle Punktzahl erhalten. Die Schubladenformel »permanentes Hochsehen = aufmerksam und freudig« ist leider noch immer weit verbreitet.

Die Verhaltensforschung lehrt uns jedoch: Aufmerksamkeit ist noch lange kein Garant für positive Emotionalität. Aufmerksamkeit kann auch der Ausdruck negativ besetzten Meideverhaltens sein!

Futter-Methode in der Freifolge

Eine einfache Methode zur Vermittlung der Freifolge, die in den letzten Jahren viele neue Anhänger gefunden hat, ist das konsequente Konditionieren mittels Futter. Der Hund geht in der Freifolge mit, weil er auf diese Weise zu seinen Leckerbissen kommt. Er lernt, wenn er aufmerksam ist und den Team-Führer fordert, wird er belohnt (RRV = Reiz, Reaktion und Verstärkung).

Das Füttern aus der Hand (mittels Bauchtasche) will jedoch gelernt sein. Auch hier empfiehlt sich zuerst einmal das Trockentraining und schrittweise Aufbauen des Hundes mittels Vorübungen in kleinen Lernschritten. Es bieten sich mehrere methodische Varianten an, wie Werfen aus der Hand.

Noch besser als das Füttern aus der Hand ist das Zuspucken der Futterbrocken. Hier schaut der Hund nicht mehr auf die Hand, sondern auf den Mund des Team-Führers. Allerdings ist diese Technik nicht einfach und mit einigen Risiken verbunden, denn es sollte möglichst nichts auf den Boden fallen. Die Futtertechniken haben allerdings den Nachteil, dass der Hund nur wegen des Futters mitgeht. Freiwilligkeit unter der Bedingung des Futters stellt eben nur eine eingeschränkte Freiwilligkeit dar.

Sozialmotivation in der Freifolge

Unverständlich ist, weshalb in der Freifolge bisher das Naheliegendste unberücksichtigt blieb. Bedenken wir: Freifolge im Team ist ein betont soziales Erlebnis. Wir werden daher die Freifolge durch Methoden bereichern, die die Sozialmotivation in den Vordergrund stellen. Und wir werden darauf achten, dass Futter-Beute- oder Bewegungsmotivation den sozialen Bereich nicht überdecken, sondern mit ihm möglichst homogen verbunden werden. Auf diese Weise profitiert die Sozialebene durch die hinzutretenden, möglicherweise höher potenzierten anderen Motivationen. Es entsteht eine stets gegenwärtige Wechselwirkung, die den Hund die Freifolge als etwas Lustvolles erleben lassen.

Die Verbindung der unterschiedlichen Bereiche wird wie gewohnt durch Körpersprache und Stimmungsübertragung hergestellt, wobei uns der *Geistige Zügel* als wertvolles Instrument zur Erhaltung der Balance dient.

Als Sozialerlebnis könnte man beispielsweise den Hund, wie bereits beschrieben, während der Freifolge mit der linken Hand am rechten Unterkiefer oder an den Wangen kraulen. Manche Hunde sprechen gut darauf an. Einige gehen daraufhin sogar in den erhabenen Trab (Ansatz für den Spanischen Schritt). Das Kraulen lässt sich auch beim Spazierengehen üben. Oder man bringt kurze Laufpassagen in die Freifolge. Oder man spricht mit dem Hund. Auch wenn er die Worte nicht versteht, so wird er doch bemüht sein, so viel wie möglich aus der Stimmlage und der Mimik abzulesen, und diese entgegengebrachte Aufmerksamkeit ist ein sozialer Vorgang.

Beute-MOs in der Freifolge
Will man Beute-MOs einsetzen, so sind zuerst die Fragen nach dem Motivationsbereich und dem geeignetsten MO zu beantworten. Mit anderen Worten: Welche pädagogischen (Grundsätzliches), didaktischen (Wahl der Mittel) und methodischen (Lernschritte) Überlegungen favorisieren schließlich welche Vorgehensweise? Jetzt kommt uns zugute, dass der Hund inzwischen fest verankerte Spiel- und MO-Appetenzen gebildet hat. Spiel und Lob sind ihm unentbehrlich geworden, im Mittelpunkt des sportlichen Trainings steht sein vertrauter Team-Partner, der Mensch. Außerdem hat er gelernt, auf das Sekundärereignis, sei es Fressen, Anbeißen, Laufen oder Körperkontakt, spannungsvoll und gleichzeitig gezügelt zu warten. Im hohen Motivationsniveau verliert er weder die Nerven noch muss er sich durch Übersprungshandlungen abreagieren, denn seine Aktionsenergien wandeln sich in Erwartungshaltung um. Kurz, der Hund hat alles gelernt, was für eine anspruchsvolle Freifolge als Darstellung der Team-Qualitäten erforderlich ist.

PHASE 1: KURZE FREIFOLGESTRECKEN MIT ÜBERRASCHUNGEN

Wir greifen die Vorübungen zur Freifolge wieder auf: Aus dem *Freien Spiel* enthalten wir dem Hund den Anbiss vor (gegebenenfalls vorher einige Male anbeißen und abreagieren lassen) und schließen eine kurze Freifolge von 4 bis 8 Schritten an. Wichtig ist, dass der Team-Führer nicht teilnahmslos neben seinem Hund geradeaus geht, sondern dass er von Anfang an

Die hohe Schule der Freifolge: Blickkontakt, Stimmungsübertragung, Augen-MO-Linie und *Geistiger Zügel*. Der Team-Führer setzt gerade zu einer Spirale *(»Motivationsinsel«)* an.

Mimik, Stimme, Atmung und Körpersprache einsetzt, um den Hund auf sich zu beziehen. Im Idealfall gelingt es dem Team-Führer, die Freifolge allein durch seine Anwesenheit dem Hund zum sozialen Erlebnis werden zu lassen. Der Team-Führer sollte den Hund (anfangs) im Gehen ununterbrochen ansehen (wobei der Kopf jedoch nur soweit wie erforderlich gedreht und geneigt wird). Später, wenn die Kommunikation gefestigt ist, sieht der Team-Führer nur noch gelegentlich zum Hund und dann nur mit einer kaum sichtbaren Veränderung der Kopfhaltung.

Tempowechsel einbauen
Unter Umständen, wenn der Hund gut darauf anspricht, kann schon in Phase 1 der Wechsel vom normalen Schritt zum Laufschritt und langsamen Schritt eingebaut werden. Auf diese Weise würde man den Hund durch die Bewegungsmotivation zusätzlich stimulieren.
Nach einigen Schritten folgt ein Teil- oder Vollkreis oder die gewohnte Spirale, wobei gleichzeitig ein Feuerwerk an Spiel abläuft. Mitten aus dem *Freien Spiel* folgt dann plötzlich das <Sitt> oder auch <Platz>. Der Übergang zu weiteren 4 bis 8 Schritten Freifolge muss gut auf den individuellen Hund abgestimmt werden. Das heißt, der Auslöser zum Weitermachen sollte den Hund nicht in die Übermotivation katapultieren (was Hochspringen, Bellen und andere hier unerwünschte Verhaltensweisen nach sich ziehen könnte).
Nach einigen Schritten folgt dann entweder ein neues Spiel oder aber, etwa als Antwort für konzentrierten, erwartungsvollen Blickkontakt, Lob und Belohnung (Sozialkontakt, Ball werfen, Anbeißen lassen, Futter, Bewegung). Da der Hund nichts von Prüfungsordnungen und der vorgeschriebenen Freifolge weiß, stellt sich ihm das gemeinsame Gehen nicht isoliert, sondern als Teil eines Ablaufs mit höchst interessanten Einschüben *(Motivationsinseln)* dar, was zu einer deutlichen Motivations-Aufwertung führt. Man darf jedoch nicht den Fehler machen, von der ganzheitlichen Form der hier dargestellten Freifolge abzugehen. Erliegt man der Versuchung, die Spieleinschübe zu früh abzusetzen oder die Gehstrecken zu früh in die Länge zu ziehen, dann führt der beschriebene didaktisch-methodische Weg nicht zum Ziel. Hier ist Geduld und Konsequenz gefragt.

Abwechslung einbauen
Lange bevor die Gehlängen ausgebaut werden, bringen wir noch eine neue didaktische Komponente ein: Abwechslung! Hat der Hund den Ablauf der Phase 1 begriffen, so verstärken wir das Interesse durch gezielt eingesetzte Abwechslung auf mehreren Ebenen. Gemeint ist der Wechsel der Motivationsbereiche und des MOs. Wurde gerade eben noch mit Futter gespielt und belohnt, folgt nach einigen weiteren Schritten Freifolge etwa ein *Beutestreiten* mit dem Schleuderball oder dem Leder. Im Idealfall ist es dem Team-Führer inzwischen gelungen, dass der Hund nicht nur auf das MO schaut, sondern abwechselnd zum Team-Führer und zum MO. Da das MO in der gemeinsamen Blicklinie getragen wird (z. B. MO-Krawatte, Schulterköcher, Brusttasche, Schulter, unterm Kinn oder zwischen den Zähnen), fällt es dem Hund leicht, die Augen ohne Veränderung der Kopfhaltung hin und her zu bewegen.

PHASE 2: AUSBAU DER KÖRPERSPRACHE
Meister der Körpersprache vermögen es, mit geringsten Veränderungen der Mimik die Erwartungshaltung des Hundes zu steigern – etwa mit den Augen oder der Mundhaltung. Der Hund soll nicht nur zum Team-Führer teilnahmslos aufschauen, sondern er soll ihn dabei ansehen, mit dem Ziel der *Respons-Kommunikation* (siehe Seite 59). Die Augenpaare begegnen sich in der gemeinsamen Blicklinie. Mit der Zeit wird es dem Hund zum Bedürfnis, in der Mimik des Team-Führers zu lesen.
Die Länge der Gehstrecke bleibt zunächst noch immer auf 8 bis 12 Schritte beschränkt! Dies hat den Vorteil, dass sich der Team-Führer bemü-

Links: Man sieht deutlich, wie schnell der Hund das Signal des vorbereitenden Schrittes (linkes Bein) aufnimmt. Mitte: Im einleitenden Schritt beschleunigt der Hund und dreht gemeinsam mit dem Team-Führer ein, im Bild sogar im Gleichschritt. Hier macht sich Quirins TEAM-dance-Performance bemerkbar. Rechts: Auch im ausleitenden Schritt folgt der Hund, wiederum ohne einen Millimeter abzuweichen, das Gewicht auf der Hinterhand im freien, erhabenen Trab (Vorstufe zum Spanischen Schritt).

hen wird, die Kommunikation möglichst schnell einzuleiten. Wenn es ihm innerhalb der vorgegebenen (maximal) 12 Schritte nicht gelungen ist, dann hat er die Aufgabe nicht erfüllt und muss sich etwas einfallen lassen.

Was das Einleiten der Spiele betrifft, so bieten sich mehrere Möglichkeiten an.

➤ Entscheidet man sich für ein abruptes, sozusagen aus heiterem Himmel kommendes, unvorhersehbares Spiel (Überraschungseffekt), so gewinnt man auf der einen Seite die Intensivierung der Konzentration, auf der anderen Seite allerdings geht man das Risiko ein, dass die Kommunikation als solche angesichts des klaren Konzentrations-Brennpunktes abnimmt (Gefahr der *monotonen Kommunikation,* siehe Seite 60).

➤ Kündigt man dem Hund das Spielereignis mittels Signalen an, so gewinnt die Kommunikation eine neue Qualität *(Respons-Kommunikation).*

Ideal scheint der Wechsel beider Ansätze. Aus methodischer Sicht ist zu raten, mit der Körpersprache als »*Vorbote des Auslösers*« zu beginnen und in der Folge auch unerwartete Auslöser einzusetzen. Der Hund wird seine Schnelligkeit einbringen, um auch ohne Vorboten noch rechtzeitig zu reagieren. Er wird daher von sich aus nach anderen Vorboten Ausschau halten. Dies bedeutet aber wiederum: gesteigerte Konzentration und höhere Aktionsbereitschaft, also eine Zunahme der *Erwartungshaltung* und mehr Freude am gemeinsamen Üben und Spielen. Erfahrene Team-Führer belohnen ihren Hund bewusst, wenn sie sehen, dass der Hund nach neuen Auslösern sucht.

PHASE 3: AUSDEHNUNG DER STRECKE

Wenn Team-Führer und Team-Partner bis hierher erfolgreich geübt haben, ist zu entscheiden, wie weit die Strecke der gemeinsamen Freifolge ausgedehnt werden soll. Vorsicht vor Überforderung ist angeraten.

PHASE 4: 180°-KEHRE KOMMT NEU HINZU
Da auch die <Kehre>, ähnlich wie die Grundstellung, für sich gesehen nicht stark motiviert und gleichzeitig wegen der zahlreichen Wiederholungen einer gewissen Abnützung unterliegt, bauen wir sie in ihrer ausgeprägten Form erst gegen Ende der Freifolge ein. Es muss jedoch im Einzelfall entschieden werden, ob die hier vorgeschlagene Reihenfolge Erfolg verspricht. Dies gilt übrigens für alle in diesem Buch beschriebenen Übungen. Die Kehre wird aus der Freifolge heraus wie gewohnt vorbereitet und anschließend mit Spiel und Lob beendet.

PHASE 5: WENDEN KOMMEN NEU HINZU
In Phase 5 werden Wenden eingebunden. Hier profitiert der Team-Führer von vorausgegangenem Solo-Training. Physiologisch korrekte, ästhetisch ansprechende Wenden und Kehren vorzuführen, stellt hohe Anforderungen. Wichtig ist, dass man sie früh genug vorbereitet.

PHASE 6: WENDEN/KEHREN ABWANDELN
Im weiteren Verlauf führen wir nicht nur die prüfungsmäßig vorgeschriebenen 90° und 180° aus, sondern wir bauen spitze und stumpfe Winkel sowie Voll- und Teilkreise ein. Auf die Möglichkeiten der 180°- + 90°-Kehre oder des Mitdrehens in 2 bis 3 Vollkreisen wurde bereits hingewiesen. (180°- + 90°-Kehre: Der Team-Führer kehrt an Stelle von 180° nur 90°, für den Hund bedeutet das eine um 90° erweiterte Kehre, also 270°. Dabei ändert sich natürlich die ursprüngliche Gehrichtung. Diese erhält man wieder durch weitere Wenden oder Kehren.)

PHASE 7: TEMPOWECHSEL
Es ist erwägenswert, das Hörzeichen (<Fuß> für Tempowechsel) anders auszusprechen als etwa für das <Angehen> oder die <Grundstellung>. Der <Langsame Schritt> würde in sich viel Primärmotivation beinhalten, die es im Sinne einer *Resonanz-Situation* zu nützen gälte.
Was sind Motivationen für langsames Gehen? Angst, Vorsicht, Müdigkeit, Langeweile, Krankheit – auf der anderen Seite: gesteigerte Aufmerksamkeit (ohne Angst, aber beispielsweise mit Vorsicht), Kräfte sammeln vor einer erwarteten neuen Aktion usw. Wollen wir Müdigkeit und Langeweile demonstrieren oder wollen wir zeigen, was das Mensch-Hund-Team im Blickwinkel einer lebensbejahenden Einstellung und im Sinne sportlicher Höchstleistung zu zeigen vermag? Wenn wir uns für die zweite Zielsetzung entscheiden, dann müsste die Ausstrahlung des Teams im langsamen Schritt eine Veränderung demonstrieren: mehr (und anders) als im »normalen Schritt«.

Ausführung des <Langsamen Schritts>
Um den üblichen Leinenruck beim Übergang in den <Langsamen Schritt> zu vermeiden, nützen wir beispielsweise Folgendes: Sofort nach dem Hörzeichen <Fuß> und dem Übergang in den <Langsamen Schritt> werfen wir das MO nach hinten in entgegengesetzte Richtung (ein andermal seitlich oder nach vorne). Der Hund wird nach einigen Wiederholungen in Erwartung auf das Ereignis die Konzentration steigern. Im nächsten Lernschritt gehen wir nach dem Übergang noch 2 bis 3 Meter im <Langsamen Schritt> geradeaus weiter, wobei wir die anschließende Belohnung durch viel sagende Körpersprache, vor allem aber durch die Charakteristik unseres Gehens (spannungsvoll oder geheimnisvoll!) ahnen lassen. Dann fliegt der Ball wie gewohnt nach hinten (oder wir werfen ihn direkt vor dem Hund auf den Boden).
Auch hier ist Geduld angebracht. Es wird einige Wochen dauern, bis der Hund am <Langsamen Schritt> sichtlich Freude zeigt und die gleiche Aufmerksamkeit entgegenbringt wie bei anderen Übungen – auch dann, wenn Herrchen oder Frauchen im langsamen Schritt keine unerlaubten Körperhilfen mehr gibt und lediglich die innere (erlaubte!) Spannung wachruft.
Hat man dieses Ziel erreicht, so heißt das aber noch lange nicht, dass man ab jetzt den <Langsamen Schritt> in der Tasche hat. Es ist ein Prinzip dieser Ausbildung, neun Zehntel der Zeit zu

Der »freie erhabene« Trab in der Freifolge: Nur unter Voraussetzung dieses Erscheinungsbildes dürfte ein Team volle Punktzahl erhalten: Kraftvoller, elastischer Gang, freier erhabener Trab, optimale Gewichtsverteilung. Freudig, freies, vitales Gesamtbild: Körperspannung, Ohren-, Hals-, Kopf- und Kieferstellungen, Zunge entspannt, Fang vertrauensvoll geöffnet, offener und erwartungsvoller Blick, Pendelatmung, Rute in freudiger Bewegung (nicht unbedingt erforderlich).

motivieren und nur ein Zehntel prüfungsmäßig abzurufen. Sobald der Hund die Übung beherrscht, gehen wir wieder zurück auf die Ebene der Motivationserhaltung – dann allerdings unter veränderten und erweiterten Zielsetzungen. Auf diese Weise festigt sich das Grundvertrauen ebenso wie die Grundvitalität und die Grundschnelligkeit des Hundes immer mehr. Er wird immer führiger und kann sich auf Grund des permanent abwechslungsreichen Trainings Unvorhersehbarem besser anpassen.

Ausführung des Laufschritts
Die soeben vorgebrachten grundsätzlichen Überlegungen gelten in ähnlicher Weise für den Laufschritt. Was wollen wir sehen? Es liegt auf der Hand, dass die Aufgabenstellung mehrere Lösungen zulässt. Das ist im individuellen Spielraum der sportlichen Vorführung verankert. Man sieht, wie wichtig es war, sich die Fragen zur Individualität und Natürlichkeit zu beantworten. Ohne klare Vorstellung über die damit verbundenen Konsequenzen bleibt der sportliche Wettkampf auf einem bescheidenen Niveau.

Hat man sich für bestimmte Ausdrucksinhalte entschieden, so gilt es, diese im Team zu üben und überzeugend darzustellen. Ob man zuerst mit der technischen Aufgabenstellung beginnt oder von Anfang an die ganzheitliche Vorführung anstrebt, erfordert individuelle Entscheidung. Es liegt auf der Hand, dass es keinen Sinn macht, über Vorführausstrahlung nachzudenken, wenn der Hund im Laufschritt noch hochspringt oder andere Fehler zeigt. Um Ausdrucksmomente darzustellen, ist ein gewisses Maß an technischer Perfektion Voraussetzung.

☞ **Problemhilfe** für Tempowechsel:
Manche Hunde (meistens untermotivierte) zeigen den Übergang vom ‹Normalen Schritt›

zum <Langsamen Schritt> schleppend und in Verzögerung. Ein kurzes zwischengeschaltetes <Steh> kann hier Abhilfe schaffen. Der Team-Führer leitet aus dem <Laufschritt> das <Steh> ein und geht, nach einigen Sekunden des Verharrens, anschließend nach dem Hörzeichen <Fuß> im <Langsamen Schritt> mit dem Hund weiter. Der Hund wird nach einigen Wiederholungen von dieser Aufeinanderfolge profitieren und den Übergang dann auch ohne vorausgegangenes <Steh> überzeugend mitmachen.

PHASE 8: ZUSAMMENFÜGEN DER EINZELTEILE
Jetzt werden Wenden und Kehren sowie Tempowechsel zusammengeführt und in verschiedener Konstellation geübt. Wenn es dem Team-Führer bis hierher gelungen ist, den Aufbau der Freifolge von unangenehmen Erfahrungen freizuhalten, wird er mit Genugtuung feststellen, dass der Hund immer mehr Freude an der Freifolge bekommt. Dies ist der richtige Zeitpunkt, um die Strecke (behutsam!) auf 20 und mehr Schritte auszudehnen. Nach wie vor ist jedoch auch der Team-Führer in der Freifolge gefordert, äußerste Konzentration zu investieren und immer wieder Spiel anzubieten. (Möglicherweise weiterhin den Leitzaun verwenden.)

PHASE 9: ABWANDLUNG UND FESTIGUNG
Ab jetzt werden wir die Konstellation der Einzelteile noch weiter abwandeln und auch neue Übungen, wie das <Apportieren>, den <Freisprung über die Busch-Hürde> oder das <Steh mit Herankommen>, einbauen. Zudem können bereits bekannte Vorgehensweisen der Abwandlung und Festigung zum Tragen kommen.

Absicherung durch Zwang?

Wir haben ausführlich und wiederholt beschrieben, dass Absicherung nicht nur eine Frage des Appells ist und auf welch vielfältige Art und Weise sich Absicherung einbringen lässt. Aber es wurde auch gesagt, dass Autorität nicht immer ohne Zwang auskommt. Es ist jedoch ein entscheidender Unterschied, wann, wie und wie oft man Zwang einsetzt. Erinnern wir uns nochmals an den Fang der Mutterhündin! Es ist derselbe Fang, der liebkost und der in Ausnahmefällen auch schmerzhafte Strafreize setzt. Auf der Grundlage gefestigten Vertrauens kommt der Welpe damit klar. Der Mensch, der den Leinenruck einsetzt, bevor eine Übung emotional positiv gefestigt ist, beschreitet einen völlig anderen Weg. Von der Mutterhündin lernen wir für den Hundesport: Aufbau der Übungen bis in die höchsten Lernstufen sollten artgerecht und lustvoll vermittelt werden. Auf einer derart gefestigten Grundlage erübrigen sich Zwangseinwirkungen weitestgehend.

Aber sie sind nicht ganz auszuschließen! Erfahrene Vertreter der positiven Motivation wissen, dass es besser ist, den geringen Rest an erforderlichem Zwang mehr im täglichen Umgang als im Sport einzubringen. Autorität ist ein Ergebnis des praktizierten täglichen Umgangs. Ist das Vertrauen gegeben und die Rangordnung gefestigt, dann sind im Sport nur noch wenige geringfügige Einwirkungen erforderlich. Und nicht einmal diese bei jedem Hund.

Es sei jedoch nochmals betont: Es kommt selbst bei diesem Minimum an direkter Einwirkung auf das Wie an! Äußerlich kaum zu unterscheiden, liegen aus psychologischer Sicht Welten zwischen einem Leinenruck, der mit der Absicht vermittelt wurde, der Hund »muss parieren«, und einem Ruck, der kurz und ausreichend intensiv gegeben wird, um sofort danach durch Kommunikation ersetzt zu werden. Der Hund soll zunächst einmal nur aufmerksam gemacht werden. Sofort anschließend vermitteln wir ihm durch Mimik und Körpersprache (etwa durch zielstrebiges, kraftvolles Gehen in der Freifolge), dass es uns ernst ist mit dem Ziel, die augenblickliche Aufgabe gemeinsam mit dem Hund erfolgreich auszuführen. Der innere Wille spielt hierbei die entscheidende Rolle. Der Ruck ist eine Nebensächlichkeit. Nicht der durch

TEAM-dance, Hundesport in Vollendung: Team-Ausführung in Freiwilligkeit, Freudigkeit, Vitalität und Ausdruck. Die Vielfalt der Übungen (Stufe 4: ca. 180 Übungen mit 40 Hörzeichen) und die Flexibilität der Zusammenstellung sind atemberaubend.

den Ruck vermittelte Schmerz soll den Hund in diesem Augenblick »unter-ordnen«, sondern unsere Autorität. Der Ruck ist nicht Stellvertreter der Autorität, sondern Botschafter. Er v e r - w e i s t auf die Autorität.

Mit dem bisher Gesagten konnten wir Gewalt auf ein Minimum reduzieren. Aber selbst dieses Minimum wird nicht pausenlos, sondern nur zeitweise und gezielt eingesetzt. Beispielsweise zur Sicherheit des Hundes.

Ausblick

Mit vorliegendem Lehrwerk haben wir Wege aufgezeigt, die über das Niveau traditioneller Sportausbildung und -leistung hinausreichen. »Mensch-Hund-Harmonie – Unterordnung auf neue Art« vereint nicht nur Ethik, Ethologie (Verhaltenskunde), Pädagogik, Physiologie und Ästhetik auf aktuellem Wissensstand. Erweiterte und neue Theorien und Methoden, wie *Elementar-Phänomen-Ausbreitung, Resonanz-Szenario, Didaktische Transformation, Respons-Kommunikation, Integrative Motivation, Passive Einwirkung, Geistiger Zügel, Signal-Timing, Motivationsbalance, Sättigungsdistanz* – hier erstmals veröffentlicht –, werden möglicherweise die Ausbildung ebenso wie die Bewertungsmaßstäbe des Hundesports in den nächsten Jahren entscheidend verändern.

Es war ein weiter Weg von der klassischen Unterordnung zur »Team-Vorführung«, und die Realisierung der hier beschriebenen »art« der Ausbildung fordert dem Einzelnen viel ab. Aber die faszinierende Vision, Harmonie und Sport in einfühlsamer Weise zu verwirklichen, ist viel versprechend für beide – für Mensch und Hund. Wir wünschen dem Leser viel Freude bei der praktischen Umsetzung dieser Herausforderung. Wer noch einen Schritt weiter gehen möchte, der kann in den Sportarten TEAM-sport und TEAM-dance eine neue Heimat finden.

REGISTER

Die halbfett gesetzten Seitenzahlen verweisen auf Abbildungen.

A

AAM 95
Abgeschirmtes Milieu 103, 161
Ablegen und Herankommen 128
Ablenkung
– schrittweise steigern 141
Abliegen unter Ablenkung 142
Absicherung 79, 141, 248
Abwandlung 140
Acht 198, 200
Achtung-Geste **61**, 61, 62
Aktionale Kommunikation 58
Aktionsmilieu 103
Angehen aus dem Stehen 223
Angehen und Anhalten 223, 224
Angehen vermitteln 158
Anhalten aus dem Gehen 227
Animation 104
Anschleichen 65
Appetenz-Hierarchie 209
Appetenz-Versandung 218
Apportieren **86**, 197, 201
– beim Spazierengehen 210
Aufbaugeschädigte Hunde 210

Aufbruch-Geste 62, 64
Aufwärmen **124**, 124, 146
Augen-MO-Linie 113
<Aus> **84**, 100
Auslöseanteile 99
Auslöser 130
–, natürlicher 129
–, stilisierter 130
Außenspirale 157
Autorität 34, 78, 248
Autoritätsbalance 126
A-Wand 149

B

Basisspiel im Sitzen **82**
Basisübung 103
–, Aufbau der 104
–, Vorteile der 104
Begrüßungs-Geste 67
Berührung 52
Beutestreiten 205
Bewegungs-Aufforderung 64
Bring-Holz 204

D

Didaktische Gestaltungsfreiheit 88
Didaktische Transformation 89, 90, 105, 162
Didaktische Vermittlungsphase 103
Didaktischer Katalysator 101
Direkter Zwang 14
Distanz 232
Drei Zinnen **28**
–, Leitbild der 27
Drewermann, Eugen 30

E

EAAM 95
EIN-Ordnung 24
Einstimmung 121, 124
Eintreten 127
Elementar-Phänomen-Ausbreitung 92, 107
Elementenpsychologie 18
Emotionale Intelligenz 19, 74
Entspanntes Feld 103, 161
Entspannungs-Geste 64
Entwicklung 218, 219, 220

Ersterfahrung 91
Erstvermittlung 101

F

Fälschliches Sitzen **168**, 168
Fellpflege 67
Folgen von Zwangseinwirkungen 175
Formen 106
Franz von Assisi 30, **31**
Freies Spiel **75**, **76**, 76, **77**, 87, 130
Freifolge 45, 154, 242
–, Sonderstellung der 90
–, Vorübungen zur 154

G

Ganzheitstheorie 18
Gegenwartsdauer 85
Gehen 229
Gehweise und Tempowechsel 228
Geistiger Zügel 72, **78**, 78, **138**, **160**
Geleit-Hörzeichen 70, 71
Geruchsebene 52
Gestik 52
Grundstellung 188
Grundstellung aus dem Vorsitzen 187
Grundstellung durch Seitstellen 194
Grundstellung durch Umkreisen 187

H

Halsung 14
Hochspringen 129
Hörzeichen 68, 69, 70, 109
– differenziert einsetzen 180
– drohend vermitteln **69**
– freundlich vermitteln **69**

– pädagogisch anpassen 71
– verständlich vermitteln 68
Hürde 146, **231**, 231
–, Erste Annäherung an 146

I

Ignoranz-Kommunikation 58
Ignoranz-Monoton-Kommunikation **59**, 60
Ignoranz-Motivation 59
Ignorierende Kommunikation 58, 59
Imponieren im Beutespiel 66
Impulsive Berührung 101, 181, **183**, **184**
Indirekter Zwang 14
Individuelle Ausrichtung 42
Individuelle Eigentlichkeit 46
Innenspirale 157
Integrative Motivation **54**, 74, 79, 95, 147
Intellektuelle Intelligenz 19, 74
Interaktionale Kommunikation 58
Intrinsische Motivation 77, 90

K

Kehre **91**
Kletterwand 146, 149, 235
–, Erste Annäherung an 146
Kommunikation 51
–, Akustische 52
– durch Stimmungsübertragung 68
–, Nonverbale 53, 56
–, Olfaktorische 52
–, Taktile 52
–, Verbale 69
–, Visuelle 52, 53
–, Wortlose 53
Kommunikationsebenen 52
–, Akustische 54

–, Olfaktorische 54
–, Taktile 54
–, Visuelle 54
180°-Kehre **80**, 235, 240
Kommunikations-Gesten 61
Kommunikationssignale 57
Kommunikationsverstärker 54, **55**, 55
Kontaktzone 149
–, Überspringen der 151, 152, 153
Konzeptiv-flexible Trainingsgestaltung 88
Koralle 13, **14**
Körpersprache 52, 56, 232

L

Langsamer Schritt 246
Laufschritt 247
Lautäußerung 52
Leinenführigkeit 156
Leitgerten 136
Leitpflöcke 136
Leit-Set 136
Leitzäune 136, **161**
Lernkurve **97**
Lernpause 139
Links-Kehre **240**
Links-Wende 235

M

Mangelnde Appetenz auf das Bring-Holz 204
Maskierte Befindlichkeit 52
Meditatives Handeln 74
Mehrkanaliges Lernen 94
Meidemotivation 16
Memorieren 122
Mentales Training 122
Mental-methodische Planung 122
Mental-Pädagogik 188
Mimik 52

Mnemotechnik 95
MO 195
–, Wechsel des 195, 197
MO-Krawatte **128**
MO-Rangnützung 100
Most, Konrad 14, **16**
Motivation 73, 156
–, Integrative 74
–, Intrinsische 77
–, Primär- 77, 79
–, Sekundär- 76, 79
Motivationsbalance 125
Motivationsbereich 156
–, Wechsel des 195
Motivationsinseln 132, 159
Motivationsniveau 101
Motivations-Versandung 90, 196, 220, 222, 232
Motivieren, richtig 73
Nachahmungs-Gesten 106, 111
Nachbereitung
–, Gedankliche 121
–, Vertiefung der 122

O

Objekt-Motivation 106
Olympia 37, **38**
Olympische Spiele 38

P

Paradeübung 113, **114**, **115**
Parforce-Dressur 13
Passive Einwirkung 80, **101**, 101, 110, 136, **160**
Pawlow, Iwan Petrowitsch **16**, 16
Phänomen-Double 107
<Platz> 106, 171, **176**, 176, 184
– aus der Entfernung 184
Primärmotivation 77, 79, 90
Provokation im Beutespiel 66
Prüfungsordnung 20

R

Rechts-Wende 235
Reflexion 121
Reifes Spiel 114
Reizfärbung 133
Resonanz-Szenario 90, 94, **95**, 95, 96, 106, 110
Respondierende Kommunikation 58, 59, 79
Respons-Kommunikation 59, 60
–, Aufbau der 61
–, Auswirkungen der 60
Respons-Synton-Kommunikation **59 re.**, 60
Richteranmeldung 121, 128
Richtig auslaufen 123
Richtig belohnen 196
Risiko-Minimierung 220
Rundbügel 152

S

Sättigungsdistanz 97, 98, 107, 131
Schiefes Absitzen 165
Schiefes Herankommen 192
Schiefes <Sitz> 175
Schiefes Vorsitzen 135, 171
Schlangenlinie 198, 199
Schmerz-Methode 235
Seitliches Ausweichen 241
Seitliches Vorbeilaufen 132
Seit-Wende 236, **239**
Sekundärmotivation 76, 79
Signaltiming 98, **99**, 99, 100, 101, 209
<Sitz> 171, **172**, 183
– aus der Entfernung 184
Solo-Training 189
Spiel und Stop 115, 120
Spiel und Ziel 120
Spielappetenz 76
Spielaufforderungs-Geste **65**, 65
Spielen, richtig 75, 76
Spirale **159**
–, Aufbau der 158

Sportliche Ausrichtung 36
Sprunghöhe 235
Startstellung **105**
<Steh> 171, 177
– aus der Entfernung 184
Stehen 224
Stellvertretende Reize 16
Stellvertretendes Signal 35
Stephanitz, Rittmeister von 14, **15**
Strafmethode 13

T

Tabu-Signal 78
Team-Gedanke 24
Team-Vorbereitung 123
Team-Vorführung 26, 47
Temperamente, Einteilung der 45
Tempowechsel 228, 247
Tief-Methode 153
Tierethik 28, 31
Tierschutz 33
Tragegriff 178
Trainingsfrequenz 85
Trichter-Bügel 152
Turnier-Hörzeichen 71

U

Unterordnung 11, 24
Unvollständiges Absitzen 162
Ursprüngliche Reize 16

V

Vermenschlichung 15
Versachlichung 42
Verstecktes Lernen 207, 212
Vital-respondierende Kommunikation 77
Vollkreis 198, 199
Voraus-Senden 212

Vorbereitung 121
–, Gedankliche 121
–, Vertiefung der 122
–, Materielle 123
Vorsitzen bei Welpen 135
Vorsitzen 133
–, Näheres 134
–, Befangenes 134
Vorsteherhaltung 65
Vorübung <Ab- und Aufsitzen>
  105, 109
Vorübung <Anhalten> 105,
  112, 112
Vorübung <Aufstehen> 105, 111
Vorübung <Liegen> 105, 107,
  108, 161, 166
Vorübung <Sitzen> **110**, 161, 163
Vorübung <Stehen> 161, 167
Vorübung <Teilkreis> 161, 162
Vorübung <Umkreisen> 161, 162
Vorübung <Vorsitzen> 170
Vorzugs-MO 100

W

Wegschleichen 65
Wettkampfprinzipien 42
W-Fragen 82
Wolf **50**

Z

Zeige-Geste 66
Zeitliche Dehnung 91
Zielspiele 105
Zögerliche Annäherung 134, 135
Zögerndes Starten 135
Zwangsbringen 17
Zwangsmethoden 13, 178

Adressen, die weiterhelfen

▶ Fédération Cynologique Internationale (FCI), 13 Place Albert I, B-6530 Thuin/Belgien
▶ Verband für das Deutsche Hundewesen e.V. (VDH), Postfach 104154, D-44041 Dortmund
▶ Schweizerische Kynologische Gesellschaft (SKG/SCS), Postfach 8217, CH-3001 Bern
▶ *Ratfels*, Maria-Rose Lind, Bayerham 37, A-5201 Seekirchen, Tel. und Fax 0043/(0)6212 6604
  Unter dieser Adresse erhalten Sie Informationen über weitere Bücher und Videos des Autors sowie Informationen über Veranstaltungen und LIND-art®-TEAM-Ausbildung.
▶ TWZ – TEAM-work-Zentrum Andrea Kühne, Bleichstraße 2, D-90429 Nürnberg
  Unter dieser Adresse erhalten Sie Informationen über Trainer- und Richterkurse. Bitte legen Sie Ihren Anfragen einen frankierten Rückumschlag bei.
▶ AGILO Handels- und Werbe GmbH, Albert-Roßhaupter-Straße 108, D-81369 München
  Unter dieser Adresse sind die vom Autor entwickelten Hundesportgeräte erhältlich.

Fragen zur Hundehaltung beantworten auch

Ihr Zoofachhändler und der Zentralverband Zoologischer Fachbetriebe Deutschlands e.V., D-63225 Langen, Tel. 06103/910732 (nur telefonische Auskunft möglich).

Haftpflichtversicherung

Fast alle Versicherungen bieten auch Haftpflichtversicherungen für Hunde an.

Krankenversicherung

▶ Uelzener Allgemeine Versicherungsgesellschaft AG, Postfach 2163, D-29511 Uelzen
▶ AGILA Haustierkrankenversicherung AG, Breite Straße 6–8, D-30159 Hannover

Registrierung von Hunden

▶ Haustier-Zentralregister für die BRD e.V. TASSO, Postfach 1423, D-65783 Hattersheim, Tel. 0 61 90/40 88
▶ IFTA, Internationale Zentrale Tierregistrierung, Weiherstraße 8, D-88145 Hergatz, Tel. 01 80/5 21 34 02
  Wer seinen Hund vor Tierfängern und dem Tod im Versuchslabor schützen will, kann ihn hier registrieren lassen.

Bücher, die weiterhelfen

Aldington, E.: Von der Seele des Hundes. Gollwitzer Verlag, Weiden
Bendig, V.: Kleine Ursache, große Wirkung. Die Blaue Eule, Essen
Bhagavad Gita: Das Hohelied der Tat. Dreieichen Verlag, München
Coren, S.: Die Intelligenz der Hunde. Rowohlt Verlag, München
Ehrenfried, L.: Körperliche Erziehung zum seelischen Gleichgewicht. Westliche Berliner Verlagsgesellschaft, Berlin
Fedderson-Petersen, D., Ohl, F.: Hundepsychologie. Kosmos Verlag, Stuttgart

Feddersen-Petersen, D., Ohl, F.: Ausdrucksverhalten beim Hund. Enke Verlag, Stuttgart

Feddersen-Petersen, D.: Hunde und ihre Menschen. Kosmos Verlag, Stuttgart

Fronval, G.: Das große Buch der Indianer. Fernand Nathan, Paris

Gebauer, G.: Olympische Spiele – die andere Utopie der Moderne. Suhrkamp, Frankfurt

Glättli, W.: Kynologie von 1863 bis zur Gegenwart. Eigenverlag

Henze, O.: Die Erziehung und Abrichtung des Hundes. Kameradschaft Verlag Gersbach & Co, Berlin

Ilgner, E.: Der Hundesport. Band 1 und 2. Grethlein & Co, Leipzig

Laotse: Tao-Te-King

Lauffer, S.: Kurze Geschichte der antiken Welt. Callway Verlag, München

Lind, E.: Richtig Spielen mit Hunden. Naturbuch Verlag, Augsburg

Lind, E.: Hunde spielend motivieren. Naturbuch Verlag, Augsburg

Lind, E.: TEAM-dance. Gräfe und Unzer Verlag, München

Lind, E.: PIMA. Kindergitarrenschule Ricordi

Montgelas, Gräfin E. von: Vom Umgang mit Tieren. Hunde und Pferde. Haberland Verlag, Leipzig

Morris, D.: Dogwatching. Heyne Verlag, München

Most, K., Böttger, P.: Leitfaden für die Abrichtung des Hundes. Kameradschaft Verlag Gersbach & Co, Berlin

Most, K.: Leitfaden für die Abrichtung des Polizei- und des Sanitätshundes. Kameradschaft Verlag Gersbach & Co, Berlin

Österreichischer Hundesport in Wort und Bild. Österreichischer Kynologenverband

Phoebus, G.: Le Livre de la Chasse. Paris, Bibliothèque nationale, Ms.fr.616. Faksimile-Ausgabe der Akademischen Druck- und Verlagsanstalt, Graz

Popplow, U.: Leibesübungen und Leibeserziehung in der Antike. Hofmann Verlag, Schorndorf

Satory, J.C.: Spannkraft der Seele. Herder Verlag, Freiburg

Sieferle, E.: Kleine Hundekunde. Müller Verlag, Rüschlikon

Sinn, U.: Olympia - Kult, Sport und Fest der Antike. Beck Verlag, München

Stephanitz, Rittmeister Max von: Der Deutsche Schäferhund in Wort und Bild. Verlag Verein für Deutsche Schäferhunde (SV), Augsburg

Zimen, E.: Der Hund. Goldmann Verlag, München

Der Autor

Ekard Lind ist einer der interessantesten und gefragtesten Tierpädagogen. Als Hochschuldozent und Kinderpädagoge bringt er zusammen mit seiner hundesportlichen Erfahrung ideale Voraussetzungen für zukunftsweisende Formen der Mensch-Hund-Beziehung mit. Innerhalb der letzten zehn Jahre hat er zwei neue Hundesportarten entwickelt: TEAM-sport (völlig neue Unterordnung in 4 Leistungsstufen und Seniorenklasse mit zahlreichen neuen, erstmals veröffentlichten Aufgabenstellungen) und TEAM-dance, welche auf TEAM-sport aufbaut und durch das Hinzutreffen von Musik und Choreographie unbegrenzte Möglichkeiten bietet.

Die Fotografen

Der Großteil der Fotos stammt von Marie-Therese, Maria und Ekard Lind.

Weitere Bildquellen

Archiv für Kunst und Geschichte: Seite 38, 39; Archiv Gerstenberg: Seite 55; Bildarchiv d. Österr. Nationalbibliothek: S. 12, 16 u.; Hummel, Severin: Seite 22; Juniors/Botzenhardt: Seite 89, 180; Juniors/Farkaschovsky: Seite 119; Juniors/Freiburg: Seite 140; Juniors/Grell: Seite 229; Juniors/ Neukampf: Seite 81; Juniors/ Schanz: Seite 36, 224; Juniors/Steimer: Seite 9; Juniors/Wegler: Seite 4 u., 5, 23, 46, 67, 167; Juniors/Wegner: Seite 50; Kenscherper, G.: Kreta, Mykene und Santorin. Urania Verlag: Seite 37; Kuhn, R.: Seite 209; Menara, H.: Seite 28; Most, K.: Leitfaden für die Abrichtung des Polizei- und Sanitätshundes: Seite 16 o.; Oberländer: Die Dressur und Führung des Gebrauchshundes: Seite 14; Phoebus, G.: Le Livre de la Chasse. Paris, Bibliothèque nationale, Ms.fr.616. Faksimile-Ausgabe der Akademischen Druck- u. Verlagsanstalt, Graz: Seite 13; Schneiders, T.: Seite 31; Simon, E.: Die Götter der Griechen. Hirmer Verlag, München: Seite 30; Stephanitz, Rittmeister Max von: Der Deutsche Schäferhund in Wort und Bild. Verlag Verein für Deutsche Schäferhunde (SV) e.V.: Seite 15. Verlag und Autor danken dem SV für die Abdruckgenehmigung.

IMPRESSUM

Dank

Für die kritische Durchsicht bedanken sich Verlag und Autor bei Frau Dr. Dorit Feddersen-Petersen (Ethologin und Fachtierärztin für Verhaltenskunde und Tierschutzkunde), Dozentin an der Christian-Albrecht-Universität, Kiel, sowie bei Frau Ute Hamann (Dipl.-Biologin) und bei Mag. Barbara Dobretsberger.
Ein besonderer Dank gilt Frau Anita Zellner, welche mit besonderem Engagement und Sachwissen zur Fertigstellung dieses Buches beigetragen hat.

Fotos auf dem Buchumschlag

Vorderseite: Mensch und Hund in Harmonie. Rückseite (oben): Beutestreiten; (unten): Freifolge.

© 2000 Gräfe und Unzer Verlag GmbH, München. Alle Rechte vorbehalten. Nachdruck, auch auszugsweise, sowie Verbreitung durch Bild, Funk und Fernsehen, durch fotomechanische Wiedergabe, Tonträger und Datenverarbeitungssysteme jeder Art nur mit schriftlicher Genehmigung des Verlages.

Redaktion: Anita Zellner
Lektorat: Angelika Lang
Umschlaggestaltung und Layout: independent Medien-Design, München
Satz: Filmsatz Schröter, München
Produktion: Susanne Mühldorfer
Repro: Penta Repro, München
Druck: Appl, Wemding
Bindung: Großbuchbinderei Mohnheim
Printed in Germany
ISBN 3-7742-1007-1

Auflage 4 3 2 1
Jahr   2003 02 01 00

LIND-art®

➤ Veranstalteranfragen richten Sie bitte an Ratfels-Produktionen, Adresse Seite 253

➤ Auskunft zur LIND-art®,-Trainer-Ausbildung erhalten Sie bei TWZ, Adresse Seite 253

➤ Bücher und Videos zu den Themen: »Richtig spielen mit Hunden« und »Hunde spielend motivieren«. In Vorbereitung: »Mensch-Hund-Harmonie«, »TEAM-dance«.

- Zu beziehen bei Ratfels-Produktion, Adresse Seite 253
- In Deutschland auch erhältlich bei Agilo GmbH, Adresse Seite 253
- In der Schweiz auch erhältlich bei Ursula Gauchat, Industriestr. 6, CH-5604 Henschiken
- In Österreich auch erhältlich bei Firma Werner Barth, Hafnerstr. 17, A-4673 Gasopoltshofen

➤ LIND-art®-Hundesportartikel erhalten Sie bei Agilo GmbH, Adresse Seite 253 und bei den genannten Ländervertretungen

Das Original mit Garantie

Ihre Meinung ist uns wichtig. Deshalb möchten wir Ihre Kritik, gerne aber auch Ihr Lob erfahren. Um als führender Ratgeberverlag für Sie noch besser zu werden. Darum: schreiben Sie uns! Wir freuen uns auf Ihre Post und wünschen Ihnen viel Spaß mit Ihrem GU-Ratgeber.

Unsere Garantie: Sollte ein GU-Ratgeber einmal einen Fehler enthalten, schicken Sie uns das Buch mit einem kleinen Hinweis und der Quittung innerhalb von sechs Monaten nach dem Kauf zurück. Wir tauschen Ihnen den GU-Ratgeber gegen einen anderen zum gleichen oder ähnlichen Thema um.

Ihr Gräfe und Unzer Verlag
Redaktion Natur
Postfach 860325
81630 München
Fax: 089/41981-113
e-mail:
leserservice@graefe-und-unzer.de

GU TIERRATGEBER
Expertenrat rund um den Hund

ISBN 3-7742-3151-6
DM 14,90 • ÖS 109,00
SFR 14,00

ISBN 3-7742-3142-7
DM 14,90 • ÖS 109,00
SFR 14,00

ISBN 3-7742-3148-6
DM 14,90 • ÖS 109,00
SFR 14,00

ISBN 3-7742-3707-7
DM 14,90 • ÖS 109,00
SFR 14,00

ISBN 3-7742-2663-6
DM 24,90 • ÖS 182,00 • SFR 23,00

Kompetent, praxisnah und einfühlsam: GU TierRatgeber sind eine unentbehrliche Hilfe für alle, die mehr über ihren Hund erfahren wollen.

WEITERE TITEL ZUM THEMA HUND BEI GU:
- ➤ Mit dem Hund spielen und trainieren
- ➤ Unser Welpe
- ➤ Mein Traumhund
- ➤ Mit meinem Hund auf Reisen

Gutgemacht. Gutgelaunt.